W0350800

Marin Karmitz

Une autre histoire du cinéma

Du même auteur

Andreï Tarkovski, Cahiers du cinéma, 1989.
Cahiers du cinéma : histoire d'une revue, Cahiers du cinéma, 1991.
Avec Serge Toubiana, *François Truffaut : biographie*, Gallimard, 1996.
Avec Jacques Parsi, *Conversations avec Manoel de Oliveira*, Cahiers du cinéma, 1996.
La Nouvelle Vague. Portrait d'une jeunesse, Flammarion, 1998 ; rééd. 2008, 2019, coll. « Champs ».
La Cinéphilie. Invention d'un regard, histoire d'une culture (1944-1968), Fayard, 2003.
Avec Arnaud Guigue, *Le Dictionnaire Truffaut*, La Martinière, 2004.
Tim Burton, Cahiers du cinéma, 2005.
Jean-Claude Brisseau, l'ange exterminateur, Grasset, 2006.
Histoire et cinéma, Cahiers du cinéma, 2008.
L'Histoire-caméra, Gallimard, 2008.
Le Dictionnaire Pialat, Éditions Léo Scheer, 2008.
Godard : biographie, Grasset, 2010 ; rééd. 2011, coll. « Pluriel ».
Le Dictionnaire Eustache, Éditions Léo Scheer, 2011.
Antoine de Baecque (dir.), Philippe Chevallier (dir.) et al., *Dictionnaire de la pensée du cinéma*, PUF, coll. « Quadrige dicos poche », 2012.
Paris vu par Hollywood, Flammarion, 2012.
Avec Pierre Guislain, *Objectif Cinéma*, Gallimard Jeunesse, 2013.
Avec Noël Herpe, *Éric Rohmer : biographie*, Stock, 2014.
Jean-Pierre Melville, une vie, Seuil, 2017.
Le cinéma est mort, vive le cinéma ! L'Histoire-caméra (tome 2), Gallimard, 2021.
Chabrol : biographie, Stock, 2021.

Introduction
La toile tissée

Ce livre est né le jour où, rencontrant Marin Karmitz pour parler de Claude Chabrol, dont il a produit douze films, je lui ai demandé s'il ouvrirait ses archives à une recherche biographique. Il a accepté sur-le-champ. Peu après, en découvrant ces dossiers multiples et variés sous la conduite de Francesca Rossi, employée par mk2 pour mettre en ordre ces fonds, les rendre intelligibles et consultables, je me suis rendu compte de l'importance de ces documents et du jeu de construction qui, soudain, s'ouvrait à ma pratique, à mon regard et à mon écriture d'historien des formes culturelles.

Il était désormais possible de retracer un destin dans l'Histoire, de restituer cet itinéraire à ses contextes successifs. C'est ainsi que s'est écrite cette biographie : grâce aux documents, éclairés par le commentaire de Marin Karmitz lui-même, remis dans leur temps. J'ai pu comprendre le petit garçon juif, rejeton d'une riche famille industrielle, en le replaçant au sein de la Roumanie du renouveau des années 1930, du « petit Paris » qu'était alors Bucarest pour les classes aisées, suivant sa trace jusqu'à la naissance de la république socialiste à l'est de l'Europe, en passant par la montée du nationalisme fasciste faisant pression sur les communautés juives, déclenchant pogroms et extermination de masse durant la Seconde Guerre mondiale.

À chaque moment de la vie de Marin Karmitz correspond un moment de l'Histoire. Rarement existence a épousé à ce point ses évolutions, ses crises ou ses ruptures, et rarement un homme a souhaité être aussi « contemporain » de son époque. Cela vaut pour les grandes migrations d'après-guerre, qui jettent vers l'Europe et la Méditerranée des foules recomposant le paysage géographique et démographique du continent. C'est là, exactement, où se situe la micro-histoire de l'arrivée en France d'un adolescent apatride qui découvre un pays, ses élans, sa générosité citoyenne, mais également ses impasses sociétales, culturelles ou coloniales. Être de son temps, voilà la passion d'un jeune homme qui s'engage : contre la guerre d'Algérie, le grand combat de sa génération ; pour le cinéma, qu'il découvre sur son versant cinéphile, à la Cinémathèque, et par sa face moderne, la Nouvelle Vague, dont il est l'un des fils, « ayant appris le cinéma à l'école et l'ayant désappris avec Godard et Varda », expérience qui le marque à jamais.

Bientôt, pour le militant politique, surgissent Mai 68 et ses suites gauchistes, autre toile de fond historique, nouveau décor où planter son destin. Marin Karmitz en est un témoin essentiel, précisément car il n'est pas tout à fait en première ligne mais qu'il suit, participant actif et modeste, un projet politique dont les impasses lui apparaissent progressivement mais dont, pourtant, le legs culturel et sociétal est incomparable, jouant de ses effets personnels sur plusieurs décennies.

C'est avec tous ces fils que Marin Karmitz tisse sa toile. Il le fait avec un volontarisme, une abnégation et une énergie qui forcent le respect, même si ces qualités ont leur revers : ruptures, disputes, passages en force, aigreurs et mécontentements. Sa personnalité divise, suscite admiration et défiance.

Cela est déjà vrai du cinéaste, qui réalise trois longs métrages, *Sept jours ailleurs* (1967), *Camarades* (1969), *Coup pour coup* (1972), rare exemple d'un vrai cinéma engagé à l'extrême gauche, aussi bien dans sa fabrication, son discours, son esthétique, sa croyance un peu dogmatique, ses maladresses d'agit-prop que sa diffusion et les débats contradictoires qu'il suscite. Cela est encore vrai de l'exploitant qui ouvre le 14 Juillet Bastille le 1er mai 1974 comme un lieu de contre-culture politique et sociale.

Il s'agit là d'un concept : montrer des films engagés, « anti-impérialistes », venus pour beaucoup d'Amérique latine, d'Algérie, de Palestine, du « tiers monde », portant sur des questions ultra-contemporaines (les luttes politiques, les grèves, les travailleurs immigrés, l'avortement, le féminisme, l'anti-psychiatrie,...), dans des salles souvent implantées au sein de quartiers populaires de l'Est parisien, comportant à la fois librairie, restaurant, lieu de discussion et de rencontre. La formule prend. Là encore, le contexte des évolutions de Paris peut servir d'explication. Marin Karmitz ne tourne désormais plus de film, mais montre et produit ceux des autres, triés sur le volet :

sa réussite s'est fondée sur un échec et un renoncement personnel, ce dont l'homme portera toujours la trace.

Mk2 forge alors un nouveau système de culture cinématographique, conçu comme une alternative aux groupes dominants. L'Histoire reste la clé : depuis 1981 et l'arrivée des socialistes au pouvoir, il est possible de forger, avec l'appui de l'État culturel qui se refusait avant, une voie et un système originaux de résistance et d'exception dans le monde des grands circuits de salles, de la surexploitation commerciale du cinéma, puis des télévisions privées et concurrentielles qui laminent des pans entiers de culture en Europe, détruisant les cinématographies italienne, allemande, anglaise et est-européenne. Le « patron de gauche » mène ses combats, nouant des alliances et suscitant ralliements ou rejets : contre les monopoles des mastodontes Gaumont, Pathé, UGC, pour l'exception culturelle française face à Hollywood, contre la privatisation sauvage des chaînes de télévision à la Berlusconi, pour la diversité des films face aux *blockbusters* ou aux comédies grand public. Autre histoire, nouveau contexte. Grandi à gauche, Karmitz passe-t-il à droite ? Ses intuitions ne sont pas forcément comprises, par exemple quand il dirige et anime le Conseil de la création artistique à partir de 2009, pendant deux ans, sur proposition de Nicolas Sarkozy, président de la République, quitte à passer pour un traître et, en définitive, à connaître échec et dépression.

Marin Karmitz a produit, de 1980 à 2012, une part du cinéma international, collaborations voulues comme des expériences uniques : les frères Taviani, Godard, Skolimowski, Güney, Chabrol, Kieślowski, Kiarostami, Resnais, Lounguine, Pintilie, Haneke, Van Sant, Hong Sang-soo… Voilà donc l'un des plus beaux palmarès mondiaux (sept Palmes d'or à Cannes, trois Lions d'or à Venise, un Ours d'or à Berlin, une trentaine de Césars), ce qui n'empêche pas une conception singulière et originale de la production. « Éditeur de films », Karmitz défend l'idée que tout film résulte d'une rencontre avec un « auteur », d'un travail commun, dont témoignent de vigoureuses correspondances, qui couvrent l'ensemble de la conception du film, de son écriture à sa sortie en salle, de son tournage à sa promotion. Cette réussite a fait de Marin Karmitz un acteur central de la profession cinématographique autant qu'une des belles fortunes françaises, une *success story* qu'il a construite, fabriquée.

Les archives, on y revient toujours, forment le socle de ce livre. Elles sont riches : correspondances denses et suivies sur toute une vie professionnelle, mais également notes et cahiers tenus par un jeune homme qui se cherche, s'interroge, possède ses références et pousse ses invectives. Quelques trésors affleurent : documents familiaux datant de la Roumanie, notamment retrouvés dans les papiers secrets de la Securitate, nombreuses photographies personnelles et familiales, et aussi les reportages photographiques de périodes militantes, ou les dossiers consacrés aux films produits, et même de très précieux fonds sur les projets abandonnés, notamment du moment gauchiste. Bien sûr, il existe aussi une foule de documents qui éclairent les liens avec les artistes et les cinéastes, les collègues professionnels, la place de Marin Karmitz dans le milieu cinématographique. Enfin, une riche documentation de presse s'offre à la curiosité du chercheur. Tout cela permet de reconstituer une vie qui, outre la singularité d'un destin personnel forgé de toutes pièces, offre plus largement une traversée de la France politique et du cinéma français des soixante-dix dernières années.

C'est pour cela que ce livre fait une place à l'illustration. Non pas un « beau livre », mais un ouvrage documenté, qui tient à citer des sources grâce aux images, aux documents d'archives et à son iconographie.

Par bien des points, Marin Karmitz demeure paradoxal et mystérieux. Bien sûr, dans l'écriture de ce livre, il a été présent, ne serait-ce que par la vingtaine d'heures d'entretiens accordés à l'auteur, puis les relectures attentives des chapitres. Encore faut-il préciser – et je l'en remercie – qu'il a observé une certaine distance, une réserve, non dénuées de discussions, d'informations sur des points précis, de remarques et d'orientations suggérées. En un mot, Marin Karmitz a « joué le jeu » de la biographie historique sur archives, redoutant sûrement, autant que l'auteur et l'éditrice, les pièges frelatés de la biographie « autorisée », sans parler de la biographie « officielle ».

Peu à peu retiré du milieu cinématographique, Marin Karmitz, depuis une décennie, après 75 ans, consacre l'essentiel de son temps et de son énergie à sa collection d'art, notamment photographique, et à la lecture des textes judaïques qui ont jalonné toute son existence. « Qu'est-ce qu'être juif ? » demeure la grande question, et plus encore dans le contexte actuel. D'autres questions jalonnent cette vie de doutes et d'actions, cette conscience plus mélancolique et pessimiste que rieuse et optimiste. Ce que cet émigré, cet étranger qu'il est resté, doit pourtant à la France comme terre d'accueil et de prospérité ? Ce qui forge la morale et l'honnêteté d'un métier souvent décrit comme fondé sur les coups tordus et les compromissions ? Ce que l'accès à la culture permet d'apprentissage, d'initiation et de résistance aux conformismes, au consumérisme et à la mondialisation des produits ? Ce que l'art du cinéma, enfin, conforte chez quelques grands artistes visionnaires que l'homme autant que le producteur ont aimé côtoyer ? Ce caractère sombre, qui voit plutôt ce qui va mal que ce qui va bien, ce moraliste parfois résigné mais aussi révolté, ce contemporain permanent n'hésite pas à pousser la fidélité à lui-même jusque dans l'erreur assumée.

Avec Krzysztof Kieślowski, l'un de ses grands amis, il voulait fonder le « parti de la solitude ». En croisant par hasard Elie Wiesel, ils ont décidé, tous les trois, de renommer ce groupuscule peu nombreux le « parti de la solitude et du silence ». C'est ce même jeune homme, seul et muet, qui tient sa caméra à la main, la cigarette au bec et l'œilleton ajusté, sur la photographie de la page suivante. Ce livre raconte son histoire dans celle du cinéma.

I

Enfance roumaine

« J'avais oublié que des tilleuls étaient plantés derrière la maison. C'est ce jour-là, dans ce parc, avec mes fils, que l'odeur des tilleuls m'a surpris, je pourrais même dire qu'elle m'a pris à la gorge, tant elle était violente, profonde, entêtante. Je n'ai même pas réussi à en parler aux garçons. » [1] En 2011, Marin Karmitz retourne à Bucarest avec ses deux fils, Nathanaël et Elisha. Il souhaite leur montrer les lieux de son enfance roumaine, près de soixante-cinq ans après les avoir quittés. « L'histoire de mk2 commence là [2]... » a-t-il l'habitude de dire. Il y était retourné une première fois, peu après la chute du mur et des Ceausescu, en 1993, accompagnant le cinéaste Lucian Pintilie qui y tournait un film qu'il produisait, *Un été inoubliable*. À chaque reprise, le voyage est éprouvant et l'odeur des tilleuls semble amère, car ce que l'homme voit en revenant sur les traces de son enfance ressemble à une « dépossession », à une « régression », « aux antipodes de ma conception de la vie » [3]. Des maisons devenues impersonnelles, sans authenticité, des lieux à l'abandon, un pays « rongé par l'ultralibéralisme » après avoir été « enlaidi par le communisme » [4]. Et des souvenirs dont les traumatismes ne sont pas passés, qui rôdent, qui reviennent même parfois au gré de l'actualité, comme l'avoue Marin Karmitz en baissant les yeux, à la mi-novembre 2023 : « La première chose qui est remontée, le 7 octobre, c'est la terreur du pogrom. J'ai

Ci-contre :
Portrait de Marin Karmitz pendant le tournage de *Camarades* en 1969.

connu le pogrom, j'en fais des cauchemars récurrents. »[5] Le 21 janvier 1941, Bucarest est traversé par la violence des massacres antisémites perpétrés par la Garde de fer.

Du côté des Karmitz

Les Karmitz, du côté paternel, sont originaires de la région de Siedlce, des Juifs polonais installés à Bucarest au milieu du XIXe siècle, trois générations auparavant. Ils fuient alors les pogroms qui se multiplient dans cette région de Mazovie sous domination russe, pour gagner le « Vieux Royaume » de Valachie, en train de se réformer en un État roumain moderne sous l'impulsion du Premier ministre Ion Bratianu. En 1881, Carol Ier est couronné « roi des Roumains »[6]. Bucarest, la capitale, est en plein essor, accueillante avec les étrangers qui viennent en nombre y chercher fortune.

La génération suivante, l'aîné de la famille Karmitz, Marin, est marchand des quatre saisons. Son échoppe tourne bien, il se spécialise dans les fromages, qu'il vend sur les marchés de Bucarest et de sa région. Bientôt, il devient le principal fromager de la ville, tenant l'une des plus belles boutiques, fier de sa spécialité, le « Fromage Berger », mélange de brebis et de chèvre, en français dans le texte, avec cet écriteau en vitrine : « Ici on vend des fromages français. » Il profite de la vogue en cours pour les produits et la culture français, et devient même fournisseur officiel du roi et de la cour. L'homme s'est marié deux fois, il a huit enfants, deux garçons et trois filles d'un premier lit, deux garçons et une fille d'un second, et bâtit une fortune considérable.

L'aîné des quatre fils, Isidore Karmitz, est contrôleur de wagons-lits, travaillant le plus souvent sur la ligne Paris-Bucarest, via Vienne. Régulièrement, à la demande de ses parents, de ses proches, de ses amis, il rapporte en contrebande des médicaments et de la vitamine D de France et d'Allemagne, car la Roumanie en manque singulièrement. Il se révèle rapidement un génie des affaires : Isidore Karmitz a l'idée d'officialiser cet import-export pharmaceutique et, grâce à quelques contacts bien placés au palais, peut ouvrir au milieu des années 1920 une officine à Bucarest. Le commerce est rapidement florissant : l'entreprise Karmitz devient la plus grosse société d'importation de produits chimiques et pharmaceutiques des Balkans.

En 1931, Isidore Karmitz édifie sa propre usine pharmaceutique, en plein cœur de Bucarest, entre le parc Gradina Icoanei et le boulevard Magheru, passant à la production de médicaments, notamment de vitamine D. C'est un beau bâtiment d'inspiration Art déco, de couleur blanche, avec sa centrale de production chimique et ses magasins, où s'affairent une multitude de pharmaciens en blouse. La ville est périodiquement inondée d'affichettes vantant la qualité des « vitamines Karmitz ». Si les quatre sœurs ne travaillent pas, après avoir été chacune, un temps, vendeuse dans la fromagerie familiale, puis avoir épousé de bons partis de la communauté juive, fourreurs ou marchands de tissus, les trois frères viennent travailler tour à tour, enfin en même temps, dans l'entreprise pharmaceutique de l'aîné : Leonte, effacé et discret, qui n'est pas un intellectuel, supervise l'envoi des paquets ; Josef, actif, cultivé et entreprenant, à son aise socialement, gère la société ; et Salomon, dit « Solly », le cadet, plus timide, rond, à la calvitie précoce, aux compétences mathématiques affirmées, devient rapidement le comptable-financier de l'usine. Quand Isidore séjourne à l'étranger, ce qui lui arrive fréquemment, ce sont Josef et Salomon, très proches, qui dirigent l'entreprise.

Les quatre frères Karmitz deviennent riches, formant bientôt l'une des familles parmi les plus aisées, puissantes et connues du pays, prenant place dans une haute bourgeoisie juive qui réside dans de belles maisons « à la française » au sein du quartier Evreiesc, surnommé le « vieux Jérusalem », entre la Grande Synagogue, érigée en 1845 par des Juifs d'origine polonaise dans le style rococo, le temple Coral, synagogue néo-mauresque des années 1860, et la place Unirii, accolée à un grand parc au centre de la ville.

Les quatre Karmitz ont chacun leur propriété. Isidore Karmitz est le plus doué, le plus riche, le fondateur, personnalité charismatique reconnue et reçue par le roi, parlant plusieurs langues, mais encore flambeur de casino, possédant bureaux à Paris, propriété à Biarritz et écuries de chevaux de course, en France comme en Roumanie. Sa grande maison blanche, l'une des plus belles de Bucarest, est volontairement un peu à l'écart, au nord du quartier juif. Elle possède un jardin fameux dans la ville, digne d'un zoo, rempli de biches, de paons et d'essences rares. L'aîné des Karmitz a également acquis une belle propriété, un grand chalet pour la famille, à Sinaia, la station d'hiver la plus réputée du pays, la « Megève roumaine », bordant la Transylvanie, au cœur des monts Bucegi et Baiu, maison protégée au fond d'un parc de sapins bleus, faisant face à l'immense manoir, le château de Peles, que le roi possède à la montagne et ou il séjourne souvent l'été en villégiature.

Les Karmitz, qui parlent yiddish et roumain, s'émancipent de la communauté juive, mais restent d'importants donateurs de la synagogue. Cette assimilation à la bonne société roumaine, par l'aisance, la culture, l'ascension sociale, ne les éloigne pas du judaïsme. Isidore et Leonte ont ainsi financé et ouvert une maternité juive et sont liés par liens de parrainage au grand rabbin de Bucarest [7].

Le cadet, né en 1904, Salomon, Solly, le père de Marin Karmitz – qui porte le nom de son grand-père –, a lui aussi fait construire sa maison, en 1936, rue Dumbrava Rosie, un site très résidentiel au nord-est du quartier juif, au milieu de dizaines d'autres hôtels particuliers. Le bâtiment en impose, sur quatre étages, pourvu de deux rotondes, de deux hautes tourelles de tuiles orange, et de multiples et larges fenêtres. Les deux étages supérieurs sont en briques rouges, les deux inférieurs peints en blanc, le tout agrémenté d'un escalier monumental donnant sur un large perron aux deux portes « orientales » arrondies. Une vingtaine de pièces peuvent accueillir, autour d'un grand salon central, l'ensemble de la famille et une importante domesticité.

Du côté des Munteanu

Quant à la famille maternelle de Marin Karmitz, elle est originaire de Galați, grand port actif au bout du large coude qu'y fait le bas Danube, en Moldavie roumaine, dans le sud-est du pays, avant de se jeter dans la mer Noire, distante d'une soixantaine de kilomètres. Ici, le fleuve est impressionnant, « sang vital » qui irrigue la ville. Sur une largeur de plusieurs kilomètres, près de vingt mille mètres cubes d'eau coulent par seconde. La profondeur du fleuve permet au port, l'un des plus importants du pays, d'accueillir des navires maritimes. Au cours des années 1920 et 1930, le développement économique de la cité, fondé sur le transport des céréales, est rapide, la ville doublant sa population pour atteindre près de cent cinquante mille habitants. Galați est alors une cité cosmopolite, avec de multiples communautés – arménienne, grecque, sarde, mais également autrichienne, turque, syrienne. Les Juifs y sont également nombreux, constituant près du

Le grand-père paternel de Marin Karmitz, dans la maison de Sinaia, en Roumanie.

La maison de la famille Karmitz à Sinaia, dans les montagnes roumaines.

L'immeuble de l'entreprise pharmaceutique Karmitz à Bucarest, années 1930.

La maison de la famille de Salomon Karmitz à Bucarest.

septième de la population, et la ville compte près d'une vingtaine de synagogues, dont le temple de la société des artisans israéliens construit à la fin du XIXe siècle.

La communauté est industrieuse, culturelle et médicale. Les Juifs forment le principal groupe de marchands du port de Moldavie, entretenant d'intenses liens commerciaux avec des coreligionnaires d'Istanbul et du monde musulman et méditerranéen, autour du commerce du bois, des textiles, des céréales. Mais ils sont également très actifs dans l'artisanat et l'industrie, les clouteries, les savonneries, les fabriques de filets et d'engins de pêche. De petites usines fabriquent des batteries électriques, et le monde des ferblantiers, des chaudronniers, des relieurs, des imprimeurs, des horlogers, des maroquiniers, des fourreurs, des cordonniers, des bijoutiers, des teinturiers, des tailleurs connaît une grande activité. Restent les métiers de banque et d'assurance, avec des succursales jusqu'à Vienne ou Istanbul, et les professions médicales, ce qui est rare en Roumanie, car elles sont normalement interdites aux Juifs. C'est pourtant à Galați que la communauté juive crée une des premières maisons de santé du pays, une maternité importante et un « Hôpital israélien » de bonne réputation.

Le grand-père maternel de Marin Karmitz, Solomon Goldenberg, est médecin, fils d'un Juif séfarade venu de Syrie.

Les Goldenberg ont alors pris le nom roumain de Munteanu, et, en deux générations, l'assimilation permet aux fils de pratiquer la médecine et aux filles d'étudier dans les collèges catholiques et français. C'est le cas de la cadette, Diane Munteanu, née en 1916, qui parle bientôt français, italien, même allemand, après avoir fréquenté le collège des sœurs de Notre-Dame de Sion, dans le quartier Valea Orasului, près de la vieille ville, où réside sa famille depuis le début du XXe siècle dans une belle maison blanche. Le père, médecin militaire, colonel dans l'armée roumaine, a souhaité cette éducation francophone et catholique pour sa fille. La ville regorge de maisons d'éducation, de jardins, d'églises, de salles de concert et de spectacles, ce qui en fait un écrin de culture cosmopolite de l'est de la Roumanie. Diane Munteanu s'y frotte et s'y pique de littérature et de langues, s'affranchissant par le théâtre, la musique et la création. Mais son père, « le colonel », autoritaire, très droit, portant beau, les cheveux coupés court, convainc son épouse, plus effacée, que, à vingt ans, il convient désormais de la marier. L'affaire est arrangée, par une marieuse professionnelle, avec Salomon Karmitz, de douze ans son aîné, beau parti placé sous la coupe prestigieuse de son frère aîné Isidore.

Diane Karmitz, la mère de Marin, vers 1944.

Les Munteanu viennent s'installer à Bucarest pour découvrir leur future belle-famille. L'union est célébrée le 6 juin 1937, avant un voyage de noces de deux semaines dans les Dolomites italiennes. Les Karmitz apportent la fortune et la vie confortable dans la capitale, les Munteanu l'éducation et la culture, la finesse, l'élégance et la beauté – ce qu'on trouve réunis dans la photographie de Diane, posant alanguie en jolie robe de velours sur un magnifique canapé à fleurs. De cet écart de condition, il résulte un malaise, étouffé puis révélé, qui ne se réduira jamais vraiment. « Ma mère s'est mariée jeune, racontera Marin Karmitz, lucide, dans *Profession producteur* ; elle est partie vivre à Bucarest dans une famille qu'elle ne connaissait pas, et ses rêves se sont brisés. Mon père était tout sauf un intellectuel, alors que ma mère se nourrissait de littérature et rêvait en français chez les bonnes sœurs. Le décalage était considérable. Elle rêvait de devenir journaliste, de faire carrière littéraire, de tout sauf de la vie qu'elle a menée. » [8]

Bucarest, le « petit Paris »

Marin Karmitz naît bientôt, le 7 octobre 1938, dans la grande maison familiale, au 7 bis, Dumbrava Rosie. Il arrive dans une maison quasi neuve, construite deux ans auparavant, tout juste « vernie » par la fête de mariage de ses parents, en juin 1937. Il trouve place dans une grande chambre d'enfant un peu impersonnelle, à l'étage, et se voit rapidement confié à l'une des gouvernantes, « demoiselle » (*Schwester*) allemande, la soixantaine, originaire de Transylvanie, qui l'élève dans sa langue. Le garçon ne manque de rien, et les photos d'époque, conservées nombreuses, le montrent au milieu de ses jouets, ses deux vélos, ses peluches canines, ses statuettes militaires ou de Mickey Mouse, la bande dessinée *La Bande à Bicot*, couvert de cadeaux à Noël – fêté dans cette famille assimilée –, sous le sapin, parmi les gouvernantes, ses cousines et ses cousins – notamment Pierre, le plus proche et préféré même s'il a cinq ans de plus. La maison possède un parc, où l'enfant joue avec ses congénères du voisinage. L'été se passe souvent au bord de la mer Noire, dans la station balnéaire d'Eforie, entre bains de mer et longues soirées familiales ; l'hiver permet de séjourner dans le beau chalet de Sinaia, près duquel tous pratiquent la luge et le ski dans la station royale.

Un petit chien, un fox-terrier blanc à poil dur, est le premier compagnon, avant que ne survienne une petite sœur, Fleur, Yvonne, née en 1944, de cinq ans sa cadette. « Je dois beaucoup aux femmes qui m'ont élevé en Roumanie, reconnaîtra Marin Karmitz quelques décennies plus tard. Ces employées servaient à la maison et s'occupaient de moi en permanence. Elles me lavaient, elles m'habillaient, elles m'enfilaient une robe de chambre le soir pour me présenter en tenue correcte et élégante à mes parents. Elles m'ont beaucoup donné et beaucoup appris. Être élevé par des femmes, cela vous marque un homme à vie [9] ! »

Les souvenirs de l'enfance ne sont pas si nombreux dans les confessions de Marin Karmitz, le plus souvent rapportés une soixantaine d'années plus tard. Ils sont plutôt heureux.

La magnifique voiture, une Chrysler « qui ressemblait un peu aux taxis londoniens, avec un chauffeur auquel on parlait par téléphone, ce qui m'amusait beaucoup [10] » ; les fortes chutes de neige, régulières, qui obligent un valet, prédisposé à cette tâche, à dégager les allées du parc et l'entrée de la maison afin que les voitures puissent circuler, ce qui entasse des réserves de munitions pour les batailles de boules de neige où les chapeaux des passants deviennent vite les cibles principales. Un jour, plusieurs passants se plaignent au père, Solly, qui tient à les dédommager : « Cela m'a valu la seule raclée de ma vie, mais qu'est-ce qu'on riait [11] ! » La neige, toujours, sur laquelle s'organisent, à Bucarest comme à Sinaia, de longues parties de traîneau, devenant très excitantes lorsque les luges peuvent être accrochées par des hameçons à la carriole à chevaux du livreur de lait ou de nourriture – « Le jeu consistait à se faire traîner sur la plus longue distance possible, tout en évitant les coups de fouet du cocher qui se savait alourdi par nos corps à l'arrière, tout en faisant attention de ne pas se faire éjecter dans les virages. Parfois, on était expulsé si violemment qu'on se retrouvait sans luge [12]… ». Il y a également les courses à vélo dans le parc, avec les cousins et les voisins. Et un souvenir de cinéma, à cinq ans, lors d'une projection d'une bobine de Chaplin avec le Pathé-Baby, dans un couloir en haut de l'escalier de la maison de Dumbrava Rosie, devant une petite fille du même âge, habillée de blanc, que le jeune Marin veut impressionner : « Nous regardions l'écran quand l'appareil a pris feu, si bien que non seulement je me suis senti ridicule devant la fillette dont j'étais amoureux, mais je n'ai plus jamais revu de film en Roumanie. Le premier souvenir que j'ai du cinéma, c'est un appareil de projection prenant feu, la pellicule se consumant tandis que je brûlais moi-même de désir pour cette petite fille. Épouvantable. » [13]

Parfois, les souvenirs peuvent être encore plus moroses, voire traumatiques. Quand le garçon manque de perdre un œil en recevant en plein visage une balle de jeu de paume, dure comme du béton, et doit passer deux mois tout seul dans le noir. La solitude guette, car Marin ne va pas à l'école – les Juifs n'y sont plus admis depuis 1939 –, et seul le grand cousin Pierre passe le voir pour jouer avec lui. Une forme de retard scolaire s'installe : l'apprentissage des langues est délicat, tiraillé entre l'allemand de la gouvernante – qui disparaîtra début 1944, quand elle sera déportée dans un camp pour avoir servi chez des Juifs –, le roumain parlé dans la rue et le français des livres de sa mère ou de ses bandes dessinées. Le garçon ne sait quasiment pas lire ni écrire, et n'apprendra que tardivement, vers ses dix ans, dans un tout autre contexte, une fois arrivé en France.

Aîné, Marin est choyé par des parents qui, très vite, ont des projets pour lui. Deux cultures se croisent, « deux modes d'emploi que j'ai essayé d'assimiler, mélange des civilisations, mélange des pratiques, mélange des mémoires [14] », la tradition ashkénaze des Juifs polonais et l'habitus séfarade des Juifs orientaux méditerranéens, tous deux en partie recouverts par les volontés d'assimilation, bourgeoises du côté paternel, catholiques du côté maternel. Le père, Solly, n'est guère présent, et son apport tient en deux transmissions obligées, les préceptes moraux et rigoristes du judaïsme, « Ne pas dénoncer, ne pas mentir, ne pas voler » et « On gagne sa vie à treize ans, à la bar-mitsvah [15] », plus la passion du cheval, pratiquée en famille dès le plus jeune âge. La mère, Diane, investit beaucoup sur son fils : « Quand je suis né – c'est le sentiment que j'ai toujours eu, reconnaîtra Marin Karmitz –, elle a reporté sur moi, le fils aîné, ses désirs culturels inassouvis, son besoin d'être considérée, d'évoluer dans un autre monde. Je ne l'ai compris que beaucoup plus tard, mais ça a été son idée fixe : il fallait que son fils atteigne le milieu intellectuel, soit proche de la création et des arts. » [16]

Le Bucarest des années 1930 figure sans doute cet horizon rêvé. La ville est en grande expansion depuis la fin du XIXe siècle, devenue la capitale du nouveau « Vieux Royaume » de Roumanie. La richesse architecturale et la culture cosmopolite de cette période lui valent son surnom de « Paris oriental » ou de « petit Paris des Balkans », avec en emblème l'avenue de la Victoire (*calea Victoriei*), à l'image de Champs-Élysées locaux. L'âge d'or correspond à ces années dans la mythologie nationale roumaine : les drames viendront plus tard, avec la Seconde Guerre mondiale, avec le communisme. Il faut dire que le pays sort triomphant de la Grande Guerre, choyé par le traité de Versailles qui, en 1919, annexe au Vieux Royaume plusieurs régions frontalières, la Transylvanie et la Bucovine, jusqu'alors austro-hongroises, la Moldavie orientale, auparavant sous domination russe. La ville de Bucarest, pimpante capitale, prospère, élégante, trépidante, voit ses constructions se multiplier. Les rois, Carol Ier, Ferdinand Ier, Carol II, Michel, qui se succèdent des années 1900 aux années 1940, issus d'une branche cadette des Hohenzollern-Sigmaringen, prestigieuse dynastie germanique, administrent leur nouvelle patrie en conservant des relations nombreuses avec Berlin, Londres, Madrid et Paris. La capitale française, plus particulièrement, est omniprésente dans le paysage et l'imaginaire de Bucarest [17]. Plusieurs bâtiments monumentaux ont été construits par des architectes français (l'Athénée, le Palais de la Caisse d'Épargne), ou du moins passés par les Beaux-Arts de Paris, tels Ion

Marin Karmitz à cheval avec ses parents.

Marin Karmitz
avec sa luge dans le jardin enneigé
de la maison de Bucarest, au
début des années 1940.

Mincu ou Petre Antonescu. La ville est l'ostentatoire théâtre d'expression de styles architecturaux occidentaux, Art nouveau, Bauhaus, mâtinés de renaissance locale : le *néo-brancovan* ou le néo-vénitien. Diane Karmitz, quant à elle, peut se targuer de trouver dans les librairies les romans français « le lendemain de leur sortie à Saint-Germain-des-Prés » [18]. Avenues magnifiques, hôtels particuliers, palais majestueux au décorum chargé, théâtres et salles de concert le plus souvent bondés, cafés à la viennoise ou à la parisienne, vie culturelle et artistique de forte intensité, ouverture internationale et population cosmopolite, la cité roumaine ne manque pas de panache [19]. Sa bourgeoisie, classe dirigeante attachée à ses mythes identitaires, aime les lettres et la grande musique, les tablées pleines de proches, d'oncles et d'amis, les virées à la montagne ou vers la mer Noire, ce qui est beau et ce qui est élégant [20].

La montée du fascisme

Mais cette expansion elle-même provoque des tensions, qu'elle cache un temps, qui crispent bientôt les relations entre classes et communautés, puis se déchaînent dans un pays divisé. Déjà, dès la fin du XIXe siècle, le philosophe allemand Ferdinand Lassalle, qui y séjourne longuement, voit dans la ville de Bucarest un « nid de tensions » à la fois sociales et nationales, dont les minorités, bien installées mais jalousées, peuvent être le « prétexte à des déchaînements de violences nationalistes » [21]. D'importantes minorités intègrent le territoire, à hauteur d'un tiers de la population totale, parmi lesquelles un million et demi de Hongrois, un demi-million d'Allemands, un autre demi-million de Juifs. La « divine surprise » du traité de Versailles se révèle un cadeau empoisonné, l'unification nationale devenant une obsession exclusive et excluante. La « fierté roumaine », engendrée par l'affirmation nationale, annonce les déflagrations prochaines, même xénophobes et racistes. L'antisémitisme, ainsi, ne manque pas de redoubler au fur et à mesure que d'importantes communautés juives entrent dans le territoire. Aux deux cent trente mille Juifs que comptait le Vieux Royaume s'ajoutent un demi-million d'« étrangers » issus des nouvelles provinces, deux cent mille en Bessarabie, cent cinquante mille en Moldavie et près de cent mille en Bucovine. La communauté juive de Roumanie s'impose désormais comme la troisième plus nombreuse en

Europe[22]. Dans ces conditions, une « psychose de l'incertitude nationale[23] », jointe à l'obsession de l'homogénéité ethnique, contribue à faire le lit de la surenchère nationaliste, portant bientôt au pouvoir les groupes les plus extrémistes et proches du fascisme, affichant un antisémitisme déjà doté de solides traditions autochtones.

Dans les rues de Bucarest, au fur et à mesure que montent ces excès nationalistes, se mêlent d'étranges cohortes contradictoires. Dans la belle capitale déambulent, parcourant les riches avenues qui bordent la calea Victoriei, une faune élégante et colorée, des bourgeois tirés à quatre épingles, des dames frivoles et gaies allant de boutique en boutique, et roulent les voitures dernier cri, notamment américaines, comme à Berlin, Madrid ou Paris. Parmi eux, circulent des colonnes de « chemises noires », cousins des fascistes italiens, ou des groupes d'étudiants désargentés, parfois armés de gourdins ou de barres de fer. Tout le monde peut s'asseoir dans les mêmes cafés, s'afficher aux mêmes terrasses, mais parfois l'agressivité monte d'un cran, provoquant des chahuts ou des échauffourées, des disputes virulentes. Parfois même se déclenchent des violences brusques et incontrôlables. Le grand écrivain juif Mihail Sebastián en témoigne dans son *Journal*, à la date du 24 juin 1936 : « Désordres et tabasses antisémites au tribunal. Nous allons peut-être vers un pogrom organisé. »[24] Le même jour, il note qu'un de ses amis a été « assommé dans la rue par une vingtaine d'étudiants qui l'ont traîné sans connaissance hors de la cité universitaire »[25]. La veille, d'autres intellectuels juifs ont été battus eux aussi. Dans certaines de ces rues, les commerçants juifs baissent leurs rideaux de fer et se terrent, armés, en attendant les agresseurs.

Ceux-ci sont de mieux en mieux organisés. En 1927, Corneliu Codreanu a fondé la Légion de l'archange Michel, dénonçant les « étrangers qui menacent la Roumanie profonde », celle « qui vient de la forêt » – ce que signifie précisément son nom d'emprunt, « roumanisé » –, mais également « les Juifs qui rongent le pays impuissant », à la manière de la « maîtresse juive » qui a séduit et corrompu le roi Carol II[26]. Derrière Codreanu se regroupe une foule de jeunes gens, qui défilent en faisceau, vêtus de chemise verte ou noire, prêtant allégeance à l'Église, jurant la mort du parlementarisme et réclamant que les Juifs soient traqués et chassés. La Légion, en 1930, devient un mouvement politique de masse et se rebaptise la « Garde de fer ».

En décembre 1937 tombe le résultat des élections législatives : la percée des fascistes est spectaculaire. Mihail Sebastian, lucide, la compare à celle des nazis en Allemagne. Le roi Carol doit réagir et, comme une fuite en avant, nomme un gouvernement « carliste » ultra-nationaliste et conservateur. Celui-ci s'empresse d'adopter de premières lois antisémites. Au printemps 1938, Carol II instaure la « dictature royale » et supprime les partis politiques, donc toute vie parlementaire réelle. Les Juifs redeviennent des citoyens de seconde classe. Un grand nombre d'entre eux perdent la nationalité roumaine ; on purge l'administration, l'enseignement, l'armée, la médecine des « non-Roumains de souche ». Les légionnaires de la Garde de fer accroissent encore leur nombre, se réunissent en camps d'entraînement, plus de cent cinquante dans tout le pays, et font désormais ouvertement pression sur le gouvernement. Ils disposent de soutiens dans l'armée, la magistrature, les universités, et même chez certains des jeunes intellectuels les plus influents de Bucarest, qui participent de cette dérive extrémiste, comme le philosophe Emil Cioran, le poète Haig Acterian ou l'historien des religions Mircea Eliade [27].

À l'automne 1938, on craint un coup d'État. Mais le putsch légionnaire n'a pas lieu : le roi Carol II opte pour une solution radicale afin de conserver son pouvoir, faisant emprisonner, exécuter et disparaître Corneliu Codreanu. L'agitation fasciste se poursuit pourtant, autour d'un nouveau meneur, Horia Sima, redoublée par les événements de l'été 1940. En effet, la Roumanie est amputée d'une grande partie de son territoire dans le contexte international et belliciste du pacte germano-soviétique. À la suite de l'ultimatum russe, Bucarest doit céder la Bessarabie et la Bucovine à l'URSS, puis, sur ordre de Berlin, la Transylvanie à la Hongrie et la Dobroudja à la Bulgarie. Les mesures antisémites se renforcent, lois raciales directement calquées sur celles de Nuremberg et du régime hitlérien : un décret d'août 1940 refuse la citoyenneté à la majorité des Juifs. « Mort aux Juifs ! La racaille politique judéo-bolchevik est en train de brader le pays », lit-on dans une presse qui multiplie les surenchères [28]. La situation politique se tend à l'extrême. Le 4 septembre 1940, le général Ion Antonescu prend brutalement en main les destinées du pays, renversant le roi Carol II, instaurant un régime fasciste, l'État national-légionnaire, allié zélé des nazis, mené par le *conducator*, lui-même.

Cinquante ans plus tard, Radu Ioanid, historien roumain dirigeant la division des programmes d'archives internationaux au Musée mémorial de l'Holocauste à Washington, qui est parvenu, via les services américains, à racheter des centaines de dossiers d'archives à la Securitate lors de la chute du communisme, confie à Marin Karmitz la photocopie de dossiers récupérés au ministère de l'Intérieur roumain [29]. Y est consignée, versement par versement, reçu par reçu, la manière dont les Karmitz ont pu réagir aux événements qui, depuis le milieu des années 1930, menacent leur tranquillité, leur commerce, puis leur vie. Grands bourgeois juifs, entrepreneurs prospères, multipropriétaires de demeures ostensiblement luxueuses, les frères Karmitz sont évidemment exposés, comme d'autres, aux surenchères nationalistes et antisémites. Le dossier d'archives « Salomon Karmitz » démontre une stratégie cohérente de protection des biens et des personnes : afficher toutes les preuves qui peuvent faire de lui un « bon Roumain » [30]. Cela vaut pour l'apparence publique et les signes extérieurs de richesse : drapeaux roumains aux fenêtres, couleurs tricolores, aucun zèle religieux qui pourrait être pris comme une « provocation », discrétion du yiddish, des habits, des fêtes et des musiques traditionnelles, arbres familiaux du Noël chrétien. Mais cette stratégie opère aussi clandestinement, par-dessous de table : multiples pots-de-vin versés au roi, aux princes, à la cour, à la presse, aux policiers, aux ministres, afin de récupérer la nationalité roumaine enlevée lors des premières lois antisémites de 1938. Les reçus accumulés révèlent les sommes importantes données aux autorités roumaines, de toute sorte. À cela s'ajoutent des prélèvements, notamment de l'armée roumaine et des élites dirigeantes, sur les médicaments, les chaussures, les objets de première nécessité ou… les fromages de la boutique du grand-père. C'est à ce prix que les Karmitz achètent une certaine protection.

Le pogrom de Bucarest

Qui ne pare pas à toutes les violences antisémites. Elles se déchaînent en janvier 1941 [31]. Quand le *conducator* Antonescu choisit de mettre au pas les légionnaires de la Garde de fer, craignant un coup d'État, emprisonnant et éliminant ses principaux officiers, la réaction des miliciens est violente, organisant une rébellion à Bucarest. Les légionnaires encore en liberté, Viorel Trifa, président de l'Union nationale des étudiants roumains chrétiens, Dumitru Grozea, chef du corps ouvrier légionnaire, ou l'organe du mouvement fasciste, *Cuvântul*, appellent à la révolte, désignant « la maudite hydre juive qui montre les dents [32] » comme la principale instigatrice du « complot » qui les menace. Cette incitation au massacre dégénère en pogrom, qui traverse

Photographie au lendemain du pogrom de Bucarest en 1941.

la ville entre le 21 et le 23 janvier 1941, faisant cent vingt victimes, arrêtées et sorties de chez elles, prises dans les rues, déshabillées, torturées et assassinées, puis laissées le plus souvent nues à même le sol. On tue au carrefour des rues Fundeni et Pantelimon, au moulin Straulesti, dans le quartier de Bucurestii Noi, dans un abattoir, où une dizaine de cadavres sont pendus aux crochets, dans la forêt de Jilava, et certains massacres ont lieu dans des maisons de particuliers. Le rabbin Gutman de Bucarest figure parmi les victimes, avec ses deux fils [33]. Le vandalisme des légionnaires n'épargne pas les synagogues, dont sept sont pillées et dévastées. Les quartiers juifs pauvres, comme calea Dudesti, ou les plus riches, tels Vacaresti ou calea Rahovei, sont également attaqués.

Les soldats réguliers d'Antonescu mettent fin au massacre le 23 janvier, reprenant le pouvoir dans la ville et réprimant la Garde de fer, mais près d'un millier et demi de Juifs ont subi des sévices durant ces trois journées de pogrom, assassinés, torturés, battus, voyant disparaître en fumée leur commerce ou leur logement, victimes de vols, d'humiliations ou de spoliations.

Chez les Karmitz, les maisons se ferment et les hommes ont le temps de se cacher. Rue Dumbrava Rosie, le 20 janvier au soir, Salomon Karmitz est prévenu par une relation proche du pouvoir : les légionnaires sont aux portes de la ville et « cherchent les Juifs ». Il rejoint l'un de ses frères, Josef, et ils fuient, conduits par un chauffeur fidèle, se réfugier quelques jours chez le père de Diane, ancien colonel de l'armée, qui habite un peu à l'écart de la ville. En fin d'après-midi, le 21 janvier, les légionnaires investissent la grande demeure de Dumbrava Rosie en tirant des coups de feu en l'air. La maisonnée se met à hurler. Les gardes sont une dizaine, tout de noir vêtus, débarquant d'un camion aux armes de la Garde de fer, transportant plusieurs fûts de vitriol. La réputation des Karmitz, à leurs yeux, c'est d'être à la tête de l'usine pharmaceutique qui aurait fourni le vitriol dans lequel le corps de leur chef, Corneliu Codreanu, aurait été dissous deux ans auparavant. Ils traquent les frères Karmitz pour leur faire subir le même sort.

« Ils cherchaient mon père, se souviendra Marin Karmitz, ils disaient qu'ils voulaient "dissoudre le Juif". Mais il n'y avait plus que les femmes, les domestiques, mon cousin et moi, dans la maison. Le dernier étage avait été loué à un attaché militaire de l'ambassade de Grande-Bretagne, et nous avions le drapeau anglais sur la maison. Nous pensions pouvoir ainsi bénéficier du privilège diplomatique[34]. » Les légionnaires réunissent tout le monde et les font monter au dernier étage. Ils menacent la famille, exigeant de savoir où Salomon et Josef Karmitz se sont cachés. « L'un des gardes de fer m'a collé un pistolet sur le visage pour faire parler ma mère. Ce sont des heures de terreur, de totale terreur[35]. »

La nuit passe tant bien que mal. Au matin, dans le voisinage, les combats font rage. D'un côté, des hordes de légionnaires qui cherchent les Juifs, de l'autre, les soldats d'Antonescu qui tentent de les arrêter. Dans la maison de Dumbrava Rosie, la tension s'installe. Grande et en rotonde, elle sert de point fort aux gardes de fer, qui la tiennent. Les troupes régulières l'encerclent, obtiennent un temps la reddition des légionnaires et la libération des otages. Puis tout se brouille quand les soldats doivent quitter les lieux, appelés d'urgence dans un autre quartier de la ville pour empêcher un nouveau massacre. La pression sur la famille Karmitz, retenue en otage, reprend : les interrogatoires, et encore le pistolet sur la tempe du garçon, devant sa mère angoissée. Bientôt, des diplomates de l'ambassade de Grande-Bretagne viennent chercher leur attaché d'ambassade, qui quitte les lieux, ivre mort. Les Karmitz n'ont plus de protection. La tension monte encore.

Le 22 janvier en soirée, le chauffeur de la famille revient, en loques et le visage en sang, escorté par des soldats d'Antonescu. Reconnu, arrêté, conduit au siège de la Garde de fer, au 37, rue Calarasi, séquestré dans les caves, torturé, il n'a pas parlé, avant d'être libéré par les militaires réguliers. Les légionnaires lèvent le camp, quittent la maison, suivant les soldats qui les encadrent. Fin de la terreur. Mais elle laisse des traces : « Nous avons survécu à cet épisode de la barbarie fasciste. Mais ce cauchemar-là ne s'effacera jamais. Ce pistolet sur ma tempe représente un des événements déterminants de ma vie. Aujourd'hui encore, tout ce qui peut ressembler à ce geste, tout ce qui évoque cette situation, crée chez moi des réactions d'une violence inouïe. De révolte. De mépris. D'insoumission. Je deviens comme fou devant tout ce que je perçois comme un chantage, une menace, sentiment d'être forcé, humilié, impuissant. Il m'est arrivé, bien plus tard, d'entrer vraiment dans des colères incroyables. Je ne tends pas l'autre joue, je dis non et je dis non vite. Dans un monde où ce genre de réactions n'est pas bien accepté, ça m'a fait beaucoup de tort en même temps que cela m'a permis de garder une grande liberté [36]. »

Sous la protection du roi Michel

Après cette épreuve, les Karmitz se rapprochent du jeune roi Michel, qu'Antonescu a installé sur le trône, à l'âge de dix-neuf ans, lors de la destitution de son père, Carol II, en septembre 1940. C'est un roi fantoche, mais il conserve un certain prestige et un pouvoir symbolique, dont il dit avec une certaine ironie : « J'ai appris à ne pas dire ce que je pense et à sourire à ceux que je hais le plus [37]. » Il parvient cependant à faire comprendre aux autorités fascistes, et allemandes qui les encadrent, la nécessité de ménager les élites de la nation, même juives. Isidore Karmitz, le chef de famille, conserve de nombreuses relations au sein de la monarchie. « C'est grâce à ses connaissances et à son influence que nous avons été relativement épargnés [38] », rappelle Marin Karmitz après avoir consulté les dossiers récupérés par Radu Ioanid et les services secrets américains à la chute du communisme. En ce sens, le commerce de médicaments de l'entreprise Karmitz est utile, car ces produits sont rares, chers et nécessaires aux soldats en guerre. En prouvant qu'ils sont de « bons Roumains », les industriels juifs, comme les Karmitz, peuvent même récupérer leur citoyenneté et des indemnités pour les spoliations qu'ils ont subies au début de la guerre, durant la période la plus dure des lois antisémites. C'est le cas de Salomon Karmitz, qui retrouve la

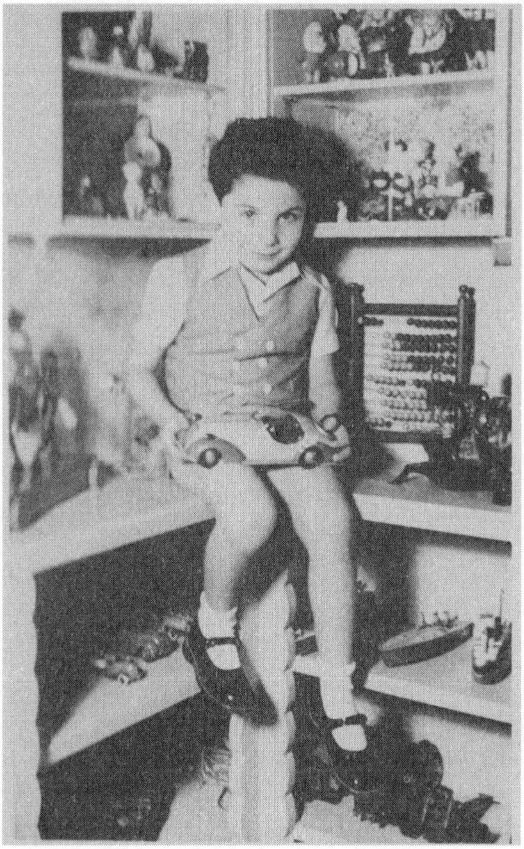

Marin Karmitz, cinq ans, dans sa chambre d'enfance, en 1944.

La famille réunie, avec les domestiques, à l'occasion
de la naissance de Fleur, petite sœur de Marin Karmitz, en 1944.

« nationalité roumaine » et des « indemnités pour le Juif S. Karmitz » [Il récupère sa société pharmaceutique] en juillet 1942, selon un document poinçonné par le ministre de l'Intérieur [39].

Profitant de cette relative protection et d'une accalmie au cœur du conflit, quand les soldats roumains et allemands, réunis, sont occupés sur le front russe, le calme revient rue Dumbrava Rosie. La famille de Salomon, Diane et Marin Karmitz s'élargit : un nouvel enfant est attendu.

Pour l'époux, cette naissance implique de mettre vraiment les siens à l'abri. Le mieux serait hors de Bucarest, mais les Juifs n'ont pas le droit de quitter la ville. Il négocie avec le palais royal des places dans une voiture du cortège qui conduit le roi Michel en villégiature à Sinaia, au début de l'été 1943, en piémont de Transylvanie, dans le nord-ouest du royaume. Josef Karmitz obtient la même faveur pour les siens. Cela permet aux deux familles de gagner leur chalet, non loin de la résidence royale du château de Peles, et vaut au jeune Marin, bientôt cinq ans, un beau souvenir : « Michel de Roumanie a sauvé ma famille pendant la guerre. Je me souviens que, pour quitter Bucarest, on a pris une voiture du cortège du roi. Elle était remplie d'armes, de pistolets, de mitraillettes, déposés et cachés par les gardes. Et nous passions les barrages allemands. J'avais peur, mais j'étais fier [40]. »

Le reste de la guerre s'inscrit dans la mémoire étrangement heureuse de l'enfant. La nourriture ne manque pas, contrairement à ce qu'il en est à Bucarest, où tout est devenu rare, et la Chrysler parcourt les villages de montagne alentour à la recherche des victuailles. Les grandes tablées des jours de bombance reviennent, et le duvet de plumes d'oie du lit profond est des plus confortable. La nature est accueillante, été comme hiver, avec ses magnifiques sapins, ses clairières, ses sentiers et ses alpages. Les habitants sont plutôt curieux de ces réfugiés privilégiés, qui n'hésitent pas à distribuer billets et médicaments, jamais hostiles en tous les cas. Même les centaines d'avions alliés qui, à partir de 1944, viennent bombarder les puits de pétrole, distants d'une soixantaine de kilomètres, à la lisière des Carpates, ressemblent davantage à un feu d'artifice – auquel les Karmitz, réunis dans la forêt avoisinant leur chalet, assistent avec une certaine jubilation – qu'à une véritable menace. « Cela peut paraître étrange, résumera Marin Karmitz, mais j'ai surtout le souvenir d'une grande liberté. Il y avait un fond de peur, d'inquiétude, les Juifs étaient persécutés, mais je vivais avec un sentiment de liberté quasi total. Ce furent deux années d'insouciance. Je passais mes journées à jouer, il y avait des animaux, je traînais sur les chemins. J'ai des souvenirs extraordinaires de cette période à Sinaia et de cette maison à la montagne [41]. »

Reste un terrible bilan, qui impose un contexte de tragédie au sein duquel la famille Karmitz s'est ménagée, par l'argent, ses relations et les négociations, une niche protégée : sur les sept cent cinquante mille Juifs vivant en Roumanie durant les années 1930, moins de la moitié ont survécu à la fin de la guerre. Après les pogroms perpétrés par les légionnaires de la Garde de fer, les massacres de masse se sont abattus sur les différentes communautés. Plus de cinquante mille Juifs ont été tués par les troupes roumaines et allemandes en Bessarabie et en Bucovine en 1941 ; cent cinquante mille ont été déportés en Transnistrie à l'automne 1941, dont les deux tiers ont été exterminés ; cent mille Juifs furent liquidés à Odessa et dans les départements de Golta et Berezovka ; cent vingt mille Juifs du nord de la Transylvanie furent déportés vers les camps d'extermination du Reich en 1944 et presque tous assassinés [42].

Les communautés épargnées sont celles du Vieux Royaume, de Bucarest et des régions centrales du pays, dont font partie les Karmitz. En réalité, elles y échappèrent de peu [43]. Tout était prêt pour les envoyer mourir en Pologne. L'état-major SS, le ministère allemand des Affaires étrangères et les hauts responsables de la Solution finale avaient choisi le camp de Belzec, en Pologne, pour exterminer les Juifs roumains. En septembre 1942, le camp est en capacité d'éliminer deux mille personnes par jour. À Bucarest, le maréchal Antonescu valide « la déportation de la population juive tout entière » [44]. Mais l'opération est interrompue un mois plus tard, car Antonescu veut utiliser « ses » Juifs comme monnaie d'échange afin de récupérer la Transylvanie du Nord, annexée par l'Allemagne. Une négociation avec les autorités nazies s'ouvre ; Hitler ne tranche pas. Quand, au cours de l'année 1943, le vent de l'Histoire tourne et que la défaite allemande devient une possibilité, le dictateur roumain comprend que la non-déportation des Juifs de Roumanie centrale peut lui servir de sauf-conduit auprès des Alliés, s'il en vient à retourner ses alliances. Passer pour le sauveur des Juifs… ce qui sera d'ailleurs un des arguments de ses futurs défenseurs [45]. Comme l'ensemble de la communauté juive de Bucarest, les Karmitz ne doivent donc leur survie qu'au retournement opportuniste du maréchal Antonescu.

Ce dernier, qui déclarera « Peu m'importe que l'Histoire nous considère comme des barbares si c'est parmi les vainqueurs [46] », est destitué lors du passage de la Roumanie du côté des Alliés, en août 1944. Livré à l'URSS à la demande de Staline, emprisonné durant un an, il est ramené en Roumanie où il est jugé, condamné à mort et fusillé pour crimes de guerre, le 1er juin 1946 dans la forêt de Jilava, là même où les massacres des Juifs furent les plus intenses lors du pogrom de janvier 1941.

À l'occasion du coup d'État du 23 août 1944, le roi Michel s'est entendu avec le personnel politique pro-Alliés, libéraux, nationaux-paysans, socialistes et communistes, pour faire basculer la Roumanie dans le camp des vainqueurs. En déclarant la guerre à l'Allemagne nazie, le roi doit accueillir l'Armée rouge, qui entre à Bucarest le 12 septembre. Elle s'y comporte rapidement en puissance d'occupation, mettant à terre un pays vaincu, non un vainqueur. Staline règne de fait sur la Roumanie. Dès le 6 mars 1945, un gouvernement sous influence communiste, soutenu par l'URSS, met au clair la réalité du pouvoir. Le roi Michel est redevenu un pantin, conservé un temps car il est populaire et puisqu'il a soutenu la résistance roumaine, tout en « protégeant » comme il l'a pu les Juifs de son royaume de Valachie. Mais, en contrepartie de l'Ordre de la Victoire que lui remet Staline, il doit reconnaître le résultat des élections législatives de 1946, largement truquées, qui entérine « démocratiquement » le pouvoir d'un parti inféodé à Moscou. Le sort de son pays avait, de fait, été scellé dès octobre 1944 lors de la conférence de Moscou : la Grande-Bretagne conserverait sa tutelle sur la Grèce à la condition que la Roumanie et la Bulgarie tombent sous la coupe des Soviétiques [47].

Négociations avec les communistes

Le jeune Marin Karmitz, âgé de six ans et demi lorsqu'il revient de Sinaia à Bucarest au printemps 1945, se souvient de la présence des troupes de l'Armée rouge, notamment « les cosaques ivres morts sur leur cheval, volant, violant et se faisant parfois descendre par les officiers russes, là, devant les passants, dans la rue. C'était extravagant » [48]. Les frères Karmitz craignent désormais les communistes autant que les fascistes auparavant. Bourgeois, riches, propriétaires, possédant une entreprise prospère épargnée par les autorités nazies, ils sont forcément suspects. Dans leur esprit – ils n'ont pas tort –, la traque des anciennes élites ne va pas tarder, et ils doivent fuir au plus vite. Les Karmitz peuvent encore compter sur le soutien du roi Michel pour négocier avec le gouvernement sous influence communiste. La porte n'est pas fermée. Isidore Karmitz est le premier à fuir, tout en apportant au nouveau pouvoir une contre-partie matérielle non négligeable. À l'automne 1945, il négocie avec Rhône-Poulenc, groupe chimique français, avec l'appui des autorités officielles roumaines, le transfert en Roumanie de réserves essentielles de médicaments et de stocks importants de chlorure de vinyle [49]. Il parvient alors à s'installer à Paris, rue Tronchet, en profitant du voyage en France, où il compte des relations puissantes et de nombreux biens. Quelques semaines plus tard, Salomon et Josef Karmitz font venir, selon le même principe, un avion chargé de pénicilline, indispensable pour les hôpitaux roumains. Cependant, moins habiles et moins influents, eux ne parviennent pas à fuir.

Deux années durant, les trois frères Karmitz et leurs familles vivent dans l'incertitude à Bucarest, entre négociations délicates pour quitter le pays et danger permanent d'une chasse aux anciennes « classes dominantes ». D'un côté, une vie qui reste matériellement confortable, même si elle n'est pas ostentatoire ; de l'autre, la menace d'une possible confiscation des biens, voire des arrestations. De nombreux notables juifs furent d'ailleurs à l'époque mobilisés pour le creusement du canal du Danube [50], menant de Cernavoda à Constanta, sur la mer Noire, en une centaine de kilomètres, dont le chantier commence au début de l'année 1947. Ce qui protège sans doute davantage les Karmitz, outre les relations établies avec le roi Michel et l'ambassade de France, c'est la nature de leur entreprise : le nouveau gouvernement a besoin de médicaments en cette période de crise et de reconstruction, et les liens noués par les Karmitz avec la pharmacie occidentale semblent encore indispensables.

Les négociations prennent donc du temps. Le départ des Karmitz va inaugurer une stratégie que le régime communiste développera plus largement à partir du milieu des années 1950 et pendant une quinzaine d'années : la « vente » des Juifs [51], autorisés à quitter le pays à des conditions mercantiles, au point que Ceausescu pourra dire en une boutade : « Les Juifs et le pétrole sont nos deux meilleurs produits d'exportation [52]. » Les exigences sont précises : soit qu'une famille juive abandonne ses biens au régime ou au parti communiste, à la condition qu'ils représentent une importante plus-value, soit que, depuis l'extérieur, leur achat puisse atteindre une somme suffisante. Ainsi le « commerce » des Juifs avec l'État d'Israël ou le gouvernement américain est-il une monnaie d'échange considérable durant les années 1960. L'historien Radu Ioanid a exhumé les livres de comptes, les inventaires, les listes où la valeur de chaque famille juive était établie, convertie en nombre de porcs puis en dollars [53].

Commence une course contre la montre. D'un côté, la montée en puissance d'une nouvelle classe dirigeante et du régime communiste, menant au coup de force du 30 décembre 1947, forçant le roi Michel à abdiquer et à s'exiler. L'acte d'abdication précise que « la monarchie est devenue un sérieux obstacle au développement de la Roumanie, qui a acquis le droit et la liberté de se choisir une nouvelle forme d'État » [54]. C'est la République populaire roumaine, fondée en 1948 sur la Constitution et un parti ouvrier socialiste unique. De l'autre, les tractations qui permettent d'établir un accord officieux : les Karmitz obtiennent la possibilité d'émigrer vers l'étranger à la condition de laisser au parti communiste roumain tous leurs biens, propriétés et avoirs financiers. C'est une fortune considérable : l'entreprise pharmaceutique, avec son usine, son personnel, ses produits et tous ses magasins, quatre hôtels particuliers à Bucarest, la propriété sur la mer Noire, le chalet de Sinaia et plusieurs millions de lei. En contrepartie, quarante passeports sont octroyés. L'accord est signé le 24 mai 1947 [55].

Il faut cependant attendre près de sept mois avant que l'accord soit confirmé et que le départ puisse s'effectuer, le temps de régler une épineuse question. La propriété d'Isidore Karmitz, parti dès 1945, l'une des plus belles bâtisses de Bucarest, a été louée à l'époque à l'ambassade américaine, dont elle devient la résidence. L'ambassadeur ne souhaite pas quitter les lieux. Les tractations commencent et durent un semestre avant qu'il ne cède. La maison, fin 1947, est enfin réquisitionnée par le parti communiste, qui y loge ses premiers dirigeants, Ana Pauker et Gheorghiu-Dej.

Le voyage sans retour

Mais où partir ? La France est plébiscitée par les Karmitz : l'oncle Isidore y réside déjà et pourrait organiser l'arrivée ; l'ambassade de France a toujours soutenu la famille dans ses négociations ; et Diane, par goût, par langue, par culture, ne conçoit son départ que pour cette destination. Dès que l'accord est confirmé, le départ est immédiat, seule une malle par famille peut suivre, convoyée par l'ambassade de France [56]. Le père de Marin, Solly Karmitz, y dépose un beau service de verres à pied en cristal, et sa mère Diane une collection de livres de la Bibliothèque rose ayant appartenu à sa propre mère, dont *Le Général Dourakine* de la comtesse de Ségur. Marin, neuf ans, a surtout l'impression de brûler vif.

Une semaine plus tard, l'abdication du roi Michel ferme la porte du pays pour plusieurs années, lançant effectivement la traque des anciennes élites, notamment au sein des grandes familles juives du pays. Il était temps. « Le seul pouvoir qu'on peut accorder à l'argent, dira Marin Karmitz, c'est qu'il peut vous sauver la vie. Si vous avez de l'argent, un jour vous pourrez vendre vos maisons pour obtenir des passeports. Si vous avez des passeports, vous pouvez fuir et donc sauver votre peau. C'est la seule chose qui importe. Au fond, l'argent permet d'acheter sa liberté. Mais c'est sans doute une idée d'immigré [57]. »

Au petit matin du 20 décembre 1947, escortés par des agents de la sécurité roumains, dans une ville encore déserte, un convoi de voitures transportant les quarante membres des trois familles Karmitz, enfants, femmes et hommes, quelques grands-parents, oncles, tantes, cousins et cousines, gagne la gare. Ils sont rapidement enfermés dans un wagon aux fenêtres condamnées par des planches de bois. Le plus discrètement possible – les Karmitz sont connus en Roumanie, et la nouvelle de leur départ, avec la pénurie d'approvisionnement en médicaments qu'elle implique, pourrait entraîner des troubles –, le train prend la direction de Constanta, port sur la mer Noire distant de deux cents kilomètres. Le trajet est interminable, avec l'angoisse, sans cesse, d'un arrêt et retour vers Bucarest. Marin Karmitz le confiera plus tard : « Ça s'arrêtait sans cesse. Et à la douane, ils ont fait du zèle et fouillé tout le monde ; ils n'ont rien laissé passer. Heureusement, nous avons pu continuer. Le passage d'une frontière continue de me terroriser ; aujourd'hui encore, je suis pris de panique. Être émigré, c'est ne pas avoir de papiers en règle, c'est être à tout moment rejeté du pays où l'on va, être arrêté, renvoyé, ramené. Longtemps, j'ai souhaité devenir diplomate pour posséder le fameux passeport qui autorise le passage de toutes les frontières [58]. »

Au port de Constanta, les Karmitz embarquent sur un grand paquebot blanc usé et rafistolé, ayant sans doute servi au transport de troupes. Il bat pavillon roumain, ce qui ne les rassure guère, d'autant qu'il est sûrement surveillé de près par les Soviétiques. Dès lors, Solly Karmitz insistera pour descendre dès que possible et rejoindre le premier pays qui pourrait les accueillir. Le bateau fait l'aller-retour, en deux mois, entre Bucarest et Marseille, en passant par Istanbul, Beyrouth, Haïfa et Naples. Les passagers s'y entassent, partageant de minuscules cabines. Il y a beaucoup de Juifs, venus de Roumanie, de Moldavie, d'Ukraine, de Russie, de Bulgarie. C'est une sorte d'*Exodus*, ce navire parti de Sète en juillet 1947 avec à bord quatre mille cinq cents Juifs d'Europe, survivants de la Shoah, émigrant clandestinement vers la Palestine, encore sous mandat britannique. Mais les émigrants ne purent débarquer, renvoyés malgré leurs protestations et leur grève de la faim vers une zone sous contrôle anglais en Allemagne [59].

Premier port d'accostage : Istanbul. Interdiction de descendre pour les Juifs. « J'ai vu la ville du bateau, se souvient Marin Karmitz, je garde encore la vision des minarets, une image poétique superbe vue de la mer. » [60] Au large d'Istanbul, on dresse un grand sapin sur le pont du navire. « J'ai passé Noël sur le bateau. Nous, les Juifs, restions devant ce sapin décoré, et personne ne voulait fêter Noël [61]. » Au bout d'une semaine, le bateau parvient à Beyrouth, où l'interdiction de débarquer est maintenue pour les Juifs.

Beaucoup attendent l'arrêt à Haïfa, en Palestine, ville atteinte deux jours plus tard. Mais les Anglais refoulent systématiquement les réfugiés juifs. Certains décident de débarquer quand même, clandestinement, par familles entières. Des passeurs viennent silencieusement les chercher à bord de petites barques aux rames entourées de chiffons, au crépuscule. Les gens s'entassent pour gagner la rive. Puis on entend des coups de feu dans la nuit, quelques moments plus tard. Ceux qui descendent là risquent leur vie. « Mon père n'a pas voulu prendre le risque d'aller à terre dans ces conditions, rapporte Marin Karmitz. Le bateau est resté trois jours, mouillant sur place au large de la ville. Dans la journée, des barques abordaient, et leurs équipages lançaient sur le pont des choses que je voyais pour la première fois, des fruits, jaunes, oranges, rouges. Les gens se battaient pour les avoir. J'ai récupéré deux bananes et deux oranges, et je les ai apportées à ma petite sœur [62]. » Le navire poursuit son périple hivernal à travers la Méditerranée, Naples est bientôt en vue. L'armée américaine, qui l'occupe encore, permet aux passagers du bateau de descendre à quai. Mais la police italienne leur interdit le passage à la douane au-delà du port.

« Je sentais de plus en plus l'angoisse de mes parents. Ma mère eut juste le temps de m'offrir une paire de chaussures avant de remonter à bord. Ma première paire de chaussures avec des semelles en crêpe [63] ! »

Il ne reste plus que Marseille, terminus. Avant un catastrophique retour à la case départ. La grande ville blanche est atteinte après un violent orage dans le golfe du Lion. Il faut absolument descendre et rester en France. « Mon père nous a rassemblés le long du bastingage avec pour consigne, au cas où l'on nous interdirait le passage, de sauter dans le port. Il n'avait plus qu'une idée : partir le plus vite possible. Il redoutait que les autorités roumaines du bateau ne nous empêchent de quitter le navire [64]. » Salomon Karmitz craint un contrordre, un télégramme venu de Bucarest. Il vient d'apprendre que, depuis deux semaines, le roi Michel a abdiqué et que les communistes ont désormais les pleins pouvoirs. Mais les quarante Karmitz passent sans encombre. Les voilà sur le quai principal du port de la Joliette. Au bout attend Isidore Karmitz dans un ballet de grands gestes affectueux, volubile, ému de revoir ses frères et leurs familles. Le télégramme enjoignant à garder la famille à bord pour retourner en Roumanie est parvenu une heure plus tard.

II

Jeunesse française

Les quatre frères Karmitz sont heureux de se retrouver, en cette fin janvier 1948. Isidore Karmitz, l'aîné, a bien fait les choses, réservant un étage entier de l'hôtel Ruhl, à Nice, le palace qui domine alors la promenade des Anglais. Dans ce joyau néo-baroque, cousin du Negresco de Nice ou du Carlton de Cannes, les trois familles émigrées se remettent du mois de traversée de la Méditerranée. Elles bénéficient du passeport Nansen, rédigé en français, permettant aux réfugiés apatrides de passer les frontières. Sillonnant la ville dans trois calèches, chacune cherche un logement où s'installer plus durablement. En attendant, les enfants jouent dans les grands couloirs du Ruhl, s'aventurent sur les galets de la plage ou sillonnent en vélo la promenade. « Nous avions un étage pour nous, se souvient Marin Karmitz. C'était très luxueux, je me souviens de lits très hauts, je prenais une chaise pour y monter. Je faisais du vélo comme un fou sur la promenade des Anglais, avec du liège collé sur les pédales pour me rehausser, il y avait du soleil, la mer. Nice était pour moi la ville du bonheur [1]. »

Souvenirs de Nice

Un mois plus tard, Solly et Diane Karmitz ont trouvé une demeure. Sur les hauteurs, au-dessus de la corniche niçoise, au mont Boron, juste au-dessus de la villa Orlamonde, où l'écrivain Maurice Maeterlinck est revenu s'installer en 1947 pour y vivre ses derniers jours. C'est une jolie petite maison blanche, louée meublée, entourée d'un beau jardin d'arbres fruitiers pourvu d'orangers, de mandariniers, de citronniers. En tant que réfugiés, les Karmitz bénéficient également de cartes d'alimentation, ce qui, en cette période de rationnement prolongé d'après-guerre – jusqu'au carnaval de 1949 à Nice –, leur permet de se nourrir très convenablement. On défait la malle arrivée de Roumanie quelque temps plus tard, via les services de l'ambassade de France, où les enfants Karmitz, frère et sœur, découvrent une sorte de trésor : de nombreux volumes des bibliothèques roses et vertes.

Le jeune Marin y apprend, en même temps, à lire et le français. « Comme je n'étais pas beaucoup allé à l'école en Roumanie, peut-être deux ou trois mois avant qu'elle ne soit interdite aux enfants juifs, je n'ai pu lire qu'en arrivant en France. J'ai appris avec un livre de la bibliothèque verte, *Croc-Blanc* de Jack London. En arrivant, je connaissais quelques mots de français par ma mère et des bandes dessinées, mais je n'ai réellement pu le parler qu'à neuf ans. C'est tard. J'aurais préféré apprendre avant. J'ai mis longtemps à le maîtriser ; je n'ai pas vraiment de langue maternelle [2]. » Les deux enfants sont inscrits, à partir d'avril 1948, pour le troisième trimestre de l'année scolaire 1947-1948, à l'école publique de Montboron. Marin est en 8e (CM1) et ce qu'il retient surtout, c'est la ronde qui y mène : un petit chemin à travers la forêt de pins, de chênes verts, d'épinettes, d'arbousiers, d'eucalyptus, de marronniers, tout un monde d'odeurs, d'épines et de feuilles qu'il découvre, et les amis d'école avec lesquels construire des cabanes, des coins secrets, cacher des trésors. « J'étais très heureux, poursuit-il dans ses souvenirs, je me suis fait plein de copains. La traversée des bois était une aventure. J'avais une vie indépendante alors que j'allais sur mes dix ans [3]. »

Dès la fin de l'année scolaire, la famille déménage pour se rapprocher du centre de Nice et des meilleurs établissements scolaires, dans un bel appartement du square Alsace-Lorraine, entre la place Wilson et la place Garibaldi. Les enfants sont scolarisés au lycée du Parc impérial, bateau amiral de la vie scolaire niçoise. Marin fait sa classe de 7e, du 1er octobre 1948 au 13 juillet 1949, avec des notes très inégales suivant les matières. Il est encore faible en français (7/20), en calcul (8/20), mais meilleur en lecture expliquée (12/20) et en histoire-géo (13/20), et excellent en leçon de choses (18/20). Ce n'est pas encore un « littéraire », il est plus à l'aise lorsqu'il faut expliquer la vie du monde et l'expérience de la nature. Bref, c'est un « élève moyen avec de réelles capacités » – avec une moyenne de 12/20 quand celle de la classe culmine à 11,5/20 – qui, surtout, progresse, ce que son bulletin ne manque pas de souligner, pointant au troisième trimestre des notes à 12 en orthographe, 13 en calcul, 14 en récitation, 16 en histoire-géo, et une appréciation louangeuse : « Élève intelligent et travailleur qui, en un an, a fait des progrès remarquables [4]. »

Le lycée du Parc impérial est également le cadre d'une expérience inédite et douloureuse, en tous les cas révélatrice. L'un des premiers jours, dans la cour de récréation, Marin Karmitz se fait traiter de « sale Juif » par un camarade de classe au milieu d'une échauffourée. Paradoxalement, alors qu'il vient de passer la guerre dans un pays à la politique ouvertement antisémite, qu'il a survécu à la violence d'un pogrom, le garçon n'avait jamais été placé comme cela, ouvertement, face à la dénonciation calomnieuse et raciste. « J'ai alors vécu l'expérience de l'antisémitisme, j'ai compris ce que "Juif" signifiait. J'ai commencé à riposter et à vouloir me battre, mais un professeur est intervenu immédiatement. J'ai pris conscience de ma condition de Juif [5]. » Le garçon apprendra que son agresseur, du nom de Goldenberg, est lui-même juif… ce qui ne l'empêche pas, dix jours plus tard, après avoir mobilisé son cousin Pierre de quinze ans, d'aller lui casser la figure après l'avoir entraîné dans un recoin boisé discret sur la colline du château.

Être désigné comme l'étranger est une humiliation que tous refusent et combattent dans la famille Karmitz : Diane et Fleur en parlant un français parfait, Solly en faisant des affaires, Marin en jouant avec ses copains, de Nice ou d'ailleurs. L'intégration est une vocation de tous les instants. Passer du passeport Nansen des apatrides à la nationalité française est une obsession tenace, régulièrement mise à jour par des demandes de naturalisation déposées auprès des préfectures par Salomon Karmitz. « J'ai découvert la France, reconnaît Marin Karmitz, qui traitait autrement que maintenant ses immigrés, qui nous a ouvert les portes, qui nous a distribué des tickets de nourriture et d'essence auxquels les Français eux-mêmes n'avaient pas droit, et tout cela sans ressentiment. L'accueil en France m'a formé [6]. »

Les souvenirs de Nice sont désormais liés à la grande ville et ses plaisirs : les balades urbaines en voiture, avec le père ou la mère, dans la Chrysler (bis !) que Solly Karmitz a acheté neuve, impressionnant des passants qui n'ont pas l'habitude de voir débouler de belles américaines. Et le cinéma, alors mieux ancré dans les désirs de l'enfant : la grand-mère maternelle, Lorry, qui vit avec la famille Karmitz, entraîne le garçon d'une dizaine d'années voir ses premiers films en salle, avenue de la Victoire, le grand axe festif et commercial niçois, au Cluny, à l'Étoile, au Palace-Cinéma, au Parisiana, au Cinéma de Paris, au Paris-Palace, à l'Apollo, au Monte-Carlo, au Cinéac, au Balzac, à l'Actual-Palace, la plus belle salle de la ville, construite en 1919, en balcons et pourvue de plus de mille places. Là se succèdent pour l'enfant et sa grand-mère les films de Chaplin, de Buster Keaton, de Laurel et Hardy, de Harold Lloyd, tout le burlesque qui le marque à jamais. Autre souvenir notable : quelques tournages, dans une ville de cinéma – les studios de la Victorine sont proches – où ils sont nombreux. « J'ai eu une vraie émotion un été en voyant l'acteur Georges Guétary qui jouait un séducteur, en costume blanc, et embarquait une fille dans sa voiture américaine décapotable blanche. C'était du grand spectacle. Inoubliable [7]. » Nice, c'est donc d'abord une ambiance, une carte d'enfance qui brille de mille feux. « Dans la ville, la lumière venait essentiellement des cinémas, confirme Marin Karmitz, avec les enseignes, les réverbères, l'entrée dans la salle et son faisceau lumineux. De là date pour moi cette idée que les salles de cinéma sont des lieux de vie, qui restent éclairés la nuit, y compris le dimanche quand les magasins sont fermés. J'ai toujours vu les "salles obscures" comme des lieux de lumière. Voilà ce que j'ai essayé de mettre en place avec mes salles : chasser la nuit en éclairant la ville par le cinéma [8]. »

Sombre Paris

La famille Karmitz demeure dix-huit mois à Nice, quittant lors de l'été 1949 la Côte d'Azur pour Paris. Salomon Karmitz espère trouver dans la capitale de meilleures et plus nombreuses opportunités commerciales. Car, au fil des mois, l'argent vient à manquer. Le séjour niçois, commencé dans la joie du refuge et l'insouciance d'une vie de palace, dans une ambiance de luxe, en tout cas de prospérité, voit la précarité s'imposer peu à peu. « Nous vivions d'abord comme en Roumanie, mais les ressources s'épuisaient. Nous le sentions, ma sœur et moi, même préservés comme des enfants, car nous avions de moins en moins de possibilités d'acheter des vêtements. Il a fallu faire attention, même pour la nourriture [9]. » Quelques loupés dans l'import-export ont jalonné cette déconfiture paternelle : Solly Karmitz perd des cargaisons de produits exotiques, égarées ou coulées, des bateaux de cacahouètes achetés au Brésil qui sombrent dans de malencontreuses tempêtes au large du Pot au Noir.

Salomon, « Solly », Karmitz, père de Marin,
devant le laboratoire des usines pharmaceutiques Orlabo à Orléans,
qu'il dirige durant les années 1950 et 1960. Photographie de Marin Karmitz.

Le 10 août 1949, le censeur du lycée du Parc impérial écrit au proviseur du lycée Carnot, à Paris : « L'élève Karmitz Marin ayant été reçu à l'examen d'entrée en 6e, est inscrit régulièrement au lycée du Parc impérial en classe de 6e. Ses parents, ayant quitté Nice pour Paris, voudraient le faire inscrire au lycée Carnot. Je me permets de vous recommander la candidature de cet enfant qui est un excellent élève et nous a donné toute satisfaction [10]. » Salomon Karmitz a trouvé un appartement à louer au bout du boulevard Berthier, les « boulevards extérieurs », dans le XVIIe arrondissement, près de la porte de Champerret. Les immeubles sont froids et gris, le quartier un peu triste, urbanisme tiré au cordeau d'une porte de Paris bruyante et sale. L'appartement est moins grand, moins clair, déjà meublé sans charme aucun, au premier étage donnant sur une cour étroite et profonde. Le hall de l'immeuble et la cour sont pavés de mosaïques blanches un peu cliniques, comme dans une station de métro, voire « un caveau [11] » « Une folle hurlait non loin, à l'étage au-dessus, jour et nuit. Parfois elle se soignait, on lui donnait des calmants, elle s'arrêtait. Puis ça recommençait [12] », se souvient Marin Karmitz, dont ce moment est « le plus triste de sa vie » [13].

Le garçon est très seul ; sa petite sœur, Fleur, est trop jeune, et son cousin, Pierre, qui a lui aussi déménagé à Paris en suivant son père, Josef, mais dans le XIIe arrondissement, est trop âgé et trop lointain. Un sentiment d'humiliation accompagne cet exil hors de l'aisance et des endroits d'exception, des belles avenues vivantes de Bucarest à la forêt odorante du mont Boron. L'enfant doit porter des affaires usées, la plupart du temps données par son grand cousin, dans lesquelles il flotte et qu'il n'aime pas, passées d'âge et de mode : des *knickerbockers* datant de la guerre, des chemises rigides et rafistolées aux coudes. « J'avais honte, précisera Marin Karmitz. J'essayais d'arranger ça, de porter le pantalon en dénouant les lacets pour les allonger, mais cela me donnait un air encore plus bizarre : le ringard se doublait de ridicule [14]. » Le garçon se sent exclu des milieux « où il faut être », ni rallye catholique, ni haute société protestante, ni bonne bourgeoisie juive. « On était simplement de pauvres apatrides, les étrangers derniers arrivés [15]. » Alors, le garçon se réfugie dans l'enfance, où il replonge, attaché tardivement aux jeux solitaires et régressifs des « petites voitures », où il engouffre ses maigres économies : acheter le plus de *Dinky toys* possible, miniatures aux formes rondes et aux couleurs vives, et les faire rouler jusque tard dans la nuit, sous son lit.

Au lycée Carnot, où il est admis en 6e après un examen de passage, la vie n'est guère plus gaie. Ce n'est pas loin de la porte de Champerret, et le collégien s'y rend à pied. Le gros bahut du bout du boulevard Malesherbes, un des plus importants (près de deux mille élèves s'y pressent) et des plus imposants (son architecture carrée, classique, massive, en brique et pierre de taille) de la capitale, fait figure d'établissement sans âme pour le garçon de onze ans qui le découvre à la rentrée d'octobre 1949. Il ne goûte pas davantage au charme du célèbre « hall Eiffel », charpente de fer et de verre, faisant verrière, de quatre-vingts mètres de long sur trente de large, dite « la marquise », qui abrite les cours de récréation, les remises des prix et autres rituels de la vie scolaire. Les bulletins scolaires [16] ne sont pas brillants, on comprend que l'élève ne maîtrise pas les procédés de la langue ni ses subtilités. Il reste plutôt en queue de classe, entre la qunizième et la vingt-cinquième place ; il se braque. « Trop sûr de lui, juge le professeur principal, de latin, en 4e. Il n'a pas jugé utile de travailler convenablement. » Quelques vides sont rédhibitoires, comme en anglais : « Ensemble satisfaisant en allemand, mais ne semble pas s'être occupé beaucoup de l'anglais. » C'est un peu mieux en classe de 3e puis de seconde.

9 de moyenne en version latine (9e) ; 10 en histoire-géo (9e) ; 10 en langues vivantes (13e) ; 8,5 en mathématiques (16e) ; 11 en physique-chimie (12e). Cela oscille entre « résultats convenables » et « travail insuffisant », avec comme appréciation générale à la fin de la classe de 3e : « Résultats encore inégaux, absence de bases solides, malgré certains progrès. » On veut bien être indulgent, mais l'élève reste médiocre. « J'étais plutôt mauvais élève, reconnaît d'ailleurs Marin Karmitz. L'élève qu'on repêchait régulièrement. Tous les ans, ma mère allait geindre et supplier les professeurs. J'avais même parfois des cours particuliers, allemand, anglais, français, latin. Je m'ennuyais horriblement [17]. »

Médiocre, moyen, solitaire, perdu dans une ville trop sombre à ses yeux, le garçon puis l'adolescent qu'il devient trouve un ultime refuge : la lecture des romans d'aventures. « La solitude a duré, précise ainsi Marin Karmitz, alors je lisais, je dévorais les livres [18]. » Les vrais amis, ce sont les mousquetaires de Dumas, l'aventurier John Suter dans *L'Or* de Cendrars, *L'Enfant* de Jules Vallès. Le garçon a découvert ce plaisir avec *Croc-Blanc* de Jack London à Nice, en déballant la malle venant de Roumanie, pleine de livres de la Bibliothèque verte. « Avant d'arriver en France, je n'avais jamais ouvert un livre. Quand j'ai découvert le miracle de la lecture, j'ai enchaîné [19]. » Alexandre Dumas est en ce sens un bon addictif : *Les Trois Mousquetaires* et *Vingt Ans après*, tous les deux lus « une quinzaine de fois » [20]. Tous les succédanés y passent, du *Capitaine Fracasse* de Théophile Gautier au *Nez-de-cuir* de Jean de La Varende. Puis, trouvés à quatorze ans sur les quais chez un bouquiniste, les livres de Blaise Cendrars sont des chocs : *Bourlinguer, Les Confessions de Dan Yack, La Prose du Transsibérien, L'Or.* Ces récits de grand chemin ont le goût du lointain, du voyage et ménagent des rencontres érotiques et sulfureuses dans l'imaginaire menant vers l'âge adulte. Une femme nue sous son manteau de vison, uniquement vêtue d'un collier de perles, dans *Bourlinguer*, ou la cache des amants dans *La Reine Margot*, le roman-feuilleton de Dumas, où le jeune lecteur aimerait tant se dissimuler en compagnie du comte de Vermont et de Julien Date.

Autour de lui, la famille se déchire. Solly Karmitz ne parvient pas à assurer un train de vie plus confortable à ses proches et s'en veut terriblement. Il tente de reprendre une entreprise de ferraille à Issy-les-Moulineaux, mais c'est un échec. Il ne peut éviter la faillite. La hantise du déclassement accable le couple. Lui, qui parle encore peu français, se réfugie dans la lecture silencieuse et pesante des journaux financiers ; elle, triste à en mourir, haïssant la situation où elle se trouve, fuit dans la musique, dans les musées, qu'elle fréquente assidûment, parfois avec son fils, et prend bientôt des amants.

« Je pense que ma mère n'aimait pas mon père, se souvient Marin Karmitz. Je ne sais pas où s'arrête l'amour, où commence la haine, mais elle le méprisait, lui qui ne savait que travailler, parfois pour pas grand-chose, et ne parlait que roumain. Je suis certain en revanche que lui était très amoureux d'elle. C'était une très belle femme, intelligente, mais qui tenait son mari à distance, ce qu'elle parvenait savamment à entretenir. J'ai senti que mon père s'éloignait un peu plus encore, par désespoir, comme si toute sa vie avait été brisée par ces quelques années de vaches maigres. Il avait travaillé comme un forçat pour monter son entreprise, il en était fier, et il s'est retrouvé sans rien. Mais il ne parlait pas, jamais[21]. » Diane Karmitz se rapproche alors beaucoup de son fils, sur lequel elle projette les rêves qu'elle ne peut pas atteindre. « Ses désirs de vie et son ambition de femme libre, le goût des arts et son souhait d'indépendance, j'en étais le réceptacle privilégié. » Cette configuration fait des dégâts : la complicité mère-fils se construit contre le père, mais également contre la petite sœur, Fleur, qui se retrouve complètement isolée et le vit mal. « Elle est devenue très jalouse, se souvient son grand frère, comme exclue de l'amour maternel, donc sans connivence, ni avec elle ni avec moi. La seule personne qui la comprenait était la grand-mère, Lorry[22]. »

Initiations décisives et déchirements familiaux

Heureusement, la situation change, du moins pour la part la plus matérielle, quand Solly Karmitz et son frère Josef décident de revenir aux produits pharmaceutiques qui ont fait leur richesse du temps de la Roumanie. Les Karmitz réunissent deux emprunts et reprennent la société d'Isidore, leur frère aîné, décédé brutalement, et investissent dans un laboratoire pharmaceutique, Anphar, spécialisé dans les médicaments de lutte contre l'alcoolisme. Anphar finance alors plusieurs chercheurs relevant de l'Institut national de santé et de recherche médicale, l'INSERM, à la pointe des travaux en neuroscience. Parmi eux, Jean Thuillier, qui vient de créer le premier laboratoire de neuropsychopharmacologie au monde[23], met au point, avec l'aide de Henri

Laborit à l'hôpital Boucicaut, un nouveau médicament, le Lucidril, dont les vertus apaisantes sur les effets de l'alcool, notamment délirants, sont étonnants. Le Lucidril, testé sur des rats de laboratoire à Boucicaut, ensuite dans certains services de psychiatrie, par exemple à l'hôpital Sainte-Anne chez Jean Delay, s'avère décisif dans le suivi des cures de désintoxication. Le brevet est déposé, et Anphar en décide alors la production industrielle, dans l'usine Orlabo d'Orléans. Le succès du médicament est immense, en France, pour lutter contre l'alcoolisme, mais surtout aux États-Unis, où, préconisé comme anxiolytique pour le traitement de la maladie d'Alzheimer et des insuffisances cérébrales, il se vend rapidement « par centaines de milliers de boîtes » sous le nom de Centrophenoxine. Cette brillante et rapide aventure pharmacologique fait la seconde fortune des frères Karmitz, tel un merveilleux effet d'aubaine. Sur le coup, les établissements Karmitz conservent le siège historique de la rue Tronchet, près de l'Opéra, et ouvrent des bureaux dans un nouvel immeuble construit à Malakoff.

Salomon Karmitz triomphe. Il peut tout d'abord rembourser les dettes laissées par son frère aîné, Isidore, joueur invétéré, au casino de Biarritz : près de 10 millions de francs. C'est presque une devise familiale : « Pas de dettes chez les Karmitz. » Il déménage ensuite sa famille vers les beaux quartiers du XVIe arrondissement. En 1952, en louant un appartement meublé rue des Belles-Feuilles, entre les avenues Foch et Victor-Hugo ; en 1953, en achetant un grand appartement avenue Henri-Martin, dans le quartier d'Auteuil, majestueuse voie de quarante mètres de large avec sa contre-allée plantée de grands marronniers, menant au bois de Boulogne. Salomon Karmitz occupe quasitout le cinquième étage et Josef le quatrième. « Les émigrés qui ont tout perdu, précise le fils, lorsqu'ils retrouvent leur faste, aiment le XVIe arrondissement, l'avenue Foch, Neuilly, Auteuil, Passy. Ils ont le sentiment de retrouver l'aisance de leur vie d'antan [24]. » Cette reconquête d'honorabilité change bien sûr la vie matérielle du jeune lycéen, qui va sur ses quatorze ans. Quand on vient du sombre et triste boulevard Berthier, la rue des Belles-Feuilles ouvre de nouveaux horizons. La première impression, comme l'indique le nom de la voie, est étonnamment champêtre. « Dans cet appartement, se souvient-il, tout était vert, les murs, les tentures, les meubles, le velours des fauteuils ! Je retrouvais un peu plus tard ce décor, par hasard, quand Jacques Demy y a tourné *La Luxure*, un des sketches du film *Les Sept Péchés capitaux* [25]. » Avenue Henri-Martin, le sentiment du luxe est plus frappant encore. Il prend la forme de tournages d'époque dans le « Paris chic », auxquels assiste l'adolescent, exactement en bas de chez lui : Sacha Guitry y enregistre d'abord un moment parisien de *Si Versailles m'était conté*, puis Vincente Minnelli y tournera quelque temps plus tard *Gigi*, avec Leslie Caron, Maurice Chevalier et Louis Jourdan. Fort sentiment d'indépendance : le lycéen, qui n'a pas changé de lycée en refusant, contre l'avis de son père, l'établissement voisin, Janson-de-Sailly, gagne tous les jours Carnot tout seul en métro ou à vélo.

Après des années de tristesse et de jeux solitaires, on sent chez lui une puissante volonté de prendre son destin en main. À la suite de sa *bar-mitsvah*, à la fin de sa treizième année, le voilà prêt à travailler. « Pour un Juif, dit-il, c'est le passage de l'enfance à l'âge adulte. On entre dans la communauté des hommes qui peuvent dire la prière. On doit pouvoir subvenir aux besoins de la famille[26]. » Comme il est familier des écuries de courses hippiques, depuis la Roumanie, qu'il a commencé l'équitation à six ans, et que son père l'a plusieurs fois emmené à l'hippodrome de Longchamp, non loin de chez eux, il choisit d'y aller seul, à vélo, les dimanches. Il se glisse aux côtés d'un propriétaire d'écurie ou en se faisant passer pour un ami de jockey, assiste aux courses, mais surtout parie. Il se prend au jeu, dépouillant *Sport complet* et ses pages consacrées au turf, finissant par connaître les performances des chevaux par cœur. Il parvient comme cela à « gagner [sa] vie[27] », ce qui lui permet d'assouvir deux autres passions plus coûteuses sans rien demander à ses parents : l'achat de livres, chez les bouquinistes, poursuivant sa fidélité aux récits de voyages et découvrant d'autres univers, Romain Rolland, Jules Renard, Louis Aragon, tout un pan du roman d'engagement. Et, d'autre part, une soif originale d'histoire de l'art, visitant nombre d'expositions et de musées.

À ces univers, il a été initié grâce à plusieurs rencontres importantes, généralement des enseignants ou des pédagogues, jalons dans une vie d'apprentissages. Sa répétitrice de latin d'abord, Élise Sigmund-Cerbu, au départ imposée par sa mère, inquiète du niveau de son fils. « Une femme extrêmement intelligente qui eut une grande influence sur moi, reconnaît-il, notamment parce qu'elle me permettait de prendre part à des discussions d'adultes[28]. » Avec elle au début, puis en solitaire, les leçons de latin débordent ainsi sur la visite de musées, surtout celui de l'Orangerie, conservant une magnifique collection impressionniste. « Je devenais un très bon spécialiste de l'impressionnisme, un spécialiste adolescent, soit, mais qui savait expliquer la différence entre un

Marin Karmitz, premier à gauche au troisième rang, avec sa classe de 6e au lycée Carnot, à Paris.

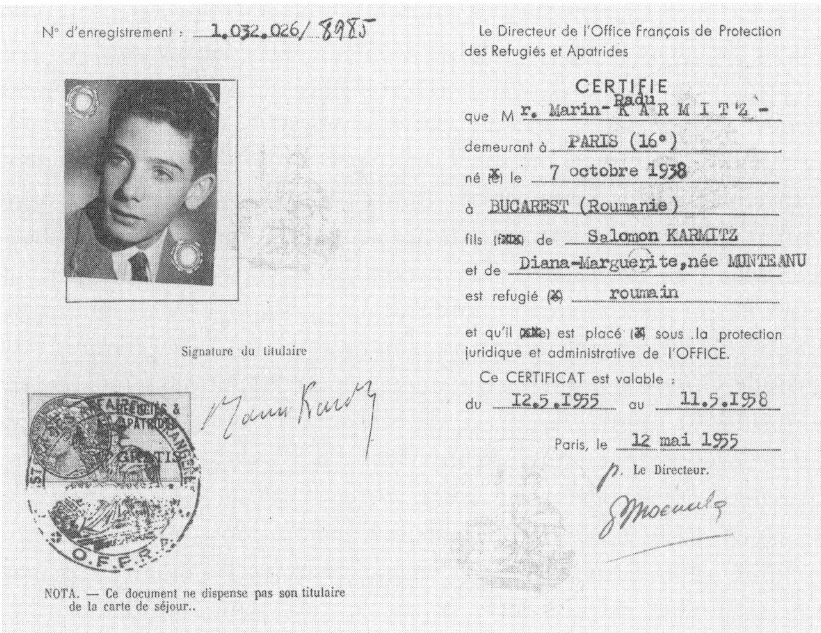

Nº d'enregistrement : 1.032.026/ 8985

Le Directeur de l'Office Français de Protection des Refugiés et Apatrides

CERTIFIE

que Mr. Marin-Radu KARMITZ -

demeurant à PARIS (16e)

né (e) le 7 octobre 1938

à BUCAREST (Roumanie)

fils (fille) de Salomon KARMITZ

et de Diana-Marguerite, née MUNTEANU

est refugié (e) roumain

et qu'il (elle) est placé (e) sous la protection juridique et administrative de l'OFFICE.

Ce CERTIFICAT est valable :

du 12.5.1955 au 11.5.1958

Paris, le 12 mai 1955

p. Le Directeur.

Signature du titulaire

NOTA. — Ce document ne dispense pas son titulaire de la carte de séjour..

Certificat de réfugié de Marin Karmitz, alors âgé de seize ans, mai 1955.

Fantin-Latour et un Caillebotte[29]. » L'élève et sa professeure vont également au théâtre, et c'est le plus jeune qui invite. Au Théâtre national Populaire (TNP) d'abord, fréquentant le palais de Chaillot, en voisin et au moment où la troupe de Jean Vilar bouleverse les rapports des publics avec la scène, où la « régie » vilarienne impose un répertoire plus politique et attire large grâce à quelques acteurs et actrices de premier plan, comme Gérard Philipe, Jeanne Moreau, Philippe Noiret, Silvia Monfort, Charles Denner, Daniel Sorano, Maria Casarès. « J'y ai découvert le théâtre de Brecht, se souvient Marin Karmitz, *Mère Courage, L'Opéra de quat'sous,* mais aussi Claudel, Shakespeare, Anouilh, Tchekhov, Musset ou le théâtre d'histoire, Büchner, Kleist, Romain Rolland[30]. » Puis, du latin, Élise Sigmund-Cerbu, qui est professeure aux « Langues-O », à l'INALCO, passe naturellement au roumain. C'est elle qui « roumanise » le jeune Karmitz, qui s'était plutôt éloigné de cette culture dans ses premières années françaises. Elle lui permet ainsi de reprendre pied en classe, au lycée Carnot, en présentant le roumain en première langue lors de ses examens du baccalauréat.

Le deuxième initiateur n'est autre qu'un des « amants de maman » : « Un homme très sympathique et très cultivé, que je connaissais car ma mère m'avait mis dans la confidence pour m'emmener avec elle quand elle allait le voir. C'était la meilleure des "couvertures" vis-à-vis de mon père. Elle m'avait rendu complice de son histoire, de son mensonge à l'égard d'un père qui m'enseignait comme principe élémentaire de ne jamais mentir. C'était pervers, mais à cette époque de ma vie, j'étais plus attiré par cet homme cultivé qui me parlait comme à un adulte, me faisait découvrir des écrivains, que par un père absent et taiseux[31]. » De là vient la passion pour Aragon, engouement du moment qui inscrit le jeune homme dans son temps[32]. La suite romanesque du *Monde réel*, qui raconte en cinq volumes les prémices de la Seconde Guerre mondiale en France, depuis les années 1930, le printemps 1939, jusqu'à la défaite de mai-juin 1940 et les engagements qui en découlent, est marquante. Avec *Les Cloches de Bâle, Les Beaux Quartiers, Les Voyageurs de l'impériale* et *Aurélien*, Aragon n'est plus seulement le poète surréaliste mais se métamorphose, pour cette génération, en grand romancier des engagements de l'époque. Le personnage d'Aurélien est une sorte de cousin idéal pour Marin Karmitz, à travers son combat pour faire exister une morale au plus haut dans la société. Il voue un culte à l'un des épisodes du livre, la « noyée de la

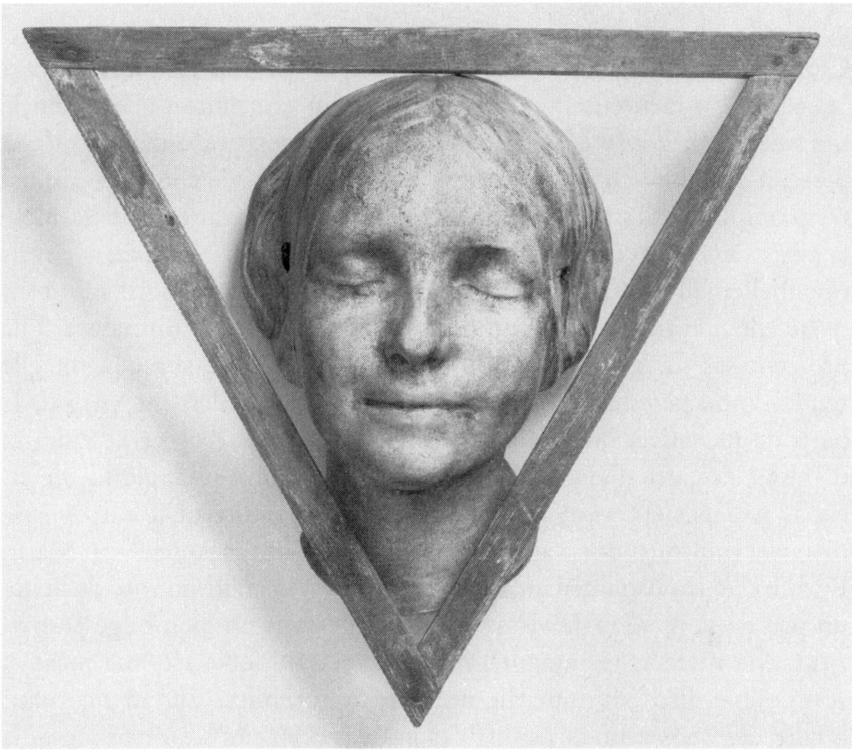

L'Inconnue de la Seine, œuvre sculptée (bois et plâtre) de Man Ray (1960), entrée dans la collection de Marin Karmitz en 2003. Sur les murs de sa chambre de jeunesse, Marin Karmitz avait accroché une copie du masque mortuaire de cette jeunne femme retrouvée dans la Seine, qui inspirera notamment Louis Aragon pour son roman *Aurélien* (1944).

Seine », cette inconnue repêchée dans le fleuve à la fin du XIXe siècle dont la face a été conservée sous forme de masque mortuaire, auquel ressemble tant le visage de celle dont Aurélien tombe amoureux, Bérénice. Le jeune lecteur revient sur les lieux du roman, notamment la pointe de l'île Saint-Louis où habite le héros. Il trouve même et achète une copie du masque de la noyée dans un magasin de plâtre, qu'il va conserver durant vingt ans accrochée au-dessus de son lit.

Dans le grand appartement de l'avenue Henri-Martin, malgré le confort matériel retrouvé, le couple Karmitz se défait. Tandis que son mari s'oublie dans le travail et s'absente régulièrement pour superviser l'usine orléanaise Orlabo, dont il a la responsabilité, Diane, délaissée et frustrée de ses ambitions culturelles, sombre dans des épisodes dépressifs chroniques, internée régulièrement en clinique, à Saint-Cloud, à Vaucresson. Son fils va la voir, parfois tous les jours, durant ces séjours. « Heureusement que tu es là, lui murmure-t-elle, sinon je me suiciderais[33]... » L'adolescent devient le gardien du mal-être de sa mère, il prend en charge sa tristesse et sa douleur. Ce contexte familial très compliqué, les absences du père et le chantage affectif de la mère laissent des « souvenirs épouvantables[34] » à Marin Karmitz. « J'avais essentiellement des rapports avec ma mère, qui reportait sur moi tout ce qu'elle n'avait pu faire, comme son rêve de devenir journaliste. Elle projetait ses désirs et ses ambitions de femme libre sur moi, et elle rendait mon père responsable de ses échecs. Naturellement, j'ai pris le parti de ma mère, qui avait fait de moi une sorte d'objet de culte et d'amour exclusif. J'ai rejeté mon père. C'est mon plus grand regret, car je n'ai pas été assez généreux avec lui, et pourtant je lui dois de m'avoir transmis des valeurs extrêmement importantes[35]. » Marin Karmitz ne trouvera distance et lucidité que plus tard pour se détacher un peu de sa mère : « Je vivais à travers elle dans un mensonge permanent. Ma mère et ses amants, ma mère et sa double vie, ma mère et son double discours dont elle me rendait complice. Elle m'a conduit à faire des choses invraisemblables pour cautionner ses mensonges, la protéger, participer à sa double vie. J'ai fini par détester cela et je garde une horreur tenace du mensonge[36]. » En fait, ce sont deux mondes qui se heurtent. Un père qui a pour son fils une vision d'avocat ou d'homme d'affaires ; une mère qui le souhaite « reconnu » par une carrière artistique ou intellectuelle.

Le jeune communiste

Cette crise familiale va peu à peu s'apaiser et s'installer dans une guerre froide continue, quand chacun trouve une voie. Solly redouble de travail à la direction d'Anphar, entre le siège de Malakoff et l'usine d'Orléans ; Diane se découvre un horizon professionnel en travaillant comme documentaliste pour des maisons d'édition ; Marin s'engage dans le militantisme politique.

C'est à nouveau l'amant de sa mère qui joue les intermédiaires : il lui présente, en septembre 1954, un de ses meilleurs amis, Gilbert Mury[37], professeur de philosophie au lycée... Carnot. Le jeune Karmitz est, un temps, littéralement fasciné par le philosophe de trente-cinq ans, ancien catholique devenu communiste dans la Résistance.

Mury, qui boîte légèrement, a d'abord été surveillant au collège Stanislas avant de passer l'agrégation et de prendre son poste à Carnot, où il crée une cellule communiste au début des années 1950. Il écrit régulièrement dans l'hebdomadaire *Action*, puis au quotidien *Ce soir*, notamment des textes de politique étrangère de stricte obédience stalinienne. Proche de Roger Garaudy, qui dirige le Centre d'études et de recherches marxistes, école de formation des cadres intellectuels du parti, Mury en devient le secrétaire général. Spécialiste de Descartes et de Pascal, sur lesquels il publie deux ouvrages, *Descartes. Introduction et choix de textes*, en 1947, puis *Un marxiste peut-il comprendre Pascal ?* en 1959, c'est en initiant le lycéen aux grands textes classiques qu'il lui fait prendre le goût de la philosophie et la carte des jeunesses communistes.

Les premières rencontres se déroulent chez Gilbert Mury, dans son appartement de l'avenue Victor-Hugo. Ils parlent des derniers volumes de la série d'Aragon, *Les Communistes*, notamment le sixième tome, publié en avril 1951, qui clôt l'ensemble du *Monde réel*. S'y ajoutent d'autres lectures et d'autres discussions, sur la fresque politique de Jean-Paul Sartre, *Les Chemins de la liberté*, ou les grands romans d'Albert Camus. « Alors, je suis passé à des lectures plus directement politiques, Marx, Engels, le *Manifeste du parti communiste*, se souvient Marin Karmitz. Des lectures suivies de commentaires. Gilbert Mury était un vrai pédagogue, j'étais sous son emprise[38]. » De plus, il a monté une troupe de théâtre au lycée Carnot, dans laquelle s'engage le jeune homme dès la classe de seconde.

En novembre 1954, à tout juste seize ans, Marin Karmitz prend sa carte à l'Union des jeunesses républicaines de France (UJRF), et milite dans la cellule du lycée Carnot. Il y a deux niveaux et groupes de militantisme communiste au lycée : les élèves de l'UJRF et les adultes, membres de la cellule du PCF dont le secrétaire est Gilbert Mury. Au total, c'est le parti de loin le plus représenté et le plus puissant au lycée Carnot, une trentaine de camarades, la plupart enseignants ou membres du personnel. Les plus jeunes sont bien moins nombreux, quatre élèves. Quelques mois plus tard, les lycéens militant à l'UJRF sont au nombre d'une quarantaine, et près de soixante-dix en 1956. Carnot devient l'une des cellules les plus importantes des lycées parisiens. Marin Karmitz a découvert la militance et, dans un contexte politique tendu, celle des débuts de la guerre d'Algérie, son prosélytisme est redoutablement efficace.

Durant près de trois ans, en seconde, première et terminale, le parti devient sa vraie famille, la vie militante et la camaraderie politique lui proposant un substitut exaltant à l'appartement de l'avenue Henri-Martin où ses parents s'ignorent ou se déchirent. « Je trouvais dans cet engagement, reconnaît l'adolescent, un débouché à ma colère contre mes parents et mon milieu d'origine, contre mon père surtout, qui ne savait rien de mes activités. C'était une forme d'expression de la révolte qui grondait en moi, un rejet profond de mes racines. Cette révolte contre ma famille, naturelle et fréquente chez les jeunes, m'a conduit à contester la bourgeoisie dans laquelle j'étais né et je grandissais. Cette aversion violente contre la bourgeoisie vient de l'incompréhension de mon père, auquel je m'opposais, aiguillonné par ma mère [39]. » Marin Karmitz choisit en quelque sorte un « autre » Henri Martin, non pas l'historien maire du XVIe arrondissement, qui a donné son nom à la paisible et luxueuse avenue de l'Ouest parisien, mais son homonyme, le militant communiste, jeune résistant, soldat engagé dans la marine révolté contre le colonialisme en Indochine, revenu en France pour mener la lutte anticolonialiste [40]. Arrêté en 1950, condamné à cinq ans de prison et à la dégradation militaire, il est un symbole pour le parti communiste, qui le promeut à sa libération, en 1953, à la direction de l'UJRF.

À Carnot, le Henri Martin local, Marin Karmitz, secrétaire de la cellule UJRF, investit un local cité Malesherbes, à trois pas du lycée, pour organiser le militantisme. On y trouve un espace de réunion, des tracts, des affiches, des piles d'*Humanité*, de la colle et de quoi se défendre, barres de fer et gourdins. Sa « zone d'action politique » s'étend de la porte de Champerret à celle de Levallois et s'enfonce vers la banlieue, à Levallois-Perret. Les jeunes camarades y vendent *L'Humanité* tous les dimanches, sur les marchés. Autre action régulière, la distribution des tracts à l'entrée des grands lycées proches, Janson-de-Sailly vers l'Ouest, Jacques-Decour vers le Nord, tandis que ce sont des camarades de ces lycées qui viennent tracter devant Carnot, cela pour éviter d'être repérés par les proviseurs des établissements, qui ont des consignes strictes du rectorat : pas de tracts ni d'actions politiques d'élèves à l'intérieur des lycées. « Je me suis lancé dans l'apprentissage accéléré et passionné du marxisme puis du militantisme. Au Parti, j'avais trouvé des copains. J'en avais besoin. Un lieu chaleureux de discussion, de camaraderie. J'ai découvert la solidarité et l'amitié politiques [41]. »

Le tout est lié à la guerre d'Algérie. Le parti communiste présente une position ambiguë sur la question[42] : beaucoup en son sein défendent l'indépendance d'une Algérie nouvelle et la solidarité avec le parti communiste algérien, interdit en 1955, mais la direction préfère le slogan « Paix en Algérie », qui exige un cessez-le-feu immédiat et laisse en définitive ouverte la question de l'indépendance. Les communistes ne souhaitent pas se couper d'une majorité de la population, en France et en Algérie, qui est encore hostile à l'idée d'indépendance. Lors des élections législatives de janvier 1956, les premières vécues « en direct » par Marin Karmitz, à dix-sept ans, en tant que militant, le danger « fasciste », en l'occurence la poussée de l'extrême droite populiste poujadiste[43] et son mot d'ordre « Algérie française », inquiète et indigne le jeune homme qui, dès lors, regarde favorablement le Front républicain[44], vaste mouvement allant de François Mitterrand à Jacques Chaban-Delmas en passant par Guy Mollet ou Pierre Mendès France. Le Front républicain, avec près de 30 % des voix, forme bientôt le nouveau gouvernement, dirigé par Guy Mollet. Le parti communiste, par alliance avec le Front républicain, vote les « pouvoirs spéciaux » pour le gouvernement en Algérie. Mais Guy Mollet renonce rapidement à ramener la paix en Algérie, poursuivant au contraire la guerre et la répression des volontés indépendantistes. Pour Marin Karmitz, et la plupart des militants anticolonialistes, dont de nombreux communistes, c'est une trahison[45]. Son entrée en politique s'effectue dans cette ambiance de guerre en Algérie et sous le signe de la duplicité des élites politiques, qui promettent la « paix en Algérie » et pourtant continuent, une fois au pouvoir, d'y mener une guerre injuste et cruelle.

Le jeune homme est clairement anticolonialiste et s'est formé aux échauffourées contre les « fafs » à la sortie des lycées ou dans les rues de Levallois, menant également des actions virulentes et illégales comme le blocage des voies de chemin de fer pour empêcher le départ des appelés et des réservistes. « C'était "musclé" se remémore-t-il, avec des affrontements très durs contre les fascistes sur les marchés lors des ventes de *L'Humanité*. Je me suis couché sur les rails pour empêcher le passage des trains et on était alors confrontés à la police, qui ne nous ménageait pas[46]. » Le jeune homme n'est pas le dernier à en venir aux mains : avec son groupe de Carnot, les combats de rue, les tabassages et contre-tabassages sont monnaie courante. Il passe plusieurs fois des heures au poste de police et s'en trouve fiché par les services français. « C'est en se battant physiquement pour mes idées que j'ai trouvé une famille et que je suis entré en politique [47]. » Cette activité anticolonialiste fait tache d'huile dans les lycées parisiens. Cela inquiète les autorités scolaires, le gouvernement, mais aussi la direction du parti communiste, qui veut mettre fin à cette agitation qu'elle ne contrôle pas, au moment du rapprochement avec le Front républicain au pouvoir. Au niveau national, cette reprise en main signe la fin de l'UJRF, dont les militants les plus radicaux et anticolonialistes sont « purgés [48] », tandis qu'un nouveau mouvement, les Jeunesses communistes de France (MJCF), est lancé.

Pour la première fois, Marin Karmitz fait face à la mise au pas idéologique. Les discussions avec Gilbert Mury sont de plus en plus contradictoires. En cours de théâtre, le metteur en scène est bienveillant ; à la cellule ou chez lui, le camarade est cassant, véhément, humiliant. Le lycée Carnot ayant été identifié comme une des sources des manifestations anticolonialistes lycéennes, la direction du PCF a délégué sur place Jeannette Vermeersch [49], sénatrice, épouse de Maurice Thorez, le secrétaire général, qui campe sur une ligne stalinienne sans compromis, une « dure » qui s'est élevée contre la « déstalinisation » initiée depuis février 1956 par le XXe Congrès du parti communiste soviétique et qui prônera la fermeté orthodoxe lors de l'arrivée des chars russes à Budapest en novembre suivant. Le prétexte de sa venue est une réunion, à la cellule des professeurs communistes du lycée, en avril 1956, visant à réorganiser la cellule lycéenne à l'occasion de la transition entre UJRF et MJCF. « J'étais le seul élève présent, en tant que secrétaire de cellule, se souvient Marin Karmitz. Jeannette Vermeersch m'a expliqué que je mettais en danger l'unité d'action entre camarades socialistes et communistes, car je menais une démarche "fractionniste" [50]. » Lors de ce « procès », le jeune homme de dix-sept ans se voit désigné comme « un agitateur entouré d'autres agitateurs » [51]. Il refuse d'obtempérer, et la discussion se déplace, pour mieux l'accabler, sur le commentaire d'un texte de Marx sur le moment opportun en politique. Gilbert Mury, fidèle à la direction du PCF, se retourne contre son élève et prend le parti de Jeannette Vermeersch, comme la plupart des enseignants présents.

« Nous avions déjà eu un certain nombre d'avertissements, se souvient Marin Karmitz, mais de là à me retrouver devant tous les professeurs communistes du lycée [52] ! » La méthode pour marginaliser un

« déviant » est d'une grande efficacité : du jour au lendemain, le secrétaire de l'UJRF n'a plus de lieu pour réunir la cellule. Plus de locaux, plus de tracts, plus d'affiches, plus d'*Humanité.* Pendant quelques semaines, Karmitz et une dizaine d'autres réfractaires tentent de surmonter l'isolement de cette ligne rouge tracée par le Parti. « Nous étions obligés de prendre d'énormes risques pour distribuer nos tracts dans notre propre lycée : on se cachait pour jeter les tracts à toute vitesse, dans la cour même, pendant la récréation. Le renvoi immédiat nous guettait [53]. »

Dernier acte héroïque du jeune militant : de nuit, il va écrire en grosses lettres peintes en noir « Paix en Algérie » sur la porte même du lycée Carnot. Il n'empêche, il se sent rejeté, exclu, « réellement orphelin [54] » : « Plus de famille, plus de copains, j'ai très mal vécu cette exclusion [55]. » Marin Karmitz prend ses distances avec les communistes. « Rétrospectivement, conclut Karmitz, cette exclusion précoce et brutale a peut-être été une des grandes chances de ma vie. J'ai brusquement saisi les mécanismes du mensonge et de l'intolérance. Les idées peuvent être bonnes, mais leur manipulation conduit à la mystification [56]. »

« Il y a des moments où je m'évapore… »

L'affaire n'en reste pas tout à fait là. En 1955, Salomon Karmitz, comme tous les ans depuis son arrivée en France en 1949, dépose à la préfecture une nouvelle demande de naturalisation française. Celle-ci semble en passe d'aboutir lorsqu'il est convoqué par la police, qui lui montre le dossier de son propre fils et lui apprend qu'il est un militant communiste « étranger » étroitement surveillé. « Ça a été un choc épouvantable pour lui, s'excuserait presque Marin Karmitz. Dès qu'il entendait le mot communisme, il avait envie de sortir son fusil ; c'est eux qui avaient cassé sa vie, anéanti ce qu'il avait bâti [57]. » La police lui signale en outre que ses propres activités sont suivies de près par la Securitate et les services secrets roumains, sans doute parce qu'il adresse des médicaments dans son pays natal, où tous ceux qui en bénéficient sont surveillés et suspects [58]. Doublement meurtri, Salomon Karmitz s'éloigne encore davantage de son fils, se murant dans un imperturbable silence. Il apprendra bientôt qu'un des frères de sa femme, médecin resté en Roumanie, s'est suicidé parce qu'il a été harcelé par la Securitate en recevant des médicaments de France. Cette atmosphère de guerre froide et les liens qui se dégradent avec son fils pèsent beaucoup sur cet homme d'à peine cinquante ans prématurément vieilli. Seule la naturalisation française de la famille Karmitz entière, survenue le 16 août 1957 [59], lui apporte un peu de baume au cœur. Pour Marin Karmitz, cette naturalisation est à double tranchant. Elle peut lui permettre de voyager à l'étranger plus sereinement – l'été 1954, lors d'un séjour en Autriche en camp de montagne, il a eu toutes les peines du monde à rentrer en France, retenu à la frontière suisse, devant se débrouiller seul à quinze ans –, mais elle porte une menace qu'il redoute désormais : il va devoir faire son service militaire, en pleine guerre d'Algérie.

Au printemps 1956, alors qu'il va sur ses 18 ans, exclu, isolé et meurtri, Marin Karmitz cherche à quoi s'accrocher pour entrer dans sa vie d'homme. Une échéance approche, rite initiatique classique : le baccalauréat, qu'il n'est pas du tout certain d'avoir. N'a-t-il pas raté le premier bac en juin, l'année précédente ? En « s'ennuyant horriblement [60] », il avait dû « bachoter » à Paris tout l'été, seul avec sa grand-mère, pour le repasser et le réussir en septembre. De plus, son engagement militant l'a éloigné en terminale des matières scolaires, le privant du temps nécessaire aux études. C'est donc en s'appuyant sur sa formation accélérée au marxisme et à la philosophie que l'impétrant cherche à s'en sortir. « La philosophie m'a passionné, reconnaîtra Marin Karmitz. Je me suis mis à lire Kant, Hegel, Descartes, Pascal, Schopenhauer. Et Marx, bien sûr [61]. » Le lycéen a trouvé sa matière, et il se met à travailler d'arrache-pied, ce dont témoignent les dossiers de notes constitués en cours ou en bibliothèque : « la Conscience, par Léon Brunschwig », « Passage idéal de la sensation à la perception », « Les images : Hume et l'associationnisme », « Abstraction et généralisation », « L'Attention au réel », et ainsi de suite… En tout, vingt-cinq recueils d'une vingtaine de pages, manuscrites ou tapuscrites, sont conservés dans les archives personnelles de Marin Karmitz [62]. Il reste également trois copies de philo, les trois bacs blancs, un par trimestre, dont les annotations disent assez la progression et l'investissement de l'élève, pas toujours complètement payés en retour. Mais c'est de bonne pédagogie de la part du professeur communiste : n'être jamais tout à fait satisfait afin de ménager tout autant progrès et susceptibilité. « Assez bien vu mais un manque de rigueur dans la construction, le style et les détails », en début d'année. « Cela pourrait être encore bien meilleur. Vous glissez sur les idées. Vos exemples sont bons mais parfois insuffisamment analysés. L'ensemble est sensible, très intelligent, mais n'est pas assez ferme », au deuxième trimestre. « C'est une bonne copie, parce qu'elle explique simplement, clairement, avec intelligence, ce qu'elle veut dire, avec un accent sérieux et réfléchi qui ne trompe pas. Ce n'est pas encore une "très bonne copie" parce qu'elle est un peu relâchée dans le style et que vous vous contentez souvent d'avoir compris ce que vous êtes censé comprendre. Je voudrais que votre "personnalité" finisse par prendre la virtuosité dans la technique scolaire qui est la valeur indispensable [63]. » Passant de 11,5 (6e place) à 13,5 (2e place), Marin Karmitz est prêt à avoir le bac. Le 13 juillet 1956, à dix-sept ans, il est « jugé digne du grade de bachelier de l'enseignement secondaire [64] », avec mention « assez bien », plombé par de mauvaises notes dans les matières scientifiques.

Après le bac, pourtant, l'isolement reprend. La vie lui paraît morne et sans avenir. Marin Karmitz, vacant, tient un journal fait de désillusions. Il se sent invisible. La dépression guette. Mis à l'écart du militantisme politique, où il semblait avoir trouvé sa voie, sa solitude se renforce. Peu d'amis, à part François Lépine, le grand frère d'une amie de sa sœur. Le néo-bachelier le voit de manière de plus en plus épisodique. Il préférerait la compagnie des femmes, mais voilà, sa timidité est alors quasi maladive et fait obstacle à toute rencontre. Il écrit dans son journal, en date du 14 septembre 1956 : « Je suis travaillé par le désir de la FEMME. La femme représente pour moi un absolu, un être idéal, un au-delà, et c'est justement le désir de pénétrer dans cet "au-delà", dans cet "absolu", qui est terrible. Je regarde toutes les femmes qui passent dans la rue, sans les voir, uniquement parce qu'elles sont habillées avec une jupe. Cela provient de mon ignorance, de ma timidité [65]. »

Le 16 septembre, il marche seul, longuement, pendant plusieurs heures, et note à son retour, épuisé : « Balade à Clichy, au milieu des putains et des maquereaux. Si une putain m'avait proposé d'être son maquereau, j'aurais accepté. Malheureusement, aucune ne me l'a demandé ! Et je suis reparti avec mon désir que je ne pouvais épuiser et mon rêve de cette femme qui, pour moi, n'est encore qu'une statue, lointaine et froide, impossible à saisir, impossible à connaître, que l'on ne peut qu'admirer ! Je brûle, je suis une torche faite de désirs [66]. »

Ces frustrations hantent ce journal d'un puceau. Il fréquente une jeune femme, mais platoniquement, incapable de se déclarer : Stéphane, jolie rousse aux yeux en amande digne d'un tableau de Kisling.

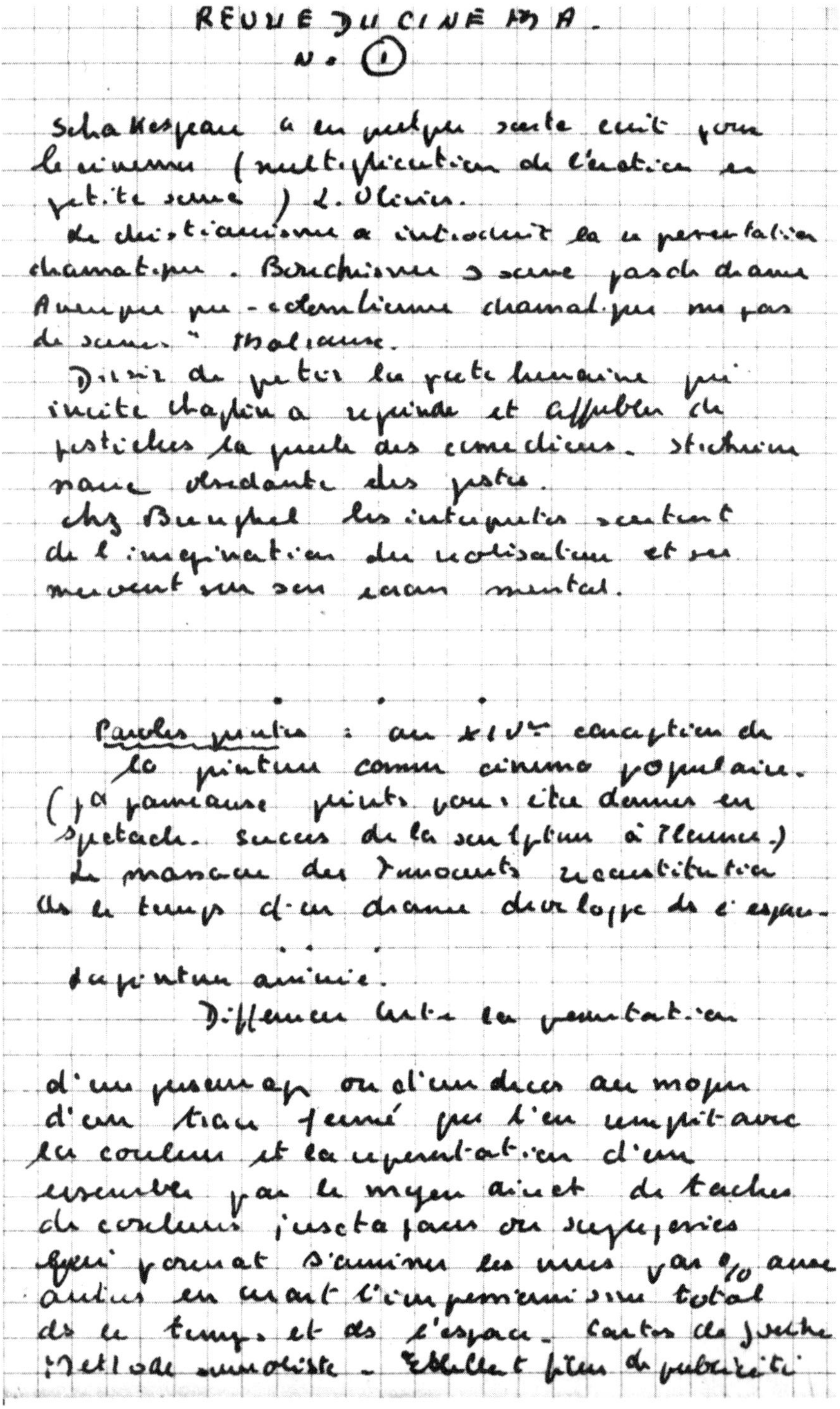

REVUE DU CINEMA.
N° (1)

Shakespeare a en quelque sorte écrit pour le cinéma (multiplication de l'action en petite scène) L. Olivier.
Le distancionisme a introduit la représentation dramatique. Brechtisme [illegible] scène pas de drame. [illegible] dramatique [illegible] de scène" Malraux.
Désir de [illegible] la [illegible] humaine qui incite Chaplin à [illegible] et affubler de postiches la foule des comédiens. Stroheim [illegible] abondante des gestes.
Chez Buñuel les interprètes sortent de l'imagination du réalisateur et se meuvent sur son écran mental.

• • •

Paroles peintes : au XIVe conception de la peinture comme cinéma populaire.
(tableaux peints pour être donnés en spectacle. succès de la sculpture à Florence.)
Le massacre des Innocents reconstitution dans le temps d'un drame développé dans l'espace.

• • •

La peinture animée.
Différence entre la représentation d'un personnage ou d'un décor au moyen d'un trait fermé que l'on remplit avec la couleur et la représentation d'un ensemble par le moyen aussi de taches de couleurs juxtaposées ou superposées qui formant s'animent les unes par % aux autres en créant l'impression [illegible] total du temps et de l'espace. [illegible] Méthode [illegible] – [illegible] films de publicité

Une fiche cinéma de Marin Karmitz,
de celles qu'il tint du milieu à la fin des années 1950.

La passion est malheureuse. Stéphane vient dîner parfois avenue Henri-Martin. Ils vont au cinéma voir *Toute la ville accuse*, de Claude Boissol, avec Jean Marais. Ses sentiments oscillent entre espoir et désespoir. Un jour, il confie à son journal après un rendez-vous : « Tout semble éteint [67]. » Dix jours plus tard, les deux se retrouvent pour une chaste promenade côte à côte : « Dimanche, longue balade dans les rues vides et tristes. Je me sens enfermé dans les mailles d'un filet. Je retrouve ce même ennui qui nous a enveloppés, Stéphane et moi [68]. » Il va la voir chez elle, rue du Chemin-Vert, où sa mère a installé un atelier de fabrication de tissus. Mais rien n'y fait. C'est bientôt la rupture définitive. Marin Karmitz ne peut que constater : « Mon âme sent le pourri. Il y a des moments où je m'évapore avec elle dans l'atmosphère. Dissolution totale. Je deviens invisible aux autres. Il n'y a plus que moi qui ressens ma présence. Il faut briser la carapace de ma solitude et de mon être [69]. »

Il vient d'avoir dix-huit ans et en tire les conclusions d'un jeune homme en crise : « Dimanche 7 octobre. Aujourd'hui, c'est mon anniversaire, j'ai dix-huit ans, pourtant rien n'est différent, tout est semblable. Je voudrais vivre, et non seulement exister. C'est atroce [70]. »

III

Apprenti cinéaste

Le jeune homme hésitant, sombre et solitaire qu'est Marin Karmitz à dix-huit ans, possède cependant un dernier ressort : l'envie de découvrir un art qu'il connaît mal. Apparaissent dans son journal intime de l'automne 1956, au milieu des notations pessimistes, de plus en plus de films, qui surgissent à la surface des lignes mélancoliques comme des bouées de sauvetage.

Est-ce un choix par défaut, comme il le prétendra plus tard ? « J'ai choisi le cinéma parce que j'étais incompétent ailleurs. Je dessinais mal, je ne savais pas écrire, je n'avais pas l'oreille musicale, j'étais piètre acteur. Ma mère me destinait à une carrière artistique, il ne restait que le septième art [1]. » Également, donc, un choix par défi… Son père veut qu'il embrasse une carrière juridique ou qu'il réussisse dans les affaires, « quelque chose de sérieux » [2]. Cela veut dire une préparation à HEC, Sciences Po ou des études de droit à la faculté de la Sorbonne. « Si j'ai basculé vers le cinéma, c'est sans doute par révolte contre mon père : il m'était alors tout aussi important de faire plaisir à ma mère que de dire merde à mon père [3]… »

Puisque ni ses parents ni ses amis ne connaissent le milieu du cinéma, autant y pénétrer en voyant des films. Le jeune homme entre en cinéphilie à l'automne 1955. Sans doute est-ce alors la meilleure école : il se forge un monde à lui et entre dans la salle de cinéma comme dans un espace de résistance, en rupture avec l'héritage paternel. Cette forme de contre-culture, il la recherche avec avidité en ce temps d'émancipation. Cette impression d'aventure en terrain étranger se manifeste par une passion boulimique : voir des films, par centaines, comme s'il fallait se constituer une culture érudite avec des objets qui, pour beaucoup, étaient alors illégitimes. L'apprentissage passe par là. « Je crois qu'on n'apprend pas la mise en scène à l'école, dira Marin Karmitz. On l'apprend en regardant des films, le plus de films possible. J'ai vu ensuite bon nombre de metteurs en scène terrorisés à l'idée de se trouver dans l'impossibilité de maîtriser la langue du cinéma parce qu'ils n'avaient pas vu assez de films [4]. »

L'école cinéphile

Cette boulimie se structure peu à peu, prenant place dans une géographie cinéphile parisienne particulièrement riche et déjà bien explorée. Marin Karmitz n'est pas un pionnier au milieu des années 1950. Voilà près de dix ans que la cinéphilie s'est constituée autour de figures, de salles, de revues [5]. André Bazin, Henri Langlois, Éric Rohmer ont posé les fondations des ciné-clubs et de la Cinémathèque ; les *Cahiers du cinéma* et *Positif* ont polarisé les chapelles et les antagonismes. De cela, un jeune homme qui s'initie au cinéma à dix-sept ans en 1955 hérite tout naturellement.

La carte du Paris cinéphile de Marin Karmitz se superpose bientôt à celle de ses aînés, qu'il peut d'ailleurs croiser, encore de loin, sans oser les aborder. Le Paris des années 1950, avec ses quatre cents salles, des immenses palaces aux petits cinémas de quartier, est l'espace idéal de cette passion du cinéma, et les ciné-clubs vivent leur âge d'or, constituant un dense réseau à travers la capitale. Mardi soir, le rendez-vous cinéphile se tient au Studio Parnasse, boulevard Raspail, dont les débats sont animés par Jean-Louis Chéray et commencent toujours par un jeu de questions sur le cinéma qui permet aux bons connaisseurs de gagner une place gratuite. D'autres salles accueillent les cinéphiles : le ciné-club du Delta, qui propose des films français des années 1930, celui des Amis du cinéma, rue du Colisée, le ciné-club du Louvre, rue de Rivoli, dans le musée des Arts décoratifs, avec Henri Agel qui aime montrer des films de Ford, Hawks, Minnelli. Il existe encore le ciné-club de l'Union des spectateurs fondé au cinéma Le Zola par Marcel L'Herbier, le président de l'IDHEC. On va également dans les salles les mieux programmées, à l'Artistic, au Cinéac-Ternes, au Caméo, au Vendôme, à la Pagode, au Studio Marbeuf, au Troyon, aux Reflets ou au Broadway, sur les Champs-Élysées, ou aux ciné-clubs des Techniciens du film, en principe réservé aux professionnels le samedi matin.

Mais l'école du cinéma par excellence, pour Marin Karmitz, est la Cinémathèque française [6] d'Henri Langlois, fondée en 1936. Ses premiers souvenirs remontent à la salle de l'avenue de Messine, dans le VIIIe arrondissement. « Le cinéma est entré dans ma vie par la Cinémathèque, dira-t-il. C'est dans ce lieu magique, vivant, mystérieux, que des choses nouvelles se passaient pour moi. Mes découvertes se sont faites là. Lorsque Henri Langlois et sa compagne Mary Meerson passaient et coupaient le faisceau de lumière en se poursuivant, et parfois en s'invectivant, leurs silhouettes énormes apparaissaient en ombre chinoise sur l'écran. Mais on acceptait ça très bien, c'était comme la signature de Langlois. Ce musée du cinéma était son œuvre [7]. » Le 1er décembre 1955, la salle de projection est installée au Centre national de documentation pédagogique (CNDP) au sous-sol du 29, rue d'Ulm. C'est là, dans cet espace tout en longueur, bordé de briques, pourvu de deux cent soixante sièges de couleur rouge, que Marin Karmitz découvre vraiment Langlois, sa Cinémathèque, ses collections et sa manière de programmer les films.

En quelques mois, Marin Karmitz dévore le passé le plus inventif du cinéma : Griffith, Feuillade, Murnau, les films danois et suédois, puis ceux de Renoir, Ford, Dwan, Walsh, Hawks, King, Lang, Hitchcock. Sa génération est la dernière à pouvoir, grâce à cette passion compulsive, se constituer une culture cinématographique aussi complète que possible : il n'y a que soixante ans de cinéma à découvrir, le panthéon des classiques est assez bien répertorié, et Langlois, le « dragon », possède la plupart des trésors d'un art qui n'a pas encore éclaté aux quatre coins du monde.

Le cinéaste-écrivain Chris Marker, habitué des lieux, rend lui aussi hommage à la Cinémathèque : « Henri Langlois, irremplaçable directeur, met le spectateur dans un état proprement religieux, l'écartèle entre la conscience de son indignité et l'espoir extravagant de voir enfin le film, le concasse, le baratte, le lamine, le purifie de telle sorte qu'il se rattache enfin à l'écran comme à la seule planche de salut, et qu'à la mémoire de ce qu'il vient d'endurer, le cinéma lui paraît être proprement le paradis [8]. » Langlois est conscient de son rôle : montreur d'ombres, découvreur de films anciens, passeur de ces richesses vers une plus jeune génération. Il dira souvent qu'il se sentait comme le père de tous ces jeunes gens, comme si les futurs cinéastes avaient appris à faire des films en regardant des films anciens. Langlois s'acquitte à sa façon de ce travail initiatique, sans débat ni discussion après les films, mais avec quelques présentations, voire des conférences de grands metteurs en scène invités. « C'est l'assiduité à nos séances qui forme peu à peu l'esprit critique du public, écrit-il. La "clientèle" est composée essentiellement de jeunes gens de dix-sept à vingt et un / vingt-deux ans. Ils n'ont, au début, comme culture cinématographique, que celle de quelques mois. Mais, au fur et à mesure que les films passent, ils s'éduquent automatiquement, puis certains d'entre eux m'avouent ne plus pouvoir aller au cinéma normalement, comme avant. Certains films leur deviennent tellement insupportables qu'ils ne peuvent plus les tolérer [9]. »

La Tribune du cinéma

Marin Karmitz est alors au cœur de ce public de jeunes gens « de dix-sept à vingt et un / vingt-deux ans » : il est dans cet état d'apprentissage grâce aux films. Lui aussi se forge un goût, un jugement, une culture au contact des œuvres montrées par Langlois. « J'entrais à la première séance de la cinémathèque, à 18 heures, j'en ressortais à minuit, rappelle-t-il. Pareil pour les autres salles, à tour de rôle. J'ai dû avaler trois mille films en trois ans, entre dix-huit à vingt et un ans, au rythme de trois films par jour. Je n'aimais pas tout. J'ai retrouvé de vieux carnets où je notais et commentais les films vus [10]. » Marin Karmitz garde en effet ces projections de films comme un trésor, consignées dans les notes de son journal intime du moment [11]. *Les Enfants du paradis*, de Carné, « film monotone qui ne m'a pas enthousiasmé » ; *Scarface*, de Hawks, « tient très bien sur ses pattes, c'est essentiel » ; *La Belle Ensorceleuse*, de Clair : « J'ai beaucoup aimé, vif, gai, réjouissant », mais *Le Million* du même auteur : « Mauvais goût. Pourquoi rapporter toujours la haute fantaisie au réalisme, cela détruit le rêve et le rire. Sans finesse » ; *La Bête humaine*, de Renoir, « Un film de la famille de *Quai des brumes*, mais que de poncifs » ; *La Ruée vers l'or*, de Chaplin : « Très loin au-dessus : chez Chaplin, on retrouve l'absolu, chez René Clair, ce n'est que du snobisme » ; *Louisiana Story*, de Flaherty, « Parvient à allier, fondre, marxisme et poésie » ; *La Mort en ce jardin*, de Buñuel : « Mauvais. Il n'a pas réussi à trouver la poésie dans la brutalité ». Il a conservé également des fiches sur les cinéastes [12], allant de quelques lignes pour Eisenstein – « C'est lui qui a le plus de chance de résister longtemps : il vivait dans le futur alors que la plupart des autres, dans le présent et le passé » – ou Stroheim – « Attraction de l'enchantement » – et Ophüls – « Attraction mais refus de l'assumer » – à six pages pour Kurosawa, découvert lors des projections organisées par Langlois dans le programme saluant les vingt ans de la Cinémathèque, entre novembre 1956 et avril 1957.

Marin Karmitz évoque deux artistes et deux œuvres qui, alors, le marquent à jamais : le cinéma de Robert Bresson et celui de Roberto Rossellini. À propos du premier, il écrit : « Je me suis retrouvé dans un état second, hypnotisé : je n'ai jamais oublié *Un condamné à mort s'est échappé*. Une merveille ! Jamais peut-être dans l'art cinématographique, le fond n'avait autant inspiré la forme, et réciproquement. Parvenir à cette unité de ton, de rythme et de style. Je suis sorti et je me suis dit que cela confirmait tout : il faut que je fasse du cinéma [13] ! »

Marin Karmitz rencontre Rossellini à la Cinémathèque, invité d'honneur de Langlois en novembre 1956. Il a gardé dans ses archives personnelles une photocopie ronéotée du dialogue tenu ce soir-là entre Rossellini et Bazin. Vu quelques jours plus tôt, *Voyage en Italie* a frappé le cinéphile, qui note dans son carnet : « C'est pour moi l'un des chefs-d'œuvre du cinéma et surtout l'un des seuls films d'avant-garde. Rossellini a tout simplement supprimé l'intrigue. Je me sens heureux ce soir [14]. » Le 3 novembre, Langlois introduit Rossellini devant son public : « Cet homme a dépouillé le néo-réalisme de l'anecdote pour aller plus avant dans le silence de la vie intérieure [15]. » Après les applaudissements, le cinéaste raconte son voyage depuis Rome, dix heures en Ferrari, explique comment il prépare les pâtes, son goût pour la paresse, et évite surtout de répondre aux questions de Bazin, qu'il taquine et adore. La séduction opère : « Ce fut pour moi une révélation, estime Karmitz. L'homme me fascinait, son côté aventurier me rappelait Blaise Cendrars, et j'aimais ses films. Je m'identifiais complètement à lui et à son cinéma. Le goût du luxe, le raffinement, les femmes, les bagnoles, l'humanisme, la signification de la vie et le mystère de Dieu. Je découvrais en lui trois plaisirs communs : les pâtes, les Ferrari et la paresse [16]. »

Que fait Marin Karmitz de tous ces films ? Il ne cherche pas à écrire dans les revues, dont il vit pourtant l'un des âges d'or. Pas l'ombre d'un texte dans la presse d'époque. Tout juste organise-t-il une sorte de ciné-club, au début de l'année 1958, « Tribune du cinéma [17] », qui se tient rue Jean-Pierre-Timbaud, dans la salle de la Maison des métallos, qui propose aux principaux critiques français, Bazin, Mitry, Labarthe, Chardère, Charensol, Rohmer, Kyrou, Sadoul, Rivette ou Siclier, de venir présenter un film de leur choix. Le programme est alléchant : *Les Forbans de la nuit* de Jules Dassin, *Le Ciel est à vous* de Jean Grémillon ou encore un cycle de films de Jean Renoir présenté par Michel Simon, notamment *Boudu sauvé des eaux*. « Il est arrivé assez alcoolisé, au bras d'une magnifique créature. On était tous aussi tétanisés, ravis que débordés. » La vision des films initie donc surtout, chez Marin Karmitz, une formation personnelle et une entrée dans le monde professionnel.

L'ambition rêvée, confiée plus secrètement par le cinéphile à son journal, semble consister à marier cinéma et marxisme afin de dépasser sa condition de fils de bourgeois : « L'art doit être révolutionnaire sous tous ses aspects, écrit-il le 1er mars 1957. Il doit donc s'opposer aussi bien à l'académisme marxiste que capitaliste. L'art doit servir à élargir la pensée, à relier l'Histoire à la poésie, à relier la science à l'imaginaire. Il ne doit pas constater un état des choses, historique, matériel, économique, mais provoquer un état de choses. L'art doit préparer la révolution et être perpétuellement en révolution [18]. » Et, trois mois plus tard, le jeune homme en tire une conclusion personnelle : « Ma révolte est issue de la classe bourgeoise et s'épuise en elle. Ce n'est pas une révolte de classe. Le seul moyen de dépasser ma révolte bourgeoise réside dans la création artistique. C'est le seul moyen de dépasser le cadre d'une classe fixée et précise et d'arriver à exprimer la lutte des classes. L'idée m'obsède depuis quelque temps : parvenir à exprimer poétiquement la politique par la pellicule, l'éclairage poétique de la politique. Ce sont les pratiques poétiques, dans les angles de prise de vue, dans l'éclairage, dans la musique, qui ont des valeurs syntaxiques ou psychologiques, et permettent de révéler la politique [19]. » Atteindre à un art révolutionnaire, qui soit tout à la fois pleinement « art » et complètement « révolutionnaire », telle est l'ambition « absolue » du jeune cinéphile qui, par là même, apprend chemin faisant le métier de cinéaste.

Initiation talmudique.

Parallèlement à cet apprentissage cinéphile, Marin Karmitz vit intensément une autre initiation : le judaïsme comme étude du texte biblique. À nouveau, une sorte de synthèse est à l'œuvre dans l'esprit du jeune homme, tout aussi émancipatrice que de marier cinéma et marxisme. En ce sens, le cinéma et le judaïsme vont de pair, il s'agit du même désir et mouvement d'« apprendre une langue [20] ». Cette question surgit à l'aube de ses vingt ans comme une « découverte fulgurante et extraordinaire » [21]. Rien ne l'y préparait : il vit dans un milieu et une famille de Juifs intégrés, d'abord citoyens français, depuis peu, avant d'appartenir à une religion. « Mes parents avaient plutôt envie d'oublier qu'ils étaient juifs, d'autant que ma mère avait été nourrie de catholicisme par son éducation chez les sœurs. Ils fêtaient à peine Kippour et, de l'étude du Talmud, ils ne savaient rien [22]. » Le choc décisif est plutôt politique : l'exclusion brutale du militantisme communiste jette le jeune homme dans une nouvelle quête. « J'ai été obligé de chercher autre chose pour alimenter ma réflexion et ma révolte [23] », reconnaît-il. Cet « autre chose », c'est le judaïsme.

La découverte passe par Gérard Weil, ancien du lycée Carnot croisé lors des travaux du groupe théâtre animé par Gilbert Mury. Normalien de Saint-Cloud, préparant l'agrégation d'histoire, il a quelques années de plus que Marin et se penche déjà sur son sujet de prédilection : la Bible et le monde hébraïque. Il s'apprête même à lancer une thèse sur le texte massorétique conservé dans le « codex d'Alep », daté de 1008, et sur son principal exégète, Élie Lévita, humaniste, l'un des passeurs de la Massorah, la science hébraïque, dans l'Italie de la Renaissance, au début du XVIe siècle [24]. Gérard Weil exerce d'abord une grande influence sur son cadet – ne serait-ce que parce qu'il est aussi un cinéphile –, avant de le conduire chez Henri et Liliane Atlan, où il se rend lui-même régulièrement. Le couple habite porte Maillot, au bout de l'avenue de la Grande-Armée. Henri Atlan est un jeune médecin biologiste d'à peine trente ans, au regard sombre et aux sourcils broussailleux, enseignant l'histoire de la médecine à l'université de Rouen [25] ; Liliane fut élève à l'école Gilbert Bloch d'Orsay, « École polytechnique des disciplines du judaïsme [26] » qui, après-guerre, a contribué au renouveau des études juives en France après les années de persécution et de dispersion liées au régime de Vichy et à la Shoah [27]. C'est là qu'ils se sont rencontrés, comme Léon Ashkénazi, Armand Abécassis ou Gérard Israël. Henri et Liliane Atlan partagent, chez eux, avec un petit groupe d'initiés, la lecture des textes talmudiques. Grand spécialiste de Baruch Spinoza, sur lequel il écrit une thèse de bio-éthique, Atlan met en regard plusieurs disciplines dans son commentaire, comme la science, les textes mythologiques, talmudiques, la philosophie. Il pose, à partir de la lecture et de la discussion des textes bibliques, la question de la nature des relations entre science et éthique, et la compréhension des complexités du monde dans son histoire [28].

Marin Karmitz, qui arrive chez le couple au moment de Pessah, la fête de la Pâques juive, au printemps 1959, est immédiatement captivé par cet enseignement à la fois collectif, dialectique, ritualisé et festif. Dès les premières séances, autour du couple qui reçoit dans l'appartement de la porte Maillot, les discussions s'engagent à partir des lectures, avec d'autres scientifiques, historiens, écrivains, philosophes qui s'y retrouvent régulièrement, comme Richard Marienstras, Emmanuel Levinas, Elie Wiesel, Claude Olivenstein, Gérard Weil. « Là, j'ai découvert la grandeur de la réflexion et de la pensée juives, rappelle Marin Karmitz. La façon dont Henri Atlan menait ses cours me paraissait très proche de ce que je recherchais au cinéma. Il prenait un texte et analysait les commentaires que les maîtres en avaient faits au cours des siècles passés. Cela entraînait un questionnement permanent, sans dogmatisme, une liberté de la pensée, le tout dans le strict respect du texte. S'y mêlaient la rigueur d'un récit et la liberté qu'on peut prendre pour mener ce récit. Cela m'a conduit d'ailleurs à travailler plus personnellement sur l'improvisation, qui me semblait être une expression, au cinéma ou en musique, d'un mode de fonctionnement de la pensée proche de l'exégèse talmudique [29]. »

Pour le jeune homme, le judaïsme devient une façon d'étudier, de lire, un mode de pensée ou d'éthique, une morale qui intègre des interdits qu'on accepte de ne pas franchir, donc une culture davantage qu'une religion. Car il n'y a pas, en ce sens, de vérité révélée, intangible, de dogme ni de textes (ou de terre) sacrés. Cette idée se traduit par une remise en cause permanente des textes et des idées, dans le respect de l'autre. « L'étude des textes m'a aussi appris la contestation, aime à dire Marin Karmitz. Je me conteste moi-même et conteste par là même un certain nombre de façons de penser, de manières d'agir, de lois et de règles. Personnellement, j'essaye d'appliquer ce précepte dans ma vie, quand je fais du cinéma ou quand j'écris ou je lis un scénario [30]. » Les réunions régulières se poursuivent une demi-douzaine d'années, avant de s'espacer, puis s'interrompre, lorsque Henri Atlan, en 1967, part finir sa thèse aux États-Unis.

Vers l'IDHEC

Après le baccalauréat, en septembre 1956, Marin Karmitz s'inscrit en licence à la fac de droit, au Panthéon, pour rassurer son père. Il ne suit les cours que jusqu'à Noël, et d'assez loin, sauf pour se « disputer violemment avec un professeur [31] », dira-t-il. L'étude alternative le conduit dans l'appartement du réalisateur Louis Daquin, le 18 septembre. Il est cette fois encore introduit par Gilbert Mury chez le cinéaste quasi officiel, et à l'époque encore extrêmement prestigieux, du parti communiste français. Son film le plus connu, *Bel Ami*, d'après Maupassant, est sorti l'année précédente, et il s'apprête à tourner en Roumanie, puis en Allemagne de l'Est, *Les Chardons du Baragan*, d'où son intérêt, peut-être, à rencontrer un jeune Roumain, qui plus est communiste. Pour le cadet, la rencontre est importante, même décisive, puisqu'elle détermine en partie son itinéraire, même si elle débute par un malentendu. Karmitz croyait voir un maître, une figure inspirante, mais il est déçu, comme son journal en porte la trace : « Visite à Daquin dans son appartement de la rue Jean-Bart. Un bourgeois épicier. Avant tout essentiellement français. Lourd, épais, de visage large. Il parle de façon précise et ferme, c'est un professeur alors que j'espérais un artiste [32]. » Après avoir essayé de le décourager de faire du cinéma – « trop peu d'élus », lâche-t-il –, il lui conseille néanmoins de « faire l'IDHEC ». « Il a rallumé en moi la flamme qui chancelait un peu en me disant sa confiance en l'IDHEC. C'est la première fois que j'écris ce nom, peut-être toute ma destinée ou du moins toute ma jeunesse est-elle liée à ce nom. Pour Daquin, ce n'est que par l'IDHEC qu'on peut obtenir une formation cinématographique. Tant mieux [33] ! »

Fondé par Marcel L'Herbier en 1943, sous la tutelle du directeur général de la Cinématographie française, Louis-Émile Galey, recevant une première promotion en 1944 (dont Alain Resnais ou Yannick Bellon), l'Institut des hautes études cinématographiques, l'IDHEC [34], est alors la troisième grande école de cinéma au monde, après le VGIK de Moscou et le Centro sperimentale di cinematografia de Rome. L'école dispense un apprentissage mêlé entre théorie et pratique artistique, destiné aux métiers de création, réalisateurs et scénaristes, et aspire à être à la fois un lieu de formation et un lieu de recherche et d'expérimentation. Léon Moussinac [35], grand pédagogue qui dirige l'IDHEC après-guerre, propose un programme d'enseignement complet et ambitieux. Clairement orienté à gauche, communiste, il est

Classe du cours préparatoire à l'IDHEC au lycée Voltaire en 1956, autour du proviseur, M. Lamy, et du professeur de cinéma, Henri Agel. Marin Karmitz est, au dernier rang, le cinquième en partant de la droite. Photographie de Ray Jane.

attaqué par nombre de professionnels du cinéma français. Le Cartel des syndicalistes libres des spectacles demande ainsi la suppression des subventions accordées à l'IDHEC, présentée comme « une pépinière d'agents staliniens dont l'inutilité n'est plus à démontrer » [36]. Ces polémiques contraignent Moussinac à la démission, remplacé, en 1951, par Rémy Tessonneau, plus neutre, imposé par la tutelle, le ministère de l'Industrie et du Commerce, qui ne bouleverse pas les principes pédagogiques de l'école, dispensant un enseignement spécialisé en trois ans : d'abord sous la forme d'une année de préparation au concours d'entrée dirigée par Henri Agel au lycée Voltaire, puis de deux années à l'Institut. La force de l'IDHEC, ce sont ses enseignants aussi bien historiens et théoriciens, comme Georges Sadoul ou Jean Mitry, que techniciens hypercompétents : Ghislain Cloquet, Henri Alekan, Joseph Mundwiller et son concours, façonnant des promotions de haute qualité. Là, on apprend le cinéma.

Marin Karmitz, sur les conseils de Louis Daquin – qui, ironie de l'histoire, dirigera les études de l'IDHEC de 1970 à 1977 –, s'inscrit à la classe préparatoire du lycée Voltaire en octobre 1956 et suit une année d'intense apprentissage. Tous les soirs, trois films aux séances de 18 heures, 20 heures, 22 heures de la Cinémathèque française et, dans la journée au lycée, le suivi des enseignements avec des professeurs aussi remarquables qu'Henri Agel, fondateur de ce cours préparatoire en 1948, professeur de lettres, critique, spécialiste de De Sica, Bresson, Grémillon, et de la spiritualité au cinéma (*Le cinéma a-t-il une âme ?* 1952), rédacteur en chef du *Bulletin et des fiches de l'IDHEC ;* mais encore Georges Sadoul, le grand historien du cinéma et critique communiste de l'après-guerre, auteur de l'*Histoire générale du cinéma*, somme publiée en sept volumes, de 1946 à 1954 ; Georges-Albert Astre, spécialiste du cinéma américain, notamment du western et de la comédie musicale ; ou encore Jean-Louis Bory, écrivain (*Mon village à l'heure allemande*, fort succès, qui obtient le prix Goncourt en 1945) et professeur de lettres au lycée de Montgeron, à Voltaire, puis à Henri IV à la rentrée de septembre 1957. Marin Karmitz aura bénéficié de la dernière année d'enseignement de Jean-Louis Bory au lycée Voltaire, le futur et célèbre critique de cinéma (à *Arts* à partir de 1961, puis au *Nouvel Observateur*) le marquant profondément par sa personnalité : « Bory enseignait l'histoire du théâtre, à sa façon. En jouant tous les rôles. En grimpant sur son bureau. En se mettant un chapeau sur la tête pour devenir une femme, ou un homme… C'était fascinant [37]. » Le jeune homme gardera des « relations affectueuses [38] » avec la plupart de ces enseignants.

Marin Karmitz s'investit et redevient un bon élève, les copies de la classe préparatoire de Voltaire conservées dans ses archives le soulignent : 15 pour un devoir consacré à *Guernica* de Resnais, 12 pour une fiche sur Mark Donskoi, 13 sur Rossellini, 12,5 sur l'« Insolite au cinéma ». Enfin, sur « René Clair, auteur de films ? », l'apprenti polémiste, trop proche des jugements sévères des *Cahiers du cinéma*, récolte une très bonne note, 16/20, mais un commentaire précautionneux de Henri Agel : « Sans entrer dans la querelle de la "politique des auteurs" préconisée par les *Cahiers du Cinéma*, on peut néanmoins admettre qu'un véritable auteur peut s'exprimer dans les films. Ce devoir me semble remarquable de lucidité et de pénétration. Mais au concours, il faut 1/ peut-être raccourcir un peu 2/ Être moins féroce avec Clair [39] ! » Le bulletin des notes de fin d'année [40] est également d'un bon niveau : 12 en philosophie, 16 en lettres, avec la mention d'Agel : « Bon élève, excellente année, soutenue et efficace », 15 en théâtre –

« Esprit très original. Élève cultivé », écrit Jean-Louis Bory –, 10 en histoire, 14 en arts. Marin Karmitz peut envisager l'entrée à l'IDHEC dans la section « réalisateur de films » avec optimisme.

Le concours se tient le 13 juin 1957, de 13 heures à 18 heures, avec quelques questions techniques sur les différents formats de films, les nuances (à expliquer) entre « plan américain », « plan moyen » et « gros plan », ainsi qu'une « composition après projection » d'un des films fétiches du candidat, *Un condamné à mort s'est échappé*, de Robert Bresson, et la question suivante : « Estimez-vous que le film obéit à un principe de concentration dans l'action, l'espace et même le temps ? Dans quelle mesure et dans quels cas ces trois règles issues de la tradition théâtrale vous paraissent-elles utiles ou néfastes à l'œuvre cinématographique [41] ? » Marin Karmitz est cependant collé au concours ; l'échec n'en est que plus incompréhensible et douloureux.

Heureusement, en octobre suivant, se tient le deuxième concours d'entrée à l'IDHEC, réservé cette fois aux « opérateurs de prises de vues ». Il demeure un obstacle : l'épreuve comporte des questions scientifiques, en mathématiques, optique, électricité, chimie, relativement ardues, en tous les cas hors de portée d'un lycéen qui a délaissé ces matières lors de ses études. Marin Karmitz demande alors à son ami, François Jacoby, jeune scientifique qui vient d'être admis à l'ENS, de l'aider à potasser tout l'été les maths et la physique-chimie.

Le concours a lieu le 21 octobre 1957, il y a quatre places pour une centaine de candidats. La première épreuve, la « composition après projection », tombe sur *Sait-on jamais* de Roger Vadim, avec la question suivante : « André Gide a écrit dans *Les Nourritures terrestres*, “la vue est le plus désolant de nos sens… Tout ce que nous ne pouvons pas toucher nous désole”. Ne pensez-vous pas que ce jugement peut sembler paradoxal, si on l'applique au film *Sait-on jamais* de Roger Vadim, qui va vous être présenté ? Le décor évoqué, l'expressionnisme de l'image cinématographique, ne sont-ils pas riches de réalité, de virtualité, et ne traduisent-ils pas une représentation de la vie pleine d'enchantement, d'autant plus qu'elle correspond à des valeurs culturelles devenues parties intégrantes de notre civilisation [42] ? »

Visiblement inspiré, le candidat prend suffisamment d'avance dans cette épreuve pour ne pas être trop desservi par les quatre questions scientifiques, sur le fonctionnement d'une lentille convergente, le passage du courant dans une lampe et la structure de la molécule et de l'atome. Le 28 octobre, l'avis tombe : « Le jury du concours d'entrée à l'IDHEC pour la section “Prise de vues” vous a déclaré définitivement reçu [43]. » « Cela a été un véritable déclic, avoue Marin Karmitz, qui m'a montré comment transformer un échec en une vraie chance. Pour la première fois, en voulant vraiment quelque chose, j'y arrivais [44]. »

Les ficelles techniques du métier

Les cours à l'IDHEC commencent le 4 novembre 1957, rendez-vous au 3 bis, boulevard d'Aurelle-de-Paladines, dans le XVIIe arrondissement, près de la porte des Ternes. Tout y est organisé comme un petit studio de cinéma, disposé en ateliers pratiques, pourvu cependant de quelques salles de cours, sous la direction de Rémy Tessonneau, haut fonctionnaire, ancien sous-préfet de Lille à la Libération, puis secrétaire général des laboratoires des Potasses d'Alsace entre 1945 et 1951. Tessonneau est un pédagogue, mais peu au fait du cinéma ; il a été installé là par le Centre national du cinéma pour remettre en ordre une école divisée par les luttes politiques [45]. Sa direction est stricte, comme l'indique un avertissement adressé à Marin Karmitz en mai 1958, à la suite d'un blâme pour « absence à une séance de travaux pratiques de montage » : « Si des absences ou retards étaient de nouveau constatés vous êtes prévenu que je n'hésiterai pas à mettre fin immédiatement à votre année scolaire [46]. » À l'IDHEC de Tessonneau, on ne plaisante pas avec la discipline. « Vieux con, style para », dira l'ancien élève plus tard, prenant sa revanche sur un homme avec lequel il ne s'est jamais entendu [47].

L'IDHEC est une bonne école professionnelle. « J'ai appris toutes les ficelles techniques du métier grâce à de formidables professeurs et j'en suis sorti avec de solides connaissances pratiques qui m'ont servi autant pour la réalisation que pour la production. Je maîtrisais des savoirs essentiels que tout metteur en scène devrait connaître pour ne plus être handicapé ou terrorisé par la technique. Connaître ces bases de savoir-faire, manier une caméra, apprendre la lumière, le cadrage, comment faire une photo, manier la pellicule, entretenir le matériel, ce qu'est un objectif, le développement d'un film, l'étalonnage, le mixage, est essentiel. Même si je suis persuadé qu'on n'apprend pas à devenir cinéaste dans une école mais sur le tas, à la fois en voyant des films et en pratiquant soi-même [48]. »

L'apprenti chef opérateur passe entre les mains de trois grands techniciens qui le marquent. D'abord, Joseph Mundwiller, l'un des premiers opérateurs des actualités Pathé, « qui avait filmé la mort de

Tolstoï en 1910 »[49]. Homme-caméra, il a tout fait : s'attacher sur l'aile d'un avion pour filmer, se jeter à plat ventre sous une charge de hussards, et surtout faire le tour du monde une caméra Debrie Parvo à la main. Il apporte à ses élèves l'art de manier une caméra en rythme, à vingt-quatre images par seconde, en chantant le refrain *Sambre et Meuse*, comme un reporter qui sait également charger et recharger une caméra le plus vite possible.

Cet apprentissage à l'ancienne se passe le plus souvent sur le terrain, ce qu'adore le jeune Karmitz, au plus près du réel : aller filmer au bois de Boulogne, caché dans les fourrés, tout proche les prostituées qui tapinent à côté du restaurant L'Orée du Bois, ou se rendre à Pigalle au petit matin pour saisir l'ambiance des rues de Montmartre qui s'éveillent après les plaisirs de la nuit. Comme le dit le jeune homme enthousiaste : « C'était plus amusant que d'écouter comment Autant-Lara mettait en scène *L'Auberge rouge*. L'œil de Mundwiller était un diaphragme[50] ! »

Le deuxième professeur marquant est Jean Bachelet, l'opérateur de Jean Renoir sur *Le Crime de monsieur Lange* ou *La Règle du jeu*. Bachelet est un homme des débuts du parlant, spécialiste des lourdes caméras de studio et des éclairages de plateau. Il sait mettre en place un jeu de lumières, en ombres et clairs-obscurs, mais parvient aussi, à la Renoir, à s'adapter à toutes les situations. Son principal fait d'armes : avoir inventé un système de poulies permettant de developper la pellicule du *Crime de monsieur Lange* dans la baignoire même de Jean Renoir ! « J'avais beaucoup d'admiration, explique Karmitz, pour ses facultés d'adaptation. Renoir, Guitry, Pagnol, Grémillon, Duvivier savaient faire ça : inventer en dépassant les contraintes, en jouant avec elles. Selon cette formule : "On peut toujours le faire !"[51]» Toute l'école française des grands chefs opérateurs des années 1930-1940, comme Christian Matras, référence du moment, s'est fondée sur cette maîtrise classique du cinéma de studio et son adaptation à des conditions moins confortables.

Enfin, troisième pédagogue et technicien qui marque l'élève de l'IDHEC : Ghislain Cloquet, le gendre de Jacques Becker, maître de toute une génération de directeurs de la photographie, qui travaille alors avec Alain Resnais, Chris Marker, bientôt avec Louis Malle, Claude Sautet, Robert Bresson ou Jacques Demy. Il est encore jeune au milieu des années 1950, une trentaine d'années, et sait s'adapter aux moyens plus modernes de l'éclairage de studio, notamment les

Marin Karmitz, élève de l'IDHEC, jeune opérateur pour un film de Jean Salvy, dans les Cévennes.

lumières « blondes » des films américains, éclairage plus naturel qui opère mieux avec la couleur et les mouvements des acteurs. Avec ses élèves, il travaille particulièrement le tirage de la pellicule couleur. « On y passait nos journées, c'est une expérience qu'on n'oublie pas. Un apprenti cinéaste en retire une maîtrise incomparable [52]. »

Comme la réalisation est composée d'une multitude de savoirs techniques différents et complémentaires, Marin Karmitz, avec ses condisciples, accumule les expériences : tournages en extérieur, éclairages et mises en place en studio, passages au maquillage pour savoir farder et filmer acteurs et actrices, stages en laboratoire de tirages et développement de pellicules, chez Kodak pour le noir et blanc, chez Agfa pour le Technicolor, notamment pour tester, dans le plus grand secret, la nouvelle pellicule couleur « XRS 1800 », ou encore transport de matériels chez Debrie, avenue Kléber, et enfin stage de montage et de mixage-son dans les studios de Boulogne-Billancourt.

L'IDHEC, ce sont aussi de jeunes collègues, tels Pierre Desfons, Yves Boisset, Costa Gavras, Christian de Chalonge, qui appartiennent à la même promotion, un réseau de compétences acquis pour toute une carrière. Mais surtout de grands amis partageant le même apprentissage avec une forte complicité. La « bande des cinq copains », qui se forme en quelques semaines, est composée, outre Marin Karmitz, de Johan van der Keuken, déjà photographe de grand talent et futur documentariste, qui vient d'Amsterdam et vit dans une grande solitude lorsqu'il arrive à Paris, habitant dans un petit hôtel meublé rue des Quatre-Vents, vers l'Odéon, dans le VIe arrondissement, avec lequel s'organisent vite des sessions d'écoute de grands jazzmen quand ils passent à Paris, Sonny Rollins, Charles Mingus ou Charlie Parker. Ensemble, ils lancent le premier tournage d'un court film de dix minutes, *Paris à l'aube*, réalisé fin 1957, et opèrent des « virées photographiques » à travers les rues de l'Est parisien à l'occasion des bals du 14 Juillet, en 1958 et 1959. Avec eux, voici Jean-Pierre Petrolacci, bientôt scénariste, toujours le premier quand il faut inventer quelque chose ou « imaginer une connerie amusante » [53]. Quant à Jean-Michel Humeau, déjà très bon opérateur, « une crème [54] », qui habite près du Jardin des Plantes, il travaille au début des années 1960 avec Jean Rouch avant de parcourir l'Afrique. Enfin, Jacques Trébouta complète la bande, futur réalisateur de télévision, très engagé politiquement dans le combat anticolonialiste.

Au cours de sa scolarité, Marin Karmitz doit tourner un court film ; il choisit un documentaire sur le jardin du Luxembourg, et plus particulièrement son manège traditionnel. C'est comme cela qu'il rencontre son jeune propriétaire, Jean-Loup Passek, un ami de François Lépine, déjà solide cinéphile, futur programmateur au Centre Pompidou et au Festival de La Rochelle, où il contribue à faire entrer le cinéma, lien qui rejouera quelque trois décennies plus tard à Beaubourg. Avec ce film de fin d'études, malheureusement perdu, et un mémoire d'une cinquantaine de pages portant sur *Mise en place, rôles et significations du travelling*, le jeune technicien, à vingt et un ans, peut sortir de ses deux années à l'IDHEC, à l'été 1959, avec la satisfaction du travail accompli. Il ne lui reste plus qu'à enchaîner trois assistanats sur des longs métrages afin d'obtenir la carte professionnelle, sésame nécessaire pour entrer dans le métier. Marin Karmitz est prêt à prendre sa place dans la profession du cinéma.

Front anticolonial : la guerre d'Algérie à Paris

À l'IDHEC, il a également renoué avec le militantisme politique. C'est Jacques Trébouta, un de la bande, membre du parti communiste, qui le « remet dans le jeu politique » : « J'étais en fait dans la nostalgie du PCF, dans la perte de ce collectif[55]... » Trébouta, juste avant d'entrer à l'IDHEC, a été soldat du contingent en Algérie, et il est revenu dégoûté par l'usage de la torture pratiquée sur les prisonniers capturés parmi les fellaghas du FLN. Cette expérience vécue de l'indignité, partagée par les récits de Trébouta, fonctionne pour Marin Karmitz comme une prise de conscience dès le début de sa scolarité à l'IDHEC, au cours d'une période politique de plus en plus troublée par les échos de la guerre d'Algérie, qui trouvent une résonance extrême dans le contexte de l'année 1958 à Paris. Car c'est désormais sur le pavé de la capitale que se déplace la guerre. Il est sincèrement affecté par cette actualité politique : « Pendant ce printemps-là [1958], j'étais perpétuellement nerveux. La situation politique m'angoissait. Je ne dormais plus. Je piquais des colères invraisemblables[56]. »

Le 13 mai 1958, le « putsch des généraux » jette la confusion dans la IVe République : à Alger, un « quarteron » de généraux fascistes, Raoul Salan, Edmond Jouhaud, Jean Gracieux et l'amiral Auboyneau, prend le pouvoir et installe un Comité de salut public à la tête duquel est porté le général Jacques Massu, le chef des parachutistes, qui a systématisé la pratique de la torture lors de la bataille d'Alger contre les militants FLN. La défense de l'« Algérie française » par l'armée et une partie de l'opinion devient un enjeu de tension majeur, provoquant une quasi-guerre civile dans le pays. La crise monte encore d'un cran le 24 mai, lorsque les putschistes lancent une opération aéroportée en Corse et installent un Comité de salut public à Ajaccio. Un ultimatum est adressé au gouvernement, alors dirigé par Pierre Pflimlin, de droite modérée, pour le 29 mai, avec menace de débarquement sur Paris. « C'était extrêmement inquiétant, témoigne Marin Karmitz. J'avais l'impression qu'on entrait dans une ère fasciste. On attendait les chars et les soldats du général Massu à Paris. Avec Marcel Degliame, un ancien résistant, chef de maquis dans le Sud-Ouest, on avait même repéré les lieux et prévu d'installer une mitrailleuse au dernier étage de la Comédie des Champs-Élysées pour tenter d'arrêter la colonne qui marcherait sur l'Élysée en bloquant le pont de l'Alma. Notre mot d'ordre c'était : “Résistance ! Résistance aux paras d'Alger ! ”[57] »

Une seule figure semble avoir le prestige et l'autorité de contrer cette tentative de coup d'État : le général de Gaulle. Beaucoup font appel à lui, des putschistes eux-mêmes à la droite parlementaire et chez une partie des socialistes, autour de Guy Mollet. Le 28 mai, le gouvernement démissionne et le président René Coty fait appel au « plus illustre des Français », qui accepte de former un gouvernement dès le lendemain. Le pays, englué dans une guerre coloniale qu'il est en train de perdre, confie donc son destin aux mains d'un général que beaucoup, à gauche, considèrent comme un dictateur en puissance – malgré ses dénégations – « Croit-on, qu'à 67 ans, je vais commencer une carrière de dictateur ? » L'histoire montrera qu'ils ont tort, mais il existe alors quelques raisons de s'inquiéter. Et de se mobiliser. Marin Karmitz est de ceux-là : « Beaucoup appelaient à un retour au pouvoir de De Gaulle, que je voyais comme un dictateur plus qu'en père de la nation. Cela m'inquiétait plus encore[58]. »

Des Comités de défense de la République se constituent. « J'en étais, assure Karmitz. À vrai dire, on n'était pas nombreux pour défendre la République, surtout dans le cinéma, une centaine tout au plus, surtout des communistes[59]. » Le jeune technicien de vingt ans s'investit avec ses amis de l'IDHEC, Trébouta et Humeau, dans le CDR cinéma-télévision. Ils côtoient alors, au nom de la défense républicaine, le producteur Marcel Degliame, quelques cinéastes, tels

Claude Autant-Lara ou Claude Chabrol, et un jeune acteur, Jacques Charby, anticolonialiste et militant communiste pro-FLN, le plus actif dans la mobilisation du milieu cinématographique. Tous se retrouvent lors de la « manifestation antifasciste » du 28 mai où, de la Nation à la République, défilent cinq cent mille personnes dénonçant la prise du pouvoir par le général de Gaulle, avec en tête de cortège les socialistes Pierre Mendès France, François Mitterrand, le radical Édouard Daladier et le communiste Jacques Duclos.

Marin Karmitz se rapproche un temps des communistes, eux qui sont les plus virulents contre les fascistes et de Gaulle, à travers leur mot d'ordre : « Alerte au fascisme ! Pour briser le complot fasciste, Vigilance ! Action ! Unité ! Pour le salut de la République, renforcez d'urgence l'action antifasciste. Contre de Gaulle le comploteur, tous à la grande manifestation antifasciste de la Nation à La République. » C'est la première grande manifestation à laquelle il prend part, dix ans avant les immenses cortèges de Mai 68. La lutte contre la guerre d'Algérie est un des piliers essentiels sur lequel se fonde son engagement politique et citoyen. « La guerre d'Algérie me paraissait absurde, rapporte Karmitz. Il suffisait de voir à quoi avait abouti la guerre d'Indochine ; il n'y avait aucune raison pour que les mêmes militaires accomplissent dans les djebels ce qu'ils n'avaient pu faire dans les rizières. Et ce n'était pas Guy Mollet, le socialiste qui avait trahi les électeurs en toute impudeur, qui pouvait me faire changer d'avis. J'étais fermement anticolonialiste [60]. »

L'engagement de Marin Karmitz ne cesse pas avec l'arrivée au pouvoir du général de Gaulle. Il suit désormais les luttes pour l'indépendance de l'Algérie. Ainsi, au début de l'année 1959, il s'engage dans le réseau que Francis Jeanson, secrétaire des *Temps modernes*, jeune philosophe proche de Jean-Paul Sartre, a mis en place depuis 1956 pour venir en aide aux militants clandestins du FLN, les abritant, leur servant de planques, de messagers, collectant des fonds ou fabriquant des faux papiers, ceux qu'on appelle les « porteurs de valises » [61]. Trébouta propose à Karmitz de s'engager dans ce réseau clandestin, où ils sont rejoints par deux jeunes femmes courageuses et militantes, la cinéaste et critique Michèle Firk et la monteuse Cécile Decugis. La première est une ancienne de l'IDHEC, appartenant à la promotion précédant celle de Marin Karmitz, qui l'a connue à ce moment. Elle écrit dans *Positif* quelques textes incendiaires contre la Nouvelle Vague et sa posture « désengagée », notamment vis-à-vis de la guerre en Algérie, voire ses dérives prétendument « fascistes ». La seconde travaille avec Truffaut (*Les Mistons, Tirez sur le pianiste*), Godard (c'est la monteuse d'*À bout de souffle*) ou René Vautier, le cinéaste travaillant ouvertement avec le FLN. « Michèle Firk et Cécile Decugis ont été des figures héroïques pour moi, rappelle Marin Karmitz. Elles ont été très importantes. J'ai admiré leur engagement, qui a mené la première à ses combats à Cuba, au Guatemala, où elle s'est suicidée en 1968, au moment où elle allait être arrêtée par la police, et la seconde à la prison, où elle est restée deux ans à la Roquette pour son aide au FLN. Ce sont des femmes trop oubliées, et elles soulignent à quel point la mobilisation contre la guerre d'Algérie a été décisive dans la formation de notre génération à gauche [62]. »

Marin Karmitz pose une condition à son aide au FLN : transporter des documents, faire passer des messages, d'accord, mais pas des armes et pas davantage servir de planque pour les combattants. La surveillance policière et la traque par les services de la DST ont bientôt raison du réseau Jeanson : entre le printemps 1959 et février 1960, le groupe est démantelé. Une trentaine de militants sont arrêtés, dont Jacques Trébouta et Cécile Decugis, puis jugés et condamnés, tandis que Francis Jeanson est en fuite à l'étranger. Marin Karmitz n'a pas eu le temps d'un engagement actif, il n'est pas inquiété par la justice. Il se fait discret quelque temps, ce qui n'empêche pas ses tourments : « J'ai mal vécu cette période, se souvient-il. J'étais proche de ces militants, Jacques Trébouta, Michèle Firk, Cécile Decugis. Je les ai soutenus quand ils ont été arrêtés. Mais il y avait une chose qui me perturbait, me minait. C'était pour moi un dilemme épouvantable, écartelé entre l'engagement pour une cause que je trouvais juste, l'indépendance de l'Algérie, la lutte contre la torture, et ma reconnaissance envers la France, ce pays qui m'avait, douze ans plus tôt, tendu les bras et transmis ses valeurs. Aider le FLN, c'était tout de même aider des gens qui se battaient contre mon pays d'adoption et d'élection. Pourtant, je ne pouvais pas laisser faire et rester inactif. C'était de ma responsabilité : protester autant que je le pouvais contre la torture et la guerre coloniale. Puisque j'étais au courant, ma responsabilité était de réagir [63]. »

Le militantisme de Marin Karmitz n'en continue pas moins. À l'automne 1961, révolté par les massacres d'Algériens à Paris par la police, notamment dans la nuit du 17 octobre, où une centaine trouvent la mort lors de ratonnades décimant la manifestation organisée par la fédération de France du FLN, il participe aux actions du Comité Maurice-Audin, du nom du jeune mathématicien torturé et assassiné par l'armée française en Algérie, pour la diffusion clandestine du film tourné par Jacques Panijel, *Octobre à Paris*, sur cette répression. Enfin, le 8 février 1962, il manifeste pour la paix en Algérie, protestant contre les nombreux attentats OAS, cortège qui regroupe près de cent mille personnes entre la République et la Nation. La répression policière engendre la mort de neuf militants, écrasés contre les grilles du métro Charonne. Cinq jours plus tard, il est encore parmi les trois cent mille parisiens qui accompagnent en silence les victimes jusqu'au cimetière du Père-Lachaise, filmés en plans graves et émouvants par Chris Marker et Pierre Lhomme dans *Le Joli Mai*.

Cependant, Karmitz n'en a pas fini avec la guerre d'Algérie : il doit être incorporé sous les drapeaux alors même que le conflit n'est pas réglé, à l'été 1961. Il a obtenu un « sursis d'incorporation » en juillet 1959, à sa sortie de l'IDHEC, mais, deux ans plus tard, il ne peut plus y couper. « J'étais hanté par l'expiration de mon sursis, reconnaît-il. Le dossier que la police avait sur moi me plongeait dans l'angoisse. Généralement, dans ce cas, on était envoyé dans les paras et au front [64]. » Le jeune sursitaire a décidé de « jouer au fou » et prépare soigneusement sa réforme, s'y prenant près d'une année à l'avance pour réunir les pièces nécessaires et lisant tout ce qu'il peut trouver sur la névrose et ses effets. Son oncle médecin s'inquiète ainsi dans un document officiel de son état mental, le jugeant « dépressif » et « suicidaire [65] », et un psychanalyste qui, par relations, n'est autre que Jacques Lacan, le reçoit, l'écoute, et reconnaît lui aussi que le jeune homme semble en « état de psychose » [66]. Karmitz a le souvenir du « beau bureau de Guitrancourt, à la campagne, donnant sur une grande verrière. Je voyais passer son épouse, Sylvia Bataille, dans le jardin et, soudain, je me retrouvais chez Renoir [67]. »

Il est convoqué le 3 août 1961 au Fort de Vincennes, pourvu des certificats attestant ses accès de folie névrotique. Il est tellement angoissé à l'idée de partir en Algérie qu'il incarne le personnage plus qu'à la perfection, avec une identification dangereuse pour sa santé : il a perdu une quinzaine de kilos, il est devenu anxieux, habillé en clochard, même suicidiaire. La ruse prend, le jeune « fou » est réformé, renvoyé de l'armée, à son grand soulagement, mais ce n'est plus seulement une feinte : « Je suis sorti fou de ces mois à faire semblant d'être fou, écrit-il. Je ne travaillais plus, je ne mangeais plus, j'étais devenu incapable du moindre effort. Au bord de l'abîme[68]. » Il faut alors toute la solidarité de ses amis pour le sortir de cette ornière psychique et physique.

La rue Saint-Benoît est une fête

Les amitiés nées à l'IDHEC sont professionnelles, politiques ou militantes ; elles sont également festives, ce qui n'est en rien contradictoire. Apprendre les « ficelles du métier », se mobiliser contre la guerre d'Algérie et vivre intensément la nuit sont trois formes différentes, vécues de façon complémentaire, d'engagement dans l'existence que Marin Karmitz explore et pratique à fond lors de ces années de formation.

Ces garçons de l'IDHEC, promotion 57, on les surnomme parfois la « bande de la rue Saint-Benoît », du nom de ce coin de Saint-Germain-des-Prés où l'on s'amuse furieusement à la fin des années 1950 en pleine vogue des discothèques[69]. Celles-ci s'épanouissent : le Bilboquet, le Bistingo, rue Saint-Benoît, mais encore, non loin, l'Arlequin, établi en sous-sol de la Pergola, le King Club, l'Épi-Club, le Club des Saints-Pères, le Rive Gauche, la Tour de Nesle, le Médicis, souvent concentrées autour de Saint-Germain-des-Prés. Au point que Jacques-Louis Delpal, dans son « ultraguide » *Paris la nuit* évoque une véritable « discothèquomania germanopratine »[70]. La bande ajoute aux discothèques quelques bistrots favoris, comme le Montana, en bas de l'hôtel garni du même nom, la Bûcherie et le Club Saint-Germain, haut lieu du jazz, que fréquentent régulièrement « MK », « Petro », « Momo », entraînés par « Jojo », Johan van der Keuken.

Le meneur est sûrement Jean-Pierre Petrolacci, dit « Petro », tel un diminutif bien sûr, mais également comme « prétroleur », le masculin de « prétroleuse », celui qui met de l'ambiance lors des soirées de danse et de fête, celui qui entraîne les autres à travers la nuit, en compagnie de son amie, qui n'est pas la dernière à danser ou festoyer, la toute jeune Macha Méril, née princesse Gagarine, apprentie comédienne du cours de Charles Dullin au théâtre de l'Atelier à Montmartre. Avec Johan van der Keuken et Jean-Michel Humeau, le groupe se retrouve souvent en début de soirée au Montana, sur le boulevard Saint-Germain, avant d'aller écumer les boîtes de nuit du quartier, comme le

Bilboquet ou le Bistingo, où il croise d'autres collectifs festifs, autour de Jean-Paul Belmondo, Jean-Pierre Marielle, Françoise Fabian, ou alors entourant Jean-Claude Brialy, Bernadette Lafont et Françoise Dorléac.

À la sortie du dancing, vers 4 ou 5 heures du matin, la « bande de la rue Saint-Benoît » se métamorphose en « clan des Bugatti [71] », qui désigne un autre groupe fêtard, plutôt « plastique », composé des peintres Bernard Quentin, Bernard Dufour, Daniel Pommereulle, Frédéric Pardo, César ou Arman, qui ont décoré trois voitures Bugatti de type 251, modèle rendue célèbre sous la conduite de Maurice Trintignant au Mans au milieu des années 1950, pour rejoindre à bonne vitesse la Côte fleurie en Normandie, à temps pour, au choix ou tout à la fois, contempler le lever du soleil, manger des huîtres fraîches, prendre le petit-déjeuner devant la mer entre Cabourg, Trouville et Deauville. L'Aston Martin qu'empruntent Petrolacci et ses copains les conduit le plus souvent jusqu'au Chic, au Seven, ou Chez Paulette, au Léopold, voire Chez Guillou, les bars les plus renommés qui bordent les planches de ces stations balnéaires en vogue depuis que Françoise Sagan et ses proches les fréquentent [72].

Marin Karmitz n'est pas le plus expansif de la bande. Il ne sait pas danser, à part le tango et le galop, danses un peu désuètes enseignées par l'ancien maréchal du palais royal à Bucarest, devenu pompiste avenue Paul-Doumer, un ami de sa grand-mère, ce qui l'éloigne du *be-bop* à la mode. Mais, après quelques verres de whisky, sa timidité s'évanouit et il sait séduire, surtout par les mots, qu'il maîtrise dans l'intimité, et son physique, fin, le visage oriental surmonté d'une belle chevelure brune et bouclée.

Le jeune homme de dix-huit ans, mal à l'aise devant la rousse Stéphane, passion platonique, multiplie deux ans plus tard les conquêtes. Après une histoire intense avec Seda Djamalian, Caucasienne aux yeux bleus, parmi les actrices françaises, sa compagne est bientôt Pascale Audret, petite sœur de Hugues Auffray, danseuse qui débute au cinéma en 1955 dans *Les deux font la pair*, d'André Berthomieu, avant d'enchaîner une dizaine de « films jeunes » du moment. *Le Journal d'Anne Frank* la révèle au théâtre en 1957, puis c'est *L'Eau vive*, de François Villiers, d'après Giono, qui la lance en 1958 grâce à un prix au Festival de Cannes. Leur histoire commence à la fin de l'année 1959, alors qu'elle doit se marier à Sami Frey, dont Marin Karmitz est proche, travaillant ses rôles avec lui, allant le visiter lors de son service militaire malheureux à Châteauroux. Le jeune comédien quitte soudain Pascale Audret pour Brigitte Bardot, rencontrée sur le tournage de *La Vérité* de Henri-Georges Clouzot, et l'affaire fait grand bruit dans la presse mondaine. Marin Karmitz, avec la complicité de son ami acteur, hérite du cœur délaissé. Les deux amis continuent de se fréquenter durant deux années, notamment lors de séjours à Bazoches, chez Bardot.

« Tout, à cette époque, était incroyablement fluide ; c'était beau, tout nous semblait possible. Les filles et les garçons passaient d'un couple à l'autre, d'une relation à une autre. Mon initiation sentimentale et sexuelle s'est déroulée dans cette ambiance, durant mes années IDHEC [73]. » « Depuis, enchaîne Marin Karmitz avec une grande franchise qui date l'époque, j'aime les femmes. J'aime les regarder, j'aime les voir vivre, j'aime travailler avec elles. Tout cela vient aussi de ma mère, dont la beauté suscitait l'admiration. Elle était courtisée, adulée et usait volontiers de sa séduction. Je me suis mis à observer les femmes avec un plaisir intense, à les aimer et surtout à les respecter, ce dont je suis fier. Dans un premier mouvement naturel, je pense toujours qu'une femme est remarquable. C'est le contraire de l'adulation, de l'adoration, de l'élévation sur un piédestal, ça, j'en suis incapable. Je ne les flatte pas, avec le mépris sous-jacent que cela peut impliquer. Je dirais qu'il s'agit davantage d'un rapport de sincère admiration d'égal à égale [74]. »

Une autre romance a précipité Marin Karmitz, quelques temps plus tôt, dans les bras de Jeanne Moreau, croisée sur le plateau du *Dialogue des carmélites*, à la fin de l'été 1959. Elle est son aînée de dix ans et se cherche encore à l'époque, même si Louis Malle lui a déjà donné deux grands rôles dans *Ascenseur pour l'échafaud* et *Les Amants*. C'est d'abord Jeanne Moreau qui parle de lui à François Truffaut, alors qu'ils pensent déjà à *Jules et Jim*, pour le rôle d'Albert, l'ami guitariste – c'est finalement Serge Rezvani qui l'interprétera, en jouant une improvisation du *Tourbillon de la vie* ; puis Marin Karmitz rêve bientôt d'un beau projet pour elle : adapter *Aurélien* d'Aragon, son livre fétiche. Il a obtenu l'accord personnel de l'écrivain, à la suite d'un dîner chez Vercors, dont il connaît bien le fils, François Bruller – « Il avait été très touché qu'un garçon de vingt ans aime son livre au point de l'adapter au cinéma » [75]. L'apprenti scénariste, s'appuyant sur l'accord formel d'Aragon, écrit un script complet de quatre-vingt-huit pages, proche du roman mais s'accordant quelques écarts comme la séquence de la rencontre au bord de la Seine, lors d'un concours de natation des années 1920 : « Des corps nagent dans l'eau noire et houleuse. Une légère brume plane sur le fleuve. Des gens emmitouflés et frileux attendent les concurrents. Bérénice sourit. Derrière elle, quelqu'un l'a appelé par son nom, c'est Aurélien. Lui aussi est venu là, en voisin, attiré par ce spectacle. Ils restent face à face en se souriant, échangent des banalités. La course est finie, les gens se dispersent. Aurélien a pris Bérénice par le bras et l'emmène dans un dancing, presque vide, aux murs nus. Ils vont danser jusqu'au soir. (Scène à écrire) [76]. » Jeanne Moreau accepte avec enthousiasme le rôle de Bérénice. Le futur cinéaste approche un producteur, le directeur de Como Films, qui semble intéressé. Malheureusement, le projet n'ira guère plus loin, et l'histoire d'amour s'achève peu après, à la suite d'une projection de *La Terre tremble* de Visconti au Studio des Agriculteurs. En sortant, l'actrice confie qu'elle hésite entre deux cinéastes, Antonioni d'un côté, ou Visconti, qui lui propose *Rocco et ses frères*, aux côtés d'Alain Delon. Lui est enthousiaste en faveur de l'aristocrate communiste italien, elle choisit de tourner dans *La Notte*. Leurs routes se séparent. Elle gagne le tournage de *Moderato Cantabile* de Peter Brook, d'après Marguerite Duras, et tombe bientôt dans les bras de l'acteur principal, Jean-Paul Belmondo.

Réécrire Bernanos... : du rôle ingrat d'assistant

L'expérience qui engage Marin Karmitz sur le terrain du cinéma coïncide avec l'émergence de la Nouvelle Vague. Il le pressent, cela va l'obliger à travailler autrement, parfois même très différemment de ce qu'il vient d'étudier dans une école de cinéma. Comme il le dit en forgeant une formule devenue célèbre : « J'ai eu la chance d'apprendre le cinéma à l'IDHEC et de le désapprendre avec Jean-Luc Godard [77]. » Il est l'un des jeunes assistants réalisateurs qui travaillent le plus dans le Paris cinématographique de cet étrange moment qui voit coïncider les films traditionnels tournés « à l'ancienne » avec une flopée d'œuvres nouvelles empruntant des méthodes plus rapides, économiques et souples. Entre 1959 et 1962, alors qu'il fréquente une douzaine de plateaux successifs, plus d'un millier de films français sont en chantier, dont plus de trois cents qualifiés de « films jeunes ». La crise viendra après, avec le reflux de la Nouvelle Vague. Marin Karmitz est toutefois trop jeune pour en profiter : malgré quelques projets, il ne parvient pas à réaliser son premier long métrage. Il n'en bénéficie pas moins de cet élan du cinéma français pour faire ses classes. Dans le métier, la Nouvelle Vague n'a pas encore vraiment bouleversé le cours des choses : la hiérarchie est encore très pesante ; on exige un *cursus honorum* réglé pour obtenir la carte professionnelle et pouvoir travailler régulièrement, le tout contrôlé de près par le syndicat CGT, hégémonique dans le secteur. Il faut d'abord effectuer trois stages pour obtenir le droit d'être second assistant opérateur, puis on monte degré par degré dans l'assistanat, avant de pouvoir prétendre à la place de chef opérateur et, enfin peut-être, pouvoir réaliser soi-même son premier film.

Ainsi, dès sa sortie de l'IDHEC, Marin Karmitz travaille-t-il comme assistant réalisateur de Jean Salvy pour un documentaire sur les Orphelins d'Auteuil, une institution philanthropique d'aide aux plus démunis, qui envoie un groupe d'adolescents retaper un village près du mont Aigoual, dans les Cévennes. Les trois semaines sur place sont « à la dure », mais l'authenticité du film et les liens tissés avec les plus jeunes passionnent l'apprenti technicien. Ensuite, c'est Ghislain Cloquet qui l'encourage à passer sur le tournage du film de Jacques Becker *Montparnasse 19*, qui n'est pas l'un des opus les plus réussis de l'auteur des *Rendez-vous de juillet*.

À l'automne 1959, une jeune cinéaste de trente-cinq ans, Yannick Bellon, lance la carrière professionnelle de Marin Karmitz. Il l'a rencontrée par son ami Gérard Weil, qui loge alors dans une chambre chez sa mère, la photographe Denise Bellon. Ils fréquentent le même groupe de théâtre, au lycée Carnot, animé par Gilbert Mury. Yannick Bellon, proche de Jean Rouch, a l'occasion de tourner *Le Second Souffle*, un court métrage de vingt-cinq minutes sur un ancien coureur cycliste qui arrête sa carrière après une mauvaise chute mais se refait et redevient riche et populaire grâce à un jeu télévisé animé par Pierre Sabbagh. Assistant opérateur, Marin Karmitz peut enchaîner avec d'autres courts métrages, ceux de Pierre Kast, *Une question d'assurance*, avec Loleh Bellon, la sœur cadette de Yannick, et Macha Méril, que le jeune homme a présentée au réalisateur, puis d'Anne Destrée, *Aurélia*. Cela représente une vraie promotion dans la carrière, à seulement vingt et un ans, d'assistant réalisateur en France. Les deux courts sont produits par la société Les Films d'Aujourd'hui, dirigée par une figure haute en couleur du Tout-Paris des années 1960, Marcel

Degliame, ami de Boris Vian, de Samuel Beckett, de Marguerite Duras, animateur incontournable des nuits parisiennes, mais également ancien résistant que Marin Karmitz a rencontré lors des mobilisations contre la guerre d'Algérie.

Des hauts et des bas sur les plateaux

Grâce à ces expériences d'assistant opérateur et réalisateur de courts métrages, et à la recommandation de Degliame, Marin Karmitz peut obtenir sa première carte professionnelle et travailler comme second assistant à la réalisation sur son premier « gros film » français, fin 1959, début 1960, *Le Dialogue des carmélites.* Le révérend père Raymond Bruckberger, dominicain résistant, responsable du maquis du Vivarais, aumônier des Forces françaises de l'Intérieur, dont le fait héroïque, alors resté fameux, consiste à être entré devant le général de Gaulle en août 1944 à Notre-Dame pour le protéger des tireurs et d'un attentat, adapte pour le cinéma le texte de Georges Bernanos. C'est un des gros budgets français de l'année 1960. Bruckberger cherche un assistant personnel. Son avocat connaît, par sa femme roumaine, Salomon et Diane Karmitz, qui lui recommandent leur fils.

Voilà Marin Karmitz bombardé auprès de Raymond Bruckberger et de ses deux premiers assistants à la réalisation du film. Dans le grand bureau des Champs-Élysées, qui sert à la préparation, l'affaire lui semble rapidement un peu bancale : Bruckberger recherche la gloire personnelle par ce film en même temps que l'intéressent surtout la crédibilité des costumes dominicains, la fidélité au rite eucharistique des messes, et… sa maîtresse américaine, dont le ballet discret, « pour ne pas avoir d'ennui avec son ordre religieux[78] », doit être réglé par celui qui devient rapidement son « assistant personnel ».

L'expérience est plutôt amusante, mais c'est un tournage difficile, même dur, où les assistants et le co-réalisateur, Philippe Agostini, se retrouvent en première ligne. Bruckberger, souvent éméché au Ricard, n'arrive en général que vers 17 heures : il faut s'être débrouillé sans lui toute la journée et préparer le visionnement des rushes, puis les quelques plans nocturnes qui, parfois, vont suivre. La régisseuse du film, Margot Capelier, une vraie personnalité qui, devenue agente d'actrices et la première grande directrice de casting en France, va beaucoup compter à divers moments de la carrière de Marin Karmitz–,

Jeanne Moreau avec le réalisateur Philippe Agostini, sur le tournage du *Dialogue des carmélites*, de Raymond Bruckberger, en 1960.

tient le tournage à bras le corps, mais les acteurs et actrices, souvent vedettes, n'en font généralement qu'à leur tête : Yvette Etiévant, toujours pressée car elle joue tous les soirs au théâtre dans un grand succès du moment, *L'Année du bac* ; Madeleine Renaud, grande vedette de l'époque ; et leurs équivalents masculins, Jean-Louis Barrault, Pierre Brasseur, épaulés par de jeunes prometteuses comédiennes, Alida Valli, Jeanne Moreau, Pascale Audret, Judith Magre, le tout composant une des plus belles distributions de l'année 1960.

L'essentiel du travail de Marin Karmitz consiste d'abord à « réécrire Bernanos » : « C'était carrément loufoque [79] », se souvient-il. Puis, durant le tournage, il s'agit surtout d'aller chercher les actrices dans leurs loges et de les conduire sur le plateau. L'expérience est intéressante : le film est spectaculaire, avec des centaines de figurants, la grande place de Compiègne réquisitionnée, les trois plateaux du studio de Boulogne occupés simultanément. Le troisème rôle de l'assistant, dévolu directement par le dominicain, consiste à surveiller le clap, qui doit porter la mention « Bruckberger et Agostini ». Le « bon » ordre est juridiquement inscrit dans le contrat, et le vieil homme y est très sensible. Un jour, alors que l'équipe technique, majoritairement proche d'Agostini, l'un des meilleurs chefs opérateurs du moment, inverse la hiérarchie du clap, y inscrivant « Agostini et Bruckberger [80] » – ce qui est alphabétique et correspond mieux à la valeur des rôles sur ce tournage –, le dominicain s'en aperçoit, entre en fureur teintée d'alcool et exige le renvoi sur-le-champ, pour haute trahison, de son assistant personnel. Une part de l'équipe, notamment les comédiennes, réagira en solidarité avec Marin Karmitz, refusant de reprendre le film avant la réintégration du jeune homme. La pression porte ses fruits : il est réintégré et peut finir le film.

À ce tournage épuisant succède un long métrage de Pierre Kast, *Merci Natercia*, un nanard tout au contraire, une sorte de « série B à la française » teintée de prétention, où rôde l'incompétence technique, « un film invraisemblable, avec une production inexistante et un contenu frôlant le n'importe quoi [81] » ! Marin Karmitz a acquis, très jeune, des responsabilités, mais il n'est jamais aisé de travailler sur un film sans queue ni tête. « J'ai été lamentable, reconnaît-il, et l'équipe du film s'est retournée contre moi. Je me suis vite retrouvé sur liste noire, puis au chômage, enfin renvoyé des plateaux. J'avais été le plus jeune assistant de France, et la dégringolade était sensible. J'avais désormais la réputation d'être le plus mauvais technicien de France. Ma chute a été aussi brutale que mon ascension avait été rapide [82]. »

Marin Karmitz, mis au ban d'une part de la profession, au « chômage forcé [83] », essaye de retrouver du crédit à l'IDHEC, où il se réfugie quelques mois à la fin 1960, début 1961. Il y participe à « quelques bricoles [84] », fréquentant, en compagnie de Margot Capelier, la préparation d'un film de Gene Kelly, qui souhaite réaliser une comédie musicale en France, puis de Claude Autant-Lara, aux méthodes plus traditionnelles. Il est alors, comme il l'avouera, « porteur de sandwichs [85] », c'est-à-dire corvéable à merci. Retour à la case départ, les temps sont à la dure…

À l'IDHEC, il apprend un jour que Jean Dewever, un cinéaste qu'il aime bien, cherche un stagiaire sur son nouveau film, *Les Honneurs de la guerre*, écrit par Jean-Charles Tacchella, cinéphile croisé à la Cinémathèque. Le film raconte l'histoire d'une petite escouade de l'armée allemande, abandonnée par la Wehrmacht en retraite, et ses relations

Marin Karmitz, assistant sur le tournage de
Merci Natercia, film de Pierre Kast, 1959.
Ci-dessus, on aperçoit la scripte Sophie Becker et derrière la caméra,
le chef opérateur Sacha Vierny.
Ci-dessous, Pierre Kast, au centre de la photographie.

avec le village français qu'elle occupe et qu'elle cherche à quitter. Karmitz travaille avec un collègue allemand rencontré à l'IDHEC, premier assistant, Peter Fleischmann, futur meneur du nouveau cinéma allemand, avec lequel il s'entend bien. Le tournage, pourtant compliqué, entre Marais poitevin, près de Niort, et Marais provençal, près de l'Isle-sur-la-Sorgue, qu'il faut faire raccorder, se passe bien, et l'assistant regagne en crédibilité. Peu à peu, il redevient assistant réalisateur aux côtés de Fleischmann. « J'avais pour tâche, précise à ce propos Jean-Charles Tacchella, d'entretenir une bonne ambiance parmi les comédiens et de modifier les dialogues pendant le tournage s'il y avait lieu. Mais, dans ce tournage ô combien compliqué, le vrai pilier du film fut Marin Karmitz. C'est lui qui organisa la besogne quotidienne et réalisa le travail d'un parfait premier assistant. »[86]

La bague à la perle et au crapaud

C'est par Sami Frey que Marin Karmitz croise le chemin du premier long métrage d'Agnès Varda, *Cléo de 5 à 7*. C'est inédit pour lui : une expérience Nouvelle Vague et de nouvelles méthodes de travail, petite équipe, rapidité de tournage, peu de machinistes, proximité des assistants avec la réalisatrice et l'ensemble des collaborateurs, formant un groupe, un collectif, une troupe. Avec l'autre premier assistant, Bernard Toublanc-Michel, Marin Karmitz est chargé des repérages, mais en plus de gérer le budget du film, en « directeur de production » autant qu'en « régisseur » : « Georges de Beauregard, le producteur, ne venait jamais sur le tournage, explique-t-il. Il nous avait dit : "Il y a une enveloppe de huit cent mille francs, débrouillez-vous, et revenez avec le film." Ce n'était pas énorme, mais il a fallu faire avec. C'était formidable comme approche[87]. » Karmitz et Toublanc font beaucoup sur ce plateau : des repérages à la post-production, de la préparation au tournage, jusqu'au minutage des trajets d'autobus et des promenades à pied, rue de Rivoli, puis dans le parc Montsouris, extrêmement précis et essentiels au rythme qui construit le film. « Pour une séquence, se souvient Agnès Varda, je voulais un grand espace avec des verrières, un loft. Les lofts, ça n'existait pas à l'époque. Marin Karmitz avait trouvé un atelier où l'on fabriquait des décors de théâtre. Il était super capable. Jean Rabier, le chef opérateur, a profité des verrières pour éclairer en lumière du jour. On tendait des draps blancs en guise de surfaces réfléchissantes autour de la scène à filmer, parfois avec un projecteur pointé vers les draps. Je crois que cela avait impressionné Marin, un peu comme ma méthode de découpage sans le moindre story-board. Ce n'était pas ce qu'il avait appris à l'IDHEC ! J'ai un joli souvenir de la fin du tournage. Je voulais que Cléo ait une bague avec une perle et un crapaud. Par souci d'économie, Georges de Beauregard avait loué la bague pour les sept semaines du tournage. À la fin, Marin et Bernard, en duo d'assistants délicats qu'ils étaient, se sont rendus chez l'antiquaire. Ils ont négocié, et m'ont offert la bague [88]. »

Au milieu du film, un intermède mobilise, autour du pont MacDonald, dans le XIXe, des amis d'Agnès Varda, qui jouent dans un petit film burlesque inséré dans le long métrage à l'occasion d'une projection, mise en abîme du cinéma muet dans le cinéma Nouvelle Vague. On y croise Anna Karina, Sami Frey, Jean-Claude Brialy, Eddie Constantine, Yves Robert, Danièle Delorme et, ôtant ses lunettes noires pour enfin voir la vie réelle de manière plus optimiste, Jean-Luc Godard. « C'est à cette occasion que j'ai croisé, pour la première fois, celui qui a changé ma façon, à moi aussi, de voir les choses [89] » éclaire Marin Karmitz. « Marin était ravi de rencontrer Godard », confirme Agnès Varda [90].

« Réfléchissez avant de tourner ! »

Le jeune homme devient l'assistant personnel de Jean-Luc Godard qui, après quatre longs métrages qui ont changé l'histoire du cinéma, *À bout de souffle, Le Petit Soldat, Une femme est une femme* et *Vivre sa vie*, s'apprête à tourner un sketch des *Sept Péchés capitaux*, intitulé *La Paresse*. C'est un simple court métrage, un seul plan d'une quinzaine de minutes, une récréation dans la carrière fulgurante du cinéaste, mais, pour Marin Karmitz, cela représente bien davantage : « Mon *désapprentissage* du cinéma [91]. » Pour l'élève de l'IDHEC, qui a débuté par des tournages plutôt académiques, du *Dialogue des carmélites* aux *Honneurs de la guerre*, avec Godard, accusant les traits Nouvelle Vague de *Cléo de 5 à 7*, d'autres questions doivent se poser avant de tourner le moindre mètre de pellicule : « Comme faire du cinéma autrement ? », « Comment inventer à partir de la contrainte et de la pauvreté ? », « Comment allez jusqu'au bout de ce qu'on a à dire [92] ? »

Godard a trouvé une idée assez scabreuse pour signifier la paresse : un producteur drague une starlette au studio de Billancourt, il la

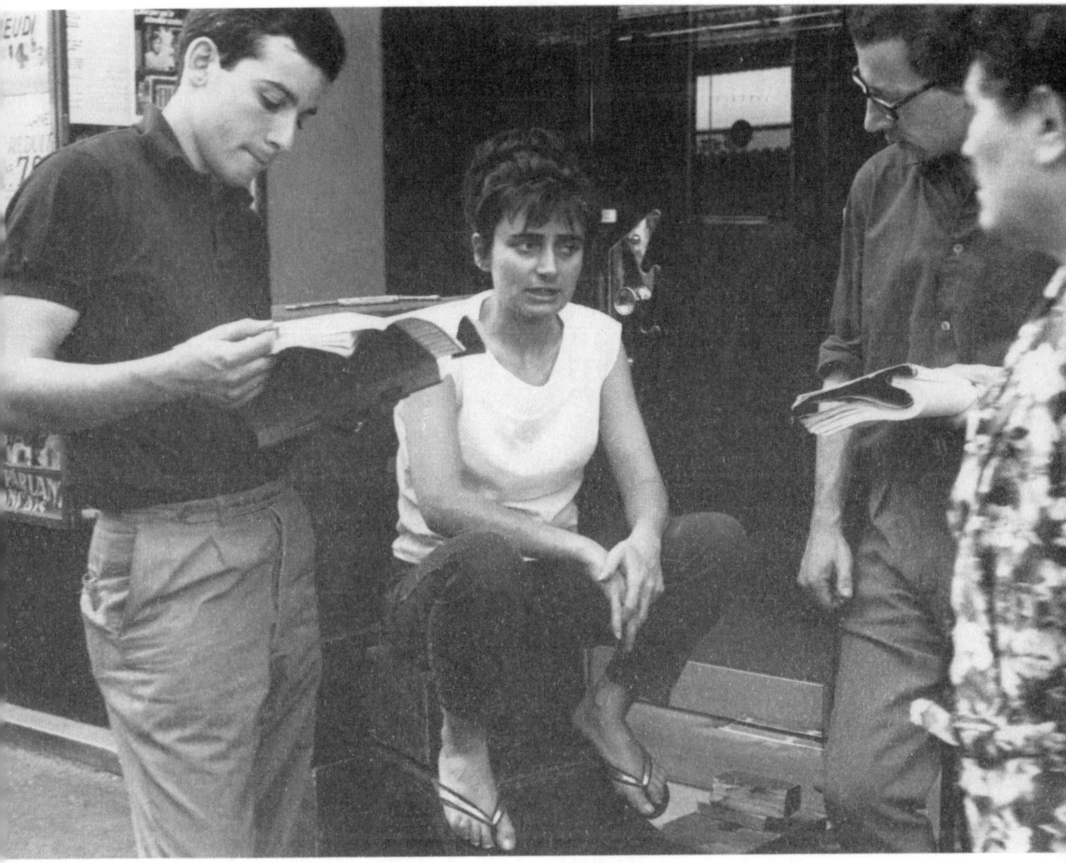

Marin Karmitz, assistant sur le tournage de *Cléo de 5 à 7*,
film d'Agnès Varda, 1961,
avec à ses côtés (lunettes) Bernard Toublanc-Michel.
Photo de Liliane de Kermadec.

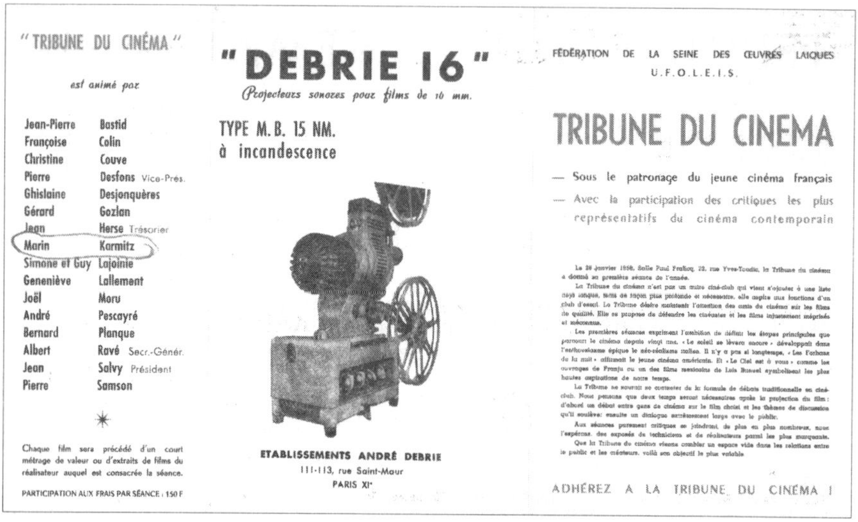

"TRIBUNE DU CINÉMA"

est animé par

Jean-Pierre Bastid
Françoise Colin
Christine Couve
Pierre Desfons Vice-Prés.
Ghislaine Desjonquères
Gérard Gozlan
Jean Herse Trésorier
Marin Karmitz
Simone et Guy Lajoinie
Geneviève Lallement
Joël Moru
André Pescayré
Bernard Planque
Albert Ravé Secr.-Génér.
Jean Salvy Président
Pierre Samson

Chaque film sera précédé d'un court métrage de valeur ou d'extraits de films du réalisateur auquel est consacrée la séance.

PARTICIPATION AUX FRAIS PAR SÉANCE : 150 F

"DEBRIE 16"

Projecteurs sonores pour films de 16 mm.

TYPE M.B. 15 NM.
à incandescence

ETABLISSEMENTS ANDRÉ DEBRIE
111-113, rue Saint-Maur
PARIS XIe

FÉDÉRATION DE LA SEINE DES ŒUVRES LAIQUES
U.F.O.L.E.I.S.

TRIBUNE DU CINEMA

— Sous le patronage du jeune cinéma français
— Avec la participation des critiques les plus représentatifs du cinéma contemporain

Le 28 janvier 1958, Salle Paul Fralicq, 23, rue Yves-Toudic, la Tribune du cinéma a donné sa première séance de l'année.

La Tribune du cinéma n'est pas un autre ciné-club qui vient s'ajouter à une liste déjà longue, mais de façon plus profonde et nécessaire, elle aspire aux fonctions d'un club d'essai. La Tribune désire maintenir l'attention des amis du cinéma sur les films de qualité. Elle se propose de défendre les cinéastes et les films injustement méprisés et méconnus.

Les premières séances expriment l'ambition de définir les étapes principales que parcourt le cinéma depuis vingt ans. « Le soleil se lèvera encore » développait dans l'enthousiasme épique le néo-réalisme italien. Il n'y a pas si longtemps, « Les forbans de la nuit » affirmait le jeune cinéma américain. Et « Le Ciel est à vous » comme les ouvrages de Franju ou un des films mexicains de Luis Bunuel symbolisent les plus hautes aspirations de notre temps.

La Tribune ne saurait se contenter de la formule de débats traditionnelle en ciné-club. Nous pensons que deux temps seront nécessaires après la projection du film : d'abord un débat entre gens de cinéma sur le film choisi et les thèmes de discussion qu'il soulève ; ensuite un dialogue extrêmement large avec le public.

Aux séances purement critiques se joindront, de plus en plus nombreux, nous l'espérons, des exposés de techniciens et de réalisateurs parmi les plus marquants.

Que la Tribune du cinéma vienne combler un espace vide dans les relations entre le public et les créateurs, voilà son objectif le plus valable.

ADHÉREZ A LA TRIBUNE DU CINÉMA !

Brochure de présentation de la Tribune du cinéma, ciné-club UFOLEIS du « jeune cinéma français », 1959, avec la participation de Marin Karmitz.

conduit chez lui dans sa voiture, mais, au moment où elle se déshabille, il renonce : trop fatigant ! La forme, quant à elle, doit être assez sophistiquée, techniquement brillante : un seul plan de douze minutes, qui démarre à Billancourt et s'achève place de l'Alma, en entrant par la fenêtre de l'appartement. Marin Karmitz est chargé de rendre tout cela possible, avec travellings, usage d'une grue et mouvements réglés comme du papier à musique, caméra intégrée dans une voiture…

Devant toutes ces difficultés, même *a priori* surmontées, Godard renonce. Pas besoin de ces complications, il suffit de filmer les acteurs de dos, parlant dans la voiture. Sa paresse à lui consiste à filmer le plus simplement, mais en soixante-neuf plans, pour signifier par le cinéma la « position la plus paresseuse en amour »[93]. Pour le sandwich qu'Eddie Constantine commande au passage dans une station-service, une autre épreuve attend l'assistant : le cinéaste lui demande d'apporter « le bon sandwich ». Revenu d'une boulangerie avec une demi-douzaine de jambon-beurre pain-baguette, Karmitz se voit rabrouer par son mentor. « Retournez dans cette boulangerie, puis vous réfléchissez et vous revenez avec les bons… » Angoisse et doute ; l'assistant s'interroge : qu'apporter au Gorille ? « Réfléchissez donc ! », lui lance encore Godard. Après bien des déboires, Karmitz rapporte un sandwich au pain de mie, et non baguette, « parce que c'est plus facile à mastiquer...[94] » « Réfléchissez... » : voici le mot d'ordre godardien à assimiler désormais avant le tournage de chaque plan.

Après *La Paresse*, Marin Karmitz poursuit sa collaboration avec Jean-Luc Godard. Il devient en quelque sorte, pour les années 1961-1962, avant la période Pascal Aubier qui jouera ce rôle entre 1964 et 1966, l'assistant personnel du cinéaste. Il y a notamment le « projet Mouchette », d'après la *Nouvelle Histoire de Mouchette* de Georges Bernanos, auquel Godard tient beaucoup, mais sans cesse repoussé, jusqu'à ce que Robert Bresson s'en empare et le réalise en 1966. Marin Karmitz vit également, lors de la préparation de *Vivre sa vie* et de *Bande à part*, quasi en direct les tourments du couple Karina/Godard, dont les films semblent autant de ponctuations orageuses. Le couple, entre menaces de rupture, tentatives de suicide, disputes, destruction d'appartement (l'assistant doit calmer le propriétaire), retrouvailles, installation dans un nouveau lieu (que l'assistant doit aménager, puis revendre assez rapidement), dîners entre amis, cures de sommeil, se déchire à n'en plus finir avant de se séparer à l'automne 1964.

Godard met Karmitz, « assistant à tout faire[95] », sur la piste de Jacques Rozier, tentant de monter son film menacé d'abandon définitif, *Adieu Philippine*, l'un des chefs-d'œuvre les plus fragiles de la Nouvelle Vague. Cent bobines de rushes sont déposées en bas des Champs-Élysées, dans un bureau loué tout exprès au Lido. Georges de Beauregard, le producteur, ne veut plus en entendre parler et menace de couper définitivement les crédits si Rozier n'avance pas dans son montage, en cours et en vrac depuis près d'une année. Marin Karmitz en devient l'« assistant de production », en compagnie de Philippe Dussart, avec pour mission de terminer le film coûte que coûte. « Je ne sais pas comment j'ai fait, mais, *in fine*, Rozier est venu tous les jours et le film, *Adieu Philippine*, a été présenté à la première Semaine de la critique, à Cannes, en 1962, pour y recevoir un accueil dithyrambique de la critique[96]. » Mission accomplie !

Marin Karmitz se sent désormais un contemporain de la Nouvelle Vague. Il a appris le cinéma à l'IDHEC, puis sait désormais s'en servir grâce au nouveau cinéma. Cette association entre savoir-faire technique et éthique de cinéma est essentielle. « Le vrai travail, explique-t-il, a commencé pour moi avec Varda et Godard. J'entends le lent désapprentissage de ce que l'école m'avait appris. Quitter l'académisme pour tenter de faire autrement, d'une manière nouvelle. Du Nouveau

Roman à la Nouvelle Vague, tous les domaines artistiques ont été traversés par ce questionnement profond sur la façon de mettre la société en mots et en images et sur le rôle de l'artiste. Les certitudes sur ce que pouvaient être un tournage, un acteur, une histoire, une image commençaient à vaciller [97]. »

IV

Premières créations

Marin Karmitz, à vingt-quatre ans, souhaite assez naturellement réaliser lui aussi ses premiers films. Il se concentre sur ses projets personnels et cherche des commandes. Jeune homme Nouvelle Vague, il est à l'affût. Mais n'arrive-t-il pas un peu trop tard pour profiter de la vague, qui est en net reflux [1] au matin des années 1960, alors qu'une vaste campagne de presse s'en prend à l'« amateurisme du jeune cinéma qui a sapé les bases de la profession [2] » ?

En mai 1962, lors du Festival de Cannes, alors qu'il accompagne Jacques Rozier qui présente *Adieu Philippine* lors de la Semaine de la critique, Marin Karmitz entrevoit une ouverture. Rozier travaille pour une petite société de production de « courts métrages sociétaux », La Grande Ourse, qui lui a commandé *Dans le vent*, un reportage de huit minutes sur la mode des jeunes gens, telle qu'elle se fabrique et se porte dans les rues de Paris. Au même instant, Jean Vautrin, autre relation de travail, multiplie également ces commandes, avec *Twist*, sur la danse en vogue qui envahit les discothèques, *Actua-tilt*, sur les flippers, juke-box et autres machines plébiscitées par les jeunes dans les bistrots, ou *La Cinémathèque française*, enquête sur la manière dont Henri Langlois captive son public dans la salle de la rue d'Ulm.

Marin Karmitz, qui trouve une place dans ce groupe de La Grande Ourse, propose quant à lui un reportage sur une autre passion « jeune » : comment fonctionne l'emprise de la musique yéyé sur les douze millions de Français âgés de dix à vingt ans ? Le jeune réalisateur s'adjoint la critique de cinéma Paule Sengissen, qui écrit dans *Radio, cinéma, télévision*, puis *Télérama*, et passe à la réalisation au sein du

Yannick Bellon

Service de la recherche de la Radio-télévision française. Ils travaillent ensemble à l'automne 1962.

Faits de société

Fondé sur une enquête et quelques chiffres saisissants – Johnny Hallyday : 5 millions de disques vendus, Sylvie Vartan : 500 000 disques en six mois ; nombre de guitares vendues en 1959 : 10 000, en 1962 : 100 000 –, le film de Marin Karmitz, intitulé *Les Idoles*, s'intéresse aux « fans », ces jeunes gens qui achètent, écoutent, jouent de la musique, tentent de créer un groupe ou rêvent d'une carrière, en version « yéyé ». Le phénomène [3] envahit les journaux, notamment *Salut les copains*, et s'écoute sur toutes les radios, surtout Europe 1. « Passer de l'assistanat à la réalisation n'a pas été une étape si difficile, se souvient Marin Karmitz. C'était un documentaire de commande sur les gamins de banlieue qui rêvaient de faire de la musique. J'ai essayé de mettre en pratique ce que j'avais appris. Mêler le documentaire sur le terrain à la mise en scène. Ne pas simplement enregistrer la réalité mais la recréer. On ne dira jamais assez de bien des commandes. » [4]

D'un côté, des photos des « idoles », des couvertures de disques, des « unes » de la presse yéyé, des archives du présent filmées au Golf Drouot ; de l'autre, de très courts sujets, tournés caméra à l'épaule, qui suivent quelques-uns de ces « mordus » : Coco, dix ans, écolier ; Gérard, dix-huit ans, ouvrier chaudronnier ; Gisèle, dix-huit ans, vendeuse dans un grand magasin ; Hector, dix-sept ans, ouvrier métallurgiste. Ils ont économisé pour s'acheter une guitare électrique, ils en jouent, en solo ou en groupe, en prenant des poses à la Johnny ou en mimant les Chaussettes noires ; elles chantent des airs acidulés sur fond musical pop, les cheveux lisses coupés au carré, ou en chignon, faisant des mines sur le modèle de Sylvie Vartan, de Françoise Hardy, de France Gall ou de Chantal Goya. Une dizaine de reportages s'enchaînent, sans parole mais avec des musiques enlevées, montés en

Ci-contre : Marin Karmitz avec Gérard Weil et Yannick Bellon, dans l'appartement de Denise Bellon, dont une pièce sert de bureau de production lors du tournage du *Second Souffle*, 1959. Photo de Denise Bellon.

rythme, commentés d'une voix masculine sévère sur le ton du constat sociologique. En neuf minutes, *Les Idoles* résume un fait de société.

Le jeune homme enchaîne sur un autre sujet social, commandé cette fois par les services culturels du ministère des Affaires étrangères, qui n'hésitent pas, à l'époque, à financer des films courts « typiquement français », diffusés ensuite, par programmes thématiques, dans les festivals internationaux de courts métrages, les Alliances françaises ou les Centres culturels français à l'étranger. Dans un programme consacré à « L'aménagement du territoire », Marin Karmitz hérite des « Métropoles d'équilibre [5] », co-financé par le commissariat au Plan. Le fait est d'actualité : la Délégation à l'aménagement du territoire et à l'action régionale (DATAR) vient de commander un rapport dans le cadre de la planification nationale (IVe plan, 1960-1964) sur certaines de ces villes en région susceptibles de faire contrepoids économique et démographique à l'hyper-centralisation parisienne. Début 1963, les géographes Jean Hautreux et Michel Rochefort remettent leur rapport, ayant identifié huit villes ou réseaux de villes susceptibles de bénéficier de cette politique de rééquilibrage, notamment Grenoble-Lyon-Saint-Étienne, auquel le documentaire va s'attacher.

Coup de chance, Marin Karmitz, qui ne connaît à peu près rien à ce sujet, bénéficie d'une amitié bien placée : son ami de jeunesse, Gérard Weil, travaille à ce moment-là à la DATAR et peut le conseiller tout en développant avec lui ce projet. Le court métrage, sobrement dénommé *Métropole d'équilibre*, fait alterner, en une quinzaine de minutes, les propos de Jean Hautreux, l'un des rapporteurs de l'aménagement du territoire, et des reportages in situ : vues de Lyon, de Grenoble, de Saint-Étienne, passages filmés à La Duchère, à Villeurbanne, à Feyzin, sur le marché central de Grenoble, et dans certaines usines, Manufrance, INSA, Saint-Gobain. L'apport principal de Marin Karmitz, outre tenir la caméra, semble résider dans le choix de certaines citations, tirées de *Beau Masque* ou *325 000 francs* de Roger Vailland, et de *L'Infini turbulent* de Henri Michaux. Le film est diffusé par les services internationaux du MAE à partir de 1964, mais il semble, dans cette version, définitivement perdu.

La recherche de l'indépendance

Après cette deuxième commande, plus rien ne vient durant quelques mois. « Si je voulais continuer à faire des films, affirme Marin

Karmitz, je devais à tout prix m'en donner les moyens. »[6] Il décide alors de fonder sa propre maison de production, qu'il dénomme à partir de ses propres initiales : « MK Productions ». À l'automne 1963, ce geste est important, témoignant de la volonté et de l'énergie du jeune homme de vingt-cinq ans. Il n'est pas spécialement original : beaucoup de cinéastes de la Nouvelle Vague l'ont fait ou sont en train de le faire. La fondation de MK Productions inscrit Marin Karmitz dans une dynamique collective, une aventure partagée assez typique du moment : la recherche d'une indépendance d'auteur au sein d'un milieu cinématographique bouleversé par l'arrivée de jeunes cinéastes ambitieux, bénéficiant d'un effet d'aubaine personnel et contextuel[7]. C'est une des résultantes importantes de l'effet Nouvelle Vague. François Truffaut a fondé Les Films du Carrosse en 1957, à vingt-cinq ans, en pouvant investir un peu d'argent venu de son beau-père, l'un des principaux distributeurs de films français ; Claude Chabrol, avec l'héritage familial d'une grand-mère disparue, crée AJYM Films en 1958 ; Jean-Luc Godard, avec l'argent gagné sur ses deux premiers longs métrages, invente Anouchka Films en 1962 ; Barbet Schroeder et Éric Rohmer forgent Les Films du Losange en 1963, après que le plus jeune, âgé de vingt-deux ans, a vendu un tableau d'Emil Nolde appartenant à son grand-père.

L'idée consiste à s'autoproduire, seul ou en participation avec une société existante, mais également à financer d'autres jeunes cinéastes, selon ce que François Truffaut a appelé la « Politique des copains[8] » : Jacques Rivette, Robert Lachenay, Jacques Demy, Agnès Varda, Jacques Rozier, Claude de Givray, Jean-Gabriel Albicocco, Luc Moullet ont ainsi pu bénéficier de ce type de coups de main.

L'autre modèle possible, complémentaire – les financements peuvent se croiser et s'additionner –, ce sont des sociétés de production spécialisées dans les courts métrages, comme La Grande Ourse, Les Films d'Aujourd'hui, dirigé par Marcel Degliame, La Filmex ou Les Films Hermès. La société la plus connue est sans conteste Les Films de la Pléiade, de Pierre Braunberger, décisif dans la naissance de la Nouvelle Vague en ayant produit les premiers courts métrages de François Reichenbach, Alain Resnais, Jean Rouch, François Truffaut, Jean-Luc Godard, Jacques Demy, Maurice Pialat, Jean Aurel, Jacques Doniol-Valcroze, Chris Marker, Claude Lelouch. Marin Karmitz s'est souvent dit impressionné et influencé par Pierre Braunberger, producteur dans les années 1930 de Renoir, Cavalcanti, L'Herbier, Allégret, et qui a eu l'audace, dix ans avant tout le monde, à partir du début des années 1950, de soutenir la montée d'un nouveau cinéma grâce aux courts métrages, tremplins vers la réalisation personnelle [9]. « J'ai rencontré Pierre Braunberger, raconte Karmitz, à qui j'étais venu proposer un court métrage que je voulais réaliser. Il m'avait à peine écouté et n'avait pas donné suite. J'ai sûrement été vexé. Il avait donné leur première chance à tant d'auteurs Nouvelle Vague, pourquoi pas moi ? Dans mon orgueil, j'ai compris qu'on n'est jamais mieux servi que par soi-même : il fallait que je devienne producteur. » [10]

Marin Karmitz se tourne vers son père, auquel il emprunte 3 000 francs [11] – l'aîné lui demande de signer une traite de remboursement à trois mois –, avant de louer un petit bureau au sein de la société Anphar, dans le bel immeuble du 31, rue Tronchet, tout proche du boulevard Haussmann et du métro Havre-Caumartin, dans le quartier de l'Opéra. Une « société à responsabilité au capital de 3 000 francs », un compte à la Westminster Bank, une ligne de téléphone (OPEra 14 14), du papier à en-tête « MK Productions », et le tour est joué. Marin Karmitz va rester dans les lieux, s'emplissant peu à peu de bobines de films, sur des étagères ou à même le sol, pendant presque dix ans, jusqu'en 1972.

Le premier film financé par MK Productions est apporté par Serge Korber, qui travaille alors comme scénariste pour Les Films du Carrosse de François Truffaut et mène une carrière dans le music-hall – il est directeur de scène au cabaret du Cheval d'or, lançant Boby Lapointe, Raymond Devos, Pierre Richard –, tout en fréquentant assidûment la Cinémathèque, où Karmitz l'a croisé plus d'une fois. Korber vient d'enchaîner la réalisation de plusieurs courts métrages pour les Films de la Pléiade, *Une Chaumière et un cœur, La Rentrée, L'Épouse infernale, Ève sans trêve, Delphica*, des comédies légères parfois légèrement polissonnes. Il propose à MK Productions un scénario qui vient d'être refusé par Pierre Braunberger, *Un jour à Paris.* L'histoire est jolie, celle d'un parapluie « magique » passant de main en main pour aboutir dans celle de Philippe, jeune homme charmant mais sans le sou, qui abrite opportunément lors d'une averse une belle danseuse sortant de chez le coiffeur. Coup de foudre. Tout s'enchaîne jusqu'au baiser final, sur la scène d'un cabaret, et sous le parapluie, qui joue toujours son rôle en protégeant le couple de la pluie artificielle envoyée par les techniciens. Tourné en décors naturels (entre la rue Dauphine et la rue Mouffetard) avec un esprit de fantaisie, sur une musique d'Alain

Ann Lewis et Jean-Louis Trintignant dans le court métrage
Un jour à Paris de Serge Korber, 1962, produit par MK Productions.

Goraguer et dans le beau noir et blanc de Willy Kurant, le film de 19 minutes vaut aussi pour son acteur principal, Jean-Louis Trintignant, jeune premier révélé par *Et Dieu créa la femme*, célèbre pour son idylle avec Bardot.

Marin Karmitz supervise l'ensemble, selon une esthétique Nouvelle Vague – il précise dans une note : « Nous tournerons le plus souvent caméra à la main car il est important de ne pas créer d'attroupement [12] » –, et se révèle un bon producteur, obtenant par exemple un soutien du CNC de 40 000 francs, le 12 novembre 1964, ce qui rembourse près de la moitié du budget. Il est également un excellent « vendeur », concevant le dossier de presse du film, insistant sur l'optimisme et la joie procurée par la vision « d'un jeune homme pauvre à qui la vie sourit, grâce à un parapluie talisman, rencontrant le bonheur » [13].

Après une tournée de festivals, à Mannheim, à Oberhausen, à Stockholm, à Montréal, à Tours, le film sort en salle en juin 1965, prélude à une jolie carrière commerciale, acheté par plus de dix pays dans le monde. *Un jour à Paris* a coûté 100 000 francs ; il rapporte cinq fois plus. « Ça a été une affaire fabuleuse, précise l'heureux producteur. Le film a obtenu tous les labels de qualité et les avances qui vont avec ; je l'ai vendu partout. Voilà ma première réussite. » [14]

Désormais, Marin Karmitz peut regarder Pierre Braunberger droit dans les yeux. « J'ai eu le sentiment, tout à coup, qu'il me considérait comme un rival. Il me tenait à distance. Moi, au contraire, j'avais envie d'apprendre des choses de lui, j'avais envie de l'entendre parler de son histoire du cinéma. Il avait fait tant de choses, il avait tant de flair, il avait produit plus de mille courts métrages. Alors, un peu au hasard de nos rencontres, nous sommes devenus amis. Nous nous retrouvions dans de bons restaurants et je l'écoutais parler. J'ai ainsi découvert qu'il était aussi critique gastronomique dans plusieurs journaux sous un pseudonyme. » [15] MK Productions construit un catalogue certes moins fourni que celui des Films de la Pléiade, mais il totalisera cependant quinze courts métrages en trois ans.

Nuits noires de l'alcool

Le deuxième film de MK Productions, en 1964, Marin Karmitz se le réserve. C'est une commande des laboratoires Anphar, une sorte de « film de famille » mais portant un sujet, l'alcoolisme, qui intéresse le jeune cinéaste. À l'incitation de Jean Thuillier, le savant qui a mis au point le Lucidril, médicament efficace contre les crises de délire et les hallucinations, et de son laboratoire de neuro-psychopharmacologie, il s'agit de proposer une série au cinéma sur les « personnalités psychopathiques [16] », où l'étude clinique du psychiatre spécialisé dans le traitement de l'alcoolisme se mesurerait à l'analyse psychologique de l'artiste qui décrit les anxiétés, les obsessions, les délires. « J'ai commencé, se souvient le cinéaste, par mener une enquête poussée dans les services psychiatriques dédiés à l'alcoolisme, aux quatre coins de France. J'y ai constaté des sévices abominables. Dans l'un d'entre eux, on enfermait les cas de *delirium tremens* dans une chambre close capitonnée pour filmer leurs crises. J'étais choqué, et il m'a semblé impossible d'en faire un documentaire. » [17]

Marin Karmitz part donc sur une autre piste : trouver un témoin capable de raconter de l'intérieur l'emprise de l'alcool et ses effets délirants. Il travaille un temps avec Henry Magnan, journaliste au *Monde*, le mari de Yannick Bellon, qui boit énormément depuis un grave accident de voiture pour oublier ses angoisses, ses souffrances et son avilissement. Il cherche dans la boisson une « liturgie mystique et visionnaire » [18]. Le cinéaste renonce pourtant, Magnan lui semblant trop « happé par l'auto-destruction [19] » – il se suicidera un an plus tard, en juillet 1965. Yannick Bellon transposera cette fin tragique dans *Quelque part quelqu'un* en 1972.

Marin Karmitz s'accroche à une autre idée : « J'ai pensé à Marguerite Duras, dont j'aimais les livres et connaissais son penchant pour l'alcool. Je savais qu'elle venait de sortir d'une cure de désintoxication. » [20] Écrire avec, pour et contre l'alcoolisme, c'est un thème familier chez l'auteure de *Barrage contre le Pacifique.* Marcel Degliame, producteur de courts métrages que Karmitz a rencontré en travaillant avec Pierre Kast, opère la rencontre. Degliame possède un bar au coin de la rue du Sabot et de la rue de Rennes, à Saint-Germain-des-Prés, tout près des Éditions de Minuit, qui accueille régulièrement l'écrivaine. « Ce bar était vide, à midi. Nous étions tous les deux, et j'ai immédiatement aimé sa voix. Une adéquation unique entre un timbre dégraissé, mat, un débit monotone, une scansion imprévue. Elle disait de façon précise, nette, concise, sans jamais se reprendre, des choses imprécises. Elle a accepté très vite d'écrire le premier jet d'un texte qui deviendra mon court métrage. » [21]

Ce texte, *Nuit noire Calcutta*, il en existe deux versions dans les archives de Marin Karmitz, toutes les deux datées de mai 1964, une très proche du film, une plus fidèle au roman que Marguerite Duras tirera, deux ans plus tard, de cette expérience, *Le Vice-Consul*, publié aux Éditions de Minuit en 1966. La version film : « Un homme est parti de chez lui, il a tout abandonné pour essayer de devenir un écrivain. Cet homme a commencé à boire dans son existence précédente parce qu'il s'ennuyait. Il s'ennuyait parce qu'il était un écrivain qui s'ignorait. L'ayant découvert, il continue à boire. Dans la ville où il s'est isolé pour écrire, une femme surgit qu'il pourrait aborder. Il ne le fera pas. Il doit écrire, trouver cette phrase à partir de laquelle, demain, il inventera un personnage. L'alcool lui procure l'illusion qu'il mènera cette tâche à bien. Et dans le même temps, il l'empêche de le faire [22]. » La version livre : « Je suis venu ici pour écrire un roman et inventer un personnage. Je l'ai fait vice-consul de France à Calcutta, vice-consul, profession médiocre mais sûre et qui trompe. Calcutta, ville infinie de la lassitude d'être. Je dois maintenant dire sa défaite, son rêve écrasé et comment Calcutta, lentement, mettra en pleine lumière sa solitude, sa banalité, son angoisse, son alcoolisme. Décrire interminablement cette nuit de Calcutta, noire, pestilentielle. Comme un œuf énorme. Alcoolique quelle blague ; je peux m'arrêter quand je veux. Par où commencer pour décrire le vide[23]. »

Duras, qui fascine le jeune homme, fait en quelque sorte « son » film à travers lui. Elle suggère le lieu du tournage, Trouville, petite ville balnéaire de la côte normande qu'elle connaît bien et où elle vient d'acheter un appartement dans l'ancien hôtel « Les Roches noires », un peu au-dessus de la plage, qui servira de plateau principal pour le film. C'est Duras, également, qui suggère les comédiens : Maurice Garrel d'abord, qu'elle vient de voir dans le rôle titre d'une dramatique télévisuelle, *Woyzeck*, adaptée par Marcel Bluwal de la pièce de Büchner, et que Karmitz a rencontré pour la post-synchronisation d'*Adieu Philippine* ou apprécié dans *L'Insoumis* de Cavalier et *La Peau douce* de Truffaut. Ensuite, Natasha Parry, comédienne anglaise connue outre-Manche, la femme de Peter Brook, et Nicole Hiss, qui débute au théâtre dans *Le Fil rouge*, épouse de Pierre Gallimard, le directeur de la collection La Pléiade. Le reste de l'équipe relève plutôt des amitiés du cinéaste : Willy Kurant, chef opérateur, Jean-Claude Lubtchansky, ingénieur du son et monteur, Luc Perrini, compositeur, ou la scripte Françoise Sée. Il prend comme premier assistant Philippe d'Argila, le fils de Dominique Aury, par ailleurs expert en nuits d'ivresse au Sélect.

Nuit noire Calcutta est tourné en douze jours à Trouville, en juin 1964, dans l'appartement de Marguerite Duras et certaines rues de la ville. L'écrivaine assiste à la moindre prise, comme happée par l'expérience, mais n'intervenant jamais. « Je pense que c'est précisément à cet endroit, de cette place qu'elle occupait, que Marguerite Duras a commencé son propre cinéma, commente Marin Karmitz. Elle regardait, elle comprenait. »[24]

Une fois le film tourné, l'écrivaine fera pourtant comme s'il n'existait pas. Elle ne le mentionnera jamais publiquement, ne le soutiendra pas lors des premières projections et ne reverra quasiment pas le cinéaste. Cependant, *Nuit noire Calcutta* compte dans son œuvre : *Le Vice-Consul* développe le texte écrit pour Karmitz, et son cinéma, qui débute deux ans plus tard avec *La Musica*, film enregistré également dans son appartement de Trouville, puis s'étoffe avec *India Song*, en 1975, reprend un schéma d'écriture et de tournage très proche de *Nuit noire Calcutta*.

Entièrement financé, à hauteur de 100 000 francs, par les laboratoires Anphar, le film est présenté en avant-première, le 23 octobre 1964, au Palais de la Mutualité dans le cadre du 6e Congrès du film médical, dans la catégorie « films neuro-psychiatriques[25] », au milieu d'expériences visuelles qui, assez nombreuses à l'époque, tentent de reconstituer les hallucinations de patients sous emprise de l'alcool ou de drogues, comme le LSD, la mescaline ou la psilocybine. Le texte de présentation de *Nuit noire Calcutta*, conçu par le laboratoire Anphar – « À notre demande, l'écrivain a imaginé avec son seul talent des personnalités psychopathes. Dans cette version strictement romanesque, le médecin retrouvera-t-il les maîtres symptômes des cas cliniques ? Madame Marguerite Duras a bien voulu nous imaginer une "personnalité psychopathe d'alcoolique" » –, n'empêche pas une réception plutôt circonspecte du milieu médical.

Du côté des proches, par contre, cette première œuvre semble convaincre. « La projection privée initiale, rappelle Karmitz, à laquelle assistaient Peter Brook, Jean Paulhan, Dominique Aury et quelques amis de Marguerite Duras, a été un triomphe. Paulhan m'a envoyé un mot flatteur. »[26] En sortant de la salle de projection, le critique Philippe Haudiquet signe une note prometteuse dans *Les Lettres françaises*, qui lance la réputation du film : « Ce film n'existe que par de très réelles qualités d'écriture, par la maturité dont fait preuve ici Marin Karmitz[27]. »

Le film est sélectionné pour le Festival de Tours, alors La Mecque du court métrage français, là où la plupart des jeunes cinéastes Nouvelle Vague se sont révélés. L'équipe de MK Productions jubile. *Nuit noire Calcutta* est programmé au soir du samedi 28 novembre 1964, lors de la meilleure séance. « Dès les premières minutes, se souvient, encore choqué, Marin Karmitz, les spectateurs se sont mis à siffler. À la fin, un gros projecteur nous illumine, on se lève pour saluer. On se fait huer. Je me suis retrouvé honteux, humilié, malade. En sortant, on rasait les murs avec Maurice Garrel. Je ne suis pas sorti de chez moi pendant trois mois, comme si j'avais pris un retour de réel en pleine figure. »[28]

Du moins, le jeune homme est riche, provisoirement. Le laboratoire Anphar ne diffusera pas le film, mais il le paye rubis sur l'ongle. Avec les aides obtenues et les revenus d'*Un jour à Paris*, un petit matelas s'est constitué. Il peut servir pour continuer l'aventure MK Productions. Marin Karmitz conserve cependant deux précieux héritages de cette expérience durassienne. En premier lieu le chat de Marguerite, qui joue dans *Nuit noire Calcutta*, et que l'écrivaine ne souhaite pas conserver depuis qu'il a souillé le lit de son fils et brisé un vase précieux offert par un amant. Recueilli chez Karmitz, il y coulera des jours plus tranquilles. Le cinéaste a également découvert une région en tournant à Trouville et dans les environs. Avec une part de l'argent rapporté par le film, il investit dans la pierre. « Un truc d'émigré, reconnaît-il : j'ai voulu m'enfoncer dans une nouvelle terre, dans l'argile du pays normand. » [29] À l'automne 1964, il achète une vieille fermette assez délabrée dans le Pays d'Auge, à vingt kilomètres de Trouville, non loin de Pont-l'Évêque, en plein cœur de la « Suisse normande » et de ses vallonnements bocagers. Il passe dès lors une partie de ses week-ends à la retaper et, pendant plus de quinze ans, y vivra à temps partiel [30].

Merveilles et folies de Samuel Beckett

En juin 1964, au musée des Arts décoratifs, rue de Rivoli, dans le cadre des Estivales du pavillon de Marsan, Marin Karmitz voit *Comédie*, de Samuel Beckett. En une vingtaine de minutes, dans une mise en scène de Jean-Marie Serreau, trois comédiens, Delphine Seyrig, Éléonore Hirt et Michael Lonsdale, récitent un texte à toute vitesse, entrecoupé de silences. L'expérience, plusieurs fois répétée, fascine Karmitz, alors aux prises avec une écriture elle aussi rythmée par ces éclats bruts de mots et de silences, celle de Marguerite Duras. « *Comédie* posait les questions qui me préoccupaient, raconte-t-il. Comment parler en se taisant ? Comment exprimer des émotions dans le silence ou dans le noir ? Est-ce possible ? Peut-on tendre à cela ? Jusqu'où peut-on aller ? Comment redonner du poids à la parole ? Beckett a anticipé la disparition de la parole, du poids des mots. On utilise de moins en moins de mots, ils ont moins de sens, bien que l'on parle de plus en plus. » [31]

À ce moment, le jeune homme s'intéresse beaucoup au théâtre. Il y va souvent. Notamment avec un ami rencontré depuis peu, Patrick Belda, danseur étoile au Ballet du XXe siècle de Maurice Béjart. Ils ont le projet de mettre en scène *Grandeur et décadence de la ville de Mahagonny* de Bertolt Brecht au Théâtre de la Monnaie, à Bruxelles. Jeanne Moreau a accepté de jouer Léocadia et de chanter *Alabama Song*, à la manière dont Pia Colombo vient de le faire sur la scène du TNP, dans une mise en scène de Georges Wilson. Mais l'idée est brutalement interrompue quand Belda meurt dans un accident de voiture, en février 1967.

Marin Karmitz veut rencontrer Samuel Beckett et demande un rendez-vous à son éditeur, qu'il connaît par Duras, Jérôme Lindon, des Éditions de Minuit, la célèbre petite maison de la rue Bernard-Palissy, ruelle de Saint-Germain-des-Prés. « L'escalier était raide, son petit bureau disproportionné avec sa grande taille. Il m'a réservé un accueil dont un jeune inconnu se souvient toute sa vie. Plus tard, j'ai voulu que mk2, rue Traversière, ressemble aux Éditions de Minuit, par le lieu, le fonctionnement, l'accueil. »[32] Rendez-vous est pris avec Beckett dans ce même bureau, en mars 1965, afin d'évoquer les droits de *Comédie* pour une adaptation au cinéma. Lindon n'y croit guère. L'écrivain sort d'une expérience de cinéma qui l'a passionné mais épuisé, *Film*, tourné par Alan Schneider avec Buster Keaton, enregistré à l'automne 1964. Le dispositif du cinéma l'intéresse – n'a-t-il pas écrit à Eisenstein en 1936 pour se proposer comme son assistant ? –, mais pour mieux le défaire : un film qui regarderait son spectateur jusqu'à la défiguration. *Film* semble avoir mené ce processus jusqu'au bout ; Beckett aura-t-il envie de recommencer ? Mais Karmitz est convaincant, assurant à l'écrivain qu'il s'agit juste de refaire le spectacle du pavillon de Marsan avec les mêmes comédiens, dans un identique dispositif. « J'avais vingt-six ans, il en avait presque soixante, et c'était la rencontre la plus importante de ma vie. »[33]

Pendant une année, effectivement, le jeune homme est comme hypnotisé par son aîné. Ils se voient plusieurs fois par semaine selon un rituel et un itinéraire immuables. Rendez-vous à 13 h 30 à La Closerie des Lilas, près de Port-Royal, toujours aux mêmes tables, dénommées « Hemingway » ou « Sartre », pour boire « le meilleur whisky irlandais de Paris[34] » : « On mangeait aussi des petits morceaux, il y avait de grands silences. On parlait de manière hachée. Lui surtout. La qualité du silence s'imposait. Il avait inventé deux jeux : il fallait se remémorer ce dont nous avions rêvé la veille, ou alors retrouver le moment où nous étions sortis du ventre de notre mère et notre premier cri. Ce qu'il cherchait, c'est le silence qui précède le cri. Par moments, l'alcool aidant, on arrivait à toucher du doigt cet instant-là. »[35]

Ensuite, les deux hommes traversent le centre de Paris ; Beckett, immense et maigre, marchant à grands pas saccadés, Karmitz l'accompagnant à petites enjambées rapides. « On avait toujours le même circuit, comme des chats. »[36] Descente vers le Châtelet pour gagner, plus loin sur le boulevard Sébastopol, le « 41 », un grand café miteux à billards poche des Halles. « C'était un rade incroyable. Après quelques

Marin Karmitz avec Samuel Beckett sur le tournage
de *Comédie* en 1966. Photographie de Barbara Jackson.

verres au bar, on regardait le billard, puis on montait au premier étage, autour d'une immense roulette, avec des gradins. Il y avait des bancs où dormaient des clochards bien au chaud. On jouait un peu, des sommes ridicules, au milieu des forts des Halles. »[37] Au dîner, les deux silhouettes désaccordées et éméchées remontent à pied vers Montparnasse, pour gagner un restaurant à poissons, rue de la Gaîté, en face de la discothèque Bobino. « On y croisait souvent Giacometti et une vendeuse de roses que Beckett adorait[38]. » Au milieu de la nuit, les deux épaves tiennent jusqu'à 3 heures du matin en terminant dans un piano-bar voisin. « Lui tenait vraiment le coup, il était d'une dignité absolue, avec une présence inouïe. Moi, j'ai mis des années à m'en remettre. »[39] Puis chacun rentrait chez soi, en sachant qu'ils se retrouveraient bientôt.

Parfois, la scène se déplace chez Beckett, qui habite un petit appartement dans un HLM tout près du boulevard Saint-Jacques. Les fenêtres surplombent la prison de la Santé. « De temps en temps, une clameur s'élevait. Des prisonniers échangeaient des messages d'une cellule à

Delphine Seyrig dans *Comédie*, en 1966.

l'autre par l'extérieur. Ou ils tapaient sur les barreaux de leur cellule. »[40] Beckett vit dans un appartement mitoyen de celui de son épouse. « C'était un solitaire qui cloisonnait ses rares relations. »

Autres clameurs, certains week-ends de l'hiver : les retransmissions des matchs du Tournoi des Cinq Nations, que l'écrivain ne raterait pour rien au monde, surtout les matches de l'équipe au trèfle, les verts d'Irlande. « On regardait le jeu sur un tout petit poste de télévision noir et blanc. On hurlait, on tapait des pieds. Il suivait le ballon de près. De temps en temps, il s'approchait encore de l'écran. Il était en train de devenir aveugle. »[41] Aux murs sont accrochés quelques tableaux de son ami Bram van Velde, le seul peintre qu'aime Beckett, « car il peint en couleur comme si c'était du noir et blanc »[42].

Comment redonner du sens à la parole ? Tel est le sujet de *Comédie*. Un rayon de lumière éclaire alternativement trois personnages placés dans des jarres de terre, dont on ne voit que le visage. Chaque fois que le rayon se pose sur un visage, il s'anime et parle. La parole est induite par ce rayon, qui est d'abord très vif, très rapide, changeant sans cesse de visage, ne laissant entendre que des mots brefs, des onomatopées, des sons, puis peu à peu ralentit et s'épuise. La parole s'amenuise, les sonorités s'allongent et les mots finissent par disparaître. Tout le spectacle puis le film reposent sur ces rapports entre l'audible et l'inaudible, le visible et le compréhensible. L'histoire est simple, mensonges, sexe, adultères, et se répète deux fois et demie : un homme, deux femmes, son épouse et sa maîtresse, avec des problèmes de jalousie, du quotidien, et l'avenir de « tout ça ». Comme un marivaudage emprunté au théâtre de boulevard, mais défait par les mots qui se disloquent ou qui s'effacent. À la fin, il ne reste rien, la lumière s'amenuise, le son faiblit, le vide s'impose. C'est absurde.

En deux semaines très intenses, en décembre 1965, le film de vingt minutes est tourné dans un petit studio sombre, mais très bien sonorisé, en haut de la rue Mouffetard, près de la place de la Contrescarpe, le vieux Paris populaire du Ve arrondissement. « Beckett était là tout le temps. Il n'était pas intimidant. Il était intéressé. Il était vraiment là. »[43] C'est une prouesse technique qui, par là même, se démarque de la mise en scène théâtrale de Jean-Marie Serreau. Plus de quatre cents plans sont tournés, avec de multiples trucages, un rayon lumineux hyperprécis et un son, virtuose, enregistré au préalable, se posant sur de grandes jarres de terre cuite. Karmitz est à son aise au milieu de ces défis techniques. Il travaille sur le son avec l'ingénieur-compositeur Luc Perrini, déjà présent pour *Nuit noire Calcutta*, qui a ses entrées au Service de la recherche de la Radio-télévision française, dirigé par Pierre Schaeffer.

Là, dans les sous-sols, a été mise au point une machine permettant d'accélérer, de ralentir les voix, d'allonger les sons et de les mixer, sans pour autant en changer la tonalité. Luc Perrini, le monteur Jean Ravel, Marin Karmitz, après avoir enregistré en studio le texte dit par les comédiens, Delphine Seyrig, Éléonore Hirt et Michael Lonsdale, travaillent quelques semaines à la RTF, qui devient co-producteur du film. « Le travail sur les voix, précise le réalisateur, était de type musical, incluant le souffle, la respiration, le hoquet, le débit, la scansion, l'articulation. Elles ont été enregistrées une par une, puis montées et mixées. »[44] En studio, rue Mouffetard, les acteurs rejouent en playback sur ces voix retravaillées. « Beckett était content du résultat. Dans la pièce, il trouvait que les acteurs ne parlaient pas assez vite. »[45]

Pierre Lhomme, qui connaît Karmitz depuis l'IDHEC, où il est enseignant, conçoit un noir et blanc très intense, où la lumière du rayon est peu à peu mangée par le noir, qui finit par tout envahir. Il filme chaque personnage de face, en plan fixe, le rayon lumineux émergeant du sol. Les trucages, qui jouent sur les changements d'échelle des différents personnages, intervenant tour à tour, parfois de manière rapide, et les variations des intensités lumineuses, sont extrêmement complexes et compliqués, les ingénieurs des studios de montage et de mixage, LTC, ayant le plus grand mal à les maîtriser. « En fait, explique le cinéaste, on a voulu tourner en pellicule cinéma 35 mm ce qu'à l'époque l'animation pour la télévision, à la Jean-Christophe Averty, commençait tout juste à réaliser par les incrustations et les superpositions. »[46] Le montage final, assuré avec Jean Ravel, recompose quelque deux cents plans conservés en une mosaïque millimétrée. « Mais tout paraît très simple et fluide à la vision, précise Karmitz, c'était la condition de la réussite : fabriquer un objet de cinéma complexe mais d'une apparence évidente. Ce qui apparaît comme un plan fixe de vingt minutes est en fait composé d'environ deux cents plans. »[47]

Samuel Beckett est content du film, dont il aime la concision et l'intensité peu à peu évidée. Jean Paulhan adresse au jeune cinéaste un mot qu'il a conservé : « On dit couramment que le cinéma trahit le récit ou le roman d'où on l'extrait. Mais il me semble que ce film trahit la "Comédie" de Beckett en un sens plus profond : comme il arrive à un geste involontaire, à une crispation des traits de *trahir* votre pensée secrète. Il s'agit ici d'un secret qui touche les liens cachés de la parole et de la lumière. »[48]

Le film est sélectionné à la Mostra de Venise, inaugurant même la compétition officielle, ce qui reste exceptionnel pour un court métrage, d'autant que les œuvres majeures ne manquent pas en ce mois de septembre 1966 : *Au hasard Balthazar* de Robert Bresson, *Cul-de-sac* de Roman Polanski, *Fahrenheit 451* de François Truffaut, *La Prise du pouvoir par Louis XIV* de Roberto Rossellini, ou *La Bataille d'Alger* de Gillo Pontecorvo, qui décroche le Lion d'or.

Marin Karmitz, pour son premier grand festival international, s'est déplacé avec Macha Méril, qu'il promène fièrement à son bras entre deux haies de carabiniers en tenue d'apparat. Le film est l'occasion d'un beau scandale. Lors de la projection, les spectateurs se lèvent et s'invectivent, pour ou contre, d'autres se battent. Les photographes montent sur scène pour immortaliser un spectacle qui est dans la salle plutôt qu'à l'écran. Henry Chapier, dans *Combat*, résume bien la situation : « En accordant à la France le privilège d'ouvrir la compétition, Luigi Chiarini, directeur de la Mostra, n'a pas choisi le film récréatif et tapageur qui était de tradition naguère, mais un court métrage de recherche, qui va à rebours des modes et de la facilité. *Comédie*, sur un texte ardu mais poignant de Samuel Beckett, donne à Marin Karmitz le prétexte d'une démonstration passionnante. Des pages qu'on

Festival de Venise

"Comédie" (Fr.) a déclenché la tempête...

MK

VENISE. — LE 27e FESTIVAL DE VENISE — LA MOSTRA — S'EST OUVERT DIMANCHE SOIR DANS UNE ATMOSPHERE DE FETE ET DE CHAHUT QUI A RAPPELE AUX VIEUX VENITIENS LES FASTES ET LES SCANDALES DE JADIS.

LE CHAHUT A EU POUR CAUSE LE COURT METRAGE FRANCAIS « COMEDIE », MISE EN SCENE DE MARIN KARMITZ, JEAN RAVEL ET JEAN-MARIE BERREAU, D'APRES UN SUJET DE SAMUEL BECKETT.

Il montre, dans le noir, trois êtres immobiles dans de grandes jarres, récitant un texte inaudible qui est censé raconter leur vie. Après un moment de stupeur, les festivaliers ont lancé des protestations qui ont dégénéré en rires ironiques. Avant même la fin, toute la salle éclatant en lazzi et en sifflets a déclenché un tapage monstre dans lequel se sont perdus quelques applaudissements.

Sylva l'étoile la plus étonnante

L'entrée des vedettes, en revanche, a eu lieu dans les acclamations. De toutes les étoiles, la plus étonnante a été Sylva Koscina, dont les longues boucles de cheveux étaient des copeaux dorés sortis des mains du perruquier. La plus discrète a été l'Allemande Marianne Koch, en lamé or, cachée parmi ses cinq camarades ; la plus futuriste a été Magali Noël, dans un corsage d'aluminium ; la plus sage a été Leslie Caron, toute rose ; la plus désinvolte a été Françoise Hardy.

Palais des Doges illuminé, fleur au son d'un quatuor à cordes la foule, sans laquelle aucun fête n'est réussie, ont entreten une humeur bon enfant.

Dans l'énorme hôtel qui do mine la place du Lido, les jeune gens qui se trémoussaient au so d'un orchestre étaient si nom breux qu'ils dansaient sur l'esca lier descendant vers la salle.

Les journalistes sont 650 viennent du Japon, de Formos de Corée, des deux Amérique d'Afrique du Sud, du Proch Orient et d'Europe. Les délégu aussi sont nombreux parce qu les films sont deux fois plu nombreux. Outre l'habituelle maigre sélection de treize film retenus par des esthètes sévère un panorama mondial de soi films est également au pr gramme.

C'est dans ce panorama qu'éta projeté le film américain « Th Wild Angels » (Les anges sau vages). Le cinéaste Roger Co man y raconte les aventures d voyous à motocyclette. L'accue a été soit réservé, soit irrit

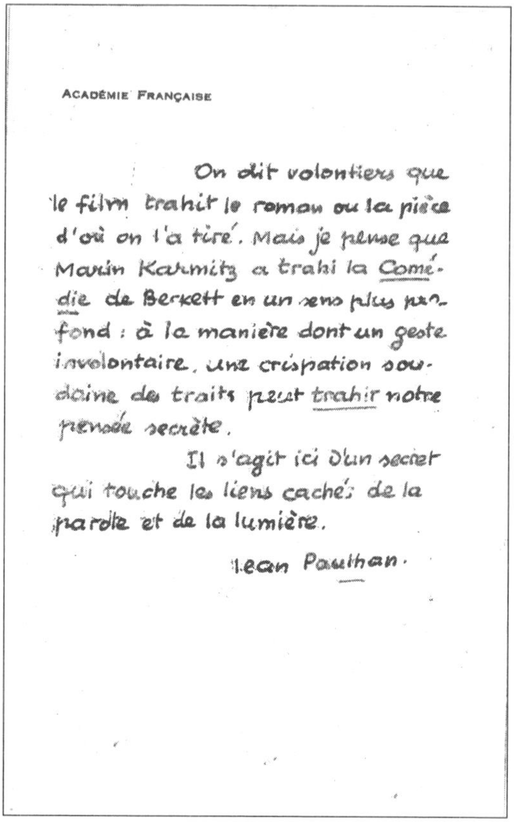

ACADÉMIE FRANÇAISE

On dit volontiers que le film trahit le roman ou la pièce d'où on l'a tiré. Mais je pense que Marin Karmitz a trahi la Comédie de Beckett en un sens plus profond : à la manière dont un geste involontaire, une crispation soudaine des traits peut trahir notre pensée secrète.

Il s'agit ici d'un secret qui touche les liens cachés de la parole et de la lumière.

Jean Paulhan.

Réactions à la projection de *Comédie* de Marin Karmitz au Festival de Venise, en août 1966 : compte rendu dans le journal *Combat* et lettre de soutien de Jean Paulhan.

croyait destinées à la littérature, au théâtre d'avant-garde, prennent soudain, grâce aux moyens du cinéma, une dimension nouvelle. Il serait léger de passer à côté d'une entreprise aussi singulière. Mais la question se pose : si la réalisation de Karmitz est remarquable, elle conduit forcément à l'impasse. Si de tels essais se multipliaient, je crains que la "recherche" n'aboutisse qu'au chaos et, tout simplement, à vider les salles. L'atmosphère a viré au chahut, qui a rappelé aux vieux Vénitiens les fastes et les scandales de jadis, dégénérant en rires, en lazzis et sifflets. Au milieu de ce tapage monstre se distinguaient pourtant des vivats et des applaudissements. »[49]

Le jeune Karmitz semble triompher à travers ce scandale, qu'il affronte vaillamment au nom de l'avant-garde. « Porté par l'amitié, la tendresse même, transmises par Beckett depuis Paris où il était resté par haine des mondanités, transporté par la beauté de Macha Méril, j'étais ravi de bonheur devant cet accueil tumultueux. Beckett n'était pas statufié. Il était vivant, moderne, subversif. »[50] Beckett n'en manque pas une miette et adresse à Karmitz, au Lido, une carte postale avec ces mots : « Salez et iodez à fond. C'est affreux ce qui vous attend. »[51]

Un mois plus tard, Marin Karmitz loue le cinéma La Pagode, quinze jours durant, pour montrer *Comédie*, qui n'a pas de sortie en salle commerciale prévue – et qui n'en aura pas. Il compose un programme, en ajoutant *Film* d'Alan Schneider, d'après Beckett, et *Le Mystère Koumiko*, un court métrage de Chris Marker. C'est Samuel Beckett lui-même, au premier rang lors de l'inauguration du cycle, qui a composé la liste des invitations. « Il m'a donné une liste des amis qu'il souhaite convier, numérotés par ordre d'importance de 1 à 100. Premiers ex-aequo : Bram van Velde et son frère, Geer. »[52] Puis les bobines du film dorment sur une étagère, dans le bureau de la rue Tronchet, début d'un long sommeil d'oubli.

Comme dans un brouillard

Un temps, les rencontres entre Marin Karmitz et Samuel Beckett se poursuivent, par la simple habitude de se retrouver. Mais ce compagnonnage initiatique entraîne peu à peu le cadet vers le fond. « Nos rencontres étaient de plus en plus dramatiques. Je n'arrivais pas à me passer de lui, explique Karmitz. J'étais si heureux en sa présence, si subjugué de passer une bonne partie de ma vie avec lui que cela finissait par m'anéantir. Lui atteignait le silence par les mots. Moi, pas. J'étais paralysé par son génie, j'étais un nain à son côté et j'en étais tout à fait conscient. »[53] Comme pour une rupture amoureuse nécessaire, le jeune homme décide de couper les ponts soudainement, sans prévention ni explications : il n'appelle plus chez Beckett. « Du jour au lendemain, je ne l'ai plus revu. Si je ne rompais pas, j'étais fichu. »[54]

Comme s'il pressentait cette rupture, peut-être même pour la précipiter, l'écrivain fait un dernier geste : un jour, à La Closerie des Lilas, il arrive pour déjeuner avec, sous la main, le manuscrit original de *Comédie*, cadeau d'adieu.

Pour Marin Karmitz, entre 1964 et 1966, deux rencontres importantes se sont succédé : Marguerite Duras, Samuel Beckett, toutes les deux placées sous le signe de l'écriture, de sa transposition au cinéma et de l'alcool. Toutes les deux auront été essentielles pour le jeune homme, comme une initiation au génie des mots et à l'état second de l'emprise. Il a été comme hypnotisé par ces figures, à la fois fascinantes et vénéneuses. Les deux rencontres s'achèvent par des ruptures : un véritable sevrage qui laisse le plus faible face à lui-même, au bord de la déprime, avec ses souvenirs encore vifs et le poison de l'alcool toujours là, telle une habitude qui poisse.

C'est sans doute pour cela que Marin Karmitz, au milieu des années 1960, a « l'impression de n'avoir pas vécu »[55]. Il a traversé intensément la montée de la Nouvelle Vague, au tournant des années 1950-1960, avec le léger décalage temporel du cadet qui vient un poil trop tard mais ressent tout de même les effets du mouvement de l'Histoire. Il vivra pleinement son engagement politique à la fin de la décennie, militant de Mai 68, du gauchisme, et acteur de l'Histoire, même si beaucoup d'illusions s'en mêleront.

Mais entre-temps ? Marin Karmitz se souvient à peine des lieux où il a vécu, comme si un brouillard enveloppait ces espaces et ces souvenirs. D'abord, après avoir quitté le grand appartement familial cossu de l'avenue Henri-Martin, il vit dans un studio minuscule avenue de Châtillon, près du métro Alésia, coin de Paris retiré, pauvre et triste. Puis, au printemps 1964, il déménage pour le bel appartement de Françoise Sée, sa nouvelle compagne, au cœur d'un des plus beaux quartiers de Paris, sur le quai d'Orléans, le long de la Seine, sur le côté sud de l'île Saint-Louis, tout près de Notre-Dame. Ils se sont rencontrés sur le plateau de *Nuit noire Calcutta*, où Françoise Sée était scripte. Elle est la jeune sœur de Jean-Claude Sée, un documentariste important, auteur, entre 1950 et 1967, d'une dizaine de films d'art, *Aube* ou *Le Mystère de la Licorne*. Marin Karmitz a surtout le souvenir d'avoir « regardé couler la Seine pendant six mois sans faire autre chose »… Françoise Sée tente de l'aider à sortir de cette impasse, mais la tâche est difficile pour une très jeune femme qui ne partage pas le moment le plus facile de l'existence de ce compagnon intermittent. L'appartement suivant n'est guère lumineux, trouvé grâce à Marguerite Duras : un deux-pièces de premier étage, au bout de la rue des Saints-Pères, au croisement de la rue de Sèvres, en face du café « Au Sauvignon », tenu par Alice et Henri Vergne, pourvu d'un vin de bonne réputation. Marin Karmitz vit là près de trois ans.

L'alcool est le principal compagnon de ces années oubliées, ce qui explique sans doute cela. Le jeune homme a pris l'habitude de beaucoup boire en compagnie de Duras puis de Beckett, une habitude qu'il redoute mais qui le happe une fois la solitude revenue. On trouve d'ailleurs dans ses archives un petit dossier verdâtre, aux couleurs de l'absinthe, sobrement intitulé « Diététique », qui témoigne de ce qui semble alors une préoccupation constante. Plusieurs régimes s'y succèdent : « Suppression absolue du pain, remplacé par des biscottes sans sel. Suppression du sucre. Suppression du vin et des alcools [56]... », daté de novembre 1965. Puis : « Éviter : sucre, miel, confitures, riz, pâtes, farine, pomme de terre, légumes secs, céréales, petits pois, marrons, fruits secs, banane, chocolat, pain, sauces, pâtisserie, lait, entremets, glaces, et tous les alcools [57] », ce qui généralise les privations à la lutte contre un certain embonpoint. Mais ces régimes sont-ils suivis d'effets durables ?

Marin Karmitz, une fois émancipé des écrivains de Minuit, fuit surtout en traversant une autre nuit, celle des lieux parisiens à la mode. En 1966, alors que le *twist* puis le *jerk* animent les soirées de ses contemporains, au Jimmy's de chez Régine puis au Bus Palladium, lui préfère l'ambiance plus *old school* mais non moins fêtarde de deux autres *nec plus ultra.* D'abord, les « troisièmes mi-temps » de la « bande aux Boni », qui se tiennent généralement au bar basque de la rue du Bac. Karmitz y a été initié par Duras, qui adore cette ambiance festive et sportive de joueurs de rugby stars en goguette : Guy et André Boniface, centres du XV de France, Benoît Dauga, deuxième ligne, l'ailier Christian Darrouy, tous Landais et Montois, ambiancent une nuit virile, joyeuse, notamment les soirs de matches du tournoi des Cinq Nations ou de finales du championnat de France, qu'ils gagnent alors régulièrement. On y croise aussi des voyous, comme Georges Figon, poète à ses heures, qui fascine Duras, ou le journaliste à scandale Jean Marvier, voire des barbouzes, tels Georges Boucheseiche ou Jo Attia, qui pimentent l'atmosphère.

L'autre lieu de la nuit bat alors son plein : Chez Castel, rue Princesse, au cœur de Saint-Germain-des-Prés, discothèque qui règne sur la fête et hante l'esprit du jeune Karmitz du mitan des *sixties.* Sa porte passe pour la plus redoutable de la capitale, et Huguette, qui contrôle les entrées, est impitoyable : il faut soit être membre du club et payer une cotisation annuelle faramineuse, soit accompagner un membre, soit être soi-même une vedette et/ou un ami du patron, Jean Castel, ancien élève d'HEC, lui aussi rugbyman. Celui-ci attire un noyau de noceurs qui fait vite la réputation des lieux : Juliette Gréco, Sacha Distel, Moustache, Annabel, Serge Gainsbourg, Antoine Blondin ou le sculpteur César, plus des acteurs et actrices de la nouvelle génération, Jean-Pierre Cassel, Françoise Dorléac, Macha Méril, Jeanne

Marin Karmitz à Trouville lors du tournage de son court-métrage *Nuit noire Calcutta*, 1964.

Marin Karmitz avec l'actrice Natasha Parry sur le tournage de son court-métrage *Nuit noire Calcutta*.

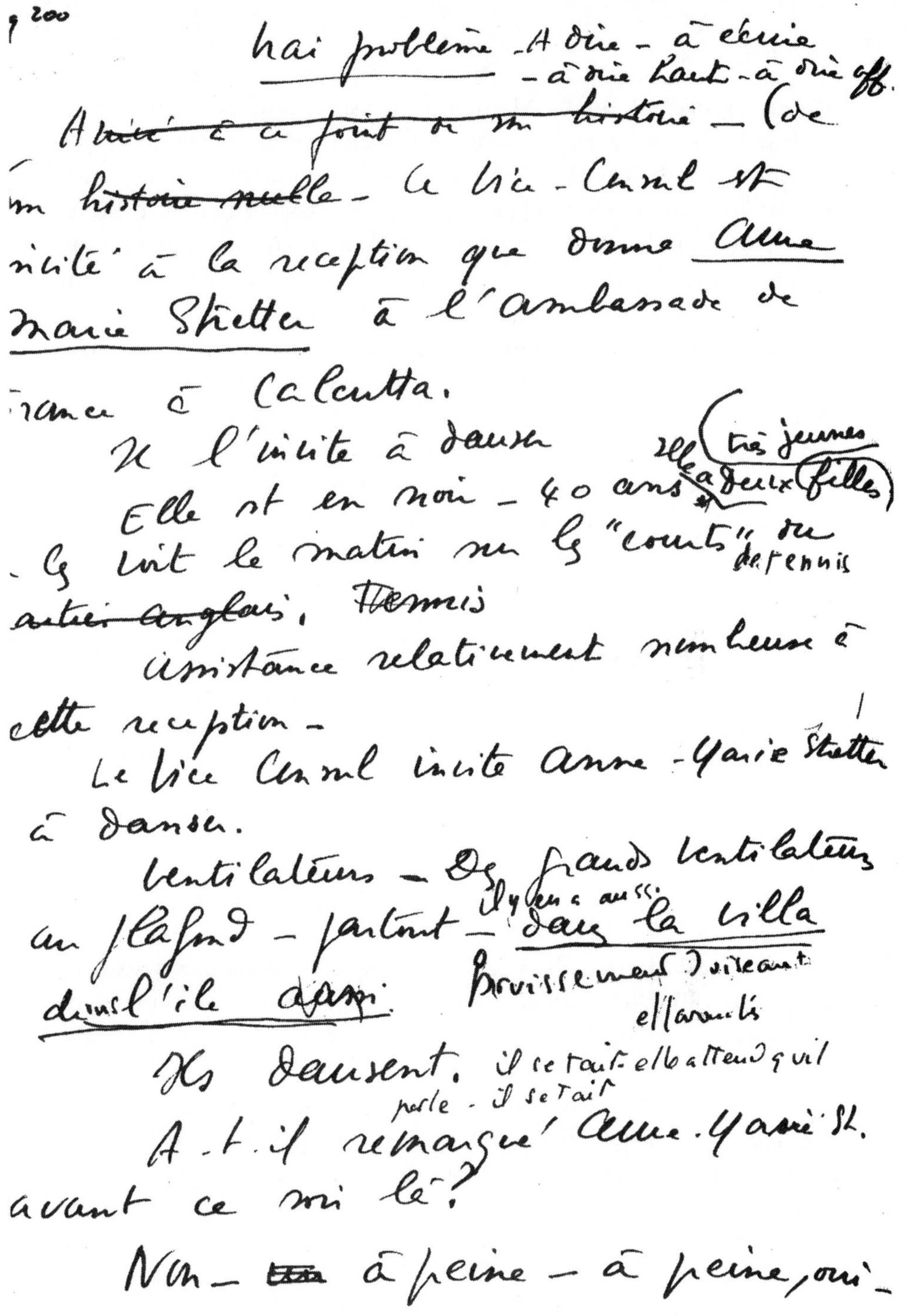
9 200

1er problème – A dire – à écrire – à dire haut – à dire off.

A ~~rrivé à ce point de son histoire~~ – (de son ~~histoire nulle~~ – Le Vice-Consul est invité à la réception que donne Anne Marie Stretter à l'ambassade de France à Calcutta.

Il l'invite à danser

Elle est en noir – 40 ans. Elle a deux filles (très jeunes)

On la voit le matin sur les "courts" de tennis ~~autour anglais~~, ~~Tennis~~

Assistance relativement nombreuse à cette réception –

Le Vice Consul invite Anne-Marie Stretter à danser.

Ventilateurs – Des grands ventilateurs au plafond – partout – il y en a aussi dans la villa dans l'île ~~aussi~~. Bruissement doux étourdissant / assourdissant

Ils dansent. il se tait. elle attend qu'il parle – il se tait

A-t-il remarqué Anne-Marie St. avant ce soir-là ?

Non – ~~[illegible]~~ à peine – à peine, oui –

Première page du manuscrit de Marguerite Duras pour le scénario du court-métrage *Nuit noire Calcutta* réalisé par Marin Karmitz en 1964.

Moreau, Jean-Paul Brialy. Marin Karmitz atterrit chez Castel via les comédiens Nouvelle Vague, mais également par la mêlée du rugby, puisque la bande aux Boni aime fréquenter l'endroit pour ses « quatrièmes mi-temps ». Sur sept étages, au 15, rue Princesse, c'est un empire de la nuit [58]. Au rez-de-chaussée, on entre par le restaurant, endroit hypersélectif de vingt-cinq places ; au premier se tient une boutique, le Bazar, qui vend des vêtements, des tableaux, des lustres, des casseroles et du bon jambon ; au foyer se trouve un petit espace de réception, pour des cocktails ou des soirées intimes ; au-dessus, ce sont les appartements privés de Castel. La discothèque est au sous-sol, décor chic et tapisseries coquines. Aux beaux jours, trois cents personnes s'y pressent, se retrouvant dans l'ambiance chaleureuse conçue par l'animateur-disquaire Jean-Marie Rivière.

Une mission pédagogique

Le jour, cependant, Marin Karmitz tente de travailler à son bureau du 31, rue Tronchet, à la tête de MK Productions, ce qui lui permet de vivre du cinéma tout en préparant des projets de films plus personnels. Il produit ainsi une quinzaine de courts métrages. Pour deux d'entre eux, le jeune homme fait preuve d'une certaine persévérance. Il propose ainsi à Serge Korber, après le succès d'*Un jour à Paris*, de mettre en scène une autre comédie sentimentale, *La Demoiselle de Saint-Florentin*, tournée en février 1965 grâce à une co-production avec Abbey Films d'André Bernheim, pour un budget de 50 000 francs. Marie Dubois et Robert Paty interprètent les deux rôles principaux d'un film tourné en une semaine à la clinique Périer de Montrouge [59]. Marin Karmitz reprend ensuite son propre film, *Métropole d'équilibre*, tourné deux ans plus tôt, pour l'inscrire dans son catalogue en lui donnant un nouveau titre, *Toutes les villes bougent*.

Il rencontre Jacques Kebadian, cinéaste engagé, qui lui propose un projet étonnant : filmer la bataille de Stalingrad à partir de petits soldats de plomb sculptés par l'artiste Ipoustéguy, disposés dans une coque d'eau et de terre reconstituant un paysage miniature de guerre et de désolation. Le jeune cinéaste active dans ce décor une caméra endoscopique qui lui permet de filmer au plus près de la souffrance, figée et muette. Le film, *Cérémonie pour une victoire* (1965), est un étonnant hommage funèbre de treize minutes aux soldats soviétiques martyrs.

Édouard Bois de Chesne, autre jeune technicien réalisateur, fait découvrir, dans un documentaire d'un quart d'heure tourné lui aussi en 1965, *Edeanaré*, une oasis du centre du Sahara, sur les plateaux désertiques du Tassili, en Algérie [60]. La même année, Vladimir Forgency consacre un documentaire de vingt-cinq minutes, *Adolescence*, à une jeune danseuse de l'Opéra de Paris, suivie dans son quotidien, à travers ses exercices, ses études, ses répétitions, commande co-financée par les services culturels du ministère des Affaires étrangères. Bruno Mathon est un autre compagnon de l'IDHEC que Marin Karmitz fait travailler l'année suivante, en 1966. Sous le pseudonyme de Frédéric Grange, il vient de publier un livre sur Luis Buñuel, mais ce sont la critique d'art, puis le dessin, la peinture, la gravure qui l'attirent. Il réalise *La Profanation de l'hostie*, sur un petit panneau de retable peint par Paolo Uccello, *L'Hostie profanée*, qui s'inscrit dans une des grandes querelles religieuses de l'ancien temps, accusation de blasphème qui reste au fondement de l'antisémitisme catholique. C'est donc un film sur l'art, mais également un documentaire d'histoire qui, en à peine dix minutes, traverse l'antisémitisme occidental de la Renaissance aux controverses du XVIIIe siècle français.

Karmitz a beaucoup aimé le premier long métrage d'un jeune cinéaste de 24 ans, son exact contemporain, *L'Amour à la mer* de Guy Gilles, réalisé en 1962, avec des apparitions de Juliette Gréco, Alain Delon, Jean-Claude Brialy, Jean-Pierre Léaud, sorti dans une salle parisienne, sans distributeur, en 1965. Gilles est également l'assistant de François Reichenbach et, en attendant de pouvoir réaliser d'autres projets personnels de fiction, tourne des documentaires de commande. MK Productions lui en propose deux : *Le Jardin des Tuileries* et *Un dimanche à Aurillac* [61]. Enfin, en décembre 1966, c'est Jacques Colombat, animateur proche de Paul Grimault, qui réalise une courte fiction d'un quart d'heure en prises de vues réelles pour Karmitz : *Les Filous*, une version « sadienne » du *Petit Chaperon rouge*, avec Bulle Ogier en petite fille à sa mère-grand.

Marin Karmitz, producteur de films courts, cherche un moyen de mieux les faire voir, de leur donner une cohérence. Un temps, il s'associe avec l'Ufoleis, association laïque de ciné-clubs, et la revue *Image et Son*, notamment les deux rédacteurs Philippe Durand et Jacques Zimmer, pour créer à Paris, à l'automne 1965, dans une salle de la Mutualité, le Festival du film libre, montrant une sélection de courts

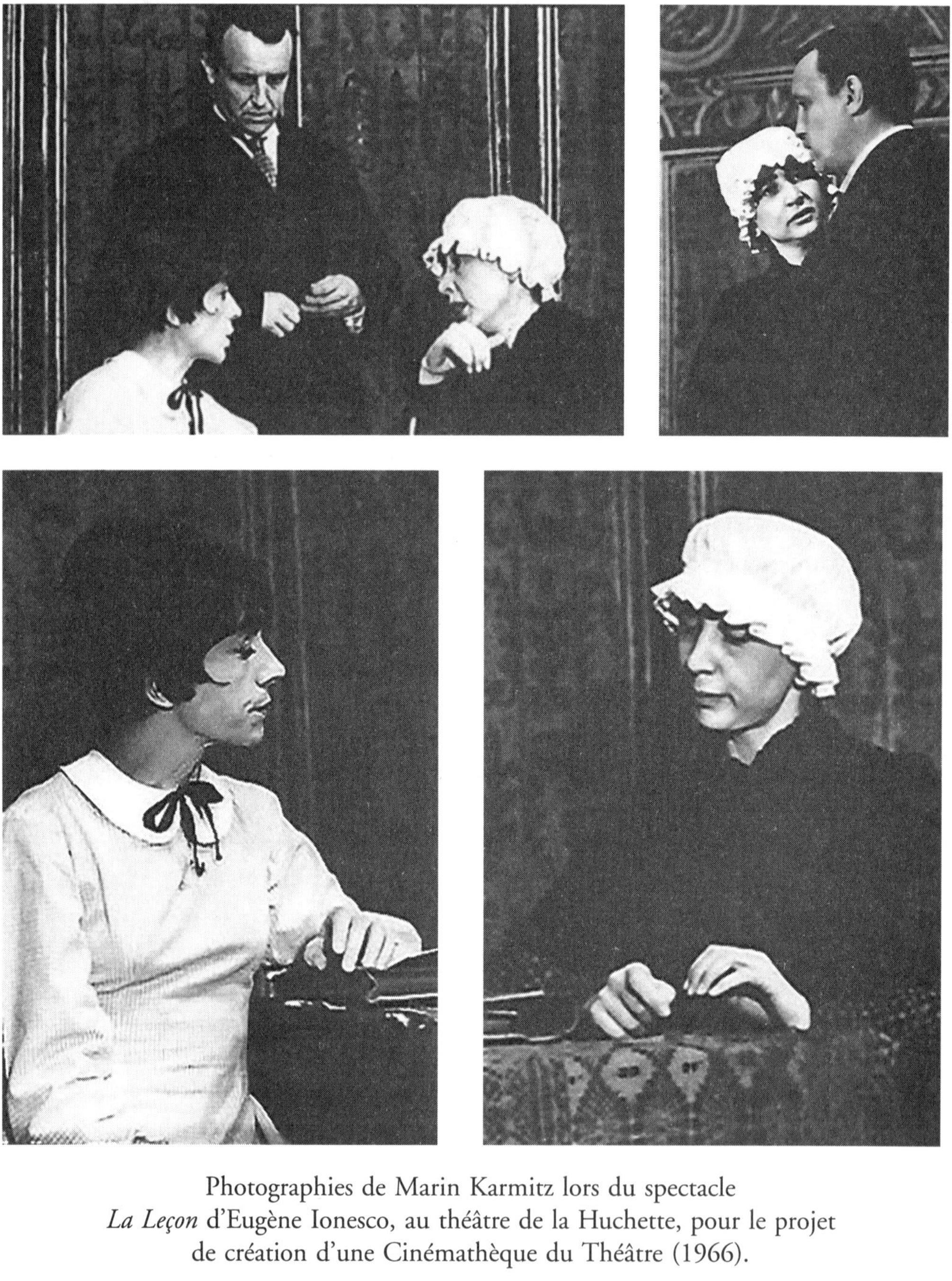

Photographies de Marin Karmitz lors du spectacle *La Leçon* d'Eugène Ionesco, au théâtre de la Huchette, pour le projet de création d'une Cinémathèque du Théâtre (1966).

métrages français et internationaux. Mais son existence est éphémère. Aussi le principal projet de MK Productions se concentre-t-il sur le théâtre. À la suite de l'expérience de *Comédie* de Beckett, il s'agit de tourner des « films de théâtre » pour constituer une « Cinémathèque française du Théâtre ». L'entreprise se met en place entre juillet 1965 et avril 1966, et Marin Karmitz, alors très introduit dans le milieu théâtral, contacte Guy Rétoré, au Théâtre de l'Est Parisien, Jean-Louis Barrault, à l'Odéon, Jean Vilar et Georges Wilson, au TNP de Chaillot, Roger Planchon, à Villeurbanne, Aimé Césaire pour sa pièce *La Tragédie du Roi Christophe*, et son compatriote Eugène Ionesco, avec qui le courant passe bien. Une belle séance photo les réunit à l'automne 1965.

L'idée consiste à enregistrer, *in situ* dans les théâtres, la captation d'une pièce phare dans sa mise en scène d'origine. Karmitz pense à *L'Illusion comique* au TNP, à *Turcaret* au TEP, au *Roi Christophe* à l'Odéon ou au célèbre *Phèdre* de Jean-Louis Barrault à la Comédie Française, avec l'actrice Marie Bell. Deux se réalisent effectivement, regroupés sous la dénomination « Ionesco Production [62] » : les pièces du dramaturge d'origine roumaine, au Théâtre de la Huchette, où sont joués, comme à demeure depuis dix ans, *La Cantatrice chauve* (tous les soirs jusqu'à nos jours !) et *La Leçon*. La première dans une mise en scène de Nicolas Bataille [63] ; la seconde dans la régie de Marcel Cuvelier. Yannick Bellon et Jean Ravel réalisent les captations, mobilisant la petite équipe technique habituelle de MK Productions, avec Philippe d'Argila, Luc Perrini, Bernard Daillencourt, appareillage fidèle à Karmitz. Le projet est cohérent techniquement : tournage *in situ* en son direct et pellicule 16 mm, avec deux caméras. Financièrement, l'affaire se monte avec une participation des services culturels du ministère des Affaires étrangères à hauteur de 40 000 francs par film. Sur le fond, six films seraient tournés par an sur des « grandes œuvres du répertoire [64] », enregistrés dans leur mise en scène du moment et destinés à circuler dans les circuits non commerciaux : collèges, lycées, universités, cercles culturels en France et à l'étranger. Il s'agit d'une « mission pédagogique », qui reflète bien l'état d'esprit de Marin Karmitz : diffuser la culture française grâce à une « sorte d'archive du théâtre de notre temps », afin de « posséder encore aujourd'hui une image fidèle de la manière dont Molière concevait la représentation du *Misanthrope* ou dont Gérard Philipe a interprété *Le Cid* sous la régie de Jean Vilar » [65].

Des personnages qui s'en vont

Cet ancrage pédagogue n'empêche pas Marin Karmitz de développer des projets plus personnels. Ses archives du milieu des années 1960 en conservent des traces, série de sujets, de courts ou de longs métrages, non tournés mais intensément préparés et travaillés, seul ou en collaboration. C'est le cas, par exemple, d'*Un hiver au Havre*, l'un des tout premiers scénarios, dès 1962, écrit avec Jean-Pierre Petrolacci, l'ami de l'IDHEC, plusieurs fois mis sur les rails mais jamais réalisé. L'histoire est inspirée de la mobilisation, puis démobilisation, de « Petro » durant la guerre d'Algérie : un jeune homme d'origine polonaise, « Polo », soldat de vingt-trois ans, brun « au visage dur et arrogant », qui revient d'Algérie, erre au Havre à la recherche d'un copain, Bob Gornitz, un autre polonais, traversant la ville au hasard avant de prendre une chambre dans un petit hôtel-pension, d'aspect assez sordide. Il est rapidement mêlé à des trafics, des bagarres, des coups fourrés. Cela finit mal [66].

Petrolacci caresse un autre projet, qu'il confie également à MK Productions, sans plus de succès : *Algeria, principio dell'anno 1962*, qui se passe dans un cabaret d'Alger donnant sur la plage, dont la propriétaire, Emma, une Italienne, fait danser une dernière fois les pieds-noirs et les colons en partance pour la France, alors que la guerre semble déjà perdue [67].

Après s'être rencontrés par hasard dans un train du sud de la France, Marin Karmitz et Elie Wiesel, l'auteur de *La Nuit, L'Aube* et *Le Jour*, entre 1958 et 1961, récits et témoignages sur Auschwitz et Buchenwald, où il a été déporté à quinze ans comme Juif roumain de Transylvanie, décident d'écrire un projet ensemble. Le 15 juillet 1966, Elie Wiesel adresse un mot de New York, où il vit depuis 1963 : « Mon cher Marin, j'essaie de travailler. J'aimerais pouvoir vous envoyer un sujet de traitement vers la fin du mois, où se trouveraient tous nos thèmes. Nos obsessions. Nos échecs. Qu'en pensez-vous [68] ? » Marin Karmitz lui répond de se concentrer sur le personnage d'un mendiant errant, homme sans âge, « déchet humain » qui retrouve la « tradition des prophètes et des rabbis errants, celle aussi de Moshé le fou ». Il s'agirait de le suivre quelques jours à travers un pays « désertique et lunaire », « dépouillé et rocailleux, comme dans le Lot ou l'Aveyron » [69]. Wiesel adopte ce personnage, en le liant au « milieu juif hassidisme de Pologne » [70]. Profitant d'un séjour parisien de Wiesel, les deux hommes se retrouvent pour travailler quelques jours. Il en résulte un traitement sur trois pages racontant l'histoire d'un « homme de trente-cinq ans environ [71] », médecin en situation d'échec professionnel et sentimental, qui décide de partir pour une petite ville étrangère où il croise un fou mystique que les infirmiers sortent à moitié nu, en sang, d'une église. Obsédé par cette vision, l'homme s'identifie peu à peu au Christ. Il entre bientôt en clinique, puis sa femme et son fils le quittent. En sortant, il reprendra son métier, austère et solitaire.

Le projet en reste là, peut-être parce que Elie Wiesel, vivant à New York, semble accaparé. Marin Karmitz, seul, tente de le faire aboutir sous le titre *Troisième leçon des ténèbres*[72], mais rien n'y fait : ces quelques pages, et les notes afférentes, dorment dans les archives depuis le début de l'année 1967.

On y trouve un dernier projet, lié à ces années MK Productions, dans une chemise orangée, portant le nom « Milena »[73]. Ces cinq pages manuscrites, mystérieuses et raturées, dressent le portrait d'une femme « qui s'en va », quittant tout, soudain, dont l'homme qu'elle aime encore. La première partie suit cette femme qui somnole dans un train, état de semi-conscience parcouru de mélancolie, de tristesse, de visions, de souvenirs. La femme sort de la gare, traverse la ville de Lyon au hasard, moment d'errance qui aboutit à un hôtel « autrefois fastueux », dont il reste un escalier de marbre blanc, mais désormais en partie délabré, aux ascenseurs de fer lents et irréguliers. Elle y prend une chambre, la rejoint par un couloir sombre et profond. « On entend des voix qui chuchotent, de la musique douce, des bruits d'eaux. Milena s'arrête une fois pour écouter, puis s'enfonce dans le noir. »[74]

Vivre debout

Cette profonde détresse face au monde et à ses évolutions mercantiles, cette fuite des êtres devant leurs responsabilités sociales, familiales et sentimentales, si frappantes à la lecture de la plupart des projets et scénarios commencés par Marin Karmitz au milieu des années 1960, se retrouvent dans un premier long métrage qui aboutit enfin. Cependant, l'œuvre se voit comme rehaussée par une énergie nouvelle qui lui insuffle un puissant désir et une soif d'expérience. Comme si le

Jean-Paul Giquel dans une scène de *Camarades* de Marin Karmitz, Saint-Nazaire, 1969.

Photographie de repérages de Marin Karmitz dans le port du Havre, pour un projet de film non abouti, *Un hiver au Havre* (1962).

jeune homme désenchanté avait été relancé par une rencontre amoureuse. C'est en novembre 1966 que Marin Karmitz croise en effet Catherine Martin. « J'ai rencontré Catherine après le tournage de *Comédie*, se souvient-il. Elle est arrivée dans notre bande, en rupture, introduite par Jean-Claude Sée, le frère de ma copine précédente. Ce fut un grand souffle d'air. »[75] Catherine Martin vient de rompre avec un journaliste alors connu, Jean Marvier, elle a une fille de cinq ans. C'est une longue tige élégante et souple, au port magnifique, une brune au visage fin et vif, aux yeux intenses et charbonneux. Elle est danseuse, douée, dans la troupe de Roland Petit, alors l'un des principaux ballets contemporains dans un moment où la danse a le vent en poupe. Catherine Martin est la doublure de la principale vedette de la troupe, Zizi Jeanmaire.

En la rencontrant, Marin Karmitz prend tout, avec enthousiasme : l'enfant, dont il devient quelque temps une sorte de père, mais aussi la danse, milieu qui l'intéresse et dans lequel il vit – il fréquente également Patrick Belda, le danseur étoile de Béjart, et la troupe du Ballet du XXe siècle –, ou sa grande copine, danseuse dans la même troupe, alors en couple avec Pierre Richard, acteur encore inconnu – « Les filles travaillaient, nous, les hommes, on glandait[76]... ». Le couple adopte un mode de vie festif assez débridé, passant tous les soirs des bars de la rue Saint-Benoît à ceux de la rue du Bac, en finissant régulièrement chez Castel. Début 1967, ils s'installent dans un HLM de la rue Mademoiselle, derrière la gare Montparnasse, dans le XVe arrondissement. La vie devient plus difficile, moins insousciente, l'argent manque. « J'ai le souvenir d'un appartement sombre, au premier étage, et très froid, avec des petits vieux qui montaient des sacs de charbon de la cave pour se chauffer. »[77] Heureusement, un projet les unit bientôt : mêler leurs deux histoires, leurs deux façons de voir la vie.

Marin Karmitz y apporte son dégoût et sa révolte face à la société de consommation, ce désir d'aller voir ailleurs. « C'était un désespoir profond, avoue-t-il, un sentiment d'impasse, la conviction que cette vie ne menait nulle part. C'était un peu irrationnel chez moi, mais j'éprouvais un malaise constant et difficile à vivre. Quelque chose devenait insupportable dans cette société et la manière dont elle nous dictait nos comportements, nos attitudes, nos manières de consommer et de regarder les autres. Tout le reste semblait avoir échoué, les grandes utopies, les élans solidaires, les luttes populaires[78]... » Catherine Martin, quant à elle, lui fait découvrir le milieu de la danse, l'existence de troupe faite de liens de travail, de musique, de technique, d'amitié. Elle raconte aussi sa vie de femme, notamment l'accouchement douloureux et heureux de sa fille, et l'envie de construire sa propre indépendance.

Le couple se lance dans l'écriture de cette histoire croisée : « On s'est inspiré de ce qu'on vivait, des personnes qu'on croisait. Ce fut un moment d'écriture assez intense. Ça nous portait. » [79] Ultime événement déclencheur : une fête de Pessah vécue chez Henri Atlan à Pâques 1967. « Cette fête était l'exemple même de ce que nous voulions faire avec ce film : un moment ouvert où, toute la nuit, en buvant, chacun a posé des questions et on y répondait collectivement. La qualité de la parole improvisée était impressionnante. » [80] Le scénario, 63 pages, est achevé un mois plus tard, à la fin du printemps 1967, et porte pour titre *Vivre debout* [81].

Jean est un jeune pianiste-compositeur, marié à Anne et père d'une fillette. Ils vivent dans un petit appartement HLM parisien une existence modeste mais plutôt confortable, une forme de bonheur apparent. En fait, et sans pouvoir se l'expliquer, Jacques étouffe dans son milieu social et familial, déprimé par le sentiment de la routine et de sa propre inutilité. Il travaille certes dans une troupe de danse, jouant au piano tandis que les ballets s'improvisent et se répètent, sous la direction d'une chorégraphe charismatique et sévère. Mais cette tâche répétitive et annexe accentue sa détresse. Bientôt, la troupe part pour une tournée d'une semaine en province, dans le Sud. Ces « sept jours ailleurs » sont pour lui l'occasion d'un retour sur lui-même, de réfléchir à sa propre existence, de faire le bilan de sa vie, tout en participant aux habitudes collectives de la compagnie. Il se rapproche alors d'une des danseuses, Catherine, avec laquelle naît une histoire d'amour qui sera de toute façon trop courte et impossible. Le jeune homme rentre chez lui au bout de la semaine, dans les grands immeubles près de la gare Montparnasse, et retrouve sa vie quotidienne, qu'il ne supporte plus. Il prend un fusil et, dans son désespoir, tire sur tous les objets qui l'entourent, télévision, frigo, photos, bureau, affiches, tous ces symboles de la société de consommation.

Une renaissance

Marin Karmitz décide de tout investir sur ce projet. Il sent qu'il est temps de passer, la trentaine survenant, au premier long métrage. C'est un risque : il arrête la production des courts métrages, met fin à la petite société MK Productions qui, par ses quelques succès, lui rapportait l'argent nécessaire à une existence plus privilégiée. « J'ai changé de vie, ce qui s'est matérialisé par le fait de changer de quartier, quittant la rue des Saint-Pères, à Saint-Germain-des-Prés, pour les alentours plus tristes des grands immeubles derrière la gare Montparnasse. »[82] Il conserve néanmoins son bureau de la rue Tronchet, petit laboratoire actif dans la préparation du film, et se lance dans la production d'un long métrage. Il fonde alors une nouvelle société, qu'il baptise symboliquement « mk2 », comme une deuxième étape dans son existence artistique, seconde naissance au cinéma : le passage du jeune producteur-réalisateur de courts métrages au cinéaste proprement dit, auteur de son premier long métrage. Mk2 désigne aussi une voiture, la Jaguar Mark 2, ou « MK2 », typique des années 1960, la berline la plus rapide de son temps, très prisée en compétition puisqu'elle remporte le Tour de France automobile à quatre reprises, belle anglaise dont rêve Marin Karmitz – et qu'il ne pourra s'offrir que près de vingt ans plus tard.

Le budget de *Vivre debout* se monte à un 1,3 million de nouveaux francs[83]. Le scénario est déposé à la commission d'avance sur recettes, au Centre national du cinéma, soutenu par deux membres influents, l'écrivaine Dominique Aury, qui la préside, et Jean Paulhan, son compagnon, auteur et éditeur chez Gallimard, tous deux proches du ministre de la Culture, André Malraux. Leur soutien est sûrement décisif : l'avance sur recette est octroyée au film, à hauteur de 400 000 francs, puis divisée de moitié quand Marin Karmitz, producteur avisé, réduit le budget de *Vivre debout* à moins d'un million de francs. C'est une réglementation automatique. « Dominique Aury m'a dit : “On va aller voir Malraux.” Dans son bureau, rue de Valois, je lui explique que cette décision de réduire ma subvention allait m'empêcher de réaliser le film. Que fallait-il faire ? Truquer le devis pour l'augmenter artificiellement ? Voler l'État ? Malraux m'a répondu : “Truquez, jeune homme, truquez.” Voilà quelle a été mon entrée dans le monde de la production[84] ! »

Le budget complémentaire est apporté par les Productions de la Guéville, dirigés par Yves Robert et Danièle Delorme, qui investissent alors dans des œuvres d'auteurs, *La Vie de château* de Jean-Paul Rappeneau, *La Chinoise* de Jean-Luc Godard, *Le Grand Amour* de Pierre Etaix, *Pierre et Paul* de René Allio, *Ma nuit chez Maud* d'Éric Rohmer, s'appuyant sur quelques grands succès du mitan des années 1960, notamment *La Guerre des boutons* et *Bébert et l'omnibus*. La société de Claude Lelouch, Les Films 13, permet de boucler le financement en garantissant la distribution en salle du film.

Marin Karmitz constitue alors le « casting » de son film. Il engage une partie du ballet de Roland Petit pour jouer son propre rôle. Catherine Martin incarne bien sûr également son propre personnage, d'ailleurs dénommé du même prénom qu'elle, cette danseuse gracile et séduisante mais un peu perdue dans sa propre vie. Par elle, le cinéaste rencontre Michèle Moretti, jeune actrice commençant un travail avec Jacques Rivette, qui prépare son film fleuve, *L'Amour fou*. Il lui confie le rôle d'Anne, l'épouse du jeune anti-héros du film.

C'est également dans cette mouvance, entre les bars et cabarets de la rue Saint-Benoit, la nuit festive, et quelques premiers petits rôles au cinéma, que Marin Karmitz et Catherine Martin repèrent Jacques Higelin. « Nous avons vu une quarantaine de jeunes acteurs, précise le cinéaste. Higelin s'est détaché, car il avait un charme et un talent musical qui tranchaient. Il était, de loin, le meilleur musicien et le plus susceptible d'improviser sur un canevas qu'on lui donnait. »[85] Le jeune homme, après un long service militaire en Allemagne puis en Algérie, débute au cinéma dans quelques films sans importance, mais croise Yves Robert pour *Bébert et l'omnibus* (1963). Il se met également à chanter, tout en s'accompagnant au piano et à la guitare. C'est une rencontre importante pour Karmitz, qui cherche un musicien de niveau professionnel pour le rôle de Jean. *Via* deux mentors, Pierre Barouh et Jacques Canetti, Higelin débute en 1964 une carrière de « chanteur à textes », enregistrant un premier album de sept chansons de Boris Vian dont une inédite, *Je Rêve*. Il enchaîne avec le Bilboquet, rue Saint-Benoît, aux côtés d'une autre débutante, Brigitte Fontaine.

Le cinéaste entraîne sa petite équipe tourner le film à Montpellier, en douze jours, essentiellement dans une salle de répétition de l'Opéra Comédie de la ville, puis dans un café miteux et un hôtel banal du quartier Boutonnet. L'équipe technique, réduite, est menée par Karmitz lui-même, assisté d'Alain Derobe, un ancien collègue de l'IDHEC. Les moyens sont économisés au strict minimum, notamment les lumières. Tout se fait à toute vitesse, ce qui n'empêche pas un travail précis d'Antoine Bonfanti au son. L'équipe, après un crochet par Bordeaux pour quelques scènes près de la gare, se retrouve ensuite dans un des immeubles de Montparnasse, avenue du Maine, pour trois jours complémentaires, avant de finir au studio de danse du ballet

Roland Petit pour enregistrer les scènes de répétition plus chorégraphiées.

L'intérêt formel du film, qui prend pour titre définitif *Sept jours ailleurs* lors du montage, tient dans quelques scènes spécifiques rendues plus réalistes par les conditions ultrarapides du tournage. La précarité oblige à l'invention, l'adage se vérifie dans l'ouverture, multiples corps tout en mouvement des danseuses, salle Pleyel, qui s'entraînent sur le « tube » de Pierre Henry écrit en 1967 pour Maurice Béjart : *Messe pour le temps présent.* On aime aussi les scènes de café à Montpellier, quand les visages se rapprochent et les mains se cherchent, se repoussent puis s'étreignent. À la télévision, au dessus des clients, un poste diffuse un moment de *À bientôt j'espère*, l'enquête menée pour l'ORTF par Chris Marker et Mario Marret lors de la grève à l'usine Rhodiacéta de Besançon, en mars 1967. Grâce aux témoignages des ouvriers sur leurs conditions de travail et leurs motivations, sur leur vie en général, tous prennent conscience, y compris les amants du film, dont la cérémonie amoureuse est filmée en contre-point, voire rythmée en correspondance, que les revendications ne tournent plus seulement autour des salaires ou de l'emploi, mais concernent le mode de vie imposé par la société à la classe ouvrière.

Enfin, le long récit de son accouchement par Catherine Martin, qui occupe le centre du film, est un vrai « moment » de cinéma : « Elle parle aux autres de cet événement intime tout en se maquillant avant d'entrer en scène, précise le metteur en scène. Plus son visage se transforme en masque à cause du maquillage, plus elle se dénude en mimant de tout son corps son accouchement. Pour moi, c'est un instant de grâce. »[86] On touche là le vrai projet de Marin Karmitz : tenter et réussir un film d'improvisation.

Au cœur de l'improvisation

Sept jours ailleurs regarde vers l'une des expérimentations phares du moment, aussi bien sur la scène que sur un plateau de cinéma, voire en mêlant les deux comme le conçoit Jacques Rivette, qui insère les répétitions d'*Antigone* au centre du jeu de l'amour, passionnel, fusionnel, violent, cathartique, que le couple formé par Bulle Ogier et Jean-Pierre Kalfon lance dans *L'Amour fou*[87], dont le tournage, lors de l'été 1967, précède de peu celui du film de Karmitz. Il s'agit de partager la

Plaquette publicitaire ou affiche pour la sortie de *Sept jours ailleurs* de Marin Karmitz, 1967. Publicité par René Ferracci.

Jacques Higelin dans une scène de *Sept jours ailleurs* de Marin Karmitz, 1967.

Catherine Martin dans une scène de *Sept jours ailleurs* de Marin Karmitz, 1967.

fabrication du film avec ses acteurs et son équipe par un processus de mise en discussion et d'improvisation permanent, qui occupe surtout le moment du tournage, en état de fièvre et de disponibilité constante. Rivette propose aux acteurs de co-créer l'histoire, les scènes, les dialogues, au fur et à mesure que se déroule le tournage.

En reprenant à son compte ces préceptes d'improvisation [88] pour la préparation puis le tournage de *Sept jours ailleurs*, Karmitz se rapproche, tout comme Rivette d'ailleurs, de deux des « collectifs » les plus inventifs du moment. Le Living Theatre [89], d'abord, actif aux États-Unis depuis les années 1950, dont l'influence va grandissante à mesure de ses tournées en Europe avec son spectacle majeur, *The Brig*, puis sa nouvelle création, *Paradise Now*. En 1967, en France, l'« effet Living » est particulièrement sensible. C'est une nouvelle esthétique de la scène qui transforme la conception du jeu de l'acteur, de l'espace scénique et de la place du spectateur, fondée sur des techniques précises : le happening, l'improvisation, le yoga, les exercices corporels. Tout jeu, grâce à la mise en scène ou au tournage, passe de la représentation à la participation, du texte écrit à l'improvisation collective de plateau.

À Paris, la « troupe-relais » du Living est indéniablement celle de l'American Center, boulevard Raspail, où travaillent, sous la direction charismatique de Marc'O [90], de tout jeunes gens, Bulle Ogier, Jean-Pierre Kalfon, Michèle Moretti, Pierre Clémenti, Valérie Lagrange, Philippe Bruneau, qui, entre gestuelle corporelle, danse, chanson, jeu théâtral, proposent un autre style de présence sur scène, radicalement innovant. Pour Marc'O, il s'agit de transformer le comédien en acteur/créateur à travers une pratique qui fait appel à des techniques pluridisciplinaires d'improvisation constante. Son spectacle phare, *Les Idoles*, créé en 1966, filmé en 1967, en témoigne comme manifeste de créativité collective théâtrale, musicale, cinématographique. Avec cette priorité constante, affirmée par Marc'O : utiliser les schémas de la culture populaire, la comédie musicale ou la bande dessinée, pour mieux détourner les genres et, dans une satire au vitriol du monde du *show-biz*, dénoncer les dérives de la société de consommation.

Le plateau rivettien, les techniques du Living et le manifeste de Marc'O donnent au premier film de Marin Karmitz tout son sens, écho immédiat de cette formidable caisse de résonance artistique qui confère à ces quelques mois de 1967 une puissance expérimentale sans égale. « Comment, à partir d'un cadre, peut-on créer une situation où les acteurs aient la possibilité d'apporter leur propre capacité de création ? se demande ainsi le jeune cinéaste. L'improvisation demande un énorme travail préalable au metteur en scène et aux acteurs. Ça ne réussit pas à tous les coups mais, quand c'est le cas, c'est enthousiasmant. » [91]

Quelques semaines plus tard, l'enthousiasme est retombé. Les finitions du film sont compliquées. L'argent manque, ce qui interrompt le montage après quelques semaines au début de l'année 1968, effectué en compagnie de deux jeunes techniciens, Thierry Derocles, qui vient de travailler avec Claude Lelouch sur le film des Jeux olympiques de Grenoble, et Michel Demoule. Quand il le reprend une première fois, Karmitz doit couper et changer la fin de *Sept jours ailleurs*, où le jeune homme, rentré chez lui, tire au fusil sur les objets de son appartement. Yves Robert et Claude Lelouch, ses co-producteurs et distributeurs, trouvent la scène « trop violente, trop désespérée » [92]. De plus, René Allio, au même moment, achève son nouveau film, *Pierre et Paul*, sur une scène identique : Pierre Mondy charge son fusil pour tirer sur des chahuteurs dans la rue, puis détruit tous les objets à proximité, avant d'être arrêté et interné. Karmitz conserve une idée proche, mais la rend plus absurde et nihiliste encore : Jacques Higelin tire sur le soleil qui l'aveugle.

Le cinéaste vit très mal ce moment, comme si son film lui échappait, lui résistait. Il le prend en grippe et se remet à boire de plus belle, pour oublier ses déboires. Il sort de cette aventure criblé de dettes.

Sept jours ailleurs tourne au paradoxe, devenant un premier film mal-aimé par son auteur, une œuvre par bien des aspects prémonitoires du désespoir de la jeunesse face à « un monde trop vieux », de sa révolte contre la société consumériste, une œuvre pourtant sacrifiée au moment même où cette nouvelle génération descend dans la rue, manifeste, se rebelle, agit enfin et rêve à la révolution. En effet, le montage de *Sept jours ailleurs* est interrompu une nouvelle fois par… Mai 68, dont la plupart des collaborateurs sont des protagonistes : Karmitz, Martin, Higelin, Bonfanti, Derocles, Demoule font la révolution et préfèrent oublier leur propre film.

Il n'est définitivement terminé qu'en septembre 1968, puis sélectionné en compétition à la Mostra de Venise dans un contexte post-Mai compliqué. Les réalisateurs italiens, Pasolini et Bertolucci en première ligne, demandent à leurs confrères de retirer leurs films et de boycotter le Festival, comme à Cannes trois mois auparavant. Marin Karmitz se montre bon camarade, demandant à Luigi Chiarini, directeur de la manifestation qui lui promettait un prix, de retirer son film de la sélection « par solidarité avec les ouvriers, les paysans, les étudiants », afin de ne pas « alimenter la confusion politique autour du Festival » et de rester « solidaire de mes camarades cinéastes et techniciens »[93]. Position politique, et de contexte politique, qu'il regrettera : « Paradoxe : j'ai contribué moi-même à briser ma carrière. J'avais des dettes, c'était un premier film. Un prix à Venise m'aurait bien arrangé. »[94] *Sept jours ailleurs* est montré peu après au Festival du cinéma expérimental d'Hyères, mais l'accueil est terrible, le cinéaste se trouvant agressé par un public monté par des militants trotskystes contre un « ersatz de révolte petite bourgeoise »[95]. Ambiance d'époque. *Sept jours ailleurs* n'en remporte pas moins le deuxième prix, juste derrière *Paul*, de Diourka Medveczky, grand prix cette année-là. « Lors du palmarès, se souvient Marin Karmitz, nous étions, avec Diourka, complètement bourrés, et nous avons fini par montrer nos culs aux journalistes[96] ! »

In fine, l'aventure de ce premier film né dans l'ambiance pré-68 et abîmé par le déroulement et les effets de la révolte se termine fin

Flyer de boycott de la Mostra de Venise, septembre 1968.
Marin Karmitz se montre solidaire des cinéastes italiens
face au « fascisme » et retire son film, *Sept jours ailleurs*,
de la compétition.

août 1969, plus de deux années après la naissance du projet. Ironie temporelle, *Sept jours ailleurs* sort une semaine, et pas davantage, dans le circuit des cinq Publicis de Jo Siritzky, de grandes salles quasi vides, accueillant à peine quatre mille spectateurs. Marin Karmitz peut se consoler en lisant la presse, dont certaines plumes défendent le film : « Une œuvre rigoureuse, neuve et courageuse à laquelle les distributeurs n'ont pas laissé la moindre chance [97] », lance Claude Mauriac dans *Le Figaro littéraire* ; « Un comédien inconnu, une comédienne inconnue, un metteur en scène inconnu, mais un film – *Sept jours ailleurs* – que tout le monde devrait connaître, que tout le monde va aimer, que tout le monde va adorer [98] », promet, enthousiaste, *Paris-Jour* le 30 août 1969. Jean-Louis Bory, l'ancien professeur de théâtre de la classe IDHEC du lycée Voltaire, sauve son élève dans *Le Nouvel Observateur* : « La liberté de ton et la souplesse de la réalisation sont étonnantes chez

Karmitz, allant de l'extrême mobilité de la caméra-au-poing (on ne quitte pas le personnage filmé) à l'immobilité attentive du long plan fixe quand le spectacle réclame de la caméra que, par cette suspension, elle se fasse oublier. Surtout, sa sincérité est totale : Karmitz dit ce qu'il a sur le cœur et ce qu'il a à cœur de dire. »[99]

V

Camarade Karmitz

Mai 68 survient dans la vie de Marin Karmitz comme un étonnement imprévu. Il est assez éloigné de cette agitation : « En 1968, je n'étais ni jeune, ni étudiant [1] », écrira-t-il. Pourtant, ce moment le happe, il en devient rapidement un des acteurs, se jetant dans ce qu'il croit être une révolution. À trente ans, c'est l'une des grandes ruptures de son existence. Il participe ainsi d'un destin collectif. Mai 68 a transformé le cours de la vie de quelques milliers de personnes [2] : intellectuels, artistes, étudiants, syndicalistes s'engageant dans l'action politique ou l'animation culturelle, choisissant le militantisme, l'établissement en usine ou à la campagne, parfois l'exil hors de France. Pour une génération, à l'extrême gauche, Mai 68 n'est pas seulement un événement, c'est un engagement existentiel. « Pour moi, 68 a signifié la sortie d'un long silence, affirme Karmitz. De 1957 à 1968, j'ai vécu à peu près dix ans de silence, au cours desquels je me suis surtout préoccupé de faire des films. En Mai 68, j'ai pris la parole, au cours d'un mouvement général de révolte et de lutte, et ce fut le début d'une autre partie de ma vie. J'ai essayé de traduire la révolution intime que ces événements avaient constituée en moi. » [3]

L'homme a déjà une culture politique, depuis ses années de lycée, formée par son engagement précoce contre la guerre d'Algérie ; il se dit marxiste, il rejette la société de consommation, comme le montre son premier film, *Sept jours ailleurs*. Avec Mai 68, la déflagration n'est pas seulement politique : ce sont sa manière de vivre, son monde, sa conception de la culture qui s'en trouvent métamorphosés. Il *renaît* : « Ça a été, dira-t-il dans une enquête sur 68 menée trente ans plus tard par les *Cahiers du cinéma*, un moyen pour moi, comme pour certains intellectuels et artistes issus de la bourgeoisie, de sortir de mes murs, de mon appartement, de mon assurance, de mon savoir, de m'ouvrir aux autres, de tenter de briser leur exclusion, de leur reconnaître le droit à la parole, aux immigrés, aux femmes, aux jeunes, aux exclus de tout poil. »[4] À la trentaine, Marin Karmitz vit la période pivot de son existence : fin de ses apprentissages personnels et début d'un engagement collectif. « Les années 68, c'est la fin d'une époque, affirme-t-il. J'ai rompu avec la femme avec qui je vivais, j'ai rompu avec l'alcool, j'ai rompu avec cette sorte d'angoisse métaphysique où le moi est au centre du monde, j'ai aussi rompu avec la "société bourgeoise". Non que j'aie perdu mon identité de bourgeois, mais je me suis occupé d'autre chose que de moi-même. J'ai tenté de faire éclater les jarres dans lesquelles les personnages de Beckett se trouvaient enfermés. »[5]

Vers la grève du cinéma

Le premier souvenir de Mai 68, pour Marin Karmitz, c'est la radio. « Un choc : la frénésie mobilisatrice d'Europe 1 commentant l'insurrection de la rue Gay-Lussac au Quartier latin. C'était la révolution en direct. »[6] Autrement dit : il n'est pas *in situ* et ne participe pas lui-même aux manifestations. Et pour cause : Marin Karmitz est en Normandie, seul et reclus, au repos sur les indications expresses de son médecin – son oncle, frère de sa mère, le Dr Munteanu, à Bezons –, qui lui a prescrit des médicaments pour une cure de désintoxication.

Pendant ce temps-là, à Paris, depuis le 6 mai, lors de la première journée insurrectionnelle dans le Quartier latin, qui laisse huit cents blessés et entraîne quatre cents arrestations, environ trente mille étudiants occupent le terrain : combats de rue, chaussées crevassées, arbres abattus, boulevard Saint-Germain, boulevard Saint-Michel, rue Gay-Lussac partiellement dépavés, voitures renversées, certaines en flammes, charges policières, grenades lacrymogènes et canons à eau. Dans la soirée du 10 mai, des affrontements sérieux opposent étudiants et CRS lors de la « nuit des barricades »[7]. Les premières sont érigées rue Gay-Lussac ; la répression policière et les charges des CRS sont brutales, s'abattant sans distinction sur les étudiants et les passants, entraînant un élan de sympathie et de solidarité avec les manifestants, dont témoignent certains reportages radiophoniques. C'est alors, en fin de matinée le 11 mai, que Marin Karmitz saute dans sa nouvelle voiture, achetée d'occasion à la sœur de Claude Lelouch, un coupé sport Lancia bleu, et rallie Paris au plus vite.

Dans l'après-midi, son premier réflexe, politique et corporatiste, le conduit au siège de la CGT du cinéma, le Syndicat national des techniciens et travailleurs de la production cinématographique et de télévision (SNTPCT), qui a pignon sur les Champs-Elysées, et auquel il appartient. C'est une grosse et puissante machine syndicale proche du parti communiste, assez rétrograde dans ses méthodes, avec laquelle Marin Karmitz, doublement formé par l'IDHEC et ses tournages Nouvelle Vague, a d'ailleurs eu maille à partir. Au printemps 1968, la CGT du cinéma est en crise [8] : après le mandat de direction de Henri Alekan, le prestigieux magicien de la lumière, Roger Vadim vient de lui succéder. C'est un contre-sens – le plus individualiste des cinéastes dandys à la tête d'un syndicat – qui éclate rapidement au grand jour. De fait, c'est le numéro 2 du syndicat, Pierre Goupil, chef opérateur à la soixantaine bien rodée, une centaine de films au compteur, grande gueule charismatique surnommée par tous « le Père Goupil », qui dirige l'organisation.

Quand Marin Karmitz arrive à la CGT spectacles, le 11 mai, la plupart des réalisateurs sont à Cannes, le Festival venant de commencer avec la projection d'une copie restaurée d'*Autant en emporte le vent.* L'action a donc lieu sur deux fronts. Sur la Croisette, les cinéastes se mobilisent, autour de Truffaut, Godard, Malle, et demandent l'arrêt du Festival en solidarité avec les étudiants réprimés [9]. À Paris, la CGT doit faire face à une demande de plus en plus affirmée de grève générale : dans le cinéma, une grève des techniciens, qui entraînerait l'arrêt des tournages et des projections, et une contestation véhémente du CNC. Pierre Goupil, contrairement à sa direction générale CGT, représentée par Henri Krasucki et Georges Séguy, qui cherche encore à négocier avec le gouvernement, pousse à une action de plus en plus radicale.

Karmitz soutient Goupil, avec lequel il fait alliance, et prend lui aussi une position offensive : mettre la profession en grève et, plus encore, proposer une large réforme du cinéma français. Trois premières décisions sont prises dans la foulée : participer à la manifestation de soutien aux étudiants, le 13 mai, sous une banderole spécifique au cinéma ; l'appel à la grève générale des techniciens du film et la mise en place d'une assemblée générale de la profession sur l'avenir du cinéma. Le premier objectif est atteint : près d'un million de manifestants défilent de la République à Denfert-Rochereau, le 13 mai, dont une forte délégation SNTPCT d'un millier de personnes. Le deuxième prend peu à peu. Le 15 mai, en effet, les élèves de l'École nationale de photographie et de cinéma, rue de Vaugirard, se mettent en grève et occupent leurs locaux ; le lendemain, c'est au tour de l'IDHEC, porte des Ternes ; très vite, les tournages sont interrompus. Quant au troisième, il est « en repérage » : Marin Karmitz, en voisin, visite avec Pierre Goupil les locaux de l'École Vaugirard en grève et occupée, et les deux hommes proposent à tous leurs collègues d'investir les lieux. Le 16 mai, les élèves acceptent que Vaugirard se transforme en « quartier général d'une information permanente sur la réforme du cinéma ». Le lendemain, à 12 heures, le bureau du SNTPCT se tient là, rejoint par les élèves de l'IDHEC, des membres du Syndicat français des acteurs, et décide de la convocation, pour le soir même, à 21 heures, d'une « assemblée générale du cinéma ». Le Comité d'Action Révolutionnaire Cinéma-Télévision, mené par les critiques des *Cahiers du cinéma*, la renomme « États généraux du cinéma [10] », soit un « mouvement de contestation du pouvoir gaulliste et par là même des structures actuelles du cinéma français ». Marin Karmitz en est d'emblée l'un des fers de lance : « Je rentre dans 68 par la CGT et les États généraux [11] », reconnaît-il.

La prise de la rue

Très vite, Marin Karmitz sort également dans la rue. Cette prise de la ville est essentielle, autant que celle de la parole, pour définir l'esprit de Mai, ce dont témoigne le cinéaste : « On allait aux manifestations, on lançait des pavés avec les étudiants, on passait les nuits dehors. Nous étions souvent en tête de manifestation, les photos en témoignent. On marchait des kilomètres dans Paris, on se retrouvait au milieu des bagarres, l'ambiance était électrique, mais tellement excitante que j'en garde un souvenir merveilleux. » [12] Cet « électrochoc [13] », ce « retour d'adolescence [14] » se traduisent en traversées de Paris pour Marin Karmitz et Catherine Martin, réunis par l'engagement et l'amour, par l'amour au sein de la révolution, fusion des sentiments que le couple décrit comme « exaltante » [15]. Entre l'immeuble HLM de la rue Mademoiselle, où le couple habite, et le Quartier latin, épicentre de Mai 68, la rue de Vaugirard s'étend sur plus de quatre kilomètres et quatre cents numéros, partant de la Sorbonne et finissant non loin de l'École Louis-Lumière en grève où débutent les États généraux du cinéma. C'est l'un des itinéraires qui construit la mobilisation de Mai 68 : dans un Paris sans transports ni essence, les engagements tracent des lignes de marche dans l'espace parisien. Il y a celles des grandes manifestations, République-Nation, Nation-Denfert-Rochereau ; celles de la contestation, le long du boulevard Saint-Michel ou de la rue Gay-Lussac ; et celle de la « longue rue de Vaugirard », des États généraux du cinéma à l'Odéon puis à la Sorbonne, sur laquelle se greffe le couple de la rue Mademoiselle. « Les gens étaient dans la rue, heureux d'y être. Nous étions dans la rue, heureux d'être au milieu d'autres gens heureux. C'était une sorte de fête improvisée. On a retrouvé le plaisir de vivre. Ça n'a pas duré très longtemps, mais j'ai essayé de faire que ça dure plus longtemps. » [16]

Pour vivre pleinement Mai 68 dans la rue, Marin Karmitz fait groupe : à son couple s'adjoignent rapidement plusieurs éléments qui, trois semaines durant, vont traverser ensemble le cours tumultueux de la révolution. Il y a d'abord Thierry Derocles et Michel Demoule, les deux jeunes techniciens monteurs de *Sept jours ailleurs*, qui ne quittent quasiment pas le cinéaste. Puis, le 15 mai, à Vaugirard, Marin Karmitz tombe sur Claude Chabrol. Ils se sont déjà croisés en 1962, dans deux bureaux de producteurs qui les emploient alors : chez Joseph Bercholz, pour *Les Sept Péchés capitaux*, puis chez Georges de Beauregard, rue Kepler, producteur conjoint de *Cléo de 5 à 7* et *Landru*. Le hasard de ces retrouvailles tourne au coup de foudre. Chabrol, Karmitz et compagnie partent illico manifester, accompagnant le millier de personnes qui marchent des États généraux vers la gare de Lyon. Là, ils retrouvent un autre groupe : le cortège double de volume en remontant vers la Bastille, puis triple parvenu à République. Ils sont finalement dispersés par les CRS boulevard Haussmann, aux abords de l'Élysée. Dans une atmosphère survoltée, des groupes regagnent le Quartier latin. « C'est au retour sur la rive gauche qu'on s'est dirigé vers l'Odéon [17] », rappelle Karmitz, tout étonné de se retrouver, toujours en compagnie de Chabrol, avec les insurgés qui envahissent alors le théâtre en soirée, accueilli mi-figue mi-raisin par le directeur des lieux, Jean-Louis Barrault, qui confie les clés à ce groupe d'agités et de palabreurs pour un mois d'occupation utopique et controversée.

Les deux hommes décident de pousser l'aventure en commun. « On a passé Mai 68 ensemble en faisant les quatre cents coups », se souvient Karmitz. La bande occupe le terrain : « On marchait des kilomètres dans Paris, on se retrouvait au milieu des bagarres. Dès qu'on approchait des CRS, les rangs se clairsemaient, et il ne restait bien souvent que Chabrol et moi pour aller à l'affrontement. J'ai découvert à cette occasion un personnage à la fois drôle et courageux. » [18] « Cha-cha » s'est adjoint deux ou trois jeunes gens, qui l'accompagnent et le protègent, issus des assistants de son équipe technique, Patrick Delauneu, dit « Nanard », le plus assidu, son régisseur de tournage, et Gérard Dacquay, Claude Bakka ou Paul Bonis. « On s'est bien marrés, se souvient Chabrol, main dans la main avec Karmitz lors de la manif de la gare de Lyon, le 24 mai. On avançait, face aux flics, en tête du cortège. Tout à coup, on s'est retournés : les autres attendaient vingt mètres derrière. Les flics rigolaient. Ils ont chargé, on a détalé comme des lapins. » [19] Désormais, entre eux, à partir de cette expérience-limite, c'est (presque) à la vie à la mort.

Autre retrouvaille : avec Jean-Luc Godard. Marin Karmitz, le 23 mai, l'accueille dans son atelier pour le tournage d'un « ciné-tract [20] », court film de trois minutes, réalisé sur le modèle de l'agit-prop, dont une quarantaine ont été tournés dans le courant de mai. Godard enregistre sans doute le plus célèbre, sur une idée du peintre Gérard Fromanger : *Rouge !*, un seul plan de trois minutes muet en 16 mm couleur. Il montre le rouge du drapeau français se répandre sur les autres couleurs du tricolore, jusqu'à envahir complètement l'écran. C'est rue Jacob, dans un atelier acheté par Marin Karmitz, qu'est filmé ce « tableau qui coule » [21]. Techniquement, c'est un banc-titre réalisé à la loggia, la caméra 16 mm étant placée trois mètres au dessus du plan incliné. Karmitz, un an plus tard, proposera à Fromanger de réaliser sur le même principe l'affiche et la bande-annonce de son film, *Camarade*. « J'ai été fasciné par ce travail graphique et pictural, reconnaît-il. Cela marquait vraiment 68, quand l'engagement faisait se télescoper les idées des plasticiens, des philosophes, des écrivains, des cinéastes, des poètes. » [22]

Dernier souvenir remonté de la rue, cette sortie de l'Odéon à l'aube du 16 juin, quand Marin Karmitz et Catherine Martin, soudés l'un contre l'autre, quittent le théâtre évacué en traversant la place devant un bataillon de CRS. « C'était la fin de l'Odéon et de 68. Il restait surtout des types d'extrême gauche très étranges qu'on appelait "les

Katangais", mi-voyous, mi-clochards. Vers 5 heures du matin, on nous a prévenus que les policiers encerclaient le théâtre. Épuisé, pris dans une brume de fatigue et d'alcool, j'ai dit à Catherine : "Viens, on s'en va." Nous sommes sortis par une porte dérobée. Et là, dans le petit matin, nous avons vu des rangées de chevaliers du Moyen Âge, harnachés, boucliers et armes au poing. Les CRS prêts à intervenir étaient très impressionnants. Je portais, comme toujours dans les manifestations, le même imperméable, qui me permettait de passer pour un bourgeois rangé et non un "blouson noir", mais aussi de cacher toutes sortes d'objets dans mes poches, même des pavés. Je me souviens d'avoir alors boutonné mon imperméable et d'avoir dit à Catherine de jouer au couple d'amoureux qui rentre chez lui après une nuit festive. Seuls sur la place, nous sommes passés devant les rangées de CRS dans un silence monacal. »[23] C'est la dernière image de Mai 68, la fin lunaire d'un rêve et d'une émotion.

Les « fous furieux » du projet 4

Entre-temps, Marin Karmitz a été l'un des fers de lance des États généraux du cinéma, membre actif de son « Conseil permanent ». C'est là, sans doute, qu'il se fait un nom et une réputation dans la profession. Le 17 mai, à 21 heures, les États s'ouvrent rue de Vaugirard : mille deux cents professionnels et étudiants s'y serrent dans une ambiance fébrile jusqu'au 20 mai, presque sans interruption. Karmitz, qui fait partie du noyau fondateur, participe à ces trois premières journées de discussion intense. « Chacun, dans la profession, a interrompu son travail pour se rendre rue de Vaugirard, explique-t-il. Nous voulions agir, faire quelque chose, participer. Nous avons rapidement constitué des groupes de travail pour proposer les changements nécessaires à apporter au cinéma. »[24]

On attend d'abord des nouvelles de Cannes. Si le Festival s'arrête, tout peut commencer à Paris. Le 21 mai, les « Cannois », à leur retour, sont accueillis en héros par les États généraux et une motion salue cette « prise du Palais des festivals » : « Cannes est arrêté, le cinéma entre en lutte contre le pouvoir gaulliste. Les cinéastes, journalistes, producteurs refusent d'être les moyens d'un abrutissement général au service d'une société capitaliste qu'ils remettent en question. Nos objectifs sont ceux de tous les travailleurs actuellement en lutte. Nous voulons la réorganisation des moyens de production et de distribution, la suppression des censures. »[25]

Les États généraux « abolissent » bientôt le Centre national du cinéma et se constituent en six commissions de travail dans le but de « briser les cloisonnements », de « détruire les structures réactionnaires d'un cinéma devenu marchandise » et de « faire naître les nouvelles structures de notre profession ». Les groupes se constituent par affinités : celui proche de la CGT, mené par Pierre Lhomme, celui des *Cahiers du cinéma*, avec Jacques Doniol-Valcroze et Louis Malle. Chabrol et Karmitz se rapprochent naturellement, puisqu'ils arpentent ensemble au même moment les rues de Paris, rejoints par leur bande : Thierry Derocles, Michel Demoule, « Nanar », Catherine Martin et le cinéaste Henri Glaeser, auteur de *L'Homme aux chats* et *La Main*. Une photographie, prise en commission de travail, les montre, impliqués, en pleine discussion, sérieux, à l'écoute ou prêts à prendre la parole. Chabrol, dressé au bout de la table, charismatique, mène le jeu. Le centre de la table, aussi, est « chabrolien », avec ses restes de repas et ses multiples cadavres de bouteilles pour des « séances assez alcoolisées »[26]. « Chabrol, par sa présence et son humour dévastateur, explique Karmitz, nous donnait une légitimité que les autres groupes n'avaient pas toujours. C'était celui qui parlait le mieux parmi les gens de la Nouvelle Vague. Il était l'aîné, le rhéteur, le maître et en même temps le marrant. »[27] Le cadet, quant à lui, est conscient de ses limites : « J'étais encore incapable de parler en public, par timidité, par manque de maîtrise de la langue française, apprise tardivement, j'avais une élocution difficile ; je bégayais même avec l'émotion et les tensions. »[28] Chabrol s'impose comme le meneur et le porte-parole d'un groupe qui se fait remarquer par ses prises de position radicales et ses engagements forts, celui qui permet en quelque sorte aux États généraux de « déborder dans la rue de Mai », comme l'explique le monteur Thierry Derocles : « À Vaugirard, nous nous sommes fait repérer, car nous protestions. On a été relativement suivis car on a signifié une autre vision avec laquelle la majorité n'était pas opposée mais qu'elle n'osait pas formuler. C'était la fameuse opposition entre réforme et révolution. Parallèlement, on s'évadait vers la rue. On faisait les barricades et les manifestations. Grâce à nous, les États généraux ont vraiment participé aux manifestations. »[29]

Claude Chabrol est l'un des premiers, dans la nuit du 26 au 27 mai, à lancer l'assemblée générale extraordinaire des États généraux, qui

Manifestation du 13 Mai 68, sous une banderole des États généraux du cinéma. On reconnaît, au premier rang en partant de gauche : René Allio, Jacques Rivette, Marin Karmitz, Jacques Doniol-Valcroze, Alain Resnais, Jean-Daniel Pollet, Pierre Kast, Louis Malle, Jean-Gabriel Albicocco ou John Berry. Photographie de Henri Glaeser.

Réunion de la commission du « Projet 4 » lors des États généraux du cinéma, Mai 68 : Claude Chabrol au centre, son assistant Patrick Delauneu, dit « Nanard », Thierry Derocles, Michel Demoule et Marin Karmitz, à droite.

s'est déplacée au Centre culturel de l'Ouest parisien, à Suresnes, chargée d'étudier la refonte complète des structures du cinéma. Environ mille six cents personnes y délibèrent sur dix-neuf projets de réforme élaborés en commission à Vaugirard. Au petit matin, quatre projets sont retenus : celui présenté par Pierre Lhomme au nom du Syndicat des techniciens CGT, avec 335 voix ; celui élaboré par l'équipe des *Cahiers du cinéma*, « La ligne générale » (en référence à Eisenstein), présenté par Louis Malle et Jacques Doniol-Valcroze, auquel se sont joints des personnalités comme René Allio, Jean-Pierre Mocky, Jean-Daniel Pollet, Alain Resnais, Jacques Rivette (429 voix) ; le « projet 19 » conçu notamment par Michel Cournot, avec Marcel Carné, Claude Lelouch, Robert Enrico, Jean-Gabriel Albicocco (129 voix) ; et le « projet 4 », présenté à la tribune par Marin Karmitz et Claude Chabrol (128 voix). L'ensemble de ces projets préconise une forme d'autogestion de la profession, chapeautée par les États généraux.

Ce « projet 4 » est sûrement le plus singulier, le plus radical et le plus intéressant des quatre, poussant la volonté de rupture en transformant le cinéma et la télévision en un « service public » gratuit, décentralisé et ouvert à toutes les volontés créatives. Le fondement de cette transformation est une « taxe spéciale » prélevée sur tous les spectateurs de cinéma, qui permettrait à un « Office central », gérant et redistribuant la taxe, de financer les films, aussi bien pour la salle que pour la télévision, et de rétribuer, à salaire égal, tous les professionnels du secteur. Chaque citoyen ayant acquitté sa taxe pourrait entrer dans toutes les salles gratuitement, quand il le souhaiterait et autant de fois qu'il le désirerait, tout comme il peut regarder la télévision ainsi qu'il le souhaite s'il a réglé la redevance télévisuelle. « L'avantage, précise Karmitz, c'est de développer dans le public le goût du spectacle du cinéma en salle. Il faut le faire : tout ce qui oblige le citoyen à opérer un tri entre les produits qu'on lui propose, tout ce qui met en jeu ses facultés de décision et va à l'encontre de sa passivité est à encourager. »[30]

Deuxième mesure révolutionnaire : la constitution d'« unités cinématographiques » regroupant les professionnels du cinéma par affinités (entre quatre et douze professionnels). Chaque unité reçoit un budget égal, le dépense comme elle l'entend, y compris en passant un accord avec une autre unité, investissant dans la fabrication et la réalisation de films. Chaque unité est également maîtresse des ventes à l'étranger de ses films ; elle n'a pour obligation que de réinvestir la part de ses gains qui ne sert pas aux salaires et à la rétribution de collaborateurs de l'unité. Deux autres points animent ce projet 4 : l'idée d'une aide spéciale aux premiers films, un fonds, pris sur la taxe générale du cinéma, lui étant attaché ; et la maîtrise du coût des films par la profession elle-même grâce à la création d'une commission composée de cinéastes et de critiques, qui examine les projets et leurs budgets prévisionnels.

La belle idée utopique, c'est le cinéma « gratuit pour tous », dont Karmitz reconnaît qu'elle a été trouvée lors d'une discussion sous emprise : « C'est un soir à Vaugirard que j'ai lancé l'idée folle du cinéma gratuit, financé par une taxe versée par les Français pour alimenter un fonds destiné à répartir cet argent. Cela a existé plus tard : Canal+ a fonctionné de cette façon, par abonnement. Je ne me suis pas rendu compte à l'époque que, à l'endroit même où je voulais un cinéma libre pour tous, je risquais de créer un cinéma d'État. »[31] Le cœur du système, c'est en effet la taxe prélevée sur chaque spectateur potentiel, et le fonctionnement de l'ensemble, ce sont les unités de production et de diffusion des films, qui transforment de fait tous les professionnels en véritables « fonctionnaires » d'un Office central du cinéma qui les rétribue et met en place des organismes de contrôle de la qualité des films et de leur budget.

Robert Enrico se souvient très nettement de l'impression, à la fois séduisante et inquiétante, laissée par ce projet et sa présentation par Chabrol et Karmitz à la tribune des États généraux : « Avec son humour décapant et ses airs de moine rabelaisien, Chabrol défendit avec brio cette vision utopique d'un système proche d'une cinématographie soviétique où toutes les décisions seraient prises par des commissions, avec les risques de dérapage que cela comporte. »[32] Quant au critique Louis Seguin, il remarque les qualités d'un projet qui déplace les lignes : « Le Projet 4, paradoxalement, de par son outrecuidance même, fut de loin le plus fécond, puisque l'extrémisme de ses propositions fit apparaître dans le sérieux factice de ses rivaux des fissures que l'on n'eût pas devinées sans lui. »[33]

Une nouvelle assemblée générale, le 28 mai, ne parvient pas à se mettre d'accord sur l'un des textes, voire sur une fusion entre eux, et, après des débats houleux, se sépare sur la proposition de rédiger un texte de synthèse. Celui-ci est présenté par l'acteur Pierre Vaneck, le 5 juin à Suresnes, mais, une nouvelle fois, l'assemblée ne parvient pas à un compromis, et, dans le tohu-bohu, choisit de voter une simple motion finale sous forme de charte pour la profession. De la lettre de cette charte, on ne reparlera plus guère après le mois de juin 1968. Thierry Derocles exprime sa déception : « Nous n'avions pas d'illusion. Il y avait un trop grand écart avec les autres et nous n'avons jamais voulu renverser la majorité. J'ai trouvé un document où j'ai écrit "750 réformistes, 129 fascistes et 120 révolutionnaires[34]". »

Marin Karmitz, lui, est ulcéré par cette issue en queue de poisson et la déliquescence collective d'une assemblée épuisée et désemparée. « Le cinéma a vite repris son cours normal, j'ai retrouvé ma salle de montage, tout en remâchant ma colère contre ceux qui avaient gâché la fête. En même temps, l'absolu dans les idées dont nous avons fait preuve n'a pas que du bon. En ce qui me concerne, il m'a conduit à faire des erreurs qui m'ont coûté cher – sans doute ma carrière de cinéaste. »[35]

Giquel et Mellec, deux camarades

En attendant de payer les pots cassés, Marin Karmitz prépare un deuxième long métrage. C'est un projet né de Mai 68, puisque c'est un jeune cinéaste, Édouard Hayem, auteur de *La Glu*, un court métrage monté parallèlement à *Sept jours ailleurs* durant les premières semaines de 1968, qui entraîne Karmitz sur le tournage d'un film militant enregistré à Nanterre, à l'usine Citroën, où se déroule une grève importante. Le film, *Citroën Nanterre mai-juin 1968, chronique d'une grève*, suit plus particulièrement quelques jeunes ouvriers émancipés de la CGT, se rapprochant des maoïstes, qui font alliance avec les immigrés portugais pour les faire entrer dans la grève et porter des revendications à la fois salariales, sociales et même culturelles : vivre mieux en étant payés davantage, mais également en baissant les cadences, en réduisant les horaires pour dégager un peu de temps libre.

Marin Karmitz rencontre alors deux des animateurs de la grève, Jean-Paul Giquel et Jean-Pierre Mellec, jeunes Bretons de Saint-Nazaire montés à Paris, avec lesquels il sympathise. Après les accords nationaux de Grenelle, signés par la CGT le 27 mai, qui prévoient une augmentation du SMIG de 35 %, Karmitz retourne à l'usine Citroën, début juin, et assiste à une scène qui le marque. « Le permanent syndical CGT a réuni tous les ouvriers dans une grande salle pour les informer de la signature de l'accord, de la fin de la grève et de la reprise du travail. Sans un mot, les ouvriers portugais se sont levés, ont ôté leur veste, l'ont retournée, remise à l'envers, avant d'encercler le permanent CGT, qui a éclaté en sanglots tandis qu'ils marchaient en silence autour de lui. »[36] C'est la première expérience « en usine » de Marin Karmitz, sa rencontre fondatrice avec des ouvriers. L'homme en est profondément marqué. Il fréquente les deux jeunes Bretons, lors de rendez-vous en fin de journée dans les cafés de l'avenue du Maine, près de chez lui. Ils ne manquent pas d'avoir des ennuis à l'usine quand ils sont lâchés par le syndicat CGT, en butte aux tracasseries des cadres. Puis, leur vie y devenant intenable, ils quittent Citroën à la fin de l'été 1968. Giquel et Mellec commencent alors à travailler avec Karmitz sur un scénario inspiré de leur propre expérience. « Je voulais faire un film, explique le cinéaste, et je tournais autour de leur parcours de Bretons déplacés vers la banlieue de Paris pour devenir OS en usine. »[37] Les ouvriers comme source d'inspiration, Karmitz trouve un nouveau sujet.

Giquel et Mellec font davantage encore : après une crise de *delirium tremens*, un soir de la fin septembre 1968 – « J'ai vu d'énormes araignées qui envahissaient ma chambre et s'apprêtaient à grimper sur mon corps[38]... » –, ils accompagnent le cinéaste en Normandie, le conduisant jusqu'à son refuge, et y restent longuement avec lui. « Ils m'ont pris sous leur aile, se souvient-il, reconnaissant. Voyant dans quel état je me trouvais, ils ne m'ont pas lâché. À la campagne, on a scié du bois tous les jours pendant deux mois, sans une goutte d'alcool. C'est comme ça qu'ils m'ont sorti de l'alcoolisme. Alors, avec Jean-Paul Giquel, qui était très doué, on a commencé à écrire le scénario de *Camarades*. »[39]

Karmitz est également frappé par un roman de Cesare Pavese, *Il Compagno* (*Le Camarade*), datant de 1947, produit tout autant d'une prise de conscience que d'une culpabilité. Pavese est alors membre du parti communiste, et l'histoire de Pablo, jeune vendeur de cigarettes à Turin qui monte à Rome pour rejoindre les « rouges », est celle d'une prise de conscience politique. Au début, Pablo est un demi-oisif que ronge le dégoût et qui vit au jour le jour, au hasard des rencontres ; à la fin, le voilà inséré dans la résistance au fascisme. Le point de vue du romancier s'associe à celui du militant, transformant l'expérience politique en initiation existentielle. Mais le court roman est également un texte en marge chez Pavese, écrit pour expier une non-participation aux luttes de la Libération. Karmitz, qui en propose une adaptation

Affiche conçue par Gérard Fromanger pour le film
Camarades de Marin Karmitz en 1969.

Marin Karmitz, Juliet Berto, Pierre-William Glenn et Jean-Paul Giquel, sur le tournage de *Camarades*, à Saint-Nazaire, en 1969.

très libre, adopte précisément ce double point de vue : « Sorte d'éducation sentimentale et politique pendant le fascisme, le roman suit l'itinéraire d'un jeune petit-bourgeois qui découvre le travail, l'amour, le militantisme politique et la prison. Mais Pavese était lui-même un homme déchiré entre son statut de bourgeois et son engagement, entre l'action et son impuissance, même sa hantise du suicide à laquelle il finira par céder. »[40]

La vraie idée du film est d'avoir demandé à Jean-Paul Giquel de jouer le rôle principal, qui est aussi son propre rôle, identification qui joue sur le court et le long terme : tout le monde rebaptise désormais Giquel du prénom de « Yan », celui du personnage de *Camarades*, et ce dernier va continuer à travailler avec Karmitz, longtemps opérateur au 14 Juillet Bastille, puis directeur d'une des salles mk2, à Beaugrenelle. « Avec Jean-Paul, précise le cinéaste, j'étais au plus près de la réalité du langage et de la condition d'un ouvrier. Ce qui m'intéressait était la traduction artistique d'un engagement politique. C'était une recherche autour de la parole et des gestes populaires. Je me demandais comment faire de la fiction sans trahir la réalité, ce qui était, de fait, une manière de m'interroger sur ma place, sur mon rôle, sur le pouvoir des mots et des images, sur le sens de mon action auprès du peuple. Comment donner la parole à ceux qui ne l'ont pas, comment les faire entendre ? Autrement dit, mes interrogations de cinéaste rejoignaient mes questions de militant. »[41]

Comment produire et tourner un film politique ?

En se posant à cet endroit, le film construit une figure originale : l'ouvrier travaillant et luttant au sein de son usine. La tradition du cinéma français connaît le héros populaire, artisan, mineur, cheminot, « métallo », dont les rôles de Jean Gabin portent fièrement l'emblème, mais, le plus souvent, la caméra s'arrête à la porte de l'usine[42]. D'ailleurs, l'autorisation d'y tourner est laissée à la seule appréciation du patron, et non pas du comité d'entreprise, ce qui implique une certaine soumission proche du film d'entreprise. Les caméras, notamment militantes, ne sont pas les bienvenues. L'un des rôles historiques du cinéma né de Mai 68, aussi bien documentaire que de fiction, consiste à entrer dans l'usine, à la rencontre des OS, de leurs conditions de travail, de leurs actions syndicales et politiques[43]. Chris Marker le premier, dès l'automne 1967, avait réussi à suivre le conflit à Rhodiaceta, filiale de Rhône-Poulenc, depuis l'usine en filmant « le dedans du dehors », « faisant la sortie » comme les syndicalistes, mais avec une caméra[44]. Profitant de l'esprit de Mai, le cinéma veut aller plus loin, telle une « opération portes ouvertes »[45]. Il entre enfin dans la place : l'usine n'est plus ce sanctuaire, cette image impossible, et l'ouvrier spécialisé apparaît. Grâce à des documentaires : *La Reprise du travail aux usines Wonder*, de Pierre Bonneau, Jacques Willemont et Liane Estiez-Willemont, *Citroën-Nanterre mai-juin 1968*, de Guy Devart et Édouard Hayem, *Oser lutter, oser vaincre*, de Jean-Pierre Thorn, qui montrent les luttes sociales, principalement les grèves et les occupations, et valorisent des figures ouvrières[46]. Certains choisissent la fiction, ce qui implique des reconstitutions ou le contournement des interdits, et d'utiliser les ouvriers dans leurs propres rôles. *Camarades*, comme son contemporain *Élise ou la vraie vie*, de Michel Drach, sont les premières tentatives pour « scénariser » l'usine. Il s'agit d'illustrer et de faire comprendre l'usine comme lieu d'une prise de conscience dans un processus de politisation.

Dans *Camarades*, le héros, Yan, vingt-deux ans, vit à Saint-Nazaire chez ses parents, petits commerçants. Il essaye d'échapper à sa vie médiocre, à l'ennui. Que peut-il faire ? Le chômage sévit, il n'a pas de métier. Travailler en usine ? Il n'en est pas plus question pour lui que pour Juliette, jeune coiffeuse dont il est amoureux. Pour se marier, Juliette le presse de trouver du travail, de même que son père, un ouvrier qui végète. Elle rêve d'appartement bien meublé, de voiture, de vacances, un univers qu'elle n'a jamais connu, voulant échapper au cadre étroit de sa mère, femme d'ouvrier. Yan, confusément, aspire à autre chose. Il trouve quelques enquêtes à faire pour le compte de l'IFOP, au sein des chantiers navals, premier contact avec une réalité industrielle qu'il ignorait. Après une dispute avec son père et d'un commun accord avec Juliette, il monte à Paris pour tenter de trouver du travail. Juliette le rejoindra par la suite. Dans la capitale, tout est compliqué : il mène une course épuisante à la recherche d'un emploi et refuse une activité de porte-à-porte qu'il trouve humiliante. Un jour, dans une laverie automatique, il rencontre une jeune femme, Jeanne, qui va lui présenter un de ses amis, Jean-Pierre, ouvrier chez Renault. Yan accepte l'embauche. Là, il est confronté à une réalité qu'il ne soupçonnait pas. Partageant les conditions de vie des ouvriers, il comprend peu à peu ce que signifie l'oppression patronale, et il se rapproche chaque jour davantage de ses camarades de travail. En butte à la même exploitation, il devient solidaire. Il commence à se poser des questions. Aidé par Jeanne et Jean-Pierre, il découvre peu à peu le sens réel de la lutte des classes, ce qui le conduit au combat politique auprès de ses camarades.

Le récit est édifiant, commençant sur le désœuvrement dépressif, s'achevant avec *L'Internationale* reprise en chœur à pleins poumons sur fond de drapeau rouge. Il est celui d'un « établissement[47] », ce mouvement qui a conduit dans l'après-Mai deux à trois milliers de personnes, militants, étudiants, intellectuels, majoritairement issus des classes bourgeoises, à se faire embaucher en usine afin de comprendre de l'intérieur le travail à la chaîne, la vie ouvrière, le militantisme de base, et préparer clandestinement la révolution à venir. Robert Linhart a tiré de cette expérience un récit célèbre, *L'Établi*, publié en 1978 aux Éditions de Minuit. Yan n'est certes pas un intellectuel, il est lui-même prolétaire, mais le chemin qui le mène à l'usine est bien celui d'une prise de conscience, refus du confort, du conformisme, et processus qui le conduit au militantisme politique. La pédagogie est renforcée dans *Camarades* par les chansons de Jacky Moreau, rythmant le film en autant de « clips rouges ».

Comment produire et réaliser un film tel que *Camarades*, explicitement militant, hors système, même s'il souhaite utiliser pour sa cause et intéresser un public les voies, même les plus classiques, du cinéma de fiction ? « Lorsqu'on veut faire un film politique, on entend toujours trois réflexions, confie Marin Karmitz dans un entretien donné à la sortie du film, en novembre 1970. "On ne trouvera pas d'argent pour le produire" ; "on ne passera pas la censure" ; "on ne pourra pas le sortir". Finalement, il n'y a que la troisième qui soit assez vraie. »[48] Karmitz trouve ainsi de l'argent, pas énormément mais suffisamment. Il utilise ce qu'il nomme « les contradictions du système capitaliste[49] », notamment le financement public du cinéma français. La commission d'avance sur recette du CNC lui accorde 380 000 francs « pour un scénario de qualité, même s'il est très engagé et va à l'encontre de la politique du gouvernement »[50]. De plus, quelques producteurs, « réalisateurs, amis, de gauche, ou d'une autre opinion, mais qui jouent le jeu[51] » complètent le financement propre de mk2 : Jacques Perrin et Reggane Films, Yves Robert, Danièle Delorme et les Productions de la Guéville, Claude Lelouch et Les Films 13.

Avec ce financement *a minima* mais « professionnel », à hauteur de près de 600 000 francs, le cinéaste fait des choix cohérents. Tournage rapide, léger, comptant sur une caméra 16 mm et une nouvelle pellicule, l'Eastmancolor négatif, ultrasensible, permettant de tourner en couleurs et sans lumière artificielle. « Travaillée en laboratoire, agrandie chez L. T. C., la pellicule donne des résultats vraiment extraordinaires », avoue Karmitz, qui loue « ses possibilités techniques offrant un rapport qualité/prix très intéressant. »[52]

L'autre économie, c'est le casting du film, employant essentiellement des acteurs non professionnels, majoritairement dans leurs propres rôles, auxquels s'ajoutent deux toutes jeunes comédiennes, bien choisies, en début de carrière : Juliet Berto, vingt-deux ans, venue de Grenoble, fille d'ouvriers, découverte par Godard en 1967, jouant dans *Deux ou trois choses que je sais d'elle, La Chinoise, Week-end, Le Gai Savoir*, puis trouvant des premiers rôles chez Marcel Camus (*Un été sauvage*), Francis Leroi (*Ciné-girl*), Pierre Grimblat (*Slogan*) ; et Dominique Labourier, vingt-cinq ans, lancée par un feuilleton télévisé de 1967, *Les Oiseaux rares* de Jean Dewever, dont *Camarades* est le premier rôle au cinéma. La première joue la petite-bourgeoise de Saint-Nazaire, la seconde l'effrontée parisienne. On les retrouvera peu après ensemble, extraordinaires, en 1973, dans *Céline et Julie vont en bateau*, duo déambulant en patins à roulettes chez Jacques Rivette.

Le tournage commence à Saint-Nazaire en octobre 1969, pour dix jours, avec une petite équipe menée par un tout jeune chef opérateur, frais émoulu de l'IDHEC, mais déjà virtuose de la caméra portée à l'épaule : Pierre-William Glenn. Au son, c'est également un quasi-débutant qui tend les perches : Bernard Aubouy, formé par son travail avec Jean Eustache (*Le Père Noël a les yeux bleus*), Jacques Rivette (*L'Amour fou*), René Allio (*Pierre et Paul*). Thierry Derocles et Michel Demoule poursuivent au montage leur camaraderie avec Marin Karmitz. Le 10 octobre, l'équipe investit un petit appartement de l'avenue Victor-Hugo puis, les jours suivants, trois bars du centre-ville de Saint-Nazaire et un magasin de confection, avant de finir aux Chantiers navals de l'Atlantique. À Paris, l'équipe enchaîne par deux semaines de tournage rapide et léger, promenant la caméra 16 mm couleur dans le quartier de Montparnasse pour les scènes de rue, de bar ou de laverie automatique. Puis se déplace à l'usine Renault de Billancourt, sur le site de l'île Seguin et de Meudon, avec l'appui de quelques militants maoïstes, actifs sur place, haut lieu de la contestation et de la grève ouvrière, et la tolérance du directeur de la « production Carrosserie et Montage », Henri Larroussinie, qui vient d'arriver dans les suites des trente-trois jours de grève de mai et juin 1968. C'est l'une des premières fois qu'une caméra de fiction peut entrer dans une usine filmer la chaîne et le travail au quotidien des OS. Enfin, pour signer révolutionnairement son film, Marin Karmitz s'offre un long extrait de *L'Heure des brasiers*, la grande fresque latino-américaine de Fernando Solanas, montrant les occupations d'usines en Argentine comme emblème de l'action militante, qu'il insère dans son propre film tel le drapeau iconique d'une prise de conscience.

Le « petit apologue maoïste »

Camarades est présenté au Festival de Cannes, à la Semaine de la critique, le 11 mai 1970, entouré de quelques films très remarqués, *Kes* de Ken Loach, *Ice* de Robert Kramer, *Soleil O* de Med Hondo. En sélection officielle, Michel Drach présente *Élise ou la vraie vie*, dont le thème n'est pas sans lien avec celui de *Camarades*. L'héroïne, Élise, qui a l'impression de passer à côté de sa vie dans la routine de son existence bordelaise, monte à Paris rejoindre son frère, ouvrier. Elle travaille elle aussi à l'usine, où elle rencontre Arezki, un Algérien pro-FLN, dont elle tombe amoureuse. L'engagement politique, la valeur ouvrière, le travail à l'usine rapprochent les films. Mais la présence d'une vedette, Marie-Josée Nat, l'adaptation d'un roman à succès de Claire Etcherelli et les huit cent mille spectateurs d'*Élise ou la vraie vie*, en novembre 1970, font incontestablement de l'ombre au film de Marin Karmitz, qui sort peu avant, le 4 novembre, dans trois salles parisiennes d'art et essai, les Studios Médicis et République et le Saint-Séverin du Quartier latin. C'est Marin Karmitz lui-même, après s'être brouillé avec Claude Lelouch, refusant de sortir un « film militant [53] », qui distribue son film. En bon camarade, il fait précéder son opus, en début de programme, d'un des courts films phares de la révolte ouvrière de 68, *Reprise du travail aux usines Wonder*.

La critique n'est pas très tendre avec ce film peu fait pour elle. Jean-Louis Bory, dans *Le Nouvel Observateur*, est sévère avec ce « petit apologue maoïste sur la difficulté d'être ouvrier en 1970. Volontairement naïf, très inspiré de Brecht. Une belle citation de *L'Heure des brasiers*. » [54] Il lui oppose *Élise ou la vraie vie* : « Drach, lui, ne pontifie pas, il ne catéchise pas. Son film est très éloigné du film au premier degré comme *Camarades* de Karmitz. À la démonstration clairement charpentée, à l'empoignade vigoureusement circonstanciée, Drach préfère tact, pudeur, ellipses, tonalités sourdes, demi-teintes. » [55] Le mensuel *Actuel* s'en amuse également : « Mettre l'usine en images coloriées et en chansons est soit acte révolutionnaire, soit mascarade. Par décence, il ne vaut mieux pas ici ni prendre parti ni donner à Marin Karmitz les qualificatifs qu'il mérite. » [56] Dans *Télérama*, Jean-Louis Tallenay sait être plus clément, voyant l'intérêt d'une « photographie du temps militant » : « S'il indigne les communistes, s'il fait faire la fine bouche aux esthètes de gauche, à qui est donc destiné *Camarades* ? Sans doute aux spectateurs sans préjugés qui essaient de comprendre ce qui se passe dans la tête d'un gauchiste [57]. » De même, Louis Seguin dans *La Quinzaine littéraire*, qui consacre un long texte au film :« *Camarades* est vraisemblablement le premier film militant de 68 à se vouloir délibérément public *et* politique, à abandonner le mélodrame populiste pour mieux insister, précis et didactique, sur le sens de l'histoire qu'il trace. » [58]

La réception d'un film « gauchiste » par la critique communiste est sans surprise : cinglante, comme l'illustre Samuel Lachize dans *L'Humanité* : « C'est bien de se pencher sur la classe ouvrière et de découvrir ses problèmes, mais de là à lui donner des leçons de lutte, c'est un peu forcer la dose. Ainsi, même les gens les plus favorables à Karmitz trouvent qu'il exagère lorsque, présentant la vie d'une grande usine de la région parisienne (une usine imaginaire, mais qui pourrait être Renault), il ne fait aucune référence aux syndicats ouvriers, au Parti communiste, aux autres partis organisés… Rien ! C'est sans doute ce qui fait que certains aiment bien ce film-là, pas trop "gauchiste" pour justifier une interdiction spectaculaire – puisqu'il triche avec la vérité (laquelle n'est-elle pas "révolutionnaire", Karmitz ?), et pas gênant du tout pour qui que ce soit. Voilà donc, sous une forme nouvelle, un bon petit cinéma bourgeois de bonne conscience, bien tranquille et mystificateur. Comme quoi, il ne faut pas trop se fier aux trop bonnes intentions. »[59]

Étrangement, c'est dans la presse catholique que *Camarades* reçoit le meilleur accueil. « Un film qui mérite l'attention », écrit Gaston Haustrate dans *Témoignage chrétien*[60], tandis qu'on peut lire dans *La Vie catholique* : « Marin Karmitz et son équipe de non-professionnels méritent la mention "Très honorable". *Camarades* est le plus achevé des films de la contestation : c'est incontestablement le plus complet des films nés de Mai 68. »[61] *La Vie ouvrière* confirme la mention et le registre : « Une heureuse tentative pour nous décrire certains aspects d'un monde jusqu'ici ignoré par le cinéma et notamment le combat ouvrier pour de meilleures conditions et pour une autre société. »[62]

Si, en définitive, près de vint cinq mille spectateurs voient le film à Paris, le plus important pour Marin Karmitz est la manière dont *Camarades* est reçu lors de ses présentations publiques en province et à l'étranger, qui sont assez nombreuses et chaleureuses. C'est la première fois que le cinéaste « accompagne » ainsi l'un de ses films, et il forge, sûrement, l'un de ses futurs savoir-faire : une distribution indépendante et alternative des œuvres, au contact direct des publics. De nombreux ciné-clubs étudiants ou comités d'entreprise le montrent, souvent en présence de Karmitz et Giquel, tel le « ciné-club Octobre » de la faculté des lettres d'Amiens, le 15 décembre 1970. La carrière de *Camarades* en festival est remarquable. Après la Semaine de la critique cannoise, les rendez-vous de Berlin, de Locarno, d'Amsterdam, de Londres, de Karlovy-Vary le programment. Enfin, des militants d'extrême gauche accueillent film, réalisateur et comédiens un peu partout dans les Amériques, de Buenos Aires à Santiago du Chili, de Mexico à San Francisco, de Cuba à Montréal. « J'ai de beaux souvenirs de tournées avec Yan et Juliet, se souvient le cinéaste. En

Tchécoslovaquie, alors que la plupart des salles étaient tenues par les pro-soviétiques, on nous lançait à la fin des projections *en catimini* : “Allez dire au monde ce qui se passe ici [63]...” »

Marin Karmitz conserve également un souvenir ému de l'accueil au New York Film Festival, à la fin du mois de novembre 1970, invité par Richard Roud en même temps que Jacques Rivette (pour *L'Amour fou*), qu'il rencontre à cette occasion : « Dans la grande salle du Lincoln Center, à la fin de la projection, toute la salle était debout, poing levé, chantant *L'Internationale*, spectacle peu banal en Amérique. » [64] C'est le premier – et l'un des seuls – séjours aux États-Unis de Marin Karmitz, qui en profite pleinement : « De jeunes manifestants pacifistes du SDS gauchiste américain m'ont proposé de les suivre dans une occupation d'immeubles près de Harlem, avec des Noirs et des Portoricains. Il y avait huit cents personnes, des militants des Black Panthers armés, et on a investi des immeubles appartenant à l'archevêché de New York. Ils ont immédiatement entrepris de réhabiliter ces lieux désaffectés, de refaire la plomberie et l'électricité, d'installer une crèche. J'étais témoin, grâce à *Camarades*, de cette capacité d'action, d'initiative, d'autogestion. Un vent de liberté soufflait. » [65] Cette expérience enthousiasmante vaudra à Marin Karmitz quinze ans d'interdiction de visa aux États-Unis !

Si le cinéaste est plutôt satisfait, si le militant peut estimer avoir fait son devoir, l'homme Karmitz demeure frustré devant *Camarades*. Ce sont deux réactions sceptiques qui le chiffonnent. D'abord celle de Jean-Luc Godard, qui reste une référence pour lui et lance dans un entretien : « Karmitz n'aide personne à combattre. *Camarades* est sympathique mais inefficace. C'est un simple constat, c'est *La Belle Équipe* de Duvivier. Au temps du Front populaire, cela avait peut-être un sens, mais aujourd'hui, plus du tout. Ce n'est pas la sincérité de Karmitz qui est en cause, mais l'efficacité révolutionnaire de son film. » [66] À l'autre bout du spectre politique et professionnel, son oncle, le Dr Munteanu, qui suit son addiction de près, lui écrit une lettre très sensible à propos de *Camarades* : « Cher Marin, voilà, voir ton film me donne une grande envie de t'écrire, de te parler. Certes, ton film est VRAI, douloureusement vrai, un peu trop cruellement vrai, surtout pour notre temps qui refuse la vérité, parce qu'elle est douloureuse, pénible, et préfère la camoufler sous des falbalas faussement brillants. Que tu aies eu le courage de dire NON à tout cela, de tout cœur je t'en félicite. Mais je trouve que ton film manque quelque chose : les instants de vie, les moments de vrai, l'existence dans sa simplicité et sa force qui s'étend. Il ne saisit pas la puissance de la vérité, la seule vérité de l'homme, la vérité douloureuse du néant. C'est cela, pourtant, que tu as, encore récemment je le sais, éprouvé, connu… Il manque cette chose-là dans ton film. »[67]

Ce n'est pas faux. Si Marin Karmitz sort de l'expérience de *Camarades* renforcé dans ses convictions et guéri physiquement, il a conscience d'un manque et d'une incomplétude. « Je n'arrivais pas à me détacher d'une manière ancienne de regarder, je n'arrivais pas, reconnaît-il, à parler en profondeur de ma prise de conscience. Ce tournage et ses suites ont été pour moi la source d'une remise en cause : je me suis rendu compte que je continuais à avoir un point de vue bourgeois doublement extérieur. »[68]

Rue Jacob

L'après-Mai 68 est difficile pour les militants de l'extrême gauche française. Après la dissolution de l'ensemble des mouvements gauchistes, le 12 juin 1968, coup de force symbolique de la reprise en main du pouvoir par le gaullisme rassuré et réconforté, ces hommes traqués sont visés par la police et se dispersent l'été durant, entrant dans une forme de clandestinité étroitement surveillée par les services du ministre de l'Intérieur, Raymond Marcellin[69].

Marin Karmitz vit de son côté un moment de déprise et de déprime, marqué par des ruptures successives. Il rompt d'abord avec le cinéma commercial quand, à Venise au début du mois de septembre 1968, il retire son film, *Sept jours ailleurs*, de la compétition pour laquelle il a été sélectionné. Arrivé sur le Lido avec Catherine Martin, logé à l'hôtel Excelsior, leur couple, fondé sur le travail commun, sur l'énergie à vivre Mai 68 ensemble, ne résiste pas à la brutale retombée de ces aventures partagées. Il vole en éclat, lorsqu'il faut tristement quitter la Mostra vénitienne.

Revenu à Paris, Marin Karmitz s'installe un temps dans un petit appartement, rue du Dragon à Saint-Germain-des-Prés, prêté par Didier Motchane, le fondateur du Centre d'études, de recherches et d'éducation socialiste (CERES), rencontré en août avec Alain Geismar. « C'est Motchane qui m'avait convaincu de retirer *Sept jours ailleurs* de la compétition de Venise, par solidarité avec les cinéastes de gauche italiens. On avait de longues conversations. Il fallait trouver comment rebondir après Mai 68 [70]... » Autre rupture, causée elle par un état de santé qui se dégrade. Fin septembre 1968, Marin Karmitz doit entreprendre dans sa maison normande une cure de désintoxication, sevrage qu'on peut interpréter comme un autre effet de l'après-Mai.

Quand il reprend pied à Paris au début de l'année 1969, Marin Karmitz s'installe dans un atelier acheté l'année précédente pour préparer ses films, rue Jacob, atelier qu'il réaménage sommairement afin de le transformer en appartement. Le lieu n'est guère confortable, assez austère, mais il est lumineux, au cinquième étage d'un immeuble, pourvu d'une verrière, et suffisamment grand pour prendre ses aises. Travaillant régulièrement sur le scénario de *Camarades*, le cinéaste souhaite se mettre au service du « mouvement révolutionnaire en cours », pour reprendre la rhétorique du moment. Cependant, il n'entend pas devenir un militant professionnel, un dirigeant politique, contrairement à certains de ses amis qui refondent alors les groupuscules et partis d'extrême gauche. Il serait plutôt un « compagnon de route » du maoïsme français, notamment proche de deux des principaux groupes nés en 1969, la Gauche prolétarienne (GP) et Vive la Révolution (VLR), au service de causes défendues communément. On peut ainsi interpréter *Camarades*, avec toutes les nuances d'un engagement non officiel, comme un des rares « films GP » français de fiction, à travers le portrait d'un jeune homme dont la prise de conscience l'engage à devenir un bon « Gépiste ».

La Gauche prolétarienne [71] prend corps en février 1969 à l'issue de cinq mois de discussions entamées en septembre 1968 entre Benny Lévy et Robert Linhart, meneurs des jeunes maoïstes intellectuels de la rue d'Ulm, Serge July et Alain Geismar, militants issus du Mouvement du 22 mars, proches de Daniel Cohn-Bendit et des anarchistes de Nanterre. Le mouvement réunit une quarantaine de meneurs, comme Olivier Rolin, Jean-Claude Zancarini, Évelyne July, Michel Le Bris, Jean-Claude Dollé, Christian Jambet, Jean-Paul Cruse, Jean-Pierre Le Dantec, Jean-Claude Milner, Jean-Marc Salmon, André Glucksmann, Gérard Miller, Antoine de Gaudemar. Il s'agit de reconstruire une organisation qui « rende la révolution possible », tentant de mobiliser en milieu prolétaire la « résistance populaire ».

Un autre groupe, Vive la Révolution, voit également le jour, constitué autour de figures comme l'architecte Roland Castro, l'avocat Tiennot Grumbach ou l'historien Stéphane Courtois, qui vise davantage à l'agit-prop artistique et contre-culturelle. Appelant à l'action, même violente, à la « révolte contre la morale, l'éducation, la justice bourgeoise », et dénonçant le « fascisme du pouvoir », la GP et VLR ont d'abord une existence rhétorique à travers les tracts, les brochures, les slogans et leurs journaux, tels *Vive la Révolution, J'accuse* et *La Cause du peuple*, dont Jean-Paul Sartre accepte de devenir directeur afin de « protéger » le titre des interdictions et des censures. Quelques actions plus violentes, très ciblées, sans volonté de tuer, sont également engagées par les jusqu'au-boutistes de la Gauche prolétarienne : attentats par explosifs devant des banques ou des permanences politiques de droite, affrontements avec les policiers sur le nouveau campus de l'université de Vincennes, qui devient rapidement un bastion GP, manifestations « musclées » à Paris ou grèves sauvages dans certaines usines, notamment chez Renault, où les contremaîtres sont pris à parti et certains molestés. Serge July, revenant sur ce moment, dira : « En fait, la GP était un groupe d'agitateurs, à la fois autoritaire et libertaire, qui entendait soutenir toutes les révoltes des plus exploités, des plus marginaux, des mal-logés, des OS en rebellion, des immigrés. »[72] Cette agitation suffit à Raymond Marcelllin, ministre de l'Intérieur, pour interdire à nouveau les mouvements maoïstes, le 27 mai 1970.

C'est exactement ce jour-là et précisément à cette occasion que Marin Karmitz croise le mouvement et rencontre ses principaux responsables. « Un copain, Gérard Martin, assistant sur *Camarades*, m'appelle et me demande de le rejoindre d'urgence chez lui. Il habitait à Pigalle, je devais traverser Paris, qui était quadrillé par la police ce jour-là. J'avais à l'époque un coupé Lancia sport bleu marine, intérieur cuir beige, qui passait facilement les barrages : on voyait mal des révolutionnaires au volant d'une voiture pareille ! Chez mon copain se trouvaient réunis une dizaine d'hommes, quasi tous les leaders de la GP, dont trois plutôt mal en point. Olivier Rolin était sérieusement blessé, il avait la mâchoire très abîmée ; Serge July et Gilbert Castro étaient également recherchés par la police. J'ai ramené les trois chez moi sans encombre, d'autant que, comme j'étais voisin de Michel Debré [ancien Premier ministre, alors ministre de la Défense], la maison était protégée par un policier[73] ! »

Serge July reste vivre caché dans l'appartement de la rue Jacob, à quelques mètres du ministre, durant six mois, jusqu'en novembre 1970. « Serge s'ennuyait, se souvient Marin Karmitz, il lisait, je faisais la cuisine, on discutait beaucoup. Il faisait moyennement son lit, ce qui m'énervait, il était moyennement soigneux, ce qui m'énervait aussi. Mao m'a aidé pour lui dire de ne pas laisser ce bordel dans l'appartement – "Il faut compter sur ses propres forces." Il s'y mettait avec une certaine bonne volonté. Faire son lit, laver la vaisselle et s'occuper du ménage faisaient partie de la pratique révolutionnaire. »[74] Cette cohabitation active, routinière mais amicale, signe pour Marin Karmitz l'entrée dans une période d'engagement militant, participation directe à l'*agit-prop* tous azimut de la Gauche prolétarienne, qui connaît alors ses principaux développements. « C'était une période d'une inventivité et d'une activité extraordinaires, se souvient-il. Aujourd'hui, les mouvements sociaux n'inventent plus grand-chose, ils reprennent surtout des idées qu'on a eues à ce moment-là. Nous pensions pouvoir être les échos des masses. »[75]

L'imagination au pouvoir

Durant un an et demi, jusqu'au début de l'année 1972, Marin Karmitz fait feu « rouge » de tout bois, participant aux « aventures culturelles » de la Gauche prolétarienne. Aux côtés de Serge July[76], il s'agit d'abord de mobiliser des intellectuels de renom susceptibles d'apporter leur soutien et leur caution au mouvement. À vingt-huit ans, militant actif dans le syndicalisme étudiant depuis une dizaine d'années, enseignant de lettres et de philosophie dans les classes préparatoires du collège Sainte-Barbe, essayiste et journaliste lui-même, July est déjà bien introduit dans les milieux intellectuels de gauche. Il connaît Jean-Paul Sartre et Simone de Beauvoir, a rencontré Michel Foucault, lit Deleuze et Guattari, Althusser, Badiou ou Rancière. Pour l'heure, il est à l'isolement clandestin, rue Jacob, se sait surveillé, risque l'enfermement, comme son ami Alain Geismar, en train de purger une peine de dix-huit mois de prison. Marin Karmitz devient alors son « agent de liaison » : en son nom, il poursuit les contacts et joue les intermédiaires. Par exemple avec Sartre, qu'il accompagne devant l'usine de Billancourt, le 21 octobre 1970, lors d'un de ces coups d'éclat dont est friand le mouvement gauchiste : le grand intellectuel, juché sur un tonneau, s'adressant aux ouvriers de chez Renault. « J'étais chargé, se souvient Karmitz, d'organiser la rencontre avec Sartre qui prenait la parole à la sortie de l'usine, puisque les autres étaient tous plus ou moins dans la clandestinité. Le rendez-vous était fixé chez une amie de Sartre, à Montparnasse, où on le récupérait. Je me souviens de lui dans l'estafette Renault, accroupi derrière des sacs pour entrer dans l'île Seguin. Il n'était plus très jeune, il découvrait la classe ouvrière, il avait, comment dire, un rapport enfantin avec ces ouvriers. Je conserve gravé ce souvenir fort : Sartre dans cette position de gamin, entrant en douce chez Renault[77]. »

C'est encore Karmitz qui enregistre, chez Foucault, dans son appartement du bout de la rue de Vaugirard, un entretien sur la « nécessaire violence du peuple » publié ensuite dans *Esprit*, accompagné d'un texte de July : « Il faut chercher à sortir les ouvriers de l'inertie et du confort pour les réconcilier avec la violence révolutionnaire. Ce dont le capitalisme a peur, c'est de la sédition, de l'émeute, des gars qui descendent dans la rue avec leurs couteaux, leurs fusils, qui sont prêts à l'action directe et violente. Quand on se met à refuser la violence, on vous apprend quoi ? On vous apprend à préférer la justice bourgeoise à la lutte sociale. »[78]

Ou qui convainc Félix Guattari de participer au journal mensuel que des militants de la GP s'apprêtent à lancer, *J'accuse*. Lui aussi œuvre directement au sein du mensuel, titre-hommage au courage polémique de Zola, publié à partir de l'automne 1970. Karmitz est plus particulièrement chargé, sous la direction de Serge July, de la part culturelle, établissant des liens avec les cinéastes, Alexandre Astruc, Jean-Luc Godard ou Agnès Varda, qui entrent effectivement, pour les deux derniers, au comité de rédaction. *J'accuse* donne une place aux critiques de cinéma – Godard y dénonce Melville et *Le Cercle rouge*, en janvier 1971, « cinéaste bourgeois pour un cinéma bourgeois » –, mais répercute surtout les luttes d'un activisme plus social : ciné-clubs dans les usines, premières diffusions en France de films comme *L'Heure des brasiers* de Fernando Solanas, projections dans les prisons ou dans les MJC de quartiers défavorisés, devant des publics délaissés ou immigrés.

Mais l'expérience, pour Karmitz, tourne court quand il doit céder la place et la ligne aux militants maoïstes plus dogmatiques. « Je me suis toujours opposé, explique-t-il, à certains camarades maoïstes. J'étais plutôt "spontex" [spontanéiste], je ne criais pas dans les manifestations "Marx, Engels, Lénine, Staline, Mao !" ; j'aimais mieux "L'imagination au pouvoir". C'était la tendance de *J'accuse* au départ, quand nous l'avons fondé avec Serge July. L'idée était de faire un *France-Soir* d'extrême gauche, accessible, engagé, vivant. J'ai toujours acheté *France-Soir*, depuis l'adolescence, où je lisais *Angélique marquise des anges* et les feuilletons en bandes dessinées. L'idée, c'était le journal populaire des luttes. Il est sûr que quand Linhart et Glucksmann sont venus me demander de changer le titre du journal, pour le fondre avec *La Cause du peuple*, et de mettre sur la couverture les portraits de Marx, Lénine, Staline et Mao, j'ai vite démissionné[79] ! »

L'autre aventure intéressante à laquelle participe Marin Karmitz est l'Agence de presse Libération, l'APL[80], mise en place par Jean-Claude Vernier, professeur aux Beaux-Arts, et le journaliste Jean-René Huleu, avec le soutien de deux figures du monde intellectuel qui en acceptent la co-présidence, Jean-Paul Sartre et Maurice Clavel, gaulliste de gauche, catholique et ancien résistant. La date symbolique de son lancement, le 18 juin 1971, insiste sur cette mythologie de la Résistance qui est pour la Gauche prolétarienne une référence majeure, qu'elle voudrait en quelque sorte disputer au gaullisme. « La GP n'était que mélange, rappelle ainsi Marin Karmitz, entre tendances autoritaire et libertaire, entre dogmatisme et imagination, entre exaltation de la violence et inventivité verbale ou graphique, et aussi entre des mythes historiques qui pouvaient paraître contradictoires, mais ne l'étaient pas pour nous à l'époque. Il y avait la rhétorique du *Petit Livre rouge*, les portraits de Mao, mais de lui, à vrai dire, nous ne savions pas grand-chose. C'était une "figure-slogan", abstraite, fantasmée, qui n'avait rien à voir ni avec la réalité de notre pays ni avec celle, totalitaire on le saura rapidement, de son pays. Par contre, notre idéal concret était la Résistance. »[81] L'APL fait le lien entre les luttes sur le terrain et les médias, diffusant vers la presse des dépêches, des informations, des reportages, des photographies venant de militants isolés ou de groupes gauchistes, centralisés dans les locaux de l'agence pour être redistribués vers les titres abonnés. C'est un moyen rapide et simple de produire une contre-information apportant une autre vision du monde.

Une petite équipe, installée principalement dans un local de la rue Dussoubs, près des Halles, joue ce rôle de lanceur d'informations et de diffuseur de dépêches ou de photos. La plupart sont des bénévoles, passant soirées et nuits à photocopier les infos ou à les ronéoter, puis à les réunir en liasses en les agrafant, avant de les glisser sous enveloppes, postées ou déposées dans les rédactions abonnées au petit matin. L'équipe permanente compte une dizaine de personnes, Patrick Benquet, Zinah Rouabah, Hélène Delebecque, Antoine de Gaudemar, Claude Maggiori, Gilles Millet, Bénédicte Mei… Une agence de photos APL voit également le jour, installée dans le grand appartement de Cécile Hallé, rue de Rennes, avec du matériel récupéré aux Beaux-Arts, comptant sur une équipe de jeunes photoreporters envoyés sur les terrains des luttes sociales : Francine Bajande, Jean François, Christophe Schimmel.

Marin Karmitz donne de réguliers coups de main photographiques à l'APL : « J'ai beaucoup fait de photos pour l'agence, de même que Godard. Je photographiais les bastons entre ouvriers et responsables CGT, les interventions musclées des services de sécurité des usines, des manifestations ou des réunions militantes. Je m'étais imposé un défi : réaliser une bonne photo par rouleau de trente-six, qui rende compte des contradictions, différente de celles du photographe de la presse de province. Si je photographiais une bagarre, il fallait que j'arrive à montrer le sujet de la bagarre, sa contradiction, et non la bagarre elle-même. J'avais un mal fou à résoudre ce problème. » [82] On trouve trace dans les archives mk2 de reportages sur une lutte de femmes ouvrières dans une usine textile de Reims, sur une grève lancée par des travailleurs immigrés à Vitrolles, près de Marseille, sur une distribution de tracts GP à l'usine Renault du Mans, sur un happening costumé contre le « grand cirque électoral », à l'île Seguin chez Renault, sur le travail d'un « scribe » à la RATP, des ouvrières de Roubaix ou sur les mineurs de Bruay-en-Artois. C'est là que Marin Karmitz, sur un terrain photographique de luttes, rencontre alors Évelyne July, la première femme du journaliste, dont elle est séparée, responsable de la Gauche prolétarienne pour les départements Nord/Pas-de-Calais.

Le 25 février 1972, Pierre Overney, jeune ouvrier chez Renault, militant maoïste, licencié pour diffusion de *La Cause du peuple* devant l'usine de Billancourt, est abattu par le responsable des vigiles alors qu'il voulait pénétrer dans le bâtiment avec quelques camarades afin de distribuer un tract [83]. Il était prévu qu'Overney soit accompagné par un photographe de l'APL afin de couvrir l'action militante. Marin Karmitz ne peut pas y aller, mobilisé par la sortie de son nouveau film, et propose à Christophe Schimmel de s'y rendre à sa place. « La présence de photographes était importante, rappelle-t-il, pour témoigner et relayer les actions, mais également pour accentuer les tensions entre les militants de la GP, ceux de la CGT, et les services de la sécurité patronale. Nous étions dans une logique d'affrontement et d'exaspération des luttes. J'avais toujours l'impression d'être par ma présence un peu responsable de ces violences. » [84] Schimmel photographie

Vendredi 7 janvier 1972 - Distribution de tracts et discussion sur le programme du P.C à Renault, place Nationale (A.P.L.)

10 janvier 1972 - Pièce contre les élections aux usines RENAULT, place Emile Zola (A.P.L.)

10 janvier 1972. Bagarre avec la C.G.T. à la suite de l'empoignade avec la maîtrise.. (A.P.L.).

10 janvier 1972. Empoignade avec la maîtrise après la pièce (A.P.L.)

Photographies (ci-dessus et page ci-contre) prises par Marin Karmitz lors de manifestations gauchistes devant les usines en 1971 et 1972 pour l'APL – Agence de Presse Libération.

l'ensemble de l'assassinat d'Overney, donnant à cet événement une dimension publique au retentissement considérable, notamment par la diffusion de ces images au journal télévisé du soir.

Une semaine plus tard, le 4 mars, un cortège de deux cent mille personnes accompagne la dépouille de Pierre Overney de la place Clichy jusqu'au cimetière du Père-Lachaise [85]. L'extrême gauche française défile aux premiers rangs, surveillée par la police mais protégée par un impressionnant service d'ordre. Cette manifestation est à la fois le point d'orgue du gauchisme et son chant du cygne en France, le moment d'équilibre entre recueillement et revendication, et le point d'une bascule possible vers l'engrenage de la violence contre l'État et la société capitaliste que refusera de prendre la Gauche prolétarienne, préférant quelques mois plus tard l'autodissolution définitive que l'entrée en clandestinité terroriste, comme en Italie ou en Allemagne.

Pour Marin Karmitz aussi, l'enterrement de Pierre Overney joue ce rôle de prise de conscience dégrisante et marque la fin de son engagement direct auprès de la Gauche prolétarienne : « Le jour de l'enterrement, l'APL m'a demandé de suivre le cortège. Les rues étaient noires de monde, c'était très tendu, la police et les mouchards étaient omniprésents, infiltrés dans l'immense cortège. Le service d'ordre de la GP était à la hauteur de cette menace, quasi militaire, avec des militants impressionnants, casqués et bardés de barres de fer. En prenant mes photos, debout sur un abribus au début du boulevard Magenta pour avoir une vue, je me suis fait repousser, jeter à terre, taper, molester. Je ne savais plus pourquoi j'étais là, dans quel camp j'étais, quel était le but de tout ça. J'ai rangé mon appareil, suivi le cortège jusqu'au Père-Lachaise, puis je suis rentré chez moi, et je n'ai plus pris de photos pendant des années. » [86]

Malgré cette fin amère, où se mêle la culpabilité d'être, par sa présence de photoreporter, générateur de violence, puis victime de cette même violence, Marin Karmitz conserve de ces années de militance maoïste un souvenir « constructif » : « Je continue, encore cinquante ans plus tard, de m'inscrire dans la tradition des maos "spontex", intransigeants mais inventifs, passeurs, médiateurs. Notre problème n'était pas de prendre le pouvoir – c'était la question, bien illusoire, des trotskystes –, mais de faire en sorte que les citoyens prennent le pouvoir, ou du moins ne laissent pas les autres agir à leur place. Je reste fier de ce militantisme passé, notamment par la façon dont la "marge" a su questionner le "centre" et le remettre en question. C'est un grand leitmotiv de ma vie, dans la continuité de ce moment, la marge et le centre. Aller de l'un à l'autre au gré des contextes et des courants. Il ne s'agissait pas, en fait, de révolution prolétarienne mais de fonder des espaces de contre-culture, d'inventer des formes de démocratie participative, ce qu'on appelait, avec les mots issus de la lutte contre la guerre du Vietnam, “la citadelle avancée dans le territoire ennemi”. Il me semble que c'est encore un sujet pour aujourd'hui [87]… »

En ce sens, si l'on peut repérer des évolutions, voire des ruptures, dans l'existence, l'itinéraire, la carrière, la pensée et les actes de Marin Karmitz, sa « période GP », de Mai 68 à 1972, demeure, coûte que coûte, fondatrice et ses effets jouent ensuite, au sein de contextes successifs, sur un demi-siècle, entre infléchissement et fidélité. « Le marxisme me convenait, avoue encore Marin Karmitz au début des années 2000, et je me retrouve dans sa dialectique, dans l'évolution des contraires ou des rapports de force. Dans l'idée de lutte et dans l'idée de classes. Considérer qu'il y a des contraires, qu'ils s'opposent pour tendre vers une transformation de la société, oui, ça me va toujours. » [88] L'homme de trente ans qui traversait le Paris révolutionnaire en coupé Lancia bleu, qui suivait les AG prolétariennes en costume blanc col mao signé Michel Schreiber – « La boutique géniale de la rue des Rosiers où tous les dandys de la révolution venaient s'habiller pour pas cher [89]… » – et qui manifestait en *trench* Burberry, son Leica à la main, faisant le coup de main à l'occasion, cet homme-là, du moins son fantôme, accompagne toujours le patron de mk2, voire le président du Conseil de la création d'époque Sarkozy, quand il monte les marches du palais du Festival de Cannes ou celles de l'Élysée.

« Si je devais, imagine-t-il quelques décennies plus tard, faire un film dont le héros serait un acteur de 68, un héros d'une révolution perdue, d'un rêve brisé, mais fidèle à ses idéaux de jeunesse, je m'inspirerais de la personnalité d'Olivier Rolin. Il incarne à mes yeux cet échec des utopies françaises, mais tout autant ses filiations, qu'il exprime de manière nuancée et complexe par son propre talent d'écrivain. » [90] Olivier Rolin, l'« Antoine » de la clandestinité gauchiste, le chef du bras armé de la Gauche prolétarienne, que Karmitz transporte blessé en mai 1970 dans sa belle auto, est aussi celui qui œuvre pour l'autodissolution de la GP en 1973 « avant qu'il ne soit trop tard » [91]. Il demeurera un ami de son « sauveur ». Le 18 avril 2003, il se porte volontaire pour, en compagnie de leur auteur, présenter *Camarades* et

Les ouvrières occupent leur usine. Une scène de *Coup pour coup* de Marin Karmitz, tournée à Elbeuf, 1971.

Affiche pour la projection du film *Coup pour coup* de Marin Karmitz organisée par le Conseil supérieur de la magistrature, en novembre 1972, dans la ville de Troyes.

Coup pour coup dans une séance de ciné-club prévoyant un énième programme sur « Le Cinéma de 68 » : « Je le ferai avec grand plaisir et par vieille amitié, écrit-il à Marin Karmitz, et aussi parce que je les aime, ces films, j'y retrouve quelque chose de la beauté d'autrefois. »[92]

« Pour un œil les deux yeux, pour une dent toute la gueule »

Dès la sortie de *Camarades*, en novembre 1970, Marin Karmitz a conscience de ses insuffisances. Il milite, certes, mais son point de vue lui semble décalé, erroné. « Entre discussion et action, j'ai compris ce qui n'allait pas. J'avais continué à être extérieur à l'histoire. Le pire a été ma façon de filmer le travail à l'usine : d'en haut, la caméra regardait depuis une place surplombante. Je n'étais pas au milieu des ouvriers, j'étais au-dessus. »[93] Le militant-cinéaste se lance alors dans un projet, *Coup pour coup*, qui, en prenant littéralement pour titre un slogan phare de la GP – « Coup pour coup. Patron tu paieras ! Pour un œil les deux yeux, pour une dent toute la gueule » –, s'ancre dans les luttes des ouvrières d'usines textiles, mais aussi dans leurs manières de vivre et de travailler, de parler et de se révolter. Cela suppose une immersion dans ces milieux, passant par des enquêtes, des rencontres, des témoignages, puis un travail d'élaboration du film, d'écriture, de préparation et de tournage essentiellement collectif.

Si l'intérêt se porte sur les luttes des femmes, et plus particulièrement sur les grèves avec occupation d'usine, c'est que le contexte l'impose[94]. Depuis mai-juin 1968, ces dernières se sont multipliées aux quatre coins de la France, presque banalisées car, si elles vont à l'encontre de la propriété privée et sont parfois violemment conflictuelles, elles se révèlent efficaces. Redoutées par les patrons et les cadres, voire par les syndicalistes CGT, ces occupations, qui impliquent parfois des séquestrations, mènent à des résolutions plus favorables aux ouvriers. Quant aux ouvrières, elles ont marqué les esprits : à Saint-Ouen, à Saint-Brieuc, à Reims, aux blanchisseries de Grenelle, plusieurs combats de femmes sont restés fameux. Ce type de conflit est suivi de près par Marin Karmitz entre 1970 et 1971. Ses archives en portent trace : enquêtes à Troyes en février 1971, à Roubaix un mois plus tard, à Saint-Omer en mai 1971. À chaque fois, ce sont des contacts pris, des bandes magnétiques enregistrées, des photographies, des notes, des textes transcrits et décryptés. On y saisit concrètement comment les ouvrières organisent l'occupation de l'usine (ravitaillement, caisse, hygiène, coiffeur, crèche, rondes pour maintenir le matériel et les machines en état, roulements pour aller s'occuper des familles). Hélène, de l'usine textile de Troyes, témoigne : « Ça fait seize jours qu'on occupe mais on est toujours toutes ensemble. On est solidaires et ça marche très bien. Financièrement, on est aidées par les syndicats, des petits commerçants aussi. Les maris viennent nous voir derrière les grilles. Si on est là, c'est qu'ils nous comprennent. Ça nous a appris bien des choses. C'est pas du tout politique au départ. Il y a chez nous des personnes de toutes tendances. Il y avait un malaise. On nous faisait choper et travailler le samedi matin alors on a débrayé. On est des femmes mais on est décidées[95]... »

Marin Karmitz ne fait pas ce travail seul, il est entouré de militants qui sont aussi des intermédiaires, entre l'action et le récit, entre la lutte et le film, entre des revendications et un dispositif de mise en scène. Trois sont particulièrement importants sur *Coup pour coup* : Roland Leguern, Évelyne July et Jacques Kebadian. Le premier est un employé de la RATP dont l'engagement comme « scribe populaire » le met au contact de prolétaires dont il raconte l'histoire et la vie sous forme de biographie. Militant de la GP, proche d'Olivier Rolin, qui en propose, trente ans plus tard, un beau portrait dans *Tigre en papier*, Leguern va à la rencontre des gens pour leur prêter sa plume afin qu'ils puissent être entendus. C'est lui qui pose la première histoire : celle de femmes en lutte contre l'injustice et les brimades des « petits chefs » qui décident de se mettre en grève. Il est parti de témoignages recueillis à Roubaix, publiés dans deux numéros de *J'accuse* à la fin de l'année 1970. À la demande de Marin Karmitz, séduit par ce travail de mise en forme, Leguern propose un premier scénario intitulé *Colère sur la ville*[96], une sorte de longue nouvelle racontant le combat d'ouvrières du textile pour faire réintégrer deux d'entre elles, Colette et Agnès, licenciées pour avoir débrayé. Elles occupent l'usine et séquestrent le patron, Boursac, avant de faire céder la direction de l'entreprise par leur unité farouche. Le 14 avril 1971, mk2 établit un contrat double pour Marin Karmitz et Roland Leguern, co-auteurs du scénario, le premier étant désigné comme « réalisateur, acceptant de mettre son salaire en participation, avec un droit de 5 % sur toutes les recettes à venir »[97]. Le budget global du film est établi à 400 000 francs. L'existence précoce du scénario permet sa présentation à la commission d'avance sur recettes, qui lui accorde une aide de 150 000 francs. En quatre ans, les trois longs métrages de Marin Karmitz ont été aidés par le CNC, trois films « anti-système », deux films militants. Honneur aux subventions publiques qui financent un opposant politique ouvertement déclaré.

Évelyne July s'impose comme la cheville ouvrière du projet. Responsable de la Gauche prolétarienne pour les départements du Nord de la France, du Pas-de-Calais à la Lorraine, elle met en place les enquêtes qui suivent les différentes grèves de femmes dans les usines, à Troyes, Roubaix et Saint-Omer. Là s'établissent les premiers contacts avec les ouvrières, notamment celles qui souhaitent parler de leurs luttes et pourraient s'inscrire dans un projet de film. Évelyne July est une forte personnalité et représente une rencontre importante pour Marin Karmitz : « J'ai rencontré Évelyne par Serge July, son premier mari. Je l'avais remarquée dès les premières conférences de presse du Mouvement du 22 mars, à Nanterre, puis à Paris, en Mai 68. Ce n'était pas difficile : c'était la plupart du temps la seule femme à la tribune. C'est peu de dire que les femmes n'étaient pas mises en avant, dans un milieu très masculin, voire plutôt machiste. Dans les assemblées, les femmes étaient là pour admirer les hommes qui parlaient. Alors qu'Évelyne, avec son chignon et ses cheveux noirs tirés en arrière, incarnait la révolutionnaire de premier plan, à la Rosa Luxemburg. Ses prises de parole étaient puissantes et remarquables, d'une grande clarté. Elle faisait preuve de courage physique dans les assemblées, les manifestations, les occupations d'usine. Enfin, avec les ouvrières, elle nouait des contacts chaleureux, loin des militants maoïstes secs et dogmatiques. Évelyne July était un drôle de mélange, grande gueule, idéologue mais très humaine. On s'est bien entendus [98]. »

Le troisième larron, Jacques Kebadian [99], Marin Karmitz le connaît depuis leur militantisme commun contre la guerre d'Algérie. Il a déjà produit, avec MK Productions, le court métrage *Cérémonie pour une victoire*, l'étonnant et original hommage que le fils d'Arménie rend en 1965 aux soldats soviétiques tombés à Stalingrad. En 1967, Kebadian réalise son premier moyen métrage de fiction, *Trotsky*, une évocation du révolutionnaire incarné par le tout jeune Patrice Chéreau. En 1968, à vingt-sept ans, le cinéaste participe à la création des États généraux, manifeste et filme les grèves ouvrières. Il co-fonde alors, avec Yann Le Masson, le collectif militant ARC, et participe à la réalisation du *Droit à la parole*, du *Joli mois de mai*, de *Comité d'action 13*. Après Mai, il s'établit comme ouvrier à l'usine de peinture Valentine, à Gennevilliers. Il y mène des actions pour dénoncer les conditions de travail, notamment les intoxications par vapeurs de soude provoquant des maladies mortelles. Il affronte les polices patronales et, pris dans des échauffourées, il est licencié et traîné en justice : un procès, en 1970, lui vaut deux mois de prison avec sursis. C'est donc un militant aguerri, en plus d'un cinéaste engagé excellent technicien, qui rejoint l'équipe de *Colère sur la ville*.

Le travail avec les ouvrières consiste à reprendre, conforter, critiquer, malmener, compléter, le premier scénario écrit avec Roland Leguern. Sur place, Karmitz, July et Kebadian recueillent de nouveaux récits et filment en vidéo certains de ces témoignages. « Nous avons fait des photos à Troyes, et eu des discussions avec les grévistes. Ces retours ont permis certaines transformations du scénario. Puis nous sommes allés à Saint-Omer dans un esprit différent. Il fallait que nous participions plus activement à la lutte en cours que deux mille ouvrières menaient contre les cadences. Faire avec elles les piquets de grève, se battre contre les "jaunes" et la maîtrise, discuter, argumenter, en filmant le tout au magnétoscope. Chaque soir, nous projetions ces vidéos que nous avions tournées dans la journée. De nombreuses discussions en naissaient, entre nous et avec les ouvrières. Cette liaison collective avec la réalité nous a permis d'enrichir profondément le scénario. Ainsi, lutte après lutte, naissait un autre film, que nous avons appelé *Coup pour coup*. » [100]

Marin Karmitz, en organisant ce protocole et ce processus de travail, en partageant la co-écriture de son film, avec ses trois « collègues » puis l'ensemble des ouvrières rencontrées, mène bien plus loin le procédé initié avec *Sept jours ailleurs*. Il s'agit d'improviser, mais au sein d'un travail dirigé, canalisé, remis en place à partir de l'expérience vécue, ce qui permet de critiquer les premiers récits. Cette mise en forme collective et complexe occupe une part du printemps puis de l'été 1971 ; elle est indispensable et consubstantielle à la fabrication du film. Le point de vue change du tout au tout : « Dès le premier plan, *Coup pour coup* est tourné parmi les femmes. On les voit assises à leur poste de couture, la caméra est placée à la hauteur de leurs yeux, regardant d'en bas le contremaître debout devant elles. D'un film à l'autre, ma caméra a changé de place, et ce faisant j'ai opéré un changement d'esprit. » [101]

Comment produire un tel film ? Les deux producteurs « classiques » associés à Karmitz, Jacques Perrin et Yves Robert-Danièle Delorme, se désengagent d'un projet essentiellement militant. « Ce film, personne ne voulait le produire avec moi », se souvient-il. Alors, *Coup pour coup* se fait à budget minimal, comptant en premier lieu sur les 150 000 francs du CNC. Cela implique des décisions radicales mais justifiées par l'économie du film : tournage en caméra 16 mm couleur, équipe légère où les postes sont répartis au plus juste. Ainsi, Marin Karmitz est en même temps réalisateur et cadreur, Jacques Kebadian son premier assistant, Renan Polès, militant trotskyste, et André Dubreuil, chef opérateur, sont à la lumière. Évelyne July s'occupe de la distribution des rôles et organise la régie. S'ajoute une douzaine de jeunes techniciens et techniciennes volontaires [102]. Tout le monde est payé, c'est important, mais à un salaire identique, 1 500 francs par mois [103]. Cette fabrique simple et collective, Karmitz la nomme, en hommage à la guerre anti-impérialiste, le « système de la ronéo vietnamienne » [104]. Trente ans plus tard, il écrira encore : « Je reste viscéralement attaché à ce cinéma de pauvre, à ce cinéma d'idées, à ce cinéma qui contourne les difficultés par l'imagination et la trouvaille, où la contrainte devient positive. En tant que producteur, je me pose toujours la question de savoir comment transformer l'absence d'argent en liberté. Je travaille bien avec des cinéastes qui se posent la même question, à laquelle Chabrol ou Kieślowski, si différemment, savent admirablement répondre, comme si ce défi les stimulait. On ne peut pas en même temps être libre dans le contenu et la mise en scène et dépendre de sources financières qui n'ont absolument pas les mêmes intérêts que vous. » [105] Sur les fiches techniques du film et son affiche, *Coup pour coup* est ainsi « réalisé collectivement par Marin Karmitz, une équipe de cinéastes et 100 ouvrières [106] ».

Rejouer les luttes, prendre la parole

Les ouvrières, en effet, pour la première fois envahissent un plateau de cinéma. Une partie de la distribution est certes composée de comédiens : le patron, les cadres, les délégués syndicaux, essentiellement les hommes du film, plus quelques comédiennes pour interpréter, là encore, l'encadrement féminin de l'usine. Faut-il d'autres comédiennes pour interpréter des ouvrières, notamment les meneuses du mouvement ? Karmitz est sceptique : « On s'est aperçus qu'une actrice ne savait pas, ne pouvait pas, composer une attitude d'ouvrière. Une comédienne doit inventer des gestes, doit copier, et dans les deux cas, c'était l'échec. »[107] La conclusion s'impose : les ouvrières n'ont qu'à jouer leur propre rôle. Certaines, repérées durant la préparation du film, dans le Nord ou en Champagne, sont alors retenues et, si elles le peuvent, dégagent un mois de leur temps pour rejoindre le tournage contre un salaire légèrement supérieur à celui de leur travail habituel. La plupart viennent en famille, avec mari et surtout leurs enfants, qui feront de la figuration. Les autres, sous la supervision d'Évelyne July, sont recrutées sur place, au bureau du chômage d'Elbeuf, où est tourné le film. Ainsi, sur le plateau, ou plutôt dans l'usine du film, se retrouvent à la fin de juillet 1971 53 ouvrières, dont 27 sont de la région, 6 lycéennes, 8 étudiantes, 2 enseignantes, 2 avocates et 7 comédiennes, plus 7 ouvriers, 5 comédiens et 2 éditeurs.

C'est donc à Elbeuf, petite ville de vingt mille habitants de Seine maritime, lovée sur une boucle du fleuve, que l'équipe de Marin Karmitz trouve le cadre du film : une usine textile. L'industrie drapière y est solidement implantée mais en perte de vitesse, laissant quelques établissements désaffectés. Impossible de trouver ailleurs une usine en état de marche. « Pas un seul patron, nulle part, en 1971, ne voulait prêter une usine à un groupe de gauchistes pour tourner un film révolutionnaire[108] », en rit encore Marin Karmitz. Une ancienne usine vide est louée, la filature Clarenson, qui a fermé ses portes dix ans auparavant, en 1961. Avec l'aide des ouvrières recrutées pour le film, l'équipe technique reconstitue une chaîne de confection sur deux ateliers côte à côte. « C'était un réel outil de travail, qui pouvait sortir de vrais pantalons[109] ! » se souvient le cinéaste.

Il y a énormément de monde sur le tournage, durant vingt-deux journées, entre fin juillet et août 1971, dans une ambiance qui oscille entre le comité d'entreprise, le piquet de grève, l'AG, la colonie de vacances, la fête de village et le phalanstère populaire. Sur le plateau, on peut suivre deux caméras, la 16 mm dirigée par Karmitz et Kebadian, qui s'approche le plus souvent au plus près des corps, des visages, des machines, comme dans un reportage sur le vif, et la vidéo tenue par Patrick Cabouat et Jean-Noël Delamarre, qui sert aux répétitions et aux moments d'improvisation. « J'ai voulu travailler l'improvisation avec les ouvrières. C'était l'époque des premières caméras vidéo. On installait le plan, on tournait d'abord en vidéo, puis on montrait ce qu'on avait fait à toutes les ouvrières-comédiennes, dans une espèce d'assemblée générale autour de l'écran de télévision et de la caméra vidéo. Les ouvrières critiquaient ce qu'elles voyaient, faisaient des remarques sur le jeu de l'une ou de l'autre, participaient à l'élaboration du film, à tel point qu'il a été une nouvelle fois complètement transformé. Tout était à nouveau filmé à la vidéo. »[110]

Grâce à la souplesse de la vidéo, *Coup pour coup* s'apparente à un *work in progress*, en trois étapes de création successives : premier tournage dans les lieux d'origine des ouvrières pour un témoignage initial, à Troyes ou Saint-Omer ; deuxième enregistrement sur le plateau du film, lors d'une improvisation des scènes prévues ; enfin, un troisième moment de captation lors des sessions de visionnement et des assemblées critiques. Cela permet d'être au plus près des paroles et des gestes de ces femmes en lutte, tout en désacralisant le « filmage » proprement dit, deux ou trois prises par jour au maximum, qui n'intervient qu'en fin de cycle, au dernier moment, pour boucler « à la va-vite[111] » un processus autrement plus intéressant et complexe qu'un tournage classique. « Ces femmes sont arrivées avec la volonté de prendre la parole, rappelle Karmitz, moi j'avais le procédé technique pour leur permettre de le faire correctement. »[112]

Condition de cet ouvrage collectif : une implication de tous les instants, ce qui suppose un mois de vie commune. Pour ce faire, la cuisine et la vaisselle sont partagées à tour de rôle. Une crèche est mise en place. Et pour le logement, une partie de l'équipe peut rester *in situ* dans un dortoir aménagé au sein de l'usine, d'autres campent non loin, et une dernière part a trouvé refuge à une vingtaine de kilomètres, au Moulin d'Andé, lieu magnifique mis à disposition par les propriétaires, l'écrivain Maurice Pons et Suzanne Lipinska, dont la fille travaille sur le tournage. Ce centre culturel a déjà reçu François Truffaut, pour *Les Quatre Cents Coups* et *Jules et Jim*, puis Alain Cavalier pour *Le Combat dans l'île*. « J'ai vraiment eu le sentiment, conclut le cinéaste, de faire pour la première fois un film collectivement, en communauté, grâce à la formidable inventivité de ces femmes. »[113] Pour la petite histoire, certains techniciens ont quitté l'aventure en cours, essentiellement les « trotskystes » : ils ne voulaient pas faire la vaisselle…

L'expérience marque profondément certaines des ouvrières qui rejouent ainsi leur vie et réinventent leurs luttes. On trouve dans les archives de mk2 un dossier d'une trentaine de lettres écrites après le tournage, entre fin août 1971 et la fin de l'année suivante. Ginette du

Val-de-Marne, Annick d'Évreux, Brigitte de Roubaix, Danielle d'on ne sait où, Marie-Claire et Marie-France de Saint-Omer, Nathalie de Montreuil, toutes ces femmes racontent le souvenir fort de ce mois de vie passé ensemble, cette aventure de cinéma, cette solidarité surtout, qui les laisse ensuite, une fois ce moment terminé, un peu tristes et surtout isolées. Il y a de l'amour pour celui qui a organisé ce film – les « Je t'aime Marin » ne sont pas rares –, mais également beaucoup de crainte qu'il les oublie, que l'exercice ait été trop éphémère, voire qu'il « trahisse » leur confiance et cette amitié née lors de l'été 1971, pour devenir « comme les autres hommes », un « salaud qui aime plus le pouvoir que la lutte » [114]. Ginette a découpé un bout de tissu rouge, qu'elle glisse dans une enveloppe et sur lequel elle a écrit : « À mon ami Marin et pour toute l'équipe. En souvenir d'un film tourné ensemble et de notre amitié. En espérant un jour être à nouveau réunis. Bises. » [115] Annick rappelle qu'elle est « la nana qui a été attaquée par les syndicalistes au cours d'une discussion à Évreux. D'acc. Tu me remets [116] ? » Nathalie confie qu'elle a « une frousse terrible qu'on ne se revoie plus » [117]. Danielle s'adresse à Évelyne July dans un ultime élan sororal : « Et toi ma sœur douloureuse, ou je me suis trompée sur notre rencontre, pendant cet incroyable tournage, ou tu sais déjà tout cela. » [118]

Cocktail Molotov versus *cocktail grenadine*

En février 1972, à peine trois mois après *Coup pour coup*, Jean-Luc Godard, avec l'aide de Jean-Pierre Gorin, tourne *Tout va bien* pour le jeune producteur Jean-Pierre Rassam, qui a pris d'assaut la Gaumont. C'est un autre film gauchiste sur un sujet proche : une grève avec occupation d'usine. Mais la perspective est opposée : « Godard répondait différemment, affirme Karmitz, à la question que je posais aussi : comment le cinéaste, l'intellectuel, l'artiste peut-il rendre compte des luttes qui se déroulent en France ? Comment aller vers les gens et les laisser parler ? Godard revendiquait sa subjectivité et exprimait son point de vue de cinéaste face à cette réalité. *Tout va bien* est un film d'artiste, avec de grandes vedettes de gauche, Yves Montand et Jane Fonda, se détachant d'un fond prolétaire au combat. Ma manière était différente : au service de la parole des ouvrières, travaillant sur le film avec elle et les filmant de près. Deux façons de faire de la politique au cinéma. » [119] Godard répond. Il n'est guère optimiste sur l'engagement des intellectuels. C'est ce qu'il dit dans l'émission *Vive le cinéma* de André S. Labarthe et Janine Bazin, en septembre 1972. Mal rasé, ébouriffé, en peignoir, il explique posément : « Avec Karmitz, on pensait tous les deux qu'il fallait faire un film pour ceux qui veulent du changement, pour les exploités, les opprimés, la classe ouvrière. Karmitz, dans *Coup pour coup*, saute une étape. Il va voir les ouvrières, les fait jouer, les fait parler, les met en scène, c'est-à-dire qu'il pense qu'on peut aller directement les voir comme ça, alors qu'elles ont été privées de communication pendant longtemps, qu'on peut "se mettre au service" sans problème. Nous, on pense qu'il y a un problème et que ce problème, c'est le moyen même qu'on emploie. J'essaie au contraire de lutter contre la mise en scène. Notre effort, c'est de ne pas faire des films *au nom* de la classe ouvrière, mais *pour* la classe ouvrière. En pensant faire un film "au service de la classe ouvrière", Karmitz risque de faire un film "contre". Et pour ça, on choisit une autre manière pour raconter autre chose. C'est notre boulot. » [120].

La controverse entre *Coup pour coup* et *Tout va bien* monte dans le contexte d'une extrême gauche intellectuelle contrastée : Jean-Paul Sartre, Simone de Beauvoir, Michel Foucault prennent position pour l'engagement solidaire d'un porte-parole à la Karmitz, tandis que Gilles Deleuze, Félix Guattari, Alain Badiou soutiennent la manière godardienne de « filmer politiquement la politique » [121]. Aux *Cahiers du cinéma*, on se passionne aussi pour ce débat : le numéro de mai 1972 y consacre une cinquantaine de pages, en choisissant son camp – *Tout va bien* fait la couverture –, mais en reconnaissant chez Karmitz, « au sens de Mao Tsétoung », une certaine générosité de sa « conception utilitariste de l'art révolutionnaire » [122].

Les critiques eux aussi se divisent à propos des deux films. Le « retour de Godard en gauchiste [123] » ne remporte pas leurs suffrages. Ils commencent à se lasser du cinéma qui s'engage. « Terriblement ennuyeux », « Ça n'apporte rien ni au cinéma ni à la révolution », « Godard n'est plus Godard », voici les principales remarques, désabusées, qui expriment cette déception générale, résumée par Jean-Louis Bory dans *Le Nouvel Observateur* : « Le cheval Godard s'est assagi, c'est aujourd'hui un percheron. Où est le pur-sang cabochard, qui renâclait, se cabrait, tout en ruades vachardes dans nos mandibules ?

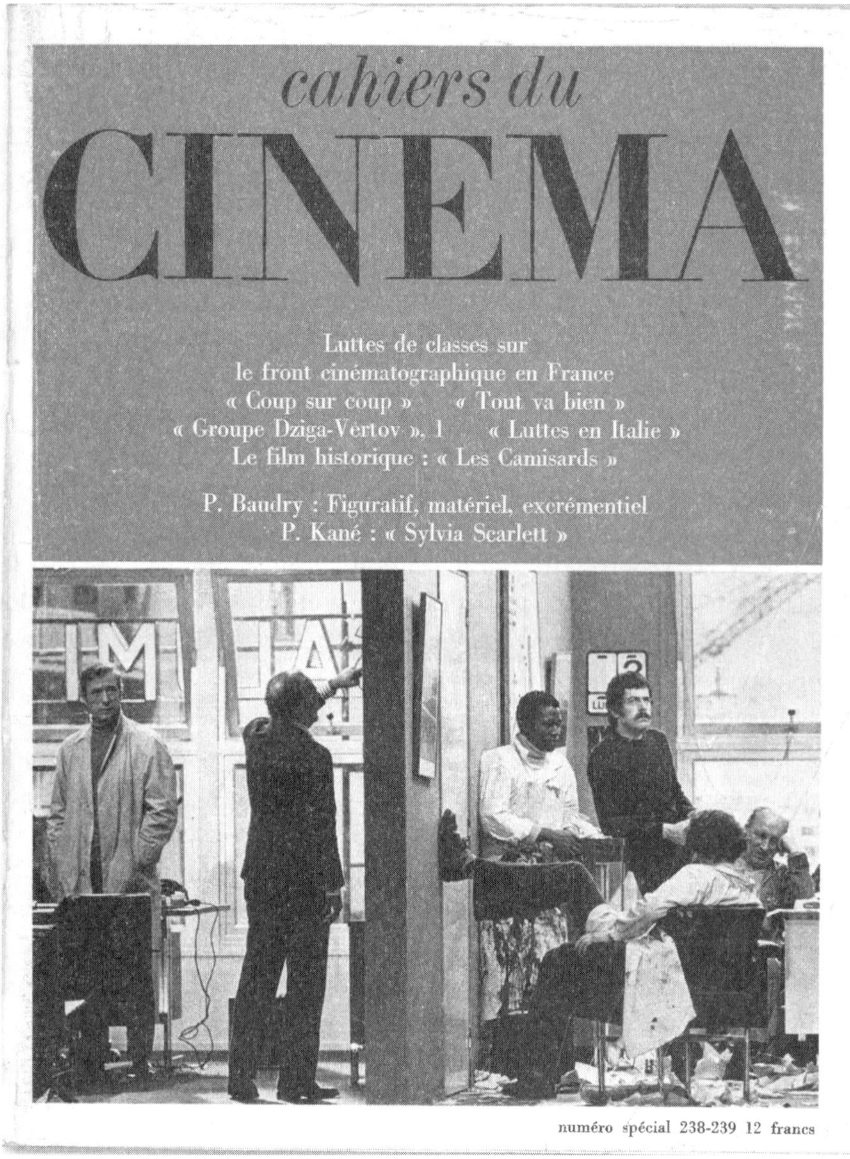

Couverture du numéro spécial des *Cahiers du cinéma*, « Luttes de classes sur le front cinématographique en France », n° 238-239, 1er trimestre 1972. Le dossier est consacré à une comparaison entre *Coup pour coup* de Marin Karmitz et *Tout va bien* de Jean-Luc Godard (en couverture), deux films contemporains sur les occupations d'usine.

Mais au moins on en voyait trente-six chandelles. *Tout va bien*, c'est du Godard émoussé, non seulement parce que déjà vu, mais parce que *rangé* et non plus dérangeant. » [124] Les comparaisons ne penchent pas en faveur de *Tout va bien*. Un critique, Dominique Noguez, oppose ainsi le cocktail Molotov de *Coup pour coup* au « cocktail grenadine » de Godard [125].

Est-ce parce qu'il est légèrement vexé de la comparaison, toujours est-il que l'aîné écrit à ses deux cadets en révolution pour justifier son refus de leur prêter sa salle de montage pour « dérusher » des prises de vues réalisées par Kebadian lors de l'enterrement de Pierre Overney : « Cher Jacques et cher Marin, peut-être que tout est clair politiquement pour vous, toujours et partout ; et spécifiquement un jour donné, l'emprunt d'une salle de montage donnée, pour monter tel film donné. Il n'en est pas encore de même pour moi ; et au lu de vos déclarations dans la presse à l'occasion de la sortie de *Coup pour coup*, et au vu dudit film, il ne me semble pas non plus que ce le soit pour vous ; c'est le moins que je puisse dire dans ce court mot. S'il s'était agi, par exemple, de vous transporter à l'enterrement de Pierre Overney parce que nous disposions d'une auto et pas vous, bien sûr que oui. Mais mieux vaut, à mon avis, pour l'instant, ne pas mélanger ce qui n'est pas mélangeable. Nous essayons de ne pas céder à la tentation de l'amalgame : la lutte entre les deux voies (la voie de son maître et la voie de garage) et la mienne, en ce qui concerne le cinéma, ne fait que commencer. Rendre coup pour coup, c'est aujourd'hui vous dire : tout va bien. Librement, fraternellement, inégalement, mais démocratiquement vôtre, Jeanluc [126] »

La lettre est certes un peu alambiquée, mais elle semble claire. Pour Godard, la solidarité dans la lutte et le deuil ne vaut pas pour le cinéma militant. On ne fait pas le même cinéma, lance-t-il ici : il y a la « voix de son maître » et la « voie de garage » [K + K], et il y a la voie de JLG, radicalement différente.

Ville par ville, salle par salle

Coup pour coup sort à Paris de manière relativement confidentielle, le 25 février 1972, le jour même de l'assassinat de Pierre Overney. Mk2 s'est rapproché d'une petite société de distribution, « Cinémas Associés », pour projeter le film dans trois salles, le Royal Haussmann sur les Champs-Élysées, le Studio Saint-Séverin au Quartier latin et le Studio République. Le film reste neuf semaines à l'affiche et attire 36 718 spectateurs, moitié moins que *Tout va bien*, mais qui a coûté dix fois plus cher. Ce n'est pas une mauvaise affaire. L'attaché de presse, Bertrand Tavernier, qui a accepté de travailler quasi bénévolement par amitié pour Marin Karmitz, a réussi à mobiliser quelques journalistes, Jean-Louis Bory dans *Le Nouvel Observateur*, Christian Zimmer dans *Cinéma 72*, Louis Seguin dans *Les Nouvelles Littéraires*, François Maurin dans *L'Express* (« La caméra qui venge »). Surtout, dans *Le Monde*, Martin Evin dédie une pleine page à *Coup pour coup*, une semaine avant la sortie, intitulée « Filmer en militant, militer en filmant [127] », qui assure une belle visibilité au film. Claude Mauriac, François Nourrissier, Didier Decoin et même Raymond Aron se disent intéressés par l'expérience d'un film « vécu et réalisé par cent ouvrières » [128]. Dans *Charlie Hebdo*, Wolinski et Reiser illustrent *Coup pour coup* durant plusieurs semaines.

Marin Karmitz a envisagé pour son film un autre type de diffusion. Durant plus d'un an, il le présente, avec Évelyne July souvent, dans les salles et les festivals internationaux, comme le prototype du « nouveau cinéma militant ». *Coup pour coup* est vendu en Allemagne, en Angleterre, en Autriche, en Suisse. Marin Karmitz et Évelyne July se rendent à Londres en mai 1972, tandis que *The Observer* sort un article de six pages acclamant ce « Runaway Victory for Hundred Angry Girls [129] », puis au Filmforum de Berlin, avant Bergame, Locarno – à l'occasion d'une projection en plein air sur la Piazza Grande, le 10 août 1972 –, Édimbourg et son célèbre festival, Genève, Bruxelles, Rotterdam, Copenhague. Cette tournée s'achève à Los Angeles, en 1974, où seule Évelyne July peut se rendre. Le film est également présenté à Alger et à Tirana, destinations militantes. Marin Karmitz renonce à se rendre en Albanie quand les deux émissaires d'Enver Hoxha exigent que lui et Jacques Kebadian se coupent les cheveux avant d'effectuer le voyage… Le premier n'y envoie donc que ses « salutations révolutionnaires » [130].

Mais ce sont sûrement les projections organisées par les militants dans les villes ouvrières qui intéressent le plus le cinéaste. « Pendant une année, je me suis occupé de défendre *Coup pour coup* dans toute la France. Je n'étais pas seul, puisque Évelyne July, passionnée de politique et de cinéma, courageuse, téméraire, me rejoignait souvent.

Dessins de Reiser parus dans *Charlie Hebdo* en février 1972 pour accompagner la sortie de *Coup pour coup* de Marin Karmitz.

Nous avons été, un temps, professionnellement inséparables. Le film n'arrivait pas du tout à être diffusé normalement dans les salles en province. En me heurtant sur le terrain, ville par ville, presque salle par salle, à la difficulté de le sortir, j'ai vécu à la fois une grande frustration et un beau combat : il était possible, finalement, en s'engageant, de montrer différemment un film, malgré le marché du cinéma commercial et la frilosité des salles qui se trouvaient contrôlées par quelques circuits au monopole grandissant. »[131]

À Nancy, Lille, Rouen, Rennes, Angers, Tours, Condé, Orléans, Poitiers, Grenoble, Épinal, Longwy, Lyon, Vannes, Quimper, Dijon, Clermont-Ferrand, Évreux, des projections et des débats sont organisés dans des MJC, des ciné-clubs, des salles alternatives, des enceintes municipales ou syndicales. À Troyes, Roubaix ou Elbeuf, *in situ*, les ouvrières du film rameutent nombre de spectateurs, comme le 9 novembre 1972 au Palais des Congrès de la petite ville de Champagne, où tout a commencé. « Ce film appelle le débat, la discussion est ouverte : la parole est aux travailleurs[132] ! », annonce une grande affiche jaune à lettres rouges. Parfois, les discussions tournent mal, comme à Villerupt, en Lorraine, où la salle municipale, mise à disposition par le maire communiste, Armand Sacconi, accueille aussi bien des cadres des aciéries de Wendel à l'orchestre, des militants CGT au balcon, que des jeunes ouvriers très radicaux au parterre. Au beau milieu du film, des éclats de voix montent. « Salaud, lance un gauchiste à l'adresse du maire, vous nous bouffez notre vie [133] ! » Des coups s'échangent, des projectiles circulent entre les étages et le tout finit en bagarre générale, avec évacuation *in extremis* des invités pas si bienvenus.

Marin Karmitz sort « épuisé [134] » de cette expérience révolutionnaire, qui a exigé de lui trois années de mobilisation, de concentration, de déplacements, de combats, quasi permanents. « On dormait trois heures par nuit le plus souvent, et la violence des attaques, de même que la virulence de nos réparties, tout cela m'a laissé sur le carreau. » [135] Il s'est aguerri, indéniablement : l'homme n'est plus le timide, à moitié bégayant, caché derrière Chabrol à la tribune des États généraux du cinéma en Mai 68 ; quatre ans plus tard, il sait mener une AG et parler aux foules, même les plus hostiles. Il aime la discussion, la controverse et l'adrénaline. Parfois trop. Comme nombre de gauchistes, il s'est beaucoup disputé et ne ressort pas de cette expérience sans ennemis.

La joute avec Godard sur *Tout va bien* laissera des traces. Avec les trotskystes, que ce soit les politiques comme Alain Krivine et Henri Weber, ou un cinéaste comme Jean-Pierre Thorn, maoïste moins « spontex », les relations sont vraiment fraîches, de même qu'avec la part la plus maoïste de la Gauche prolétarienne, André Glucksmann, Robert Linhart, Benny Lévy. Et le cinéaste s'est violemment emporté contre quelques communistes : « Avec Joris Ivens et Marceline Loridan on s'est tapé dessus ! Quand j'ai vu *Comment Yukong déplaça les montagnes*, j'ai vraiment pris ça pour une imposture stalinienne et je leur ai balancé une table à la figure lors d'un débat [136]... » Quant aux autres réalisateurs, ceux qui n'ont rien changé après Mai 68, ils lui sont indifférents : Karmitz n'aura jamais de vrais rapports ni avec François Truffaut ni avec Éric Rohmer, par exemple. *A contrario*, il se sent proche de ceux qui ont partagé la même conviction que lui : un nouveau cinéma va naître des expériences d'improvisation collective. C'est le cas avec Jacques Rivette, Jacques Rozier, Marc'O ou René Allio. D'*Adieu Philippine* à *L'Amour fou*, de *Coup pour coup* à *Out One*, Marin Karmitz aime à dire qu'il appartient à ce qu'il nomme « la deuxième Nouvelle Vague » [137].

Dernier mot à Nathalie, l'une des ouvrières de *Coup pour coup*, qui l'aime beaucoup et n'hésite pas à lui révéler une vérité difficile à admettre, et pourtant frappante, quand elle lui écrit à la fin de l'année

1972 : « Eh bien, mon cher Marin, tu n'es pas le seul à avoir le moral à zéro. Pour cela, je te souhaite bon courage, le courage du peuple. La plus grande récompense pour nous serait de rester très liés les uns aux autres, ce serait ça le grand succès de ce film. S'il le faut, on se battra [138] ! »

VI

14 Juillet

Que faire ? Comment continuer à travailler dans le cinéma, mais un cinéma différent, fabriqué collectivement, s'engageant sur des sujets de fortes mobilisations et des luttes d'époque, comme le soutien aux travailleurs immigrés, le féminisme, l'antipsychiatrie ? En France, le militantisme à gauche est en train de changer de nature, avec l'autodissolution de la Gauche prolétarienne, le renoncement à la violence révolutionnaire, la recherche, au contraire, de voies démocratiques et républicaines pour conquérir autrement le pouvoir. Marin Karmitz comprend les enjeux de cette période de transition, mais hésite. Il n'a pas renoncé au cinéma politique. L'accompagnement militant, une année durant, de *Coup pour coup*, l'a conforté dans son idée de mettre en place un autre type de diffusion, afin de rencontrer plus directement son public. Il faudrait, selon lui, montrer les films en salle afin de « donner la parole » [1].

En juin 1973 commence un conflit social qui marque profondément l'homme en pleine interrogation sur lui-même et son avenir : des ouvriers et des ouvrières de l'usine horlogère Lip, à Besançon, apprenant l'existence d'une fermeture redoutée, occupent les lieux et décident, trois mois plus tard, après des luttes et des manifestations qui ont suscité une forte sympathie et une forme de solidarité nationale, d'une gestion collective de l'établissement et d'une reprise de la production autogérée. Soutenue par la CFDT et le PSU, la majorité des salariés met en œuvre cette autogestion exemplaire : occuper et prendre en main l'outil de fabrication avant de vendre directement la production. « La grève de Lip m'apparaît alors comme un modèle, explique Marin Karmitz. Pour moi, c'était clair : il s'agissait de transférer l'autogestion dans le domaine du cinéma. »[2]

La diffusion de *Coup pour coup* a été passionnante, mais n'empêche pas l'échec : si une trentaine de lieux en France ont montré le film, parfois projeté sur des draps ou des murs blancs, accompagné de débats et de rencontres, combien de spectateurs l'ont-ils vu… ? Et Marin Karmitz, comme son associée Évelyne July, sortent de cette expérience épuisés. « Je me suis rendu compte qu'une forme de censure se mettait en place, poursuit-il. Non pas politique mais économique : on ne pouvait pas montrer en France, à ce moment-là, des films différents. Les grands groupes de distribution des films contrôlaient quasi l'ensemble des salles, sauf dans le "ghetto du Quartier latin", mais où on ne montrait pas non plus les films hors circuit, notamment les films politiques. »[3] D'où l'idée, fécondée par l'expérience de l'autogestion chez Lip, de créer des lieux alternatifs, à la fois salles de cinéma et espaces de débat, librairies et « maisons des jeunes », où la vie collective et la sociabilité des savoirs pourraient s'épanouir sous des formes contre-culturelles.

L'atelier de la rue Traversière

Ce processus de réflexion sur soi-même ne peut aboutir qu'au renoncement à la réalisation personnelle. Il est enclenché, certes, mais Marin Karmitz, à trente-cinq ans, auteur de trois longs métrages réalisés en cinq ans, n'a pas encore tiré un trait sur ce qui fut tout de même son rêve de cinéaste. D'ailleurs, quand il s'établit comme « ouvrier du cinéma[4] », c'est encore avec des projets de films, collectifs et militants. Cela suppose un lieu, un « atelier », une « fabrique » de films. Avec Évelyne July, à la tête de la petite société mk2, ils trouvent cet endroit en décentrant leurs recherches vers l'Est parisien, quartiers populaires et industrieux alors financièrement accessibles. C'est la première implantation de mk2 sur cette partie de la carte parisienne qui échappe alors totalement au milieu cinématographique, traditionnellement situé dans l'Ouest parisien, entre les quartiers des Champs-Élysées, de l'Alma et de l'Opéra, où la plupart des producteurs ont leurs adresses, voire le Trocadéro, où s'est établi le Centre national du cinéma, ainsi que Boulogne-Billancourt, avec les plus importants studios français. « Entre mon bureau, à la Bastille, et le Centre du cinéma, aux

Champs-Élysées, il y a une ligne de métro, n° 1, la ligne Vincennes-Neuilly, explique Marin Karmitz. On peut aller de la marge vers le centre, de l'Est à l'Ouest, mais on peut aussi vouloir s'éloigner du centre, de l'Ouest à l'Est. Moi, j'ai sans cesse pratiqué des allers et retours sur cette ligne 1 [5]... »

Là, plus précisément au bout de la rue Traversière, dans le passage de la Trôle, XIIe arrondissement, Évelyne July et Marin Karmitz louent, sur les indications de leur ami peintre Merri Jolivet, voisin, et grâce à quelques économies familiales venues de parents commerçants à La Ciotat, un espace d'entrepôts et d'ateliers appartenant à la société Ségeron & Sever, spécialisée dans la menuiserie et la serrurerie. Le Faubourg Saint-Antoine, entre la Bastille, la gare de Lyon et le viaduc Daumesnil, est le quartier des meubles et du bois, industrieux et actif, où les rues, disposées en bordure du « Faubourg » ou du boulevard Ledru-Rollin, donnent sur de multiples passages, impasses et cours intérieures entourés de petits immeubles anciens. Des sans-culottes de la Révolution aux communards, puis jusqu'aux comités de lutte contre la fermeture des menuiseries des années 1970, les petits artisans ont forgé une culture particulière, revendicative et solidaire, assez typique d'une aristocratie populaire d'atelier qui tient la dragée haute aux propriétaires d'ébénisteries et de grands magasins de meubles, les Réveillon, Vogel, Krieger, Mansion, Jacob, Jeanselme, Hummel, Avenel, Nordin..., pour beaucoup encore actifs. En s'installant rue Traversière, c'est un quartier et une ambiance qu'adopte mk2, et pour longtemps, puisque la société de Marin Karmitz y siège toujours, un demi-siècle plus tard. Tout près, en surplomb, passe le viaduc de la ligne de train Bastille-Vincennes, le long de l'avenue Daumesnil, construit en briques roses et pierres de taille par Émile Vuigner et Albert Bassompierre au milieu du XIXe siècle. Elle vient de fermer, en 1969, et les espaces désaffectés pullulent à ce moment. Le quartier est en déshérence. Voilà comment Évelyne July et Marin Karmitz atterrissent, à la fin de l'année 1972, au 55, rue Traversière, dans une cour pavée tout en longueur bordée d'entrepôts et d'ateliers de bois.

Sur deux étages, mk2 installe ses premiers bureaux, quittant la rue Tronchet et l'espace étriqué des beaux quartiers fréquentés quasi clandestinement en gauchistes désargentés. Plus en adéquation avec cette nouvelle atmosphère, le duo se met au travail, avec l'aide d'une « camarade secrétaire » active, Donatienne Fraisse. Ce sont d'abord des sujets de films qui s'imposent, qui nécessitent des travaux d'enquêtes,

Marin Karmitz avec Évelyne July et Catherine Humblot, pendant un été dans les Cévennes, au début des années 1970.

Marin Karmitz pendant un été dans les Cévennes, au début des années 1970.

d'entretiens, d'écritures. Par exemple sur des situations historiques faisant sens pour un cinéaste militant. La rébellion des vignerons du Languedoc en 1907, « révolte des gueux du Midi » culminant avec la fraternisation des soldats d'infanterie et des manifestants en mai 1907 à Béziers, finalement réprimée dans le sang par le cabinet Clémenceau. Puis c'est au tour de la Résistance, mythe fondateur d'un gauchisme français qui se rebaptise « Nouvelle Résistance » – le titre du projet. On peut trouver, dans les archives de mk2, la trace d'une série de films sur « la résistance quotidienne [6] » à travers des portraits de figures héroïques et malconnues : Charles Debarge dans le Nord, tué par des gendarmes en septembre 1942, Pierre Grelot et Lucien Legros, lycéens à Buffon, fusillés en février 1943 après avoir organisé des manifestations anti-allemandes, Pierre Lamande, ingénieur agronome fusillé en octobre 1943 au Mont-Valérien, enfin Missak Manouchian et le groupe des combattants FTP/MOI de l'Affiche rouge.

Il était une fois Brigitte Dewèvre

Une autre histoire passionne alors les militants gauchistes et le cinéaste, l'affaire de Bruay-en-Artois. Le 6 avril 1972, on découvre le cadavre de Brigitte Dewèvre, quinze ans, sur un terrain vague de ce pauvre pays minier en pleine déconfiture où les puits ferment les uns après les autres, entre corons avec leurs maigres potagers en contrebas et maisons des notables, des maîtres et des contre-maîtres, posées sur des pelouses bien entretenues un peu plus haut. Le notaire du bourg, Pierre Leroy, et sa maîtresse, Monique Mayeur, sont inculpés, puis incarcérés, car le corps de la fille de mineur a été retrouvé au pied de leur maison. Le juge d'instruction, Henri Pascal, mène l'enquête à charge contre ce notable, mais, n'ayant aucune preuve tangible et formelle, il se trouve bientôt contraint de le faire libérer. L'affaire est largement médiatisée et devient un symbole, notamment pour la presse d'extrême gauche. Le 1er mai 1972, *La Cause du peuple* titre : « Et maintenant, ils massacrent nos enfants », accompagné du sous-titre : « Il n'y a qu'un bourgeois pour avoir fait ça [7] ! », demandant la tête du notaire. Serge July et François Ewald enquêtent, occupent le terrain et fondent le « Comité pour la Vérité et la Justice ». Ils écrivent sur place au contact des mineurs, des « plus pauvres », et en appellent même à la constitution d'un « tribunal du peuple » pour contrer la « justice de classe » [8].

1.

Une plaque a été posée à l'endroit où Brigitte a ét retrouvée. A côté, une ger be d'oeillets rouges. Les gens s'attroupent. Au bout d'un moment, une femme du coron prend la parole et explique les circonstances du crime : le terrain vagu à dix pas de la plaque, la haie coupée et derrière, insultante, la villa Mayeu

2.

Comme chaque jour en début d'après-midi, du monde sur le terrain. Un vieux mineu montrant la villa du doigt "Ca roule à 120 à l'heure dans Bruay, ça bouffe des biftecks de 800 grammes, ç nous méprise, et maintenan ça assassine nos filles "! Une vieille dame s'empare d cailloux, les jette sur la villa. Madame Mayeur, ef-frayée, appelle la police qui arrive. Les gens se re groupent et les forcent à partir.

Le soir c'est la première délégation de soutien au juge Pascal : "La populati bruaysienne vous soutiendr jusqu'à la dernière goutte de son sang". - "Je vous remercie de tout coeur", répond le juge Pascal, ému.

Page du projet de film sur l'affaire du meurtre de Brigitte Dewèvre à Bruay-en-Artois en 1972, *La Haie*, avec repérages photos et notes de Marin Karmitz.

Marin Karmitz et Évelyne July voudraient réaliser la version cinéma de ces contre-enquêtes et récits populistes d'extrême gauche. Ils s'installent eux aussi *in situ*, invités dans un coron situé précisément en face du terrain où Brigitte Dewèvre a été assassinée. Durant deux semaines, ils rencontrent des mineurs dont ils enregistrent les témoignages, notamment « André » et sa femme « Marie », figures locales incarnant la mémoire de la Résistance, couple meneur des manifestations de mai-juin 1941 ayant défié le patronat et l'occupant nazi aux cris du slogan « Du pain, du savon et la liberté ». « J'ai découvert un monde coupé en deux, raconte Marin Karmitz. D'un côté les corons ; de l'autre, sur la colline, la maison de Monique Mayeur. Dans les arrière-cours, des combats de coqs clandestins. Quel sujet ! Il y avait les bons, ce peuple malmené, les méchants, pervers et exploiteurs, et le chœur des femmes. Mais également un passé fait de luttes ouvrières, de résistance, d'une tradition de mineurs. Et au milieu, une instruction judiciaire avec une intrigue exemplaire, menée par un tout petit juge de gauche solidaire des prolétaires. »[9] Le passage à la fiction peut opérer.

On trouve de nombreux documents dans les archives de mk2, témoignant de la trace profonde laissée par cette affaire et de la volonté d'en faire un film. Un reportage photographique très complet, par exemple, sur les différents lieux, légendé comme un « roman-photo politique » : « À cet endroit, souligne la notice, Brigitte Dewèvre, fille de mineur, a été assassinée par la bourgeoisie de Bruay. »[10] Reste également une série de témoignages, de mineurs et femmes de mineurs, décryptés à partir d'enregistrements audio et vidéo. Plus un résumé, un synopsis de trois pages, une continuité de dix-neuf pages, quelques dialogues, enfin un scénario d'une quarantaine de pages, le tout portant le titre *La Haie*[11] – derrière laquelle a été retrouvé le corps et celle qui sépare les riches des pauvres, les puissants des victimes, les corrompus des héros.

Le passage à la fiction prend aussi grâce à la mobilisation de Simone de Beauvoir, que Marin Karmitz et Évelyne July, par l'intermédiaire de Serge July, convainquent d'écrire le scénario. À soixante-quatre ans, elle fait le déplacement à Bruay, dans le « coron mk2 », et rencontre ce « chœur » des femmes de mineurs. « Les femmes parlaient ch'timi, témoigne Marin Karmitz, elle ne les comprenait pas. Différence de classe, de langue, de culture. Décalage violent, malgré toute la bonne volonté de Simone de Beauvoir. Elle n'avait jamais vu une femme de mineur. »[12] Il en résulte cependant un texte d'une vingtaine de pages, signé par la philosophe : « Cette histoire est celle de la réaction collective de la population travailleuse de Bruay au meurtre de Brigitte Dewèvre. » Le récit est centré sur deux femmes de mineurs, Marie, « vieille militante demeurée combative et politisée », et Ginette, veuve d'un mari mort de silicose. Expulsée de son logement par les Houillères du Nord, elle habite avec sa fille dans une des maisons les plus pauvres du coron. Elle n'y croit plus : les épreuves l'ont abattue, elle a éprouvé la solitude, « abandonnée par la récession idéologique du PC et de la CGT », et s'est repliée sur elle-même. « Convaincue qu'on ne peut rien contre la justice bourgeoise, écrit Simone de Beauvoir, elle ressent l'assassinat de Brigitte dans la peur, dans la colère, mais aussi dans le découragement. Peu à peu, elle retrouvera le sens de la solidarité, elle luttera avec les autres femmes et prendra conscience que seul un incessant combat peut redonner un sens à la vie de ses camarades et à la sienne. »[13]

L'affaire de Bruay-en-Artois est essentiellement une prise de conscience, déclenchant la mobilisation et les actions collectives. C'est ce qu'écrivent Marin Karmitz et Évelyne July au début de leur présentation de *La Haie* : « L'énigme policière ne nous retiendra pas. Que le notaire Leroy soit coupable, ou seulement complice, ou – ce qui est hautement improbable – innocent, cela ne change rien au fait qui nous concerne : la haine de classe qui a explosé à la suite de l'assassinat d'une fille de mineur. Elle étonne et déconcerte ceux qui ont intérêt à nier cette réalité qu'est la lutte des classes, c'est-à-dire les bourgeois. Nous montrerons que l'affaire de Bruay ne peut être comprise que comme un moment de cette lutte. La haine a éclaté parce qu'elle n'avait jamais cessé de couver. »[14] Un doute effleure cependant les militants : « N'y a-t-il pas dans cette haine, ces soupçons contre la bourgeoisie, quelque chose de malsain qui peut conduire à de tragiques erreurs, à des lynchages réels ou médiatiques[15] ? » Mais l'hésitation ne tient pas longtemps, quand reviennent les certitudes de la lutte des classes : « Le peuple de Bruay est révolté contre l'inégalité des conditions sociales, ce qui entraîne sa violence verbale et symbolique. C'est qu'il est justement indigné par le meurtre sauvage de leur enfant, Brigitte. En accusant Leroy et Mayeur, la population de Bruay ne se laisse pas emporter par ces haines qu'on dit "aveugles", elle s'engage dans le chemin d'une justice populaire. La population doute seulement que la vérité se fasse jour. C'est moins contre un individu qu'elle lutte, c'est pour que la justice ne recule pas devant les privilèges. » [16] Qu'en serait-il si Pierre Leroy et Monique Mayeur étaient innocents ? Cela ne change rien ? Pas si sûr…

Dans une autre « note préliminaire », on peut lire : « Simone Signoret interprétera le personnage de Ginette. » Effectivement, Marin Karmitz a rendez-vous avec l'actrice, figure de l'engagement à gauche, à la Toussaint 1972. Il arrive avec son scénario : « Simone de Beauvoir a écrit le texte – pas très bon, reconnaît-il. Je suis allé directement le soumettre à Signoret, qui m'a reçu très chaleureusement dans la piscine de la Colombe d'Or, à Saint-Paul-de-Vence. Le contraste a été brutal, mais n'aurait pas empêché le projet d'aboutir si le scénario avait été meilleur. » [17] Sans doute, également, le contraste est-il trop important entre les réflexes, mêmes généreux, d'une grande actrice vedette auquel serait confié le rôle principal et les méthodes d'improvisation collective que vise toujours Marin Karmitz, en compagnie des femmes de mineurs. Le projet est abandonné à la fin de l'année 1973. « Heureusement !, avoue-t-il. Ce fut la pire erreur de ma vie. Je n'avais pas compris à quel point il est important qu'il existe des valeurs à ne pas transgresser. L'éclatement du système de valeurs peut conduire à la barbarie. Effectivement, il existe une justice de classe. Mais peut-il y en avoir une autre ? L'exigence d'une justice populaire et des tribunaux populaires conduisait à l'impasse. » [18]

Mohamed, Franco, Petra : destins exemplaires et lyrisme poétique

Une autre affaire mobilise Marin Karmitz : le 11 février 1972, Abden Azhamoul, un jeune Tunisien de seize ans, est retrouvé mort noyé dans le canal Saint-martin. Ce crime raciste entraîne une riposte [19] : une manifestation à laquelle participent de nombreux militants gauchistes, qui traverse le quartier de la Goutte-d'Or pour gagner les locaux du journal *Paris-demain* et y jeter des cocktails Molotov. « Le fascisme ne passera pas, *Paris-Demain* journal raciste ! » hurlent les insurgés, distribuant un tract où l'on peut lire : « On assassine à Paris ! Toi qui as connu l'Occupation, les crimes des nazis et de la police collabo, réfléchis ; toi qui as souffert du colonialisme, rappelle-toi de la guerre d'Algérie, des centaines de cadavres d'Algériens assassinés chargés par la Seine, réfléchis. Protégés par la police, se fondent les groupes racistes anti-ouvriers immigrés sur lesquels se bâtit le fascisme.

Descends dans la rue ! Les fascistes ne passeront pas. »[20] En représailles, les services de police organisent une rafle à la Goutte-d'Or, arrêtant près de huit cents immigrés dans le quartier.

Dans un contexte social tendu, la main-d'œuvre immigrée, attirée par le patronat qui en a besoin pour faire tourner les usines françaises, afflue au début des années 1970. En 1973, la France compte environ sept cent cinquante mille immigrés algériens, dont quatre cent mille dans le bâtiment et la métallurgie, et trois millions et demi d'étrangers. Face aux Maghrébins et aux Portugais, les réactions racistes violentes connaissent une forte augmentation, provoquant parfois des bagarres, des émeutes raciales, des chasses au faciès, voire des meurtres. D'août 1972 à août 1973, cinquante quatre immigrés arabes ont été assassinés en France, un par semaine, sans que la plupart des coupables aient été arrêtés.

Marin Karmitz et Évelyne July mènent une enquête serrée sur un autre cas, l'affaire Laïd Mohamed Moussa, arrêté à Marseille en juillet 1973 après une bagarre entre trois Algériens et trois Français d'origine arménienne dans un immeuble de la Cité universitaire. Quand Michel Baliozian meurt, lardé de coups de couteau, la police arrête les trois Algériens et conduit à l'hôpital les trois Français. Moussa, jugé coupable d'assassinat, est condamné. Les cinéastes réunissent les pièces d'un gros dossier d'archives : procès-verbaux du commissariat central de Marseille, relevés médicaux d'autopsie à l'hôpital de la Timone, procédures des avocats, jugement du tribunal. À partir de cette matière, ils écrivent un traitement d'une cinquantaine de pages, *La Première Grève* : « Voici la chronique de la situation et de la révolte des travailleurs immigrés face à la montée des forces de droite en France », peut-on lire dans les « intentions » des auteurs. « La chronique est racontée par un ouvrier arabe, est-il également précisé, à travers la lecture d'une lettre qu'il envoie à un camarade immigré emprisonné. Le récit suit tout au long du film, permettant au spectateur de découvrir l'histoire des faits individuels et des luttes collectives, l'évolution d'un homme, sa prise de conscience, qui l'amène à la fin à participer à des actions militantes. Les événements sont entièrement remis en scène. Il est à nos yeux indispensable de renforcer l'aspect "film policier", avec des personnages dont le destin individuel puisse toucher et concerner les spectateurs. Il est aussi important de retenir l'attention des spectateurs sur les personnages qui supportent l'histoire, pour permettre une transition de la vie individuelle au phénomène collectif. »[21] Cette « fiction de gauche[22] » semble abandonnée après décembre 1974.

Le projet suivant entraîne Marin Karmitz en Italie, plus particulièrement à Trieste, où Franco Basaglia révolutionne le statut de l'hôpital psychiatrique, qu'il ouvre à tous les vents. Formé à Padoue, le neuropsychiatre, figure charismatique et auteur, avec sa femme Franca Ongaro, de nombreux essais défendant une autre pratique de la psychiatrie, accepte en 1961 de diriger les hôpitaux de Gorizia et de Trieste, où séjournent près de mille cinq cents internés. Basaglia ouvre les portes sur la ville, initiant des circulations dans les deux sens ; il instaure des ateliers de peinture et de théâtre, ainsi qu'une coopérative de patients leur permettant de voir leur travail reconnu et rémunéré. En mars 1973, un immense cheval bleu en carton-pâte de cinq mètres de haut, *Marco Cavallo*, sort de l'hôpital dans les rues de Trieste. Cette effigie du vieux « cheval de trait à tout faire », dont le vrai était mort peu avant, entraînant une vive émotion au sein de l'hôpital, a été fabriquée en coopération entre les patients et une troupe de théâtre engagée à leurs côtés par Basaglia. Ce mouvement de psychiatrie démocratique et d'« hôpital ouvert[23] » s'étend alors à toute l'Italie, et met fin peu après au vieux système d'internement hérité de la monarchie et du fascisme. Non sans quelques virulentes controverses, notamment en 1975, quand Basaglia est jugé à Trieste pour « homicide par imprudence », l'un des internés libérés trois ans auparavant ayant tué ses parents à coups de couteau. Cela provoque un élan de solidarité internationale en faveur de Basaglia, où, en France, s'engagent Foucault, Sartre, Barthes, Guattari, Deleuze, fers de lance de l'anti-psychiatrie.

C'est au moment où Basaglia est acquitté, en novembre 1975, que Marin Karmitz va à sa rencontre, chez lui à Trieste. La médiation s'est opérée *via* Marco Bellocchio et son film, *Fous à délier.* « Basaglia m'a ouvert les archives de l'hôpital, se souvient Karmitz. J'ai travaillé sur plusieurs dossiers qui m'auraient permis de raconter l'histoire de l'hôpital, de la ville, de l'Italie. J'ai retenu quelques portraits, notamment Giordano Savarin, fou et meurtrier de ses parents, l'histoire du cheval et la sortie de l'hôpital dans la ville, enfin la personnalité solaire et mélancolique de Franco lui-même. »[24] Le cinéaste propose à Tonino Guerra, le scénariste de Fellini ou de Rosi, de travailler au projet, car « il avait la capacité de transformer la réalité en lyrisme poétique »[25]. Une rencontre a lieu à Rome. Il reste effectivement dans

– Parmi les réformes intéressant l'humanité qui sont la fierté et l'honneur de l'époque moderne – Figure en tête de liste les mesures prises pour améliorer la condition des malheureux – qui ont perdu les bienfaits de l'intelligence –

Confondus depuis jusqu'au début du siècle présent – avec les délinquants enfermés au fond d'une prison – ou confinés dans quelques cellules oubliées d'un couvent – ils vivaient dans un complet abandon. Aujourd'hui au contraire grâce aux efforts des médecins et à la sollicitude attentive des autorités – leur réclusion ~~est~~, leur isolement sont subordonnés à certaines conditions en relation avec le but doublement humanitaire de les rendre inoffensifs à eux-mêmes et aux autres et de favoriser la reprise en main des facultés mentales égarées –

– – –

Doivent être gardées et soignées dans les asiles psy les personnes – affectées de quelque cause d'aliénation mentale quand elles sont dangereuses à elles-mêmes ou aux autres, ou sont cause de scandale publique et lorsqu'elles ne sont et ne peuvent être convenablement surveillées et soignées en dehors des asiles psy – Sont compris dans cette dénomination tous les instituts de cette appellation dans lesquels sont admis des fous de quelque genre que ce soit.

Peut être consenti par le tribunal à la demande du procureur la cure dans une maison privée et dans tel cas la personne qui reçoit les soins ainsi que le médecin qui la soigne assume toutes les obligations imposées par le règlement.

Notes manuscrites de Marin Karmitz pour un projet de film sur l'expérience de l'antipsychiatre italien Franco Basaglia, 1975.

les archives de mk2 quelques pages signées Guerra, intitulées « Projet Basaglia », notamment cette « intention » : « Il faudrait diviser le travail et le film en trois parties : 1. La relation du médecin à l'hôpital qu'il doit fermer. 2. Le fait : le meurtre des parents par G. Savarin. 3. Le cheval en papier et la sortie dans la ville. »[26]

À nouveau, le projet est abandonné. « J'ai revu Franco Basaglia chez lui à Venise, en hiver, trois ans plus tard, raconte Marin Karmitz. La pluie avait submergé la place Saint-Marc. Il était malade et paraissait las. Il connaissait bien ces alternances de tristesse et d'excitation. Son charme et sa chaleur restaient intacts. Il venait d'être nommé à Rome où il avait pour mission, comme toujours, de fermer l'hôpital. Le gouvernement italien, à la suite de ses combats, avait décidé de fermer pratiquement tous les hôpitaux psychiatriques. Basaglia me disait qu'il avait vocation à être au chômage : à chaque fois qu'il était engagé, il fermait les lieux et se retrouvait sans travail. »[27] Franco Basaglia meurt quelques mois plus tard, en août 1980, d'un cancer du cerveau.

Dernière tentative de faire aboutir un projet militant, Marin Karmitz travaille durant l'été 1976 sur le personnage de Petra Krause, réunissant à nouveau une importante documentation, cette fois avec l'aide des services spécialisés du journal *Libération*. Jeune juive déportée à trois ans à Auschwitz, après que ses parents, comédiens, ont été exécutés par les nazis, Petra Krause subit des expériences médicales et chirurgicales sur son corps. Elle survit, puis se trouve échangée, comme deux mille autres enfants juifs, par la Suède, qui les rachète à l'Allemagne en 1943. En 1945, le pays récupère ces enfants, et Petra Krause se retrouve placée, à sept ans, dans un orphelinat en Bavière. Adoptée par une famille en Allemagne de l'Est, puis passée à l'Ouest avec son tuteur, la jeune femme, qui se marie à un médecin italien, va s'installer dans un kibboutz en Israël. Déçu, le couple revient en Italie. Petra Krause, la trentaine, quitte bientôt mari et enfant pour s'engager dans la militance gauchiste. Elle aide certains membres des Brigades rouges et de la Fraction armée rouge allemande, faisant passer faux papiers, passeports, messages et quelques armes. Elle est alors accusée d'avoir participé à un attentat contre une usine d'armement en Italie, près de Milan. Arrêtée en Suisse au printemps 1975, elle est internée à la prison de Zurich, où elle se lance dans une grève de la faim en septembre pour protester contre sa détention « inhumaine », « en isolement strict »[28].

Le destin de Petra Krause intéresse le cinéaste, car il y voit un « portrait de l'Europe », une « histoire qui traverse tout » : « Qu'est-ce qui fait que trente années d'une Europe libérale produisent des gens comme ça ? Avec des réactions si virulentes… » s'interroge-t-il dans une « Note sur l'organisation d'un film documentaire » [29]. Il y travaille quelques semaines avec la journaliste féministe italienne Maria-Antonietta Macciocchi. Il souhaite raconter « l'histoire de quelqu'un qui dit non, révoltée par la bonne conscience libérale de l'Europe » [30]. Cela suppose de regarder cette Europe « du point de vue des gens qui sont en prison, qui ont choisi une lutte illégale, donc militaire, contre le pouvoir bourgeois [31] ».

Cet engagement est aussi un constat, celui de la fin d'une époque, d'une impasse peut-être : « Montrer la chute successive de tous les idéaux, Europe, État juif, socialisme de l'Est, anarchie humaniste, jusqu'au moment où la seule solution est de construire quelque chose de nouveau. Mais quoi ? Au risque de l'isolement et de la violence [32] ? » Sans doute incapable d'échapper à cette contradiction, tendu entre volonté d'agir mais risque de jusqu'au-boutisme violent, Marin Karmitz abandonne également ce projet. Transférée et jugée en Italie, Petra Krause est condamnée à trois ans de prison, puis libérée en 1981.

« Rien de tous ces projets n'a été concluant, estime, désabusé, Marin Karmitz. J'ai arrêté là mes tentatives personnelles de faire du cinéma. » [33] Pourtant, la volonté et le travail n'ont pas manqué durant ces années : l'affaire Bruay-en-Artois, la Résistance, la solidarité avec les travailleurs immigrés, l'anti-psychiatrie, la radicalisation révolutionnaire, tous les projets suivis à l'atelier de la rue Traversière, réunis, racontent une histoire des engagements gauchistes de l'après-Mai, cette soif de « construire quelque chose de nouveau [34] » qui, pourtant, s'enlise dans les contradictions d'une époque où les formes du militantisme évoluent, les alliances politiques se refondent et s'impose finalement le grand renoncement à la révolution. La douleur est bien présente : « Ne plus faire de film en mon nom a été une souffrance très grande. » [35] Le constat est d'autant plus lucide et sévère : « Je me trouvais dans une impasse professionnelle, échouant à chaque fois à mener mes nouveaux projets à terme, conscient de l'évolution des mouvements sociaux [36].

Contre-culture

Quelque chose de nouveau, mais sans faire la révolution : voilà défini un terrain d'action possible, la contre-culture. L'enchaînement historique est implacable : l'expérience peut commencer quand s'achève l'aventure radicale du gauchisme et de la Gauche prolétarienne. Sans doute l'échec des différents projets était-il l'illustration, la condition même, de cette transition. « Cela a représenté, interprète Marin Karmitz, le passage de la marginalité à la marge. Être marginal signifie être en dehors du circuit, ignorer même qu'il y a un centre. Être en marge est tout à fait différent. Cela implique de reconnaître l'existence du centre, d'en comprendre le fonctionnement économique, la psychologie, la brutalité. J'ai toujours reconnu l'existence du centre, ne serait-ce que pour le contester. »[37]

Ce sont aussi les évolutions du marché des films qui déterminent le nouvel engagement de Marin Karmitz. Car le contexte fait pression. La production cinématographique du moment est bonne : près de mille films français sortent en salle durant les cinq premières années de la décennie, et les productions américaines, italiennes, anglaises sont également nombreuses. Ceux qui en profitent sont les gros distributeurs et exploitants de salles. En ces années, la courbe du nombre de salles, et surtout d'écrans, s'inverse notablement. Alors que les salles, indépendantes et de quartier, ont massivement fermé depuis le début des années 1960, quand le cinéma, partout dans le monde occidental, perd entre le tiers et la moitié de ses spectateurs, captés par d'autres loisirs et principalement la télévision, le processus s'enraye en France aux débuts des années 1970. Les nouvelles salles qui ouvrent sont surtout des « écrans », puisque nombre d'anciens cinémas, à Paris dans le Quartier latin, ou alors bien des petites « salles de quartier », sont remplacés, après travaux, par des complexes de multisalles construits dans les zones commerciales des nouvelles villes qui émergent en grande banlieue, à Rosny 2, Vélizy 2, Cergy, Parly 2, En 1973, le phénomène se traduit, pour la première fois depuis la guerre, par l'augmentation des salles en exploitation. Ainsi, à Paris, l'ancien Concorde a disparu pour faire place à quatre salles plus petites ; la Scala se métamorphose en six salles UGC ; le Hollywood, sur les boulevards, est devenu un complexe Gaumont de six salles. Au Quartier latin, le phénomène a commencé en 1969 par le « multiciné » de Boris Gourevitch, l'exploitant transformant le Quintette avec ses cinq minuscules salles. À Montparnasse, la rentabilité est désormais maximale : le Montparnasse 83, le Pathé, le Parnassien, le Gaumont totalisent à eux quatre vint quatre salles. Ce phénomène d'hyper-exploitation des salles se rencontre également dans les grandes villes de province. Le Castille, à Poitiers, beau cinéma de six cents places des années 1930, a laissé place à trois salles superposées ; l'Ariel de Bordeaux est devenu un UGC multisalle de cinq écrans, auxquels un sixième a été ajouté en supprimant l'ancien café qui l'égayait.

Cette vogue des multisalles favorise la concentration des réseaux d'exploitation. Se met en place une quadripartition qui va régner en France pendant longtemps, au moins dix années, en situation de quasi-monopole sur l'exploitation des films commerciaux : Pathé, Gaumont, UGC et Parafrance. Ce sont les « circuits », dans le langage d'époque, chacun doté de plusieurs dizaines, voire centaines, de salles. Les deux premiers sont fondés sur d'anciens circuits d'exploitation ; les deux autres se forgent alors dans une concurrence effrénée, sous l'influence de Jean-Charles Edeline, proche de Valéry Giscard d'Estaing, ministre des Finances puis président de la République, qui favorise son emprise. UGC et Parafrance rachètent les salles, les regroupent en GIE, multiplient les écrans, refondent les programmes en les dotant de moments publicitaires et de vente de confiseries préachetées. C'est une rupture majeure : disparition de certaines salles d'art et essai non rentables, des cinémas de quartier, dans l'Est parisien ou en proche banlieue, ce qui privilégie deux modes d'exploitation : les quartiers rénovés du commerce parisien, Champs-Élysées, Montparnasse, Opéra, place d'Italie, et les surfaces commerciales de grande banlieue du type Vélizy ou Parly. « Ces grands circuits étaient en train de devenir des “complexes” qui ont fait, un temps, bondir le nombre de spectateurs. Mais l'envers de la médaille a été le rétrécissement de l'offre à un certain type de films, dont les critères de sélection étaient avant tout commerciaux, ce qui influençait en amont la production. Le système basculait : il fallait construire des salles pour rentabiliser les circuits commerciaux et produire des films pour rentabiliser les salles. » [38]

De cette politique agressive découle l'élimination des petits cinémas indépendants, surtout dans les quartiers périphériques ou de banlieue, et la ghettoïsation d'espaces d'art et essai, comme le Quartier latin à Paris. Près de trente salles du XIXe arrondissement parisien disparaissent au cours des années 1970. « Mon idée, explique Marin Karmitz, est alors de prendre ce système qui tente de s'imposer à contre-pied, politiquement, culturellement, économiquement. Pour moi, la salle de cinéma n'est pas un produit d'appel pour centres commerciaux, mais un "produit d'appel" pour la politique et la contre-culture. On vient au cinéma pour voir un film qu'on ne verra pas ailleurs, mais aussi pour acheter un livre, voir une exposition, assister à un concert, prendre part à un débat. »[39]

Sur quoi fonder cette contre-culture ? Montrer des films invisibles en France, qui échappent aux circuits de distribution commerciaux, ou proches, politiquement, des engagements encore en cours. Un corpus de films militants s'offre à Marin Karmitz, peu connus, peu vus, alors assez foisonnants ; il y puise avec gourmandise : documentaires et fictions sud-américaines sur les luttes révolutionnaires, comme *Le Courage du peuple*, du Bolivien Jorge Sanjinés, sur le massacre des mineurs à Llallagua en 1967, *Quand le peuple s'éveille* du collectif des Travailleurs du cinéma latino-américain, *Il ne suffit plus de prier* du Chilien Aldo Francia, revenant sur les mobilisations qui ont permis l'élection de Salvatore Allende, *La Première année* de Patricio Guzman, *Salpêtre sanglant, Vote + fusil, Il pleut sur Santiago* d'Helvio Soto, ou *La Terre promise* et *Le Chacal de Nahueltoro* de Miguel Littin, autres cinéastes chiliens à la caméra combattante. Il y a l'ensemble des films des cinéastes arabes, algériens ou palestiniens, également très actifs : *Le Charbonnier* de Mohamed Bouamari, sur un ancien maquisard de l'ALN qui participe à la réforme agraire en Algérie et encourage sa femme à ôter son voile, ou *Kafr Kassem*, du Libanais Borhane Alaouié, documentaire retraçant le massacre des Palestiniens par les forces israéliennes dans ce village du plateau du Golan en octobre 1956. D'autres causes peuvent susciter des films intéressants l'oppression du système carcéral et les révoltes dans les prisons, comme *Attica*, documentaire de Cinda Firestone sur l'émeute de 1971 dans le pénitencier de l'État de New York, et les luttes féministes, avec *Histoires d'A.*, de Charles Belmont et Marielle Issartel, soutenant la contraception et la libéralisation de l'avortement aux côtés des militantes du MLAC, ou encore l'anti-psychiatrie, avec les films de Ronald Laing, *Fous de vivre*, de Maud Mannoni, *Vivre à Bonneuil*, et le film collectif de Silvano Agosti, Marco Bellocchio, Sandro Petraglia et Stefano Rulli, *Fous à délier*.

« Cela avance vite »

Comment montrer ces films ? La première tentative, très artisanale, concerne la diffusion de « diaporamas révolutionnaires » sonorisés, proposant des jeux de photographies commentées sur les événements, luttes et manifestations en cours. Marin Karmitz met au point un réseau de salles abonnées, à Paris et en province, le cercle de base, où ces « contre-actualités hors censure [40] » sont distribuées, chaque mois, envoyées tout simplement en colis par la poste. Puis, à l'automne 1973, il loue une première salle pour diffuser quelques films. Elle appartient au réseau de l'exploitant parisien Henri Douvin : le Studio de la Harpe, dans la rue du même nom au cœur du Quartier latin, juste à côté de la librairie Maspero. « Exploitant, je n'y connaissais rien, explique Marin Karmitz. J'ai loué une salle à Douvin, qui était surnommé "Douvin pour cent". Il y a des surnoms magnifiques dans la profession. Il louait les films, prenait 80 % pour lui et laissait 20 % à l'organisateur du programme. C'est comme ça qu'il faisait marcher ses salles. On s'est ruinés mais on apprenait [41]... » Selon ce principe simple, on peut voir rue de la Harpe, à partir du 1er novembre 1973, une « Semaine du nouveau cinéma algérien » : des films négociés par Marin Karmitz selon un accord avec un petit distributeur indépendant, Tony Molière, notamment *Le Charbonnier* de Mohamed Bouamari et *Noua* d'Abdelaziz Tolbi. Un second « Hommage au cinéma chilien », dont *Il ne suffit plus de prier* d'Aldo Francia, suit un mois plus tard, quelques semaines après la chute d'Allende.

Cette fois, Marin Karmitz a négocié les films sud-américains avec un interlocuteur important, Walter Atchugar, directeur de la Cinémathèque du Venezuela, réfugié à Paris au gré des coups de force en Amérique latine, un temps accueilli par le cinéaste dans son appartement-planque de la rue Jacob. Atchugar, qui vit ensuite entre New York, Caracas, Buenos Aires et Madrid, est en contact avec la plupart des cinéastes sud-américains, dont il supervise, en militant révolutionnaire et en bon gestionnaire, la diffusion des films vers l'Europe. Sanjinès, Littin, Solanas, Francia, Soto, Guzman sont ses amis. Il joue, en cordée avec Marin Karmitz, le rôle de passeur de ce cinéma révolutionnaire, qui compte alors beaucoup dans la conscience des spectateurs de gauche.

La correspondance qu'échangent les deux hommes est sans doute le meilleur observatoire de ce projet de diffusion des films militants. En deux ans, de janvier 1973 à mai 1975, ce sont une vingtaine de courriers qui rythment la double aventure parallèle et croisée de la présence du cinéma sud-américain sur les écrans français et au Festival de

Cannes, et de la fondation des salles de Marin Karmitz. Dès la première lettre, le 9 janvier 1973, le Français fait le point sur les ambitions de l'atelier de la rue Traversière : « Cela avance vite : nous avons l'accord de six salles indépendantes à Paris et d'une douzaine de plus en banlieue et dans les grandes villes de France. Nous avons l'appui de la fédération française des petits exploitants. Pour tenir cet ensemble, nous pensons créer une association dont les buts seront de regrouper les films et de les fournir à ses membres exploitants de salles, de prendre en charge, avec les animateurs de maisons de jeunes travailleurs, de MJC et les militants politiques, l'animation et l'information sur ces films. Le choix des films et l'ensemble des activités vont dépendre d'une ligne politique qui sera la même que celle de l'Agence de presse Libération, c'est-à-dire fidèle au slogan : "Que le peuple prenne la parole et qu'il la garde." À savoir, tous les films où on donne la parole aux peuples exploités, sans les trahir. »[42]

Deux priorités semblent s'imposer. D'une part, l'implantation d'un « circuit de diffusion militante en France[43] », indépendant et autonome, proposant des projections et des animations, ce qui paraît « une des tâches politiques importantes de cette période »[44]. D'autre part, l'accès aux films révolutionnaires, d'où l'importance de ces échanges avec le cinéma sud-américain. Karmitz en est très conscient : rien ne se fera sans les films eux-mêmes. « La lutte passe par l'existence de tels films. Dans notre perspective de lutte antimonopoliste, nous avons besoin de l'aide des cinéastes sud-américains, qui consiste à nous proposer en priorité les films que vous jugerez intéressants et entrant dans notre cadre politique commun. En échange de quoi, nous pourrons vous garantir un certain nombre de points de diffusion en France et des avaloirs de distribution. »[45] *In fine*, Karmitz met la main à la pâte et propose 1 000 dollars pour *Le Courage du peuple* de Jorge Sanjinés.

En février 1974, il conclut un deuxième accord avec une autre petite salle du Quartier latin, le Studio Galande, une cave qui vient d'être aménagée près de la place Maubert, rapidement connue pour passer tous les week-ends *The Rocky Horror Picture Show* lors de séances endiablées. Mais on peut également y voir, deux semaines durant, *Quand le peuple s'éveille*, du collectif des Travailleurs du cinéma latino-américain. Marin Karmitz est plutôt satisfait des entrées et des comptes : 1 100 entrées la première semaine, 1 400 la deuxième. Une tournée en Bretagne est organisée, dans une quinzaine de maisons de jeunes et de foyers de travailleurs, à Quimper, Brest, Morlaix, Pont-l'Abbé, Douarnenez, Briec,

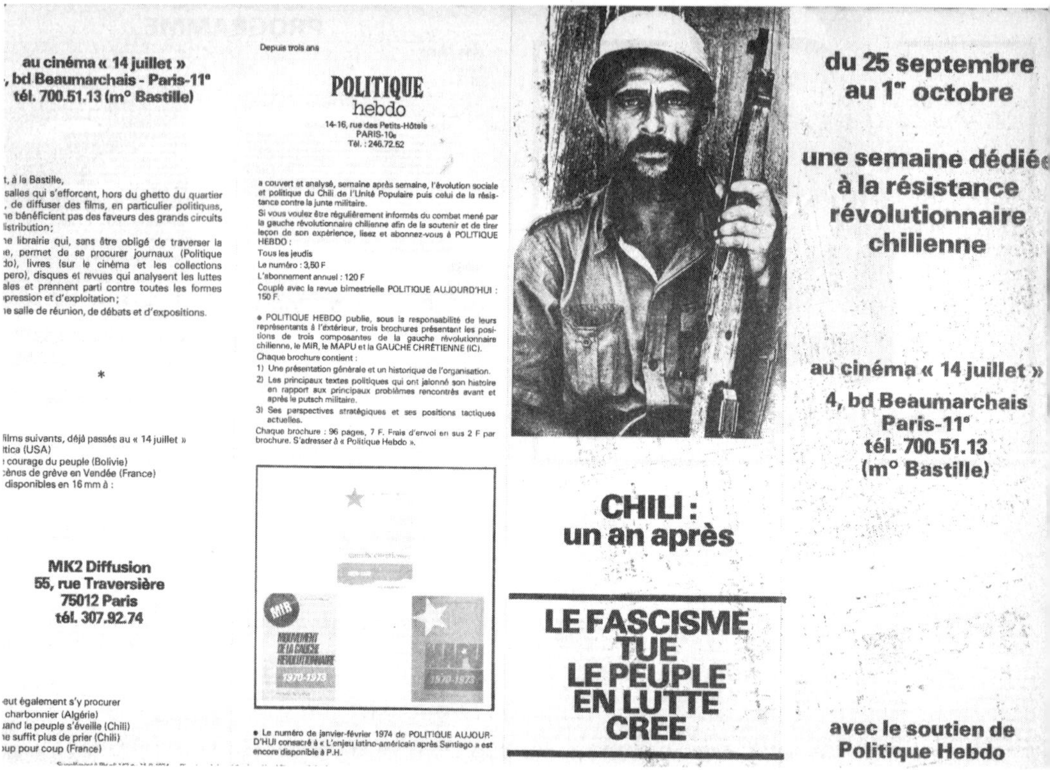

Brochure de présentation de la programmation
« Chili, un an après », organisée au 14 Juillet Bastille en 1974,
un an après le coup d'État du général Pinochet.

réunissant à nouveau près de 1 000 personnes. Trois séances au Mans en attirent encore 450. La presse relaie la diffusion de ces films lors de leur projection à Paris, notamment *Télérama* et *Le Monde*, *Écran 73* et *Positif*, qui consacrent des dossiers à ce « nouveau cinéma sud-américain ». Les voyants sont au vert, puisque films et spectateurs semblent au rendez-vous. Cependant, il demeure une frustration. « Je voulais que le cinéma serve aussi à diffuser des idées, se souvient Marin Karmitz. Et ces petites salles ne correspondaient ni à nos besoins ni à nos envies. On ne pouvait pas faire de débats, on ne pouvait pas vendre de livres, on ne pouvait qu'enchaîner les séances. Je me suis donc tourné vers un autre modèle et un autre quartier de Paris. »[46]

« Faire notre propre brèche »

Il s'agit bien de cela : construire sa propre salle, suivant des plans, un aménagement et des fonctions précisément choisis. L'idée a germé quelques mois auparavant, puisqu'on en trouve une première mention dans une lettre adressée à Walter Atchugar le 21 juin 1973 : « Nous

Affiche du film documentaire *Attica*, de Cinda Firestone, conçue par Ernest Pignon-Ernest, 1974.

espérons pouvoir inaugurer le cinéma de la Bastille en décembre prochain. Le projet est de transformer une salle qui existe en deux salles de 200 places. L'une garderait la programmation du quartier, l'autre servirait à sortir des films tels que les nôtres. Nous espérons arriver à une animation du quartier et à d'autres rapports avec les spectateurs que celui qui se pratique couramment. »[47] L'idée semble donc de reprendre le Bastille-Palace, une salle des années 1930 appartenant au réseau d'Henri Douvin, spécialisée dans les westerns, les films d'action, de karaté, les péplums ou la série B. Les négociations sont en cours.

Le 8 octobre suivant, dans une nouvelle lettre, le projet est un peu reporté mais toujours « en bonne voie ». Il a cependant changé de nature : non plus reprendre une salle existante, mais « faire notre propre brèche[48] », c'est-à-dire « ouvrir un cinéma de trois salles à la Bastille »[49]. On comprend que le « projet Karmitz » est passé par trois états successifs, au gré des discussions, des accords et sans doute aussi des ruptures : une association de salles indépendantes parisiennes et provinciales, en janvier 1973 ; le réaménagement du Bastille-Palace en juin 1973 ; et l'ouverture d'un cinéma de trois salles, « la brèche », en octobre. Le projet se colore d'une teinte de plus en plus personnelle et radicale.

Pour créer un nouveau cinéma, il faut quelques moyens et trouver un lieu. Pour l'argent, Marin Karmitz, en ce moment de rupture avec son horizon bourgeois familial, ne souhaite pas se tourner vers son père. Évelyne July, sa partenaire professionnelle, peut quant à elle apporter la caution de ses parents. Les deux associés font un emprunt à hauteur de 500 000 francs au Crédit Immobilier et Hôtelier (CIH), contrôlé par une banque marocaine.

On s'active dès lors rue Traversière, où l'équipe s'étoffe quelque peu autour de Marin Karmitz et Évelyne July. Catherine Meynard, qui travaillera ensuite comme directrice de production, commence par le secrétariat, où elle rejoint Donatienne Fraisse. Jean-Paul Giquel, le Yan de *Camarades*, est toujours là : il gérera le cinéma, tandis que pour la caisse, les projections, l'animation du hall et l'ouverture de la librairie, six jeunes sont embauchés à mi-temps. Roger Caracache, militant de l'action culturelle, qui a fondé le Centre d'action culturelle de Cannes en 1967 et animé le festival « Cinéma en liberté », où Marin Karmitz a pu montrer *Camarades* puis *Coup pour coup*, rejoint lui aussi l'aventure, avec le titre de « directeur de la création[50] » au sein de la nouvelle équipe. François Maspero est également associé : libraire – La Joie de lire, rue Saint-Séverin, est alors l'une librairies des plus importantes de Paris – et éditeur depuis son engagement contre la guerre d'Algérie, il est l'une des figures essentielles et respectées du mouvement gauchiste. Il souhaite créer une nouveauté : un « cinéma-librairie », espace contre-culturel militant dont les prémices remontent à l'après-Mai 68, quand Maspero projetait régulièrement à La Joie de lire des ciné-tracts et des œuvres vidéo de collectifs gauchistes [51].

Le lieu, quant à lui, est découvert par la « bande à Fromanger ». Quelques peintres, Gérard Fromanger, Gilles Aillaud, Eduardo Arroyo, Francis Biras, Jean-Paul Chambas, Lucio Fanti, Lucien Mathelin, Bernard Dufour, ont l'habitude de se réunir autour de Merri Jolivet, dessinateur et graveur qui anime l'Atelier populaire des Beaux-Arts, dans un restaurant près de la Bastille, au 4, boulevard Beaumarchais, juste à côté de la salle des concerts Pacra, pour discuter et poursuivre ensemble leur « engagement pictural » né de Mai 68. Le restaurant, en faillite, ferme ses portes en septembre 1973.

Marin Karmitz, prévenu par Merri Jolivet, son voisin du passage de la Trôle, conçoit rapidement que ce restaurant pourrait être l'espace qu'il recherche : proche de son atelier, de l'autre côté de la place de la Bastille, suffisamment profond pour se prêter à l'aménagement architectural qu'il souhaite. Il serait possible d'y associer plusieurs niveaux, depuis les salles qu'il faut construire jusqu'au hall et à la devanture s'étendant sur une vingtaine de mètres donnant sur le boulevard, afin d'accueillir une multi-activité. Martine Dufour, architecte d'intérieur et femme du peintre, conçoit entièrement le lieu à la demande de Marin Karmitz, très proche d'elle. Trois salles, petites mais astucieusement aménagées, permettent d'offrir deux cent quatre-vingts places ; un grand hall peut accueillir des expositions, des panneaux d'affichage, et des rencontres avec plus d'une centaine de chaises ; enfin, un coin est aménagé en librairie. Les matériaux sont ceux du moment : briques, béton, matières industrielles, plastiques, plaques minérales. Le tout repeint en couleurs vives et tricolores, le bleu-blanc-rouge révolutionnaire. « Martine Dufour a imaginé un décor qui me ressemblait, s'amuse Marin Karmitz : béton brut de décoffrage pour les murs et délicates plaques de mousse d'argile, faites spécialement pour ce cinéma. » [52] Gérard Fromanger, quant à lui, a conçu une grande fresque en tôle émaillée inspirée par le ciné-tract *Rouge !*, installée sur l'un des murs du hall : une succession de drapeaux tricolores sur lesquels coule le rouge. Sur l'autre mur, onze artistes, Aznar, Balmès,

Barrios, Dufour, Fromanger, Gamarra, Jolivet, Leparc, Marcos, Netto, Pignon-Ernest, exposent les dessins inspirés d'un plan du *Courage du peuple* de Sanjinès, reproduits par procédé d'héliogravure noir et blanc, chacune vendue dix francs à la librairie.

En hommage à la Bastille, la salle s'appelle « 14 Juillet » et prend immédiatement place dans le calendrier révolutionnaire : ouverture le 1er mai 1974 ! Symboliquement, mk2 joue l'alliance des deux révolutions : celle de 1789 et celle du mouvement ouvrier international. « Un peu avant 14 heures, se souvient Marin Karmitz, nous étions encore tous en train de briquer les paliers, les vitres, les fauteuils. Arrive une voiture de l'ambassade de Chine à Paris, avec l'ambassadeur et quelques conseillers, pour visiter les salles. J'étais très fier de recevoir ces envoyés d'un pays frère, la Chine. À ma grande surprise, toutes leurs questions portaient sur le coût des fauteuils, de la moquette, de la peinture, des appareils de projection. Ils notaient des chiffres au fur et à mesure. À la fin, j'étais furieux : pas un mot du projet politique [53] ! »

Si la salle accueille le public dès 14 heures, c'est à 20 heures que se tient le « vernissage ». Mais rien de festif ni de mondain. L'ouverture, entre camarades, accueille Jorge Sanjinès qui montre *Le Courage du peuple*, film de mineurs en lutte victimes de la répression. Voilà les vrais héros. Dans la salle 2, le 14 Juillet propose *Attica* de Cinda Firestone, brûlot anticarcéral, tandis que la 3 projette un programme de cinq films en version originale, notamment *Butch Cassidy et le Kid*, western de gauche de George Roy Hill, *Sous les pavés la plage* d'Helma Sanders-Brahms, ou *Queimada* de Gillo Pontecorvo. Dans un quartier populaire où les écrans se partagent entre karaté, série B et films pornographiques, la VO est un véritable acte cinéphile.

L'ambiance prend. Le 14 Juillet Bastille est souvent plein, notamment lors des soirées spéciales. Par exemple, lors des débats animés par Louis Joinet, président du Syndicat de la magistrature, ou par le mouvement Action judiciaire, à l'occasion des projections d'*Attica*, avec diffusion d'une brochure éditée tout exprès ; ou lors des rencontres avec Gilles Deleuze et Félix Guattari, quand Maud Mannoni présente *Vivre à Bonneuil*, de la venue de Franco Basaglia et Marco Bellocchio lorsque passe *Fous à délier*. Des concerts de groupes chiliens mobilisent et transportent à l'heure de la solidarité avec le peuple de Santiago écrasé sous la chape de plomb de la dictature.

Ça marche, comme en témoignent les petits carnets où Marin Karmitz, séance par séance, jour par jour, semaine par semaine, note systématiquement les nombres d'entrées. 31 129 pour *Le Courage du peuple*, 10 514 pour *La Terre promise* de Miguel Littin, et deux fois plus pour *L'Ennemi principal*, nouveau film de Sanjinès [54]. De plus, près de 2 000 cartes d'abonnement ont été écoulées dans les mois suivant l'ouverture, dans le quartier et aux alentours. Une population jeune adhère à cette idée d'un cinéma différent. « Je ne sais pas pourquoi, mais le 14 Juillet, ça a marché immédiatement, se souvient l'heureux exploitant. Curieusement, c'est grâce aux films sud-américains, qui sont un peu injustement oubliés, que j'ai fait la fortune de mk2. Leur succès est le point de départ. Chaque sortie était une aventure particulière, leur diversité illustrait et prolongeait les luttes menées entre 1968 et 1974 en France et à l'étranger. » [55] La presse n'est pas en reste, couvrant assez largement l'ouverture du 14 Juillet Bastille, dans *Télérama, Le Quotidien de Paris*, ou *Politique Hebdo*, magazine politique qui titre : « Marin Karmitz devient distributeur de films pour vaincre la conspiration du silence [56]. Dans *Le Monde*, Louis Dandrel en conclut : « L'histoire ne fait donc que commencer. » [57]

Retour sur soi-même

Le 25 février 1974, Évelyne July écrit à Walter Atchugar, « prenant le relais [58] », comme elle le dit au correspondant sud-américain de l'équipe de la Bastille. Si elle « relaye », précise-t-elle, c'est que « Marin est absent pour quelques semaines, il est parti se reposer ; il en avait besoin [59] ». Épuisé, mis à bout par les négociations compliquées pour l'ouverture du 14 Juillet Bastille qui ont perturbé tout l'automne et l'hiver 1973, Marin Karmitz, sur les conseils de son oncle, le Dr Munteanu, est parti se reposer dans la maison de Normandie. Puis il séjourne deux semaines dans l'île d'Ischia, au large de Naples, à l'hôtel Punta Molino, où il est rejoint par sa compagne du moment, Catherine Humblot. Ils se sont rencontrés deux ans auparavant grâce au militantisme journalistique de *J'accuse* et de l'agence de presse Libération. Elle a trente ans et, après des études de lettres, a découvert le reportage et l'écriture lors de voyages en Afrique, au Niger, où elle a croisé l'équipe de Jean Rouch et son assistant, Serge Moati. Après avoir collaboré à *Politique hebdo*, Catherine Humblot entre au service

Dessin de Gébé, paru dans *Charlie Hebdo*, pour la reprise de l'*An 01* de Jacques Doillon, au 14 Juillet Bastille, 1974.

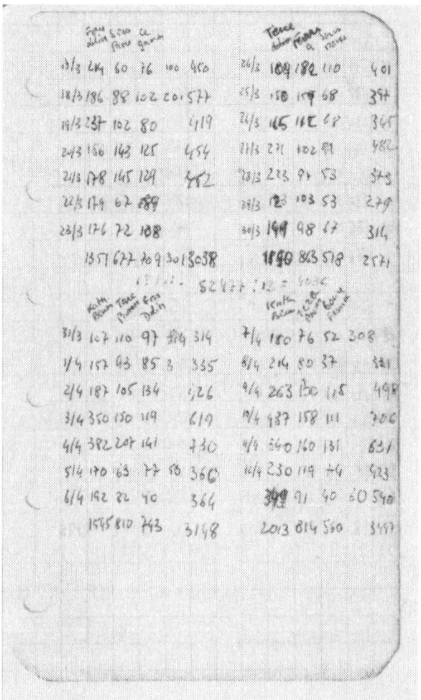

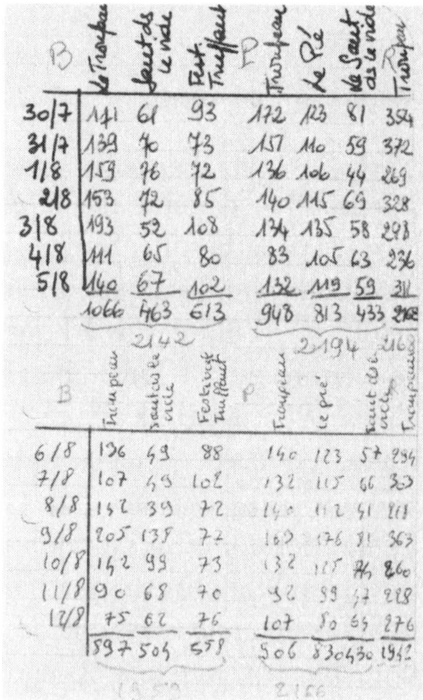

	B Le Troupeau	Saut dans le vide	Fest. Truffaut	P Troupeau	Le Pré	Le Saut dans le vide	R Troupeau
30/7	141	61	93	172	123	81	354
31/7	139	70	73	157	110	59	372
1/8	159	76	72	136	106	44	269
2/8	153	72	85	140	115	69	328
3/8	193	52	108	134	135	58	298
4/8	111	65	80	83	105	63	236
5/8	140	67	102	132	119	59	311
	1066	463	613	948	813	433	2168
	2142			2194			2168

	B Troupeau	Saut dans le vide	Festival Truffaut	P Troupeau	Le Pré	Saut dans le vide	Troupeau
6/8	136	49	88	140	123	57	294
7/8	107	49	102	132	115	66	303
8/8	142	39	72	140	112	41	211
9/8	205	138	77	167	176	81	363
10/8	142	99	73	132	125	76	260
11/8	90	68	70	92	99	67	228
12/8	75	62	76	107	80	65	276
	597	505	558	506	830	430	1952

Carnets des entrées des salles 14 Juillet, tenus par Marin Karmitz, pour l'année 1975 ou 1979.

culturel du *Monde* en 1974, où elle devient rapidement la spécialiste des cultures noires, couvrant cinéma, musiques, danse. « Elle avait une classe folle en s'habillant d'un rien, une allure de princesse dans des fringues de Gavroche, une élégance naturelle dénuée du moindre apprêt, si ce n'est quelques bijoux ethniques et ses fameuses boucles d'oreilles en forme de cerises ou de grappes de raisin [60] », se souvient sa collègue Annick Cojean, qui ajoute : « Quand elle tapait un article, concentrée et fébrile, consultant une multitude de petits carnets à spirales remplis de son écriture pattes de mouche, elle remontait sa tignasse brune en un chignon précaire retenu par un crayon. On était au spectacle. » [61]

Cette rencontre, pour Marin Karmitz, a été heureuse, car c'était aussi celle d'une bande. Cette petite communauté se retrouve régulièrement pour passer ses étés sous le soleil des Cévennes, sous la tente ou dans les ruines de vieux villages, à Lagrasse, dans le Minervois, dans le causse Méjean, puis découvre les environs de Locarno, dans le Tessin, ou alors l'île d'Ischia, dans le Golfe de Naples. À chaque fois, naissent des histoires, des projets de films, se croisent les envies, les rires, les désirs et les idées. Outre Catherine Humblot et Marin Karmitz, il y a Évelyne July et son ami, et puis s'adjoint souvent Jean-René Huleu [62], jeune journaliste qui travaille et milite lui aussi à *J'accuse, La Cause du peuple* et l'agence de presse Libération, avant de fonder le journal *Libération* avec Serge July, Philippe Gavi, Béatrice Vallaeys en 1973. À propos de ces années où tout se lie – militantisme-amours-travaux-cinéma-découverte du peuple-voyages –, Marin Karmitz se souvient : « C'est comme s'il y avait deux couples, celui professionnel que je formais avec Évelyne July et celui, sentimental, avec Catherine Humblot. C'était à la fois séparé et harmonieux, fluide. On discutait énormément, on riait beaucoup, et dans le même temps on militait. J'en conserve des souvenirs heureux. » [63]

« On vivait somptueusement avec rien [64] », dit également Karmitz, qui dessine ici un mode d'existence élégant, audacieux et inventif, dans l'appartement de la rue Jacob comme dans l'atelier de la rue Traversière, mais désigne également un point d'achoppement, une limite marquée par les angoisses de l'argent qui manque, des dépenses au-dessus des moyens et des dettes qui s'accumulent. Au début de l'année 1974, sûrement est-ce cela qui mine, après quelques années de débrouille : « Les dettes, les emprunts, c'était l'envers de l'insouciance, ce qui permettait mais gâchait notre engagement, ce qui offrait un tremplin vers tous les projets, les concrétisait, mais leur attachait tellement d'incertitudes et d'angoisses. »[65]

Un jour, cependant, la fin du jeu est sifflée. Au printemps 1974, après une campagne électorale rapide et intense, Valéry Giscard d'Estaing est élu président de la République, le 29 mai, battant de très peu François Mitterrand. Pour Marin Karmitz, qui ne se souvient pas même d'avoir voté, cela n'a guère d'importance. Pour l'extrême gauche, l'un est un social-traître (Mitterrand) et l'autre un grand bourgeois soupçonné d'accointances vichystes (Giscard), blanc bonnet et bonnet blanc. Mais, il existe tout de même une conséquence : l'homme qui arrive au pouvoir est d'abord l'ex-ministre des Finances. « Début juin 1974, le banquier du Crédit Hôtelier nous convoque, se souvient le nouveau propriétaire du 14 Juillet Bastille, et nous lance : "La récréation est finie pour les gauchistes, les Marocains [du CIH] sont inquiets, il faut rembourser d'urgence votre prêt, vous avez jusqu'au 31 juillet[66]..." » Heureusement, comme tombé du ciel, ou plutôt tel un « miracle révolutionnaire[67] », un antiquaire trotskiste anglais vivant à Paris, Marc Perpitch, et un producteur de musique, Irving Taitlebaum, et sa femme, Mo, correspondante du *Sunday Times* à Paris, rencontrés par l'intermédiaire de Ken Loach et de militants gauchistes anglais, investissent 200 000 dollars dans l'affaire. Marin Karmitz en est encore étonné : « Lors d'un dîner, à Paris, ils ont apporté un grand sac noir avec la somme en billets. Il n'y avait même pas de reconnaissance de dettes[68]... »

Marin Karmitz poursuit alors son compagnonnage avec Marc Perpitch. Il cherche un travail sûr et rentable qui permette de laisser grandir le 14 Juillet, avant qu'il ne rapporte à l'équipe de la Bastille de quoi vivre plus confortablement. « Je me suis retrouvé apprenti antiquaire, se souvient-il. Marc Perpitch m'a appris les ficelles du métier. Bientôt, je gagnais correctement ma vie[69]. » Durant presque deux années, il regarde, estime, transporte et place les meubles, surtout Art déco, entre l'hôtel des ventes à Drouot, la galerie Perpitch, boulevard Saint-Germain, et les principaux clients et collectionneurs, fortunés, français et internationaux, qui guettent les lots, les trouvailles, les affaires. « Ce métier d'antiquaire m'a beaucoup servi et à plusieurs reprises, avoue Marin Karmitz. Cela m'a fait vivre, m'a appris comment gagner de l'argent et fut souvent très utile pour éviter, ensuite comme producteur, de me faire arnaquer par les loueurs sur les tournages. Ce sont mes copains antiquaires qui m'ont fait grandir.

Il y avait soudain pas mal d'argent, plus que je n'en avais pour montrer des films puis pour en produire. »[70]

Autre coup de pouce et signe du destin : à la fin de l'année 1975, un cousin roumain, Pierre Karmitz, son aîné de cinq ans, ingénieur dans le caoutchouc, vend un brevet dans lequel Marin avait investi, dix ans auparavant. La part qui lui revient désormais, à hauteur de 15 %, s'élève à 200 000 francs, immédiatement réinvestis dans l'affaire de Marc Perpitch, qui prospère alors en ouvrant un nouvel espace, la galerie Liova, à Saint-Germain-des-Prés, s'attirant une clientèle internationale d'Art déco de tout premier plan. « Lui, le trotskiste, moi, le mao, on faisait de belles affaires avec la grande bourgeoisie et la haute finance. On appelait ça notre "impôt révolutionnaire"[71] ! » L'argent est moins rare, désormais.

Une rencontre sous le signe de la psychanalyse

En septembre 1974, Marin Karmitz est convié, comme plusieurs autres journalistes issus de la presse maoïste, à un dîner au restaurant autour du jeune Bernard-Henry Lévy, qui souhaite réunir des fonds pour la sortie prochaine d'un nouveau quotidien, *L'Imprévu*, édité avec Michel Butel. Là, l'homme remarque une jeune femme de vingt-sept ans, brune, fine, très à l'aise, accompagnée de son « petit frère » de douze ans, Nicolas, avec qui il discute une bonne partie du repas, plus intéressé par la maturité et les inquiétudes de ce garçon qui rêve d'être acteur que par les souvenirs de celui qu'on surnomme déjà « BHL », rapportés du Biafra et du Bangladesh. Au dessert, Marin Karmitz comprend que son interlocuteur n'est pas le frère, mais le fils de… sa mère.

Il fait ainsi connaissance avec Caroline Eliacheff, invitée quant à elle à ce même dîner pour les relations « de presse » qu'elle peut offrir, avec sa mère, Françoise Giroud, et son beau-père, Jean-Jacques Servan-Schreiber. C'est une femme précoce et brillante en tout, ce qui l'impressionne beaucoup, lui l'autodidacte balbutiant le français jusqu'à ses quinze ans. C'est à cet âge-là que Caroline Eliacheff, en 1962, a quitté ses parents, le producteur de cinéma Anatole Eliacheff et Françoise Giroud, fondatrice et directrice de *L'Express*, pour épouser Robert Hossein, acteur et metteur en scène alors célèbre, dont elle a eu ce fils, Nicolas. Après leur séparation, elle a élevé l'enfant tout en menant des études de médecine et soutenu sa thèse en 1972, consacrée à l'enfance anorexique.

Dès sa cinquième année de médecine, en 1970, Caroline Eliacheff prend un poste de responsabilité comme pédopsychiatre à la tête du Centre médico-psychologique (CMP) d'Issy-les-Moulineaux, où elle fera toute sa carrière jusqu'à sa retraite, quarante ans plus tard, en 2012. Dans le même temps, elle travaille à l'hôpital Necker dans l'unité de recherche de l'INSERM de Ginette Raimbault, psychanalyste charismatique et célèbre à l'époque pour son livre, *L'Enfant et la mort*.

Parallèlement, Caroline Eliacheff suit une psychanalyse avec Jacques Lacan, ce qui lui permet de s'établir elle-même comme psychanalyste et d'ouvrir son cabinet, boulevard Pasteur. « J'ai voulu devenir psychanalyste dès mes douze ans, précise-t-elle. C'est ma vraie vocation. Quand j'ai eu mon bac, à seize ans, alors que j'étais déjà mère, j'ai appelé Jacques Lacan, qui connaissait ma famille – mon frère et ma mère étaient en psychanalyse avec lui – pour lui demander comment devenir psychanalyste. Il m'a répondu : "Faites médecine !" Puis j'ai contacté Serge Lebovici pour les mêmes raisons, qui m'a convié à une séance de "psychodrame", où un adolescent met en scène l'assemblée qui l'entoure en distribuant les rôles de sa famille, le père, la mère, les proches… Chacun joue la scène selon ses indications. J'ai été fascinée par ces techniques et je me suis immédiatement inscrite en médecine, à la faculté de Dijon, emmenant mon bébé et une nurse, afin d'éloigner les tentations parisiennes d'une jeune femme qui, alors, faisait beaucoup la fête. J'ai retrouvé Jacques Lacan peu après, pour ma psychanalyse, d'abord "à l'essai" pendant six mois, puis pour trois séances par semaine durant sept ans. »[72]

Peu après le dîner de septembre 1974, Caroline Eliacheff appelle Marin Karmitz. « J'étais curieuse de cet homme, je l'ai appelé "pour voir…", explique-t-elle. Ma grand-mère, qui m'a élevée jusqu'à mes douze ans, m'a toujours dit : "Dans la vie, si tu veux un homme, il n'y aura aucun problème, qu'il soit simple balayeur ou un Rothschild, il faut juste se demander si tu es prête à y mettre le prix[73]." ! » La jeune femme de vingt-huit ans est à la manœuvre, partant, à travers Marin Karmitz, à la découverte d'un milieu du cinéma qu'elle connaît par son père producteur, par son premier mari, acteur vedette, mais vu sous un angle radicalement différent, conjuguant le regard de l'auteur

Nouvelle Vague et celui du militant politique. Elle est curieuse, précisément, de ce monde différent du sien, dont le prestige tient à l'activité, à l'engagement, à l'action. Comme si Marin Karmitz était du côté de son frère Alain, qu'elle a perdu brutalement dans un accident de ski au printemps 1972. « J'ai été très proche de mon frère, dira Caroline Eliacheff. Avec lui, ma mère était maladroite, cassante, froide. J'ai découvert après sa mort à quel point il était aimé et savait se faire aimer. Mes relations avec les hommes ont découlé directement de l'admiration inconditionnelle que je lui vouais : j'ai toujours eu besoin d'admirer. »[74] Le gauchisme de Marin Karmitz, qui l'amuse, le fait qu'il soit surveillé par la police, ce qui lui paraît étrange, quelque peu paranoïaque et excitant, et surtout la volonté de fer, l'énergie vitale d'un homme voulant toujours réaliser des films, qui monte et dirige une salle de cinéma avec le souhait inébranlable d'appendre un métier, tout cela la rapproche de lui. Un jour, premier cadeau, après quelques semaines de fréquentation, il lui offre le *Petit livre rouge* et les pensées complètes de Mao.

C'est également sous le signe de la psychanalyse que s'opère cette rencontre. Ce n'est, *a priori*, pas favorable à Marin Karmitz. « Je me méfiais beaucoup de la psychanalyse, dit-il. Je n'y connaissais rien. »[75] De plus, il n'est guère sensible, dans un premier temps, à l'encombrante présence de Françoise Giroud, alors ministre de la Condition féminine puis de la Culture d'un gouvernement de droite qu'il combat au quotidien. Mais, de fait, ce « paranoïaque actif[76] », selon les mots de Caroline Eliacheff, ne pouvait mieux tomber. Il admire l'indépendance et la volonté d'une femme au très fort caractère, qui a déjà été mariée deux fois, a deux fils, tout en menant brillamment sa carrière exactement comme elle l'entend. Aussi, s'il aime la femme, il adopte ses fils et la psychanalyse, cet « autre chose » qui finit par l'attirer puissamment. « Ma vie a changé lorsque j'ai rencontré Caroline et ses deux fils, en 1975[77] », reconnaît-il. Le couple s'installe bientôt dans l'appartement de la rue Jacob, auquel Marin Karmitz fait ajouter un demi-étage sous verrière. Nicolas Hossein, enfant turbulent et difficile, est souvent en pension, et Jérémie, à cinq ans, est en garde alternée entre son père, le psychanalyste Jacques Nassif, un autre élève de Lacan, et sa mère, qui achète par ailleurs un appartement, tout proche. La relation entre Marin Karmitz et Caroline Eliacheff, d'emblée adulte, indépendante et complice, se noue avec d'autant plus de force.

Les Fruits de la passion

Une sorte de psychanalyse… C'est un peu le dernier film qu'aurait voulu réaliser Marin Karmitz quand il se lance à cet instant, au mitan des années 1970, dans l'écriture des *Fruits de la passion*, projet autobiographique, ultime espoir de réalisation personnelle. « Il ne me restait plus que moi-même comme sujet. J'ai enfin osé l'affronter. Sans doute grâce à la rencontre avec Caroline. Je me suis replié sur ma propre histoire, en passant par des portraits de femmes [78] », voici comment Marin Karmitz résume cet ambitieux projet, mis en chantier durant presque cinq années. *Les Fruits de la passion* raconte trois femmes juives, de la Roumanie à la France, de 1925 à 1976, avec de vigoureux points d'ancrage dans la fondation de l'État d'Israël, la guerre d'Algérie, l'engagement politique anticolonialiste et les manifestations de Mai 68.

Le premier portrait est celui d'une provinciale, en Roumanie, qui cherche à se faire accepter dans le Bucarest des années 1920 en mariant sa fille à un industriel grand bourgeois ; le deuxième reprend celui de cette épouse qui garde toute sa vie, en traversant l'histoire mouvementé et tragique de son pays, l'impression d'avoir été vendue pour satisfaire l'ambition de sa mère, sacrifiant ses talents personnels, mais qui finalement accepte son sort. Enfin, « Sarah », la petite fille, choisit quant à elle de partir : l'exil vers la France d'après-guerre, en passant par les combats pour Israël en 1948, l'établissement à Paris durant les années 1950 et la lutte contre la guerre d'Algérie aux côtés des porteurs de valises et du FLN. L'ensemble s'achève par un procès, en 1976, qui juge Pierre, l'homme, l'ancien militant communiste, qui a tiré sur Sarah, sa femme, lors des retombées dépressives de l'après-Mai, la laissant dans le coma, dont elle sort finalement, résiliante. Dans ces trois générations de femmes, on reconnaît sans mal Diane, la mère de Marin Karmitz, sa grand-mère, venue de Galati à Bucarest, et… le cinéaste lui-même. Sarah, c'est lui, avec une évidence qu'il reconnaît volontiers : « Quand j'ai commencé l'écriture, je n'y parvenais pas en passant par moi, alors je suis passé par le féminin. » [79] On trouve dans les archives de mk2 un bon dossier gris contenant un synopsis d'une douzaine de pages, plusieurs versions du scénario et une trentaine de pages manuscrites alignant des « notes et intentions pour l'écriture [80] », notamment des lignes très personnelles de souvenirs autobiographiques remontant, chez l'homme de quarante ans, à son enfance roumaine, au pogrom de janvier 1941, au passage à Haïfa lors du voyage d'exil de 1948, puis sur son militantisme lors de la guerre d'Algérie.

Marin Karmitz fait appel, en 1974, à Jorge Semprun, figure de la gauche espagnole et de la lutte anti-franquiste, scénariste d'Alain Resnais, d'Yves Boisset et de Costa Gavras, pour compléter et structurer le scénario. Une mise en forme définitive de 94 pages est présentée à la commission d'avance sur recettes du CNC au printemps 1978, demandant la somme d'un million sur un budget évalué à 11 741 250 francs, coût de cet ambitieux tournage de douze semaines entre la Roumanie, Israël et la France. Ce plan mentionne les trois actrices contactées, et ayant accepté, pour les trois rôles générationnels, de la plus âgée à la plus jeune : Simone Signoret, Romy Schneider et Jane Fonda. Mais rien ne se passe comme espéré : l'avance sur recettes est refusée, l'autorisation de tournage en Israël également, Romy Schneider renonce. « Je n'ai pas pu trouver l'argent pour faire ce film, regrette Marin Karmitz. Cette impuissance à monter un film personnel, j'ai eu beaucoup de mal à l'accepter. Mais j'ai alors renoncé définitivement à la mise en scène. » [81]

Patron de gauche, patron tout de même

Au 14 Juillet Bastille, les films commencent à « tenir » quelques semaines, voire plusieurs mois. Les petits carnets noirs tenus quotidiennement par Marin Karmitz en témoignent, certains films rencontrent leur public : *Faux mouvement* de Wim Wenders, *Allonsanfan* de Paolo et Vittorio Taviani, *Barberousse* et *Vivre* d'Akira Kurosawa, *Le Bois de bouleaux* d'Andrzej Wajda, *Norma Rae* de Martin Ritt, en 1975 ; *Au fil du temps* de Wim Wenders, *L'Amour blessé* de Jean-Pierre Lefebvre, *Le Grand Soir* de Francis Reusser, *Une vie difficile* de Dino Risi, *Neuf mois* de Marta Mészaros, en 1976. Des reprises à succès sont également proposées, *Les Contes de la lune vague après la pluie* de Kenji Mizoguchi, *Jeanne d'Arc* de Dreyer, *L'Aurore* de Murnau, la *Trilogie d'Apu* de Satyajit Ray. Bientôt, ce sont un « Festival Wenders », quand sort *Alice dans les villes* et *L'Angoisse du gardien de but au moment du penalty*, un « Programme Mizoguchi » ou une « Intégrale Duras » autour de *Vera Baxter*, enfin un « Spécial comédies à l'italienne » réunissant des films de Risi, Monicelli, Comencini, Germi,

Petri, Scola. « L'atmosphère politique changeait, résume Marin Karmitz. Notre public se détachait du militantisme gauchiste, aspirait à un nouvel espoir avec le programme commun de la gauche et allait voir d'autres films. J'ai mélangé l'ancien et le nouveau, l'international et le français, la fiction et les documentaires, comme si je dirigeais une maison d'édition avec des auteurs : Mizoguchi et Wenders, Satyajit Ray et Marguerite Duras, Kurosawa et Benoît Jacquot. » [82]

La première année d'exploitation, le 14 Juillet Bastille atteint 120 000 entrées, puis, entre 1975 et 1978, mk2 sort une cinquantaine de films dont quelques « phénomènes publics », notamment les 100 000 spectateurs de Wim Wenders, à la suite d'une « Une » du *Monde*, le 17 janvier 1978. Des films comme *Hester Street, L'Esprit de la ruche, Le Couteau dans la tête* sont également des succès plus inattendus.

Au printemps 1976, une salle historique du Paris cinéphile est en danger, le Studio Parnasse, dont la propriétaire, Danièle Wasserman, envisage de se déclarer en faillite. Avec son mari, Roger Wasserman, ils ont constitué à partir des années 1950 un des principaux réseaux de salles d'art et essai du Quartier latin, possédant le Studio Saint-Séverin, le Studio Bertrand ou le studio des Acacias. Le Parnasse, rue Jules-Chaplain, une sorte de passage pittoresque près de Montparnasse, est un des fleurons de cette toile cinéphile, longtemps dirigé et programmé par Jean-Louis Chéray. Dans sa salle de quatre cents places, des générations ont, depuis la guerre, visionné classiques du répertoire et films d'auteur en VO, tout en jouant, les mardis soir, aux devinettes cinéphiles pour gagner des places gratuites. Marin Karmitz lui-même en était : « C'était "ma" salle de jeunesse, rappelle-t-il. J'y ai appris le cinéma en parallèle à la Cinémathèque. » [83] De plus, du temps de *Camarades* et de *Coup pour coup*, le Studio Saint-Séverin de Danièle Wasserman figurait parmi les rares salles à avoir pris le risque de les programmer. En connivence, l'exploitante accepte de lui céder le Studio Parnasse.

Rénové, reconstruit, le cinéma 14 Juillet Parnasse ouvre le 1er octobre 1976. Trois plus petites salles ont pris la place de la grande,

Ci-contre :
Affiche de *Nationalité immigré* de Sidney Sokhona,
distribué par mk2 au 14 Juillet Bastille en 1975.

nationalité
immigré
film de Sidney Sokhona
PRIX GEORGES SADOUL 1975
cinéma 14 juillet
4 bd Beaumarchais , Paris 11e
tel. 700 51 13

ce qui apparaît comme une nécessité pour Marin Karmitz. « Avoir trois salles offre l'accès au pluralisme des films, cela permet de vraiment programmer des œuvres différentes en parallèle : films engagés, films en VO et de jeunes auteurs français. Les risques sont limités, on peut rattraper un film qui marche moins bien avec un autre qui attire davantage de spectateurs. L'avenir des salles historiques du Quartier latin s'est joué à ce moment précis : il fallait passer aux multisalles. »[84]

La configuration des espaces ne permet pas d'autres fonctions que les projections, mais l'aménagement est cependant marquant. Martine Dufour l'a conçu en trois petits « cocons » de moins de cent places chacun, aux murs de moellons apparents, et la décoration surprend les cinéphiles : aux noms des cinéastes classiques peints en bleu au-dessus des sièges rouges, d'Hitchcock à Hawks, de Renoir à Becker, de Mizoguchi à Bergman, s'ajoutent, intercalés en rouge, ceux des plus militants : Sanjines, Littin, Marker, Raucha, Solanas, « C'était un hommage à la tradition Chéray dans une volonté de filiation. Il y avait "ses" cinéastes et les "miens" ! Ce n'était pas incompatible : l'engagement peut naître de la tradition. »[85] Sur les murs de chaque salle, un slogan est inscrit : « Que l'ancien serve le nouveau », « Que l'étranger serve le national », « Que cent fleurs s'épanouissent », tirés des citations du *Petit Livre rouge* de Mao. Jean-Paul « Yan » Giquel, l'ancien de *Camarades*, prend la direction du 14 Juillet Parnasse.

La salle marche immédiatement, grâce à un programme Wenders, créant un deuxième pôle, rive gauche, pour l'exploitation des films mk2, permettant à la société de la rue Traversière de mieux prendre pied sur le marché de la distribution des films d'art et essai. Mais quelques critiques se font entendre, témoignant du passage d'un âge à un autre dans la cinéphilie parisienne. « Le Studio Parnasse n'est plus, écrit nostalgiquement Roland Duval au nom des fidèles de Chéray. Des promoteurs gauchistes ont racheté la salle historique pour la casser en trois, trois espèces de hangars minables et tristement fonctionnels. En ce lieu naguère voué aux grands classiques va triompher le cinéma engagé. À la ronde des grands noms du cinéma de papa se sont ajoutés les petits noms de cinéastes dont le seul talent est de prêcher la révolution. C'est froid, c'est moche, c'est lugubre comme l'aube du grand soir manqué. Finie la rigolade, on embrigade. Bientôt nous irons tous en rang au cinoche. »[86]

Marin Karmitz se trouve pris sous un double feu de critiques, ou plutôt de soupçons. Ils demeurent résiduels et n'empêchent en rien l'activité de mk2. Il y a les soupçons de la cinéphilie traditionnelle, qui lui reproche son soutien à un cinéma militant privilégiant le fond politique par rapport à une recherche plus formelle, plus esthétique, une mise en scène. Et ceux de la gauche, qui ne manque pas de crier à la « trahison » de la cause du peuple, aux renoncements aux engagements sociaux et politiques, et dénonce, *in fine*, l'acceptation de la logique d'un système où le « patron de gauche » est un « patron tout de même [87] »

Le bilan comptable est favorable : les fréquentations partent à la hausse – + 50 % de spectateurs, tant au 14 Juillet Bastille qu'au 14 Juillet Parnasse, sur l'année 1976 par rapport à 1975, puis encore pour 1977 – et la fidélisation d'une clientèle de quartier est grandissante. Mais, selon Karmitz lui-même, seulement « apparemment favorable [88] », car il existe « un autre versant de la réalité [89] » reconnaît-il dans un entretien donné au *Monde* le 27 octobre 1976. Personnellement, l'homme se sent « réduit au silence [90] », fortement contraint, renonçant effectivement à toute réalisation personnelle. De plus, le système est fragile : la distribution de films prise en charge directement par mk2 ne suffit pas à alimenter les six salles des 14 Juillet, et certaines « contradictions sociales et idéologiques [91] » mettent souvent Karmitz en porte-à-faux.

L'affaire de la librairie du 14 Juillet Bastille en est exemplaire. Malgré ses bonnes ventes – le chiffre d'affaires de la librairie triple sur les six premiers mois de 1975 – et des accords passés avec des éditeurs issus de la mouvance gauchiste, comme Maspero et Champ libre, maison d'édition créée par Gérard Lebovici en 1969, qui permettent une diffusion d'ouvrages en accord avec la ligne citoyenne et contre-culturelle défendue, une difficulté peu à peu insurmontable entraîne l'arrêt de l'activité. Le vol des livres à l'étalage est alors un problème qu'il est difficile de maîtriser – les systèmes magnétiques de sécurité et d'alarmes ne sont pas encore au point –, voire parfois « encouragé » au nom d'une révolte estudiantine contre le système, justifiée par le slogan, plusieurs fois « graffité » sur les étagères de livres : « La propriété c'est le vol » [92].

Le premier à en subir les conséquences est François Maspero, dont la librairie « La Joie de lire » est mise en faillite au printemps 1976. Maspero s'était déjà désengagé de la librairie du 14 Juillet Bastille à son ouverture, en mai 1974, finalement tenue par mk2 seul, mais « en partenariat » avec l'éditeur de la rue Saint-Séverin. En juillet 1976, c'est à la libraire du 14 Juillet Bastille de fermer à son tour, pour les mêmes raisons. « Je n'ai pas voulu porter plainte contre les vols de livres, explique Marin Karmitz. Et de toute façon, le système magnétique de contrôle aurait été en contradiction avec l'esprit du lieu. Plutôt que d'arrêter des gens, j'ai préféré fermer la librairie. »[93] Le licenciement des deux étudiants travaillant à mi-temps vaut à mk2 son premier conflit social. Un meeting à la Mutualité, une occupation des salles au nom du slogan : « Karmitz, patron salaud, le peuple aura ta peau[94] ! » Le 3 novembre 1976, un « groupe autonome » s'introduit nuitamment au 14 Juillet Bastille et saccage la librairie à coups de barre de fer avant de détruire en partie la cabine de projection, entraînant deux jours de fermeture du cinéma. « Je devenais un capitaliste, au sens marxiste du terme, explique Karmitz, mais le contenu des films que je distribuais le plus souvent restait lié à la remise en cause de ce capitalisme. Ce paradoxe n'allait pas cesser de me poursuivre : pas facile d'être gestionnaire de films révolutionnaires[95] ! »

Plusieurs autres actions violentes troublent l'essor des 14 Juillet et de mk2, qui auraient pu avoir des conséquences dramatiques, comme le colis piégé qui explose le 10 avril 1977 devant l'appartement d'Évelyne July, où dort un bébé de quelques mois. Le 30 mars 1978, un groupe s'introduit de nuit au 14 Juillet Bastille, met le feu à l'une des cabines de projection en enflammant la copie du *Bois de bouleaux* d'Andrzej Wajda, saccage les deux autres cabines et les bobines à coups de masse de fer, et brûle des piles de livres. Les bureaux sont ouverts, visités, abîmés, les machines à écrire et les enceintes volées, de même que 2 000 francs en liquide dans la caisse. Les dégâts sont estimés à 300 000 francs. Le cinéma est fermé une semaine pour remise en état[96].

Ces actions violentes ne sont pas exceptionnelles : en 1977, cela est survenu à quatre reprises au 14 Juillet Bastille, et le 27 janvier 1978, à La Pagode, une séance de projection de films homosexuels, dans le cadre d'un festival, est interrompue par un commando. De même, l'Olympic a été occupé quatre fois lors du deuxième semestre 1977. Le 11 octobre 1976, enfin, un autre type d'action violente s'était déroulée au 14 Juillet Bastille, cette fois plus identifiée : le groupe sioniste Talion, après avoir cassé les vitres de la caisse où se trouvait une employée âgée, fait irruption lors d'une projection du film propalestinien *Ici et ailleurs*, de Jean-Luc Godard et Anne-Marie Miéville, enfume la salle avec des gaz lacrymogènes en usage dans l'armée israélienne, casse les derniers rangs de fauteuils et lâche des rats dans le cinéma, avant de s'enfuir en bloquant la salle, enfermant les spectateurs dans une atmosphère suffocante.

Pour la plupart, ces actions ne sont cependant pas revendiquées. Alors, commando d'extrême droite ou d'extrême gauche ? « C'est justement cette confusion possible qui est inquiétante, répond Marin Karmitz dans un entretien au *Monde*, le 4 avril 1978. Il y a cinq ans, ce genre de méthodes n'était utilisé que par les fascistes. Il se trouve qu'aujourd'hui ce n'est plus le cas, et qu'on ne peut plus répondre. On a, d'une part, ceux qui vous traitent de "bolcheviks" et, de l'autre, ceux qui affirment qu'on est le "premier maillon du capitalisme" à abattre. Je ne sais pas si ce sont des "autonomes", je ne sais pas si ce sont des "fascistes", je sais qu'actuellement, la liberté d'information et d'expression est menacée. On ne peut accepter de se laisser enfermer dans ce système qui, en tout cas, sert parfaitement les intérêts du pouvoir. »[97] Marin Karmitz, pour mk2, Louis Malle, propriétaire de La Pagode, et Frédéric Mitterrand, des Olympic, déposent plaintes communes et organisent un « Comité de défense de la liberté d'expression ».

Padre Padrone *ou le baiser du tueur*

L'essor de mk2 se poursuit : le 1er mai 1978 ouvre le 14 Juillet Racine, rue de l'École-de-Médecine, rachat du Racine Odéon créé en 1964, salle unique de deux cent cinquante places. Puis, le 21 avril 1979, ce sont les quatre salles du 14 Juillet Beaugrenelle, « multiplexe » construit dans un centre commercial du XVe arrondissement, qui ouvrent à l'endroit des anciennes usines Citroën détruites en 1973. Ce lieu en front de Seine est alors un désert culturel et cinématographique, délaissé depuis une décennie par les grands circuits. L'équipe du 14 Juillet Beaugrenelle, dirigée par Jean-Paul Giquel, y est en terre de mission. Il faut imposer la VO dans un quartier où les quelques complexes, le Gaumont Convention et le Convention Saint-Charles, proposent essentiellement des VF de succès planétaires de type *blockbusters* américains. « Je suis allé au Beaugrenelle, explique Giquel, parce que j'avais connu l'endroit comme un terrain vague, en arrivant à Paris au milieu des années 1960. C'était mon premier quartier, j'y étais particulièrement attaché. Ça a été une belle aventure. »[98] Au bout de quelques mois, c'est également un succès, qui fait du plus important des 14 Juillet le navire amiral mk2, regroupant alors dix salles en quatre cinémas.

Paradoxalement, cette expansion fragilise aussi mk2. Ses salles ont besoin de films, qui ont eux-mêmes besoin d'élargir leur public, sinon les recettes décroissent et les spectateurs, frustrés, se lassent. En 1979, mk2 perd même 30 % de son chiffre d'affaires. La difficulté tient aux réseaux de distribution. D'un côté, les films achetés et sortis par mk2 ne rencontrent pas leur public car ils sont montrés dans trop peu de salles et n'atteignent pas les circuits plus commerciaux ; de l'autre, Gaumont refuse ses films aux 14 Juillet. Le Bastille n'a plus accès aux sorties de films nouveaux. Le cercle est vicieux, la concurrence est rude, et les indépendants éprouvent les plus grandes difficultés à survivre.

Pour mk2, la solution passe, provisoirement, par des alliances avec d'autres réseaux d'exploitants indépendants. C'est le cas avec Boris Gourevitch, qui possède le Quartier latin, le Quintette, bientôt les 7 Parnassiens, le Gambetta Palace, le Trois Nation et le Lincoln, belle salle proche des Champs-Élysées[99]. Gourevitch est, de plus, très puissant financièrement, car il tient la plupart des salles de cinéma pornographiques de Paris. L'accord entre ces deux hommes si différents, le géant russe ancien bûcheron au Canada, qui ne quitte quasiment jamais son bureau de la rue Lincoln, sauf pour s'encanailler dans son dancing Mimi Pinson, à quelques hectomètres sur les Champs-Élysées, avec ses cigares et ses quarante ans d'expérience d'exploitant, et le petit Roumain énergique qui ne tient pas en place et parle politique avant tout, s'opère sur *L'Esprit de la ruche*, le film de Victor Erice. Étonnamment, le film rencontre, grâce au bouche-à-oreille et à la presse, un succès inattendu à Paris entre janvier et juin 1977, quand il sort dans une combinaison complémentaire alliant les 14 Juillet Bastille et Parnasse avec le Quintette et le Lincoln. Géographiquement, sociologiquement, cinéphiliquement, cette sortie permet de croiser des publics plus nombreux et divers.

Pourtant, rien ne semblait évident, et l'alliage se forge dans la douleur, comme le raconte Karmitz : « Il m'a appelé le lundi matin suivant la sortie, pour m'annoncer qu'il avait décidé d'arrêter le film. Je lui ai expliqué qu'il n'en était pas question ! Nous entretenions des relations extravagantes. Avec le programmateur Denis Chateau et l'attaché de presse Simon Mizrahi, nous étions comme ses trois “fils” adoptifs. Il n’empêche ! J’ai menacé de venir lui casser la figure s’il touchait au film. J’ai déboulé dans son bureau, rue de Lincoln. C’était un vieil homme, avec une stature immense mais, quand il a refusé de garder le film, je lui ai sauté dessus pour le “cogner” et j’ai commencé à le balancer dans la cage d’escalier. Les assistants se sont précipités pour nous séparer. Et il a gardé le film [100] ! » L’accord, scellé par cette scène originelle, dure sur une année et une dizaine de films, notamment *Hester Street* de Joan Micklin Silver, la reprise de *Mamma Roma* de Pier Paolo Pasolini, *Les Nouveaux Monstres* de Mario Monicelli, *Nous nous sommes tant aimés* d’Ettore Scola ou *Cria Cuervos* de Carlos Saura, autres beaux succès publics.

Le concurrent le plus puissant de mk2, à ce moment, est la Gaumont, société présidée par Nicolas Seydoux, dirigée par Daniel Toscan du Plantier, qui allie un réseau national de salles puissant de plusieurs centaines d’écrans et une programmation, pour certains d’entre ces cinémas, proche de l’exploitation art et essai, grâce aux choix opérés pour la société à la marguerite par Denis Chateau, dont la sensibilité cinéphile est réelle et le talent de programmation certain. La rivalité est encore plus aiguisée à propos du cinéma américain. « J’avais de plus en plus besoin de “bons” films américains, explique Marin Karmitz, y compris des anciens, des reprises. Or les distributeurs américains passaient prioritairement par la Gaumont et ne voulaient pas me donner leurs films en version originale, car ils estimaient ma rentabilité insuffisante. En me coupant des films, pour Gaumont, il s’agissait clairement de détruire mk2 [101]… » C’est donc avec la Gaumont que le conflit éclate, mais par Boris Gourevitch qu’il va passer.

L’occasion survient avec un film que personne n’attend. « Un jour, au printemps 1977, raconte Karmitz, Simon Mizrahi passe rue Traversière me proposer un film italien en langue sarde, tournée en 16 mm par la RAI. » [102] Il se trouve que mk2 connaît ses réalisateurs, les frères Paolo et Vittorio Taviani, pour avoir sorti deux ans auparavant *Allonsanfan*, fresque collective et historique de la gauche italienne. Le nouveau film, *Padre Padrone*, adapte un récit autobiographique étonnant, celui de Gavino Ledda, jeune berger sarde esclavagisé par son père, totalement coupé de la civilisation urbaine, demeuré analphabète jusqu’à l’âge du service militaire, mais qui, après avoir appris à compter, lire et écrire, entreprend des études de linguistique jusqu’à pouvoir l’enseigner à l’université. Ce récit d’emprise et d’émancipation devient,

"A film that sings with a moving beauty."

–Newsweek

Padre Padrone

......my Father, my Master

a film by Paolo and Vittorio Taviani from Cinema 5

grâce à la caméra des Taviani, un grand film sur la nature et la culture, tourné dans les montagnes sauvages de Sardaigne, une œuvre fortement anthropologique et, dans le même temps, une fiction de la révélation.

Convaincus par la projection privée de la bande 16 mm, organisée par Simon Mizrahi et son ami Jacques Robert dans un sous-sol des bureaux parisiens de la RAI, Marin Karmitz et Évelyne July se tournent vers Boris Gourevitch pour l'achat des droits de distribution à la télévision italienne et le tirage des premières copies, gonflées de 16 en 35 mm. Le coût représente environ 10 000 dollars. Gourevitch, sceptique, refuse.

Padre Padrone est bientôt en compétition au Festival de Cannes et, sur la Croisette, reçoit en mai 1977 le soutien inconditionnel de Roberto Rossellini, président du jury, qui l'impose de haute lutte pour la Palme d'or face à un film qu'il déteste, mais possède d'influents soutiens, *Une journée particulière* d'Ettore Scola. Ultime acte d'autorité seigneurial d'un artiste qui meurt un mois plus tard à soixante et onze ans.

Alors que la rumeur enfle dans la microsociété cannoise, Boris Gourevitch, lors d'un déjeuner au Grand Hôtel, propose à Marin Karmitz la belle somme de 150 000 francs, chèque signé à l'appui, pour lui racheter le droit d'exploiter le film dans ses salles. Trouvant cette offre tardive donc humiliante, pressentant la carrière que *Padre Padrone* pourrait avoir, le patron de mk2 refuse et déchire le chèque sous les yeux de son mentor [103].

Mk2 peut-il sortir seul une Palme d'or ? En proposant ce film dans deux petites salles, les 14 Juillet Bastille et Parnasse, n'est-ce pas sacrifier et le film et les salles ? Marin Karmitz tente un coup : il se rapproche de Gaumont et de Daniel Toscan du Plantier, via Roberto Rossellini, et lui propose un accord : contre la sortie aux 14 Juillet de films plus confidentiels, comme *Le Navire Night* de Marguerite Duras, et un pourcentage correct sur les recettes de *Padre Padrone*, mk2 cède sa Palme d'or, du coup distribuée sur quatre cents copies en France dans le circuit Gaumont. Karmitz y ajoute une clause : la constitution d'un pot commun pour sortir des films exigeants en partenariat. « L'idée était de financer un

Ci-contre :
Affiche pour la sortie américaine
de *Padre Padrone* des frères Taviani, 1977.

fonds permettant de réinvestir de l'argent pour acheter les droits de films qui pouvaient nous intéresser, l'un et l'autre. »[104]

Padre Padrone s'avère effectivement un gros succès : sorti le 21 septembre 1977, il attire plus d'un million de spectateurs en France. « Tout le monde a gagné beaucoup d'argent sur ce film, précise Karmitz : les Taviani, la RAI, Gaumont et mk2 ; pour nous, cela représentait environ 3 millions de francs. C'était un changement d'échelle qui, d'un coup, pouvait nous ouvrir des perspectives, notamment en matière d'achat de films et d'ouverture de salles. Les 14 Juillet Racine et Beaugrenelle, peu après, ont été en partie financés par cette manne. »[105] Ce rapprochement avec Gaumont semble une nouvelle donne susceptible de changer l'avenir de mk2.

Mais cet accord, rétrospectivement, ressemble au « baiser du tueur ». Il s'apparente à une tentative d'assassinat plus qu'à une accolade fraternelle. Le tir est à deux coups. Après le succès de *Padre Padrone*, Marin Karmitz se trouve d'abord convoqué chez Gaumont, à Neuilly, où le président, Nicolas Seydoux, abruptement, lui signifie la fin de l'accord passé. « Je souhaitais être une "tête chercheuse" pour un grand distributeur, confie le patron de mk2. Sans doute, un peu naïvement, j'ai cru en la parole de Gaumont. Mal m'en a pris. L'accord n'ayant jamais été signé, on peut parler de défection plus que de rupture. Mais ce manquement à la parole donnée m'a terriblement blessé et choqué. J'en ai beaucoup voulu à Gaumont. Je ne savais pas, alors, que je prendrais ma revanche[106]... ».

Quelques semaines plus tard, en octobre 1978, vient la seconde surprise, plus amère encore. Évelyne July quitte soudain mk2, entraînant avec elle Catherine Meynard et Donatienne Fraisse, et part fonder Swan Diffusion, une société alliée à... Boris Gourevitch et à AMLF, l'entreprise de Claude Berri. Le monde du cinéma est petit, et ses mœurs sont impitoyables. « Qu'Évelyne July soit "rachetée" par Boris Gourevitch fut douloureux, se souvient Marin Karmitz. C'était davantage qu'un départ : la rupture d'une camaraderie née en Mai 68, forgée par le travail commun sur *Coup pour coup*, scellée par l'aventure du 14 Juillet Bastille. »[107]

Du jour au lendemain, Marin Karmitz est seul. Plus d'associée, ni de responsable des ventes, pas de secrétaire. Évelyne July possède 25 % des parts de la société mk2 et des salles 14 Juillet. Elle propose à Marin Karmitz, qui n'a pas les moyens de les acheter, de les vendre à Gourevitch ou à Gaumont. L'homme sent là un danger : laisser entrer des « associés » trop gourmands, à court ou moyen terme, au sein de mk2, serait risquer d'aliéner son indépendance. Puisque Marin Karmitz n'a pas les moyens personnels d'acheter ces parts, il pourrait vendre sa société à Publicis, le groupe de communication qui investit alors beaucoup dans les salles et la distribution. Effectivement, Publicis propose 30 millions de francs pour racheter mk2.

Marin Karmitz, avant de se laisser tenter, souhaite étudier toutes les possibilités. Il consulte d'abord sa compagne, Caroline Eliacheff, qui, par une formule bien à elle, le conforte dans sa position de combat. « Elle a juste lâché : “Qu'est-ce qu'on va faire avec ces millions ? Ma mère m'a toujours dit qu'on ne mangeait que deux fois par jour [108]… » Cet état d'esprit offensif le conduit à mener une campagne de presse pour dénoncer « ceux qui mettent le cinéma français en danger et en crise ». Dans *Le Nouvel Observateur*, il lance « La crise : la preuve par l'absurde [109] », dans *Télérama*, « La crise en pire [110] », et il défend « une stratégie indépendante dans un paysage intégré » dans les *Cahiers du cinéma* [111]. Il écrit de plus à Françoise Giroud, sa “belle-mère” en même temps que la secrétaire d'État à la Culture, une lettre ouverte, le 4 février 1977, dénonçant la « situation de catastrophe du cinéma indépendant et arts et essai en France [112] », asphyxié par les grands circuits. « Si rien n'est fait au ministère de la Culture, lance-t-il, je serai, comme d'autres malheureusement, obligé de vendre mes salles à une chaîne de cinéma pornographique et de transformer la rue Traversière en sex-shop [113]. » La lettre est diffusée dans l'espoir d'une prise de conscience.

Matériellement, la situation d'urgence qui menace Marin Karmitz et mk2, se résout soudain par une heureuse rencontre. Caroline Eliacheff, encore elle, lui présente Claude Alphandéry, ancien résistant, banquier social proche de Michel Rocard et membre du parti socialiste, qui lui fait confiance et rachète personnellement les parts d'Évelyne July, pour les réinvestir dans la société sans en entraver l'indépendance.

Mk2 demeure sur la corde raide : « Reconnu, je l'étais, rappelle Marin Karmitz, mais mort, presque, étranglé par les grands groupes. Tant que j'étais marginal, je me battais pour survivre et je ne gênais personne. Dès que je suis passé de la marginalité à la marge, les choses se sont gâtées. Et lorsque, à ma manière artisanale, j'ai voulu entrer en relation avec le centre, les oppositions et les coups bas du nouvel ordre économique du cinéma français se sont multipliés. Sans une marge dynamique, le centre meurt aussi. » [114]

VII

Les années rugissantes

Solitaire, isolé, acculé, Marin Karmitz l'est indéniablement au printemps 1978 ; mais il a quelques atouts dans son jeu. Le joueur décide de les abattre très vite et tous ensemble. Mk2 doit d'abord reconstituer son équipe, dispersée avec le départ d'Évelyne July pour fonder Swan Films chez Boris Gourevitch. « Dans ma situation difficile, raconte Marin Karmitz, j'ai fait une rencontre heureuse : alors qu'il démarchait en tant que représentant de commerce de petites sociétés de films pornographiques, un type, extrêmement sympathique, m'a proposé de prendre le seul film africain de son catalogue. C'était Jean Labadie, et c'était la première fois que quelqu'un du milieu du cinéma prenait la ligne Vincennes-Neuilly direction Vincennes. Je lui ai dit : “Est-ce que vous êtes libre ?” Le temps de donner son mois de préavis, il a rejoint mk2. Il est resté sept ans, des années durant lesquelles j'ai pu apprécier ses compétences et son dynamisme. » [1]

Un nouvel esprit du capitalisme

Jean Labadie a vingt-cinq ans, il sort de l'École supérieure de commerce de Lyon, et commence sa vie nouvelle comme démarcheur en encyclopédies, puis en films de série Z et X. Débrouillard, cinéphile, voyageur, il est l'homme de la situation pour devenir le premier directeur des ventes et des acquisitions chez mk2. « C'est à mk2 que j'ai appris quelques recettes fructueuses de mon métier, reprend l'intéressé : un sens de l'économie, indispensable en temps de crise, et un caractère encore artisanal de la distribution qui permet d'envisager un travail spécifique sur chaque film montré. Il faut faire de chaque film un événement, et nous n'hésitions pas à mettre des moyens dans une affiche, un dossier de presse, une sortie particulière. »[2] Jean Labadie a du « nez », il sent les bons coups, les films qui peuvent marcher. *Extérieur nuit* de Jacques Bral, *Qu'est-ce qui fait courir David ?* d'Élie Chouraqui, *Dans la ville blanche* d'Alain Tanner, *Meurtre dans un jardin anglais* de Peter Greenaway, *Local Heroe* de Bill Forsyth, *Meurtre d'un bookmaker chinois* de John Cassavetes, *La Tentation d'Isabelle* de Jacques Doillon, *L'Histoire officielle* de Luis Puenzo, *La Storia* de Luigi Comencini, sont autant de succès, petits et grands, qui doivent beaucoup à son flair. Fin 1986, il quitte mk2 pour fonder Bac Films, société de distribution, et Paradis Films, société de production. « J'ai tout appris auprès de Marin Karmitz, insiste-t-il. J'ai compris qu'il fallait distinguer les frais généraux des frais alloués à la production et à la distribution d'un film. C'est ça, le gage d'indépendance. Mk2 avait une vraie politique éditoriale, rivée sur le cinéma d'auteurs mondial. »[3]

L'équipe mk2 s'enrichit également d'un étudiant de Sciences Po en sociologie, qui vient de finir son DEA, Eric Heumann. Il est d'ailleurs l'un des élèves de Marin Karmitz rue Saint-Guillaume, où il fait cours sur « Produire et montrer des films autrement » à partir des années 1980. Le jeune homme commence par un stage dans l'entreprise, puis est rapidement propulsé, en 1981, responsable des ventes à l'étranger. Il a également des compétences en droit et peut travailler, au côté de Me Thierry Lévy, l'avocat de mk2 depuis le milieu des années 1970, pour monter des dossiers délicats, par exemple au moment des procès contre le monopole des « circuits ». Lui aussi part, en 1985, pour diriger Paradis Films aux côtés de Jean Labadie.

Deux figures féminines jouent un rôle essentiel, assurant la continuité puisqu'elles ont commencé avant la rupture de 1978. Eva Simonet est l'attachée de presse de mk2. Sa carrière commence avec le « film engagé », notamment *Z* de Costa Gavras, puis Chris Marker et les Chiliens réfugiés à Paris après le coup d'État de Pinochet : Patricio Guzman, Miguel Littin, Aldo Francia. Sœur de Jacques Perrin, l'acteur devenu producteur, compagne de Thierry Lévy, l'avocat de Marin Karmitz, elle reçoit son diplôme de presse à l'université NYU de New York, puis travaille avec mk2 à partir de 1974, parallèlement aux films suivis pour La Nef Diffusion, la société de distribution de Claude Nedjar. Quand le nombre de films grandit, au tournant des années

1980, elle se consacre entièrement à mk2. Les liens avec la presse sont capitaux ; Eva Simonet occupe alors une place stratégique, avec sa forte personnalité, son réseau, ses choix et ses goûts. La sœur d'Eva Simonet, Jeannine Baisadouli, travaille également chez mk2, où elle s'occupe de gérer le matériel de l'entreprise, et son fils, Christophe Baratier, futur réalisateur des *Choristes*, y fait un stage. De son côté, Sylvaine Sainderichin s'impose comme l'assistante personnelle de Marin Karmitz, qu'elle rencontre par hasard, comme cinéphile, au 14 Juillet Bastille. Le patron de mk2 lui propose un poste en 1975. « J'ai découvert le B-A BA avec un maître exigeant, dur mais passionnant, qui m'a donné le goût de ce métier. On travaillait dix heures par jour, mais ça en valait la peine [4] », dit-elle. Sylvaine Sainderichin quitte mk2 en 1983, pour fonder Luna Films, une société de distribution de films.

Dans une note interne à l'entreprise, Marin Karmitz définit les principes d'organisation de son équipe : « Peu de personnes, mais des personnes très motivées et facilement interchangeables, avec une grande fluidité, de la programmation des salles à la distribution, de la comptabilité internationale à la comptabilité diffusion, du secrétariat général à la fabrication et à la mise en place des éléments de chaque film. Des frais généraux très limités, l'investissement étant avant tout consacré aux films. Une infrastructure commune aux différents secteurs d'activité (comptabilité, matériel, gestion, vente) sur laquelle tout nouveau secteur peut facilement se greffer. » [5] Souplesse, flexibilité, partage des tâches, prise d'initiatives, et surtout de la motivation : mk2 est une petite entreprise modèle fondée sur le « nouvel esprit du capitalisme », selon l'expression de Luc Boltanski et Ève Chiapello, sociologues analysant un corpus de textes de management ayant irrigué les nouveaux modes d'organisation des entreprises à partir de la fin des années 1970. Le fonctionnement en réseau et l'initiative des acteurs, la fluidité possible, une relative autonomie au travail, des pratiques interchangeables, le tout fondé sur la sécurité matérielle et une forte motivation psychologique, voilà les éléments clés d'une efficacité pilote. Ce nouvel esprit du capitalisme a triomphé grâce à la « formidable récupération de la critique artiste de l'aliénation capitaliste classique qui provoqua et engendra Mai 68 » [6]. Dans le cas de Marin Karmitz, cette « récupération » fonctionne d'autant mieux qu'il fut lui-même des deux côtés de son énonciation : à la fois l'un des acteurs clés de cette « critique artiste », comme le soulignent ses films, et l'un des premiers à mettre en œuvre sa pratique entrepreneuriale. Davantage même : il n'y a pas de relais, puisque l'entreprise est née *pour* matérialiser, quasi dans l'immédiat, le discours critique de l'aliénation capitaliste.

Producteur = éditeur

À l'exploitation et à la distribution des films, Marin Karmitz souhaite ajouter un volet de production. Il s'en explique dans une conférence donnée à l'IDHEC, revenant dans son école formatrice : « Je crois qu'il y a autant de producteurs qu'il y a de sortes de films et qu'il y a différentes méthodes de production. On peut distinguer trois catégories : des producteurs qui aiment les acteurs, des producteurs qui aiment les auteurs, et puis des producteurs qui aiment le prestige, le pouvoir et l'argent, donc qui n'aiment qu'eux-mêmes. En ce qui me concerne, ce qui m'intéresse, ce sont les auteurs, les relations avec les auteurs. Un film produit, selon moi, c'est une grande histoire de passion ou d'amour avec le réalisateur. Un film n'est pas tant une opération financière qu'un espace de création. Tout part d'une rencontre qui me donne l'envie de travailler avec une personne. Ensuite, il faut financer pour protéger le cinéaste des contraintes et des soucis extérieurs [7]. » Un « métier de passion », c'est le premier élément, qui revient souvent dans les entretiens donnés par Marin Karmitz, fondé sur une « rencontre » ; mais également un « métier de regard et d'intervention », où le producteur joue un rôle actif de suggestion, voire de modification, notamment au moment du scénario puis du montage, étape clé. « Mon rôle est de mettre des films au monde. C'est un acte passionnel [8] », répète ainsi le producteur dans *Télérama* en octobre 1988.

Marin Karmitz établit volontiers un parallèle entre le métier de producteur et celui d'éditeur. Il se dit d'ailleurs « éditeur de films » : « Quand le Centre Georges-Pompidou, en 1985, a proposé un programme des films produits par mk2, j'avais fait inscrire sous mon nom "éditeur de films à Paris". » [9] Cette place, fantasmée en Jérôme Lindon ou en François Maspero du cinéma, deux modèles revendiqués, se fonde sur la « collection » d'une diversité d'auteurs-cinéastes, dont les succès des uns peuvent compenser les échecs des autres. Elle autorise aussi la proximité et la possibilité de « tout dire », fondée sur la confiance mutuelle : parler d'égal à égal à un réalisateur – que Marin

Karmitz a été – tout en conservant un rôle différent, ce qui ouvre au conseil. Enfin, dernier élément éditorial : le lien entre l'auteur et son public. « Au fond, dit-il, j'aime assez le parallèle avec la littérature, car je reste un passeur, un intermédiaire entre l'œuvre et le public. » [10]

Le « camarade producteur [11] » s'est fixé quelques règles avec lesquelles il ne transige pas. Il est clair que, pour travailler avec lui, il faut les accepter. D'abord, une limite de la durée des films, ligne à ne pas franchir : une heure cinquante maximum. « Si on ne respecte pas les fameuses cinq séances quotidiennes, on casse les habitudes, s'emporte celui qui est exploitant avant de devenir producteur. Démarre à 19 heure 30 au lieu de 18 heures, et vous êtes en contradiction avec la vie, avec la sortie des bureaux, le dîner à préparer, les enfants à coucher [12]... » Deuxième grand principe : être clair et franc sur le plan financier, que la donne soit établie d'emblée. « Pour préserver mon indépendance, je ne veux dépendre financièrement que de moi. Jusqu'à 10 millions de francs, je suis en mesure de m'auto-financer. Au-delà, non. Je suis donc limité à un style de films qui correspond à mon budget [13]. » La morale de l'économie mk2 consiste en une certaine austérité permettant de tenir rigoureusement le budget dans un cadre strict, connu de tous les collaborateurs du film. Dix millions de francs, au début des années 1980, reste en dessous du budget moyen d'un film, qui frise les 13 millions. Les œuvres mk2 ne sont pas sous-financées, mais fabriquées à l'économie, avec les moyens techniques et le temps adaptés à cette relative pauvreté. La durée d'un film et son « juste coût » sont des points sur lesquels le producteur n'a jamais transigé, ce qui lui a valu quelques brouilles, parfois retentissantes. « Ma philosophie, explique-t-il, est qu'il y a une relation entre l'argent et la liberté. Plus vos films sont chers, plus vous dépendez des autres, moins vous êtes libre. La liberté se paye, et l'argent aussi. C'est ce que je veux dire en affirmant que la production est affaire de morale. Cela relève de la responsabilité de chacun : celle du cinéaste de ne pas dépasser un cadre financier qu'il connaît ; la mienne, puisque je m'engage pour un film jusqu'au bout [14]. »

Autre règle d'or, celle de la répartition équitable des principales rétributions : « J'ai mis en place un système issu de *Coup pour coup*, avec l'équité des salaires, en l'adaptant aux plus importants. J'ai proposé que l'acteur principal, le réalisateur et moi-même recevions le même salaire, qui est, il faut le dire, assez bas par rapport aux pratiques de la profession, quitte à ce qu'il y ait des participations sur les recettes ensuite. J'ai toujours refusé que des acteurs gagnent davantage que le réalisateur. Un metteur en scène ne peut pas être moins payé qu'un acteur, ce ne serait pas éthique. Je produis avant tout le film d'un réalisateur : il doit y avoir une relation entre l'idée qu'il est au cœur de l'aventure et son salaire. »[15]

L'ultime principe consiste à suivre chaque film tout au long de son processus de fabrication : « Du début à la fin, de l'écriture du scénario à la sortie en salle, en France et à l'étranger, jusqu'à sa diffusion sur les chaînes de télévision. Si l'on dissocie les différentes étapes, un bon film, même bien écrit, bien réalisé, bien monté, bien produit, peut rester inabouti, comme orphelin. »[16] Cela implique également le cinéaste, qui est mobilisable et généralement mobilisé, « de mon stylo-bille au fauteuil de mon spectateur[17] », dira Claude Chabrol, un des auteurs maison. Mk2 est ainsi particulièrement attentif à la sortie de ses films, travaillant précisément sur les dossiers de presse, les affiches, les bandes-annonces et les relations avec la presse.

Premiers pas de producteur

Les tout débuts dans la production sont modestes. En octobre 1972, Marin Karmitz lit le scénario du premier film de Jean-Charles Tacchella, *Voyage en grande Tartarie*. Il s'entend bien avec le cinéaste depuis le tournage des *Honneurs de la guerre*, en 1961, dont ils étaient tous les deux assistants. Tacchella a déjà obtenu l'avance sur recettes, qu'il peut investir immédiatement dans la production[18]. « Pour mk2, mon projet tombe bien, explique-t-il. L'argent de l'avance permet à la jeune société, encore fragile, de fonctionner[19]. » Le budget est modeste, un peu plus d'un million de francs, et Karmitz suggère les deux acteurs principaux, Jean-Luc Bideau et Micheline Lanctot. L'esprit anarchiste du film, qui dynamite certains travers de la société de consommation, « n'est pas pour déplaire à Karmitz[20] ». *Voyage en grande Tartarie*, en mars 1974, attire près de 25 000 spectateurs, ce qui permet de rembourser les frais, avec un léger excédent investi dans un deuxième projet, *La Sainte Pénurie*, dont la première scène est géniale : un visage ravagé apparaît à la télévision, c'est le président de la République qui s'adresse à la France : « Françaises, Français, je ne sais pas, je ne sais plus. J'ai tout essayé. Il n'y a plus rien à faire. Chez nos voisins, c'est la même chose. Je vous souhaite bonne chance et du courage. Je n'ai qu'un conseil à vous donner : débrouillez-vous ! Vive la République, vive la France ! » Il prend alors un revolver, dit « Adieu », et se tue en direct [21]. Malheureusement, la commission d'avance sur recettes rejette cet opus, tout aussi anarchiste que le premier.

La deuxième production est comme imposée par l'Histoire. En septembre 1974, Marin Karmitz est à Lisbonne, invité par les distributeurs portugais de *Coup pour coup*, montré quelques mois après la révolution des Œillets, en avril précédent. La présentation du film a lieu le soir même de la tentative ratée de reprise du pouvoir par les militaires conservateurs du maréchal Antonio de Spinola. À minuit, dans une salle comble, on fête, avec les militants d'extrême gauche et des journalistes qui couvrent les événements, la démission de Spinola. Serge July est présent pour *Libération*, le tout nouveau journal qu'il a fondé, de même que René Backmann pour *Le Nouvel Observateur*, ainsi qu'une équipe de la télévision allemande ARD, menée par Gerhard Schirmbeck. Karmitz leur propose au matin de rester sur place pour tourner un film sur le cours incertain de la révolution portugaise. « C'est ainsi, conclut-il, que j'ai produit *Viva Portugal* [22]. »

En 1978, Marin Karmitz connaît son premier succès de producteur. Il a repris, quelques mois plus tôt, en co-production avec son « complice-rival » Boris Gourevitch, le projet en panne, à moitié tourné, d'une amie, Yannick Bellon, qui lui avait mis le pied à l'étrier dix-sept ans plus tôt à sa sortie de l'IDHEC. *L'Amour violé* raconte une histoire personnelle et difficile : une jeune femme, Nicole, infirmière, est victime d'un viol par quatre hommes, un soir d'été. Elle se reconstruit peu à peu en portant plainte pour que l'affaire soit jugée devant une cour d'assises. Le film, tourné près de Grenoble, est d'une force indéniable. Il sort en janvier 1978 et bénéficie d'une critique très favorable. Michel Perez, dans *Le Matin de Paris*, souligne sa portée sociétale : « *L'Amour violé* sera un film utile, propre à susciter immédiatement le débat, une arme pour la lutte en faveur de l'indépendance féminine et contre les valeurs sexistes de la société où nous vivons [23]. » Le film, qui sort dans près de trois cents salles grâce à l'éphémère partenariat entre mk2 et Gaumont, obtient un grand succès, avec près de deux millions de spectateurs. Cela vaut à mk2 des liquidités importantes, propres à financer bien des projets ; la production est définitivement lancée.

Les films s'enchaînent : un documentaire signé Josée Dayan, *Simone de Beauvoir*, puis *Le Saut dans le vide*, une comédie de Marco Bellocchio, avec Michele Placido, Michel Piccoli et Anouk Aimée. Ces deux derniers remportent même le prix d'interprétation lors du Festival de Cannes 1980. Ken Loach, autre ami issu des trotskystes anglais, tourne pour mk2 *Regards et sourires* l'année suivante. Enfin, Jean-Louis Comolli, l'ancien rédacteur en chef des *Cahiers du cinéma*, période gauchiste, réalise *L'Ombre rouge*, son premier film commercial, qui, sur fond de guerre d'Espagne, suit les conflits entre militants anarchistes du POUM, Français engagés dans les Brigades internationales, et les staliniens. Film historique, budget important, *L'Ombre rouge* connaît un relatif échec : moins de deux cent mille entrées à sa sortie, en octobre 1981. C'est l'un des premiers revers subis par mk2, ce que Marin Karmitz explique par la double inexpérience du néo-cinéaste et du néo-producteur : « Au lieu d'imposer un seul point de vue, j'ai laissé s'exprimer tout le monde. Je n'ai pas joué mon rôle, ce qui n'a pas aidé le metteur en scène. Tous se sont improvisés cinéastes sur le plateau, cela a abouti à une absence de style qui a rendu le film inférieur au scénario, pourtant excellent. Je m'en rendais compte pendant le tournage, à Marseille, mais je n'avais alors ni les compétences ni l'autorité nécessaire pour imposer ma volonté [24]. »

Sauve qui peut (la vie)

Mais la grande affaire du moment, pour Marin Karmitz producteur, consiste à accompagner le retour de Jean-Luc Godard vers le public des salles de cinéma, avec *Sauve qui peut (la vie)*. Au début de l'année 1979, Marin Karmitz achète les « droits d'exploitation » d'un film dont rien n'existe encore, avançant la somme – 520 000 francs – qui permet d'enclencher sa réalisation [25]. Un autre producteur, jeune homme de vingt-sept ans, Alain Sarde, prend quant à lui en charge le montage financier de l'opération à hauteur d'un million de francs. Au total, Karmitz et Sarde, faisant le tour des chaînes de télévision et co-producteurs potentiels en Allemagne, Italie et Suisse, réunissent 3,3 millions de francs. Le contrat est signé avec Godard le 22 novembre 1979 [26].

Cette collaboration entre Marin Karmitz et Jean-Luc Godard n'est pas une surprise. Ils se sont vus régulièrement tout au long des années 1970, à un moment où l'aîné était très isolé, vivant à Grenoble puis en Suisse, à Rolle, sur les bords du lac Léman. En septembre 1976, le 14 Juillet Bastille sort *Ici et ailleurs* et maintient le film en salle coûte que coûte durant plusieurs semaines, malgré les menaces et un attentat sioniste. Dans les archives de mk2, il reste d'ailleurs la trace d'une première collaboration inaboutie, un projet daté de 1977, une enquête confiée à Godard sur les luttes des « jeunes ouvriers noirs » aux États-Unis, face à une « bourgeoisie en processus de fascisation raciste »[27]. Le projet, sans doute un peu radical, est abandonné.

En 1979, Godard veut réaliser ce qu'il appelle un « deuxième premier film ». Marin Karmitz y trouve sa vocation : relancer des cinéastes qu'il admire. C'est un processus qui se répétera régulièrement dans sa vie de producteur. Après Godard, ce seront Claude Chabrol, revenu sur le devant de la scène avec *Poulet au vinaigre* en un moment difficile de sa carrière, Alain Resnais avec *Mélo*, Louis Malle avec *Au revoir les enfants*, Krisztof Kieślowski, quittant la Pologne et trouvant refuge à mk2 avec *Bleu, Blanc, Rouge*, ou Abbas Kiarostami au début des années 2000. « Je me suis spécialisé dans ces sauvetages : travailler avec des grands artistes au moment où ils n'avaient plus de travail et où personne ne voulait d'eux. J'accepte souvent des projets que tout le monde a refusé[28]. »

Quel film faire ? Godard a une idée, mais surtout une méthode. « Un homme quitte Paris, ou une ville horrible, il va en Suisse ou ailleurs, il rencontre une femme ou deux, et il reste là ou il revient[29]… » L'idée est plutôt nébuleuse, assurément autobiographique. Quant à la méthode, il s'agit de réunir autour de lui une sorte de cellule de discussion : engager des collaborateurs qui, chacun à leur niveau, seraient prêts à passer plusieurs mois à dialoguer pour que le projet s'élabore peu à peu par l'échange et son enregistrement vidéo. Ce n'est pas si éloigné de la « méthode Karmitz » mise en place pour réaliser collectivement *Coup pour coup*. Grâce à l'argent débloqué en amont par mk2, Godard peut constituer son équipe. Il propose à Jean-Claude Carrière, scénariste important qu'il connaît depuis le milieu des années 1960, de venir régulièrement à Rolle collaborer avec lui et Anne-Marie Miéville à l'élaboration de l'histoire et des personnages. Il appelle également Romain Goupil, afin qu'il soit son assistant tout au long de ce projet. Goupil, Godard et Karmitz se connaissent depuis 68 et leur Mai vécu intensément. Puis, en avril 1979, c'est au tour des trois comédiens principaux, Jacques Dutronc, Isabelle Huppert, Miou-Miou, d'être mis dans la confidence et invités à Rolle. Pendant ce

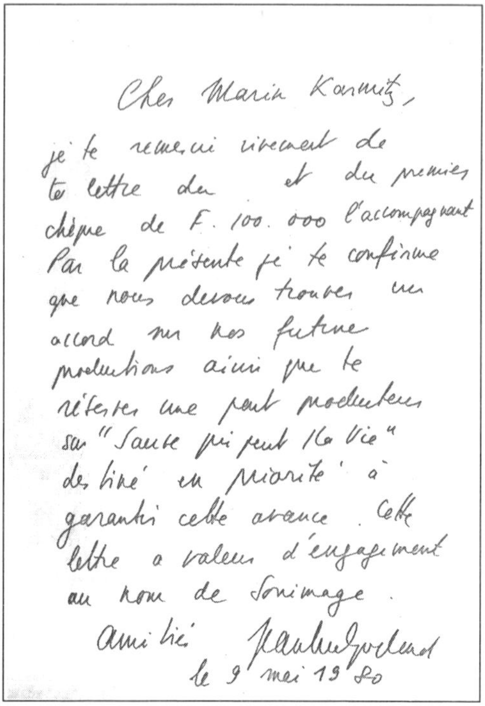

Cher Marin Karmitz,

je te remercie vivement de ta lettre du et du premier chèque de F. 100.000 l'accompagnant. Par la présente je te confirme que nous devons trouver un accord sur nos futures productions ainsi que te réserver une part producteur sur "Sauve qui peut (la vie)" destiné en priorité à garantir cette avance. Cette lettre a valeur d'engagement au nom de Sonimage.

Amitiés

le 9 mai 1980

Lettre de Jean-Luc Godard sur l'engagement de la coproduction de *Sauve qui peut (la vie)*, le 9 mai 1980.

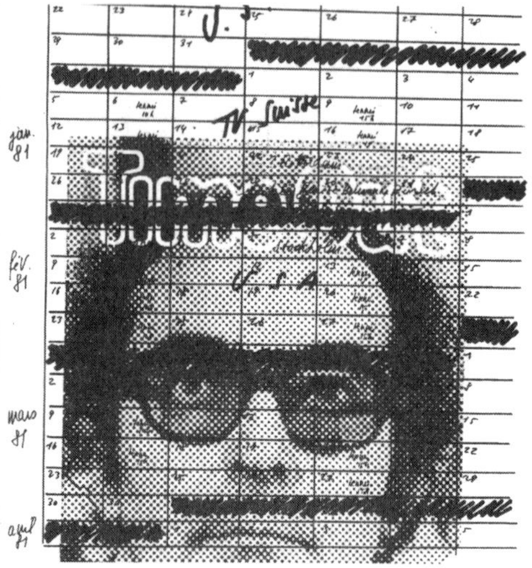

Planning fait par Jean-Luc Godard pour la promotion de son film *Sauve qui peut (la vie)* entre novembre 1980 et avril 1981.

temps, l'ingénieur Jean-Pierre Beauviala, dernier élément du collectif, travaille à la mise au point de la petite caméra 35 mm avec laquelle Godard veut tourner. C'est une sorte de « mini-studio » qu'il constitue à Rolle, projet d'un « laboratoire de recherche » soutenu par Marin Karmitz. Les deux hommes multiplient alors les allers et retours entre Paris et la Suisse.

Le tournage est concentré sur six semaines du début octobre à la mi-novembre 1979, quasi entièrement situé dans la région de Genève et de Rolle. Nathalie Baye, sur la recommandation de Karmitz, a remplacé Miou-Miou dans la distribution. Les premiers jours, Godard est très tendu. Il s'isole souvent, et ses colères sont nombreuses. Karmitz est très présent sur le plateau, mais sans interventionnisme, ce qui rassure le cinéaste. « Tournage difficile, reprend Marin Karmitz. Compliqué avec ses deux prestigieux opérateurs, Lubtchansky et Berta qui, contrairement aux frères Taviani, ne font pas "un". Godard essayait de reprendre des éléments d'écriture et des trucages expérimentés en vidéo qui ne passaient pas sur pellicule 35 mm. Il pestait contre… tout le monde, le laboratoire, les opérateurs, les acteurs, sauf Isabelle Huppert qui a su immédiatement comment ne pas donner prise à son humeur maussade ou agressive, les méandres de l'inconscient lui étant familiers [30]. » Peu à peu, l'atmosphère se détend, et le plateau accueille, sur l'insistance du producteur, plusieurs équipes de journalistes, des *Cahiers du cinéma*, de *L'Express*, du *Nouvel Observateur*, du *Quotidien de Paris*. Car Godard et ses producteurs savent qu'ils jouent gros : ce retour au cinéma mérite chroniques, photographies et comptes rendus de presse.

Ultime frayeur pour Karmitz, qui attend ce film pour le Festival de Cannes en mai 1980, Godard part au cœur de l'hiver pour la Californie, s'installe à Los Angeles auprès de son complice du moment, Francis Ford Coppola, et ne semble pas vouloir revenir. « Jean-Luc a disparu avant Noël 1979, raconte le producteur, ne voulant pas ou ne pouvant pas terminer le montage de *Sauve qui peut*. Impossible de le faire revenir. Un mois plus tard, je l'appelle, car tout le monde s'inquiétait pour Cannes. Je n'essaye pas de discuter, je lui fixe simplement un rendez-vous précis, à une date et dans un lieu totalement arbitraire : quelques jours plus tard, à minuit, sous l'horloge de la gare Saint-Lazare. Il y était. Il s'est remis au travail, chez lui à Rolle. Le film était à Cannes en temps voulu [31]. »

Il faut sauver le soldat Godard

Le 21 mai 1980, treize années après *La Chinoise*, Jean-Luc Godard effectue son grand retour sur la scène mondiale du cinéma : *Sauve qui peut (la vie)* est projeté en compétition officielle au Festival de Cannes. La veille, dès la projection de presse, prise d'assaut, la critique s'est profondément divisée. La conférence de presse, donnée aux côtés de Dutronc, Huppert, Baye, Sarde et Karmitz, devant trois cents journalistes, est la pointe de cette « godardite aiguë » [32]. Pour les uns, « le maître aux cheveux crado, au regard tuant d'intelligence et aux Gitanes maïs, est tout simplement génial [33] » ; pour les autres, il est « nul », « un mauvais élève de l'IDHEC », et surtout « chiant » : « Prends de l'aspirine, et bonne chance [34]... »

À 22 heures, le 21 mai, la projection officielle est un désastre. Le film est hué par la profession, chahuté par le public non averti propre à ce genre de soirée de gala. Une part de la salle s'est vidée, et l'autre est restée pour conspuer à plaisir un cinéaste renvoyé à son intellectualisme et à ses obsessions. La sortie de la séance, à minuit, sur les marches du Palais Croisette, est même houleuse, Godard étant pris à parti par quelques excités qui hurlent « Ordure, ordure ! » ou « Dégénéré, dégénéré ! » sur son passage. Marin Karmitz, qui fondait beaucoup d'espoir sur ces projections cannoises, est le plus marqué par cet échec : « Je me suis battu avec un journaliste qui voulait que Godard arrête à tout jamais de faire des films. J'étais démoli, en larmes. Je rêvais d'un Jean-Louis Bory [le critique s'est suicidé en 1978] qui aurait parcouru la Croisette et retourné l'opinion en une nuit [35]. »

L'échec cannois conduit à une remobilisation nécessaire. Ce sursaut, en cinq mois, va transformer le désastre en succès. Marin Karmitz en est le maître d'œuvre. Il décide, pour se donner le temps d'une contre-attaque, de reporter la sortie prévue en juin à octobre, tout en faisant courir la rumeur que l'œuvre a été présentée à Cannes dans un état inachevé. « J'ai proposé à Jean-Luc, se souvient-il, une tactique consistant à dire qu'il avait tenu compte des critiques et repris le film. J'ai emmené des journalistes importants qui ne l'avaient pas aimé au laboratoire LTC où le film était en double bande en disant "il a changé beaucoup de choses, venez le revoir". Je composais des petites salles avec quelques personnalités. Au moment de la sortie, la même critique a été enthousiaste. Jean-Luc n'avait pas touché une image [36]. »

Godard lui-même joue le jeu et devient le meilleur attaché de presse possible d'un film jugé d'abord impossible. Le cinéaste multiplie les entretiens, d'une disponibilité et d'une courtoisie à toute épreuve, tout en conservant le piquant de son style inimitable. Entre l'été et l'automne 1980, on compte ainsi près d'une trentaine d'interviews dans la presse française, même à *France-Soir*, l'un des titres les plus hostiles. Godard s'investit également dans le dossier de presse, l'affiche et la bande-annonce du film, qu'il réalise lui-même, les transformant en manifestes. Le dossier de presse s'en trouve rehaussé d'une dizaine de pages inédites de la main de Godard, y pratiquant écriture, photographie, photocopie, collage. Il fait de *Sauve qui peut (la vie)* une « œuvre multimédia » [37]. Marin Karmitz est à la fois soulagé et ravi de cet investissement, qui restera pour lui un modèle du genre, un cas d'école d'une sortie de film réussie.

Le 15 octobre 1980, quand sort *Sauve qui peut (la vie)*, la presse reste divisée, mais le film est un « phénomène », comme l'explique Michel Perez dans *Le Matin de Paris* : « C'est la curiosité, l'attente, la controverse, l'intérêt qui dominent. Bref, on s'extraira peut-être du dernier Godard vert de rage, mais c'est fou ce qu'on trouvera à en dire et à y redire. Les sujets de conversation intéressants ne courent pas tellement les rues qu'on puisse se priver de celui-là [38]. » Le « dernier Godard » s'impose comme le film à voir, réunissant 233 000 spectateurs en douze semaines d'exploitation à Paris, soit près de 7,5 millions de francs de gain, près du double de la somme investie par les producteurs. Godard est revenu au cinéma, à sa manière, et tout le monde le lui reconnaît ; mais il fait également un retour fracassant sur le marché, ce qui est beaucoup plus inattendu.

Les projets Godard : qu'est-ce qu'un bon producteur ?

Même s'il reproche à Marin Karmitz de « ne pas être un bon producteur » – et surtout un distributeur –, Jean-Luc Godard est très satisfait du succès public de *Sauve qui peut (la vie)* et reste attaché à mk2. Quant à Marin Karmitz, il souhaite poursuivre l'aventure commune. Le cinéaste, qui à ce moment rêve d'un lieu où s'établir et travailler, s'installe même rue Traversière avec sa société Sonimage dans un grand bureau mis à sa disposition au cinquième étage. « Il a créé ce qu'il appelait des "ateliers de cinéma", explique le producteur. Godard est ensuite reparti en Suisse, mais son idée est restée : donner la priorité à la fabrication du contenu des œuvres. La structure industrielle doit s'adapter au contenu, le servir, et non l'inverse. Ça, je le dois à un artiste comme Jean-Luc, qui savait allier la forme et sa fabrique [39]. » Le cinéaste reste effectivement près d'un an chez mk2, avant de fonder une nouvelle petite structure parisienne, Périphéria, le temps de proposer et partager quelques projets de films.

Il s'agit moins de films proprement dits que d'une ambition plus large de changer le cinéma de l'intérieur. Dans une note datée de mai 1980, Godard entre dans les détails, qui sont d'abord financiers : il établit un devis de 3 millions de francs pour le « film Coppola » (250 000 $), le « projet Mozambique » (200 000 $), le « film Goupil » (100 000 francs), les « Histoire Cinéma » à hauteur de 440 000 francs, et les divers frais de tournage et de secrétariat, évalués à 500 000 francs. Marin Karmitz avance rapidement 100 000 francs, et Godard s'engage à un « accord sur de futures productions en commun » [40].

On ne compte ainsi pas moins d'une dizaine d'idées de films, calendrier de travail qui va occuper le cinéaste durant presque deux décennies, par exemple *Scénario*, qui semble à l'origine de *Nouvelle Vague*, tourné avec Alain Delon en 1992, *Salut Marie*, qui deviendra *Je vous salue, Marie* en 1986, *Des gens ordinaires*, ensuite repris sous le titre *Hélas pour moi*, dont Godard parle alors comme d'« une reprise de *Toni* de Renoir, avec Depardieu ». Et, peut-être le plus avancé : *Les Âmes*, d'après le roman de science-fiction médiévale de Joanna Russ, *Souls*, que le cinéaste nomme également le « projet Coluche [41] » et qu'il veut tourner avec le comique, rencontré grâce à Romain Goupil au printemps 1981.

Le « film Coppola », quant à lui, date de 1978, intitulé *The Story*, et raconte l'histoire d'une enquête sur un gros projet immobilier dans le désert américain, gangrené par la mafia. Diane Keaton et Jack Nicholson se sont un temps engagés dans la distribution du film, et le cinéaste multiplie les séjours chez Zoetrope, le studio de Coppola, pour la préparation d'un tournage qui… ne voit jamais le jour. Seul un fragment de quelques minutes est tourné, en guise d'essai, et il ne subsiste de *The Story* qu'un beau story-board en forme de collage d'images et de textes [42]. Sans doute, un tournage hollywoodien s'avère-t-il trop étranger aux méthodes du cinéaste comme aux principes de son producteur.

Plus précis, le « projet Mozambique » consiste en l'implantation d'une télévision nationale et d'un Institut national du cinéma en République populaire du Mozambique, indépendante depuis la guerre victorieuse contre le Portugal. En 1978, le ministère de l'Information mozambiquais fait appel à Godard pour encadrer et former les techniciens. Il se rend à cinq reprises à Maputo, capitale du pays, entre 1978 et 1980, et implique mk2. Il s'agit de préparer un film documentaire retraçant l'ensemble de l'aventure, intitulé *Naissance (de l'image) d'une nation*. Godard sent bientôt de multiples résistances à l'égard de son ambition : « Je vois qu'au Mozambique, je suis le seul Blanc à éprouver le désir de filmer des images à partir du Noir, et que même les Noirs se méfient d'un Blanc qui a besoin du Noir [43]… » écrit-il le 10 août 1980 à Marin Karmitz. Et, malheureusement, le gouvernement de Maputo se désinvestit de cette « pédagogie de l'audiovisuel » [44].

Autre projet qui tombe à l'eau trop rapidement : un documentaire tourné par Raymond Depardon sur Jean-Luc Godard et son rapport à l'Amérique, reportage réalisé *in situ* lors d'une tournée du cinéaste à l'occasion de l'accueil triomphal d'*Every Man for Himself* [*Sauve qui peut (la vie)*] à New York et à Los Angeles. Alain Bergala devait accompagner ces déplacements et jouer les interviewers. L'idée est plusieurs fois repoussée. Marin Karmitz y tient, écrivant à Godard en octobre 1985 : « Voilà ce que j'aurais souhaité : faire un film qui serait un document sur toi et uniquement sur toi, car ce qui m'intéresse c'est toi. Je ne souhaite pas qu'il y ait autre chose que ta parole et ton visage. Il faut quelqu'un en face qui te pose des questions, te renvoie la balle comme McEnroe quand il s'exerce avec son coach. De cela, il sortira un document de 2, 3, 4, 5, 6 heures si nécessaire ; je voudrais qu'on te livre ce document et que tu puisses en faire ce que tu souhaites. Le projet s'inscrit pour moi dans une tentative de constituer une mémoire, à la fois de toi et du cinéma [45]. » Ce document exceptionnel n'existera pas, du moins pas sous cette forme.

Reste ce que Godard nomme le projet « Histoire Cinéma », esquisse des *Histoire(s) du cinéma* réalisé par JLG une décennie plus tard, entre 1988 et 1998. Dans les archives de Marin Karmitz, on peut trouver plusieurs « collages » qui en préfigurent le principe, à propos de Marie Curie et Albert Einstein, ou de rapprochements entre Rubens et le cinéma hollywoodien des *roaring twenties*, illustrant « l'énorme spectacle du monde [46] » à travers la montée des périls dans l'Europe de l'entre-deux-guerres.

Le seul projet que le duo Godard-Karmitz mène presqu'à bon port est *Passion*, construit autour d'Isabelle Huppert, qui a la force de porter le film, rapprochant deux histoires qui se croisent, celle d'un réalisateur reproduisant de grandes scènes historiques sous forme de tableaux filmés, et celle d'une ouvrière en lutte dans son usine, licenciée pour ses activités syndicales par un patron tout-puissant. Godard voit là le vrai sens de son cinéma : « C'est pour moi ce travail et l'amour de ce travail-là, en liaison avec mk2, qui sera le vrai scénario du film avec Isabelle [47]… » Cependant, là encore, le projet connait l'échec. « Je ne comprenais pas, estime Karmitz, la direction dans laquelle Godard embarquait le film [48]. » Peu avant la date prévue pour le tournage, Godard renonce et rompt avec mk2, d'un mot un peu désinvolte : « Mk2 et Goupil, vous avez eu peur. Le film n'a pas besoin de moi. Moi, j'ai besoin du film. Je pense que vous aussi, comme n'importe quel idiot de spectateur. Mais en tant que producteur, tu as enfoui ça tellement profond sous ton plancher qu'aucune psychanalyse ne l'y trouvera, et vous finissez même par dire que c'est le film qui a besoin de vous [49]… » Le cinéaste se dit de plus « épuisé par les difficultés de *Passion*, qui [l']ont laissé complètement sur le tas » [50]. Il demande juste à être réglé de la somme de 71 261,66 francs. Marin Karmitz se rend immédiatement à Rolle pour tenter de mener le projet à terme, mais rien n'y fait. « C'était pathétique, se souvient-il. On pleurait tous les deux. Lui sanglotait en disant que tout le monde l'abandonnait, moi, j'étais très ému parce que j'avais toujours eu beaucoup d'affection pour lui [51]. » Le film se fera pourtant, un an plus tard, avec Alain Sarde et Martine Marignac comme producteurs.

Marin Karmitz tire alors quelques leçons de cet échec : « Le jour où Jean-Luc Godard m'a lancé "tu n'es pas un bon producteur", j'ai été blessé. Je croyais que je savais produire. Sur le moment, je me suis dit : " Je n'y arrive pas, je n'arrive pas à maîtriser les rapports avec Jean-Luc, je ne veux pas travailler comme ça. Il m'emmerde, je ne vais pas tenir et il est préférable que je me retire de cette affaire." Mais Jean-Luc avait raison : je n'étais pas (encore) un bon producteur. Qu'est-ce qu'un bon producteur ? J'ai mis des années à l'apprendre, à le comprendre [52]. »

L'apprentissage passe donc par Godard. Être un « bon producteur » revient sans doute à conjuguer ensemble le rôle de premier lecteur et premier critique du scénario, de bon conseil sur les choix d'acteurs, de techniciens, de décors, le fait d'assumer totalement les problèmes financiers, tout en ne se « posant jamais en artiste à la place de l'artiste [53] ».

Être à la bonne place, en définitive. Mais l'apprentissage est difficile et douloureux. « J'ai profondément aimé Godard, admet Karmitz, je l'admire toujours. Mais je n'ai jamais accepté, en tant que producteur, le rapport sado-masochiste qu'il tentait d'instaurer. Il est cruel, tapant juste et fort. Soit on s'écrase, et il prend plaisir à cogner, soit on se rebelle, et il faut lui cogner dessus. On ne peut pas rester indifférent. Je n'avais pas envie qu'il me cogne, ni de lui cogner dessus [54]. » Cette forme d'amour-haine se prolongera longtemps, laissant entre les deux hommes d'autres projets non réalisés, avec Marguerite Duras (un film sur l'inceste, puis une adaptation de *L'Amant*), avec Gilles Perrault (une histoire d'espionnage sur fond de savants atomistes lors d'un congrès scientifique) ou avec Marcello Mastrioanni (un film sur la fin d'un vieil acteur et ses déboires avec les femmes de sa vie), jusqu'au *Collages de France*, en 2005, collaboration avec le Centre Pompidou pour une importante exposition, à laquelle le cinéaste souhaite encore associer mk2.

Les années Lang

Au Festival de Cannes, en mai 1981, Marin Karmitz présente en compétition officielle *Regards et sourires*, de l'Anglais Ken Loach, qu'il a produit, et *Les Anges de fer*, de l'Allemand Thomas Brasch, qu'il distribue. Mais tout le monde ne parle que de l'arrivée de la gauche au pouvoir, actée quelques jours plus tôt, le 10 mai, par l'élection de François Mitterrand à la présidence de la République. Jack Lang est déjà pressenti pour être le nouveau ministre socialiste de la Culture. Dans *Libération*, Guy Hocquenghem et Marin Karmitz dialoguent à propos de cette actualité politique [55]. Le second explique sa situation paradoxale : les succès des 14 Juillet et de ses films sont comme bridés par la concurrence, à ses yeux déloyale car monopolistique, et agressive, en menaçant l'existence de sa société par des pressions et des chantages venus des quatre groupes qui détiennent les grands circuits de salles en France, Gaumont, Pathé, UGC et Parafrance. Qu'attend alors le directeur de mk2 de l'arrivée de la gauche au pouvoir ? Une loi anti-trust et la fin de l'aide automatique aux salles. Pour lui, la part importante du ticket d'entrée par spectateur, près de 40 %, versée à l'exploitant de la salle, quelle que soit la salle, cette « aide automatique » favorise ces circuits. Le directeur de mk2 souhaiterait une « aide différentielle » qui privilégierait certains types de films et certains types de salles, une aide qui « rétablisse la loi du marché en aidant un secteur recherche » [56]. Le changement politique est une aubaine pour mk2, qui se sentait à l'étroit dans le système hérité de Pompidou et de Giscard. « La concurrence était trop rude pour les réseaux indépendants, j'étais à deux doigts d'arrêter [57]... » avoue-t-il. Par rapport à 1980, le chiffre d'affaires de mk2, en 1981, est effectivement en baisse de près de 15 %.

Le 10 mai 1981, Marin Karmitz a voté Mitterrand et s'est réjoui de sa victoire. Mais il n'est pas allé clamer sa joie à la Bastille. Il ne se fait aucune illusion sur Mitterrand, qui demeure surtout pour lui le ministre de l'Intérieur et le ministre de la Justice des débuts de la guerre d'Algérie, un ennemi politique qui a signifié, de plus, la fin des espoirs de l'extrême gauche française. D'ailleurs, il se sent beaucoup plus proche de Michel Rocard, l'adversaire historique de François Mitterrand. Proche du PSU également, via son fort lien amical avec Claude Alphandéry, conseiller écouté du maire de Conflans-Sainte-Honorine. Lorsque Rocard décide de se présenter à l'élection présidentielle de 1981, Karmitz est même pressenti pour intégrer son équipe comme directeur de la communication. Mais l'homme politique renonce devant la puissance de François Mitterrand, qui tient l'appareil du parti socialiste. De plus, Marin Karmitz ne connaît guère Jack Lang. Il ne l'a rencontré qu'une fois, lors de la sortie de *Race d'Ep*, de Lionel Soukaz et Guy Hocquenghem, en octobre 1979, projeté au 14 Juillet Racine, quand Lang et Foucault avaient soutenu ensemble ce film militant et homosexuel.

Cependant, Marin Karmitz est rapidement convaincu des bienfaits de la nouvelle politique culturelle. Indéniablement, dans l'histoire de mk2, le contexte des années Lang, avec le doublement du budget de la Culture, des réformes importantes et des aides soutenues à la création, est décisif. « Ça change tout, précise-t-il, de la marge je me retrouve au centre… Lang lui-même a fait de son ministère un lieu de contre-pouvoir culturel. D'un coup, j'y avais des alliés [58]. » Désormais, mk2 a accès aux allées du pouvoir.

Pour Karmitz, le principal allié est Jean-Denis Bredin, professeur de droit, avocat, directeur avec Robert Badinter et Jean-François Prat de l'un des principaux cabinets d'affaires à Paris. Bredin, proche de Mitterrand et de Lang, a publié avec ce dernier, en 1978, *Éclats*, un dialogue sur la place de l'art dans la culture. En juillet 1981, le nouveau ministre de la Culture lui confie la présidence de la Commission sur la réforme du cinéma. Le patron de mk2 est l'un des premiers consultés, dès l'été 1981. « Jack Lang et Jean-Denis Bredin m'ont écouté, estime-t-il. Le ministre et son conseiller ont eu la volonté de réformer l'ensemble du système du cinéma, de sauver les films sans pour autant casser les infrastructures existantes. Lang était inventif, ouvert, reconnaissant, aidant artistes et créateurs dans les domaines les plus variés [59]. »

Dès lors, Marin Karmitz devient l'un des principaux agents de la réforme du cinéma français. L'offensive est menée entre l'automne 1981 et le printemps 1982. Encouragé par ce contexte favorable, mk2 débute en septembre une virulente campagne contre les circuits, notamment Gaumont et son directeur général, Daniel Toscan du Plantier. « J'accuse [60] », titre *Télérama* sur une double page spectaculaire portant une grande photo de Marin Karmitz ; « Silence ! On change [61] », reprend Michel Boujut dans *Les Nouvelles Littéraires*. Alors que Serge Daney, dans *Libération*, apporte une tribune efficace : « Feu sur les circuits : Karmitz cœur d'acier [62] », lance le quotidien. Bientôt, le producteur attaque les circuits en justice. Le 30 septembre 1981, lors d'une conférence de presse au 14 Juillet-Racine, épaulé par son avocat, Thierry Lévy, le patron de mk2 fait part de sa décision de saisir la commission de la concurrence, instance de justice, et la commission d'arbitrage du cinéma, instance professionnelle, à propos des pratiques des quatre grands de la distribution en France, Gaumont, Pathé, UGC, Parafrance, qui « contreviennent manifestement à l'avis de la commission de la concurrence du 28 juin 1979 enjoignant aux groupements de programmation de cesser des pratiques qui faussent le jeu du marché »[63]. Karmitz, véhément, dénonce « ces circuits qui ont continué de suivre une politique qui étouffe les salles indépendantes et interdit aux distributeurs de choisir librement leur public »[64]. Pour lui, ce sont des « refus de vente illicites », doublés de « violations des engagements pris à l'égard des distributeurs[65] » : brusques réductions du nombre de semaines de location, changements inopinés de salles, pressions et refus de diffuser les films dans certaines salles.

La réaction de Gaumont ne se fait pas attendre. Daniel Toscan du Plantier réplique dans la presse, donnant plusieurs entretiens pour défendre la « place prestigieuse » que la firme à la marguerite a acquise par sa politique de production de films, nationaux et internationaux, celle aussi de « grands auteurs ». Il redoute les « perspectives alarmantes d'un cinéma plus pauvre »[66]. Quant à Nicolas Seydoux, le président de Gaumont, il adresse à Marin Karmitz une lettre recommandée sévère : « J'attire votre attention sur le fait que l'usage répété de procédés anormaux (diffamation et injures, acte judiciaire injustifié, campagne de presse systématique) peut conduire légitimement notre société à refuser à l'avenir toutes relations commerciales avec vous, des relations de ce type impliquant un minimum de bonne foi[67]. »

Le débat sera tranché par le volet politique de la réforme du cinéma, qui intervient en deux temps. Le 10 novembre 1981, Jean-Denis Bredin fait connaître le rapport de la commission qu'il a présidée, et, le 2 avril 1982, Jack Lang présente sa réforme lors d'une conférence de presse très suivie. La lutte contre la concentration des pouvoirs au sein du cinéma français et le monopole des circuits de distribution des films en est l'acte central, arme anti-cartel qui reprend en grande partie le combat de Marin Karmitz, sans toutefois aller jusqu'à imposer une « loi anti-trust ». « Ni ingérence ni indifférence[68] », précise le ministre, qui s'appuie principalement sur les réseaux de salles indépendants pour activer sa réforme. L'annonce la plus spectaculaire, directement influencée par les plaintes déposées par mk2, est la dissolution des groupements d'intérêt économique (GIE), structures sur lesquelles s'appuyaient les grands circuits pour constituer leurs monopoles. L'État joue son rôle en calmant l'agressivité commerciale et en interdisant les hégémonies monopolistes pour « préserver le caractère artisanal du cinéma » et « mettre en place un espace de distribution des films favorable à la diversité et au pluralisme de la création » [69]. Ce rôle est également d'inciter au financement des films et plus particulièrement de certains films : la réforme de 1982 met en place des banques de financement du cinéma, les SOFICA, tel COFI Loisirs, COFI Ciné, ou l'Institut pour le financement du cinéma et des industries culturelles (IFCIC), crée des commissions d'aide sélective plus nombreuses et diverses. « C'est extrêmement positif, réagit aussitôt Marin Karmitz dans *Libération*. C'est la première fois depuis Malraux qu'on assiste à une tentative de réforme du cinéma, toutes branches confondues. On rééquilibre à partir de la créativité, des films et de leur diffusion, tout en tenant compte des structures existantes [70]. »

Le bilan général de ces « années Lang [71] » est tiré par les *Cahiers du cinéma*. Sous le titre « L'image a bougé », Serge Toubiana, le rédacteur en chef, revient sur cette réforme : « Orchestré par Jack Lang, le cinéma a été littéralement mis en scène, sous tous les angles : économie, aides aux créateurs, Fête du cinéma, ouverture de salles indépendantes ou dans les coins les plus reculés, prise en compte de l'enseignement du cinéma. Un véritable feuilleton. Son titre ? *Réformes du cinéma*, en plusieurs actes. Son évolution, ses soubresauts, mais aussi ses élans, ont trouvé un écho sur la place publique. Cela ne concerne plus exclusivement les milieux professionnels. Le "dossier cinéma", tout au long de ces "Années Lang" est devenu politique [72]. »

Dans la notice « K. comme Karmitz » de l'*Abécédaire des années Lang*, Hervé Le Roux écrit : « Au niveau de l'exploitation, il tire le plein effet de la réforme dans ses salles ; au niveau de la production, il prend peu à peu le relais de Toscan et de la Gaumont dans la défense de l'Internationale des Auteurs. Comment qualifier cette réussite : dernier remake de *La Cigale et la Fourmi* ? Victoire de David contre Goliath ? Ou allégorie édifiante montrant *Le développement autocentré terrassant la folie des grandeurs* ? Toujours est-il que la carte de la complémentarité jouée par Marin Karmitz vis-à-vis des grands circuits s'est avérée payante : ni petit, ni gros, il est devenu le plus puissant des "moyens" [73]. » Il est vrai que, tout en n'occupant aucune fonction officielle – « Surtout pas de poste de pouvoir [74] », dit-il –, Marin Karmitz sait jouer de son influence lors de ces années, obtenant la dissolution des monopoles, la création de nouvelles banques du cinéma, des aides directes aux cinéastes exilés, comme Tarkovski, Skolimowski, Angelopoulos, et le financement des cinémas du tiers-monde. Mk2 connaît alors une période extrêmement florissante.

Cannes 1982 : le Festival mk2

En gros caractères, sur cinq colonnes, claque la une de *France-Soir* : « L'homme couvert de films ». Puis le sous-titre précise : « Marin Karmitz, le producteur sept fois à l'affiche [75]. » Monique Pantel, « envoyée spéciale » du grand quotidien populaire, explique : « Ce quadragénaire à l'air d'enfant est le plus important fournisseur du Festival de Cannes. Producteur indépendant, il fait voler haut l'étendard de la liberté. Mk2, sa maison de production, présente quatre films dans la compétition au Palais du festival : *Yol* (Güney), *La Nuit de San Lorenzo* (Taviani), *Travail au noir* (Skolimowski), *L'Île des amours* (Rocha), et un film hors compétition : une version restaurée du *Mystère Picasso* de Clouzot. À quoi s'ajoute *Mourir à trente ans*, le premier film de Romain Goupil, à la Semaine de la critique. Enfin, *Interdit aux moins de treize ans*, de Jean-Louis Bertucelli, concourt à Perspectives du cinéma français. Comment expliquer le succès de cet "ogre" plein de charme qui commença par se mettre tout le monde à dos en réalisant *Coup pour coup*, un film qui attaquait à la fois le patronat et les syndicats ? Tout simplement par le goût de "faire les corbeilles". "Oui, intervient-il, j'ai la spécialité de produire ou de distribuer les films dont les autres ne veulent pas." Non seulement Marin Karmitz ne dépend de personne, mais il s'amuse en travaillant. Avec une belle régularité, il récolte les prix à Cannes [76]. »

S'il est un peu complaisant, ce portrait ne cache pas l'importance qu'a pris le Festival de Cannes pour Marin Karmitz. Chaque mois de mai, depuis 1977 et la Palme d'or de *Padre Padrone*, mk2 joue une part importante de sa production annuelle sur la Croisette. Ce n'est pas tout à fait une partie de roulette au casino, car l'équipe de la rue Traversière prépare activement la manifestation : promotion des films par Eva Simonet, l'attachée de presse, achats et ventes à l'étranger

Ci-après :
Campagne publicitaire pour le catalogue mk2
en 1982 à l'occasion du Festival de Cannes.

ON PEUT FAIRE DU CINEMA SANS FAIRE DE CINEMA!

Films MK2 sélectionnés au festival de Cannes 1982:

En compétition officielle

— La Nuit de San Lorenzo, de Paolo et Vittorio Taviani (Italie)

— Moonlighting, de Jerzy Skolimowski (Grande-Bretagne)

— L'Ile des Amours, de Paulo Rocha (Portugal)

— Smithereens de Susan Seidelman (USA)

et un film surprise...

Hommage à Henri-Georges Clouzot:

— Le Mystère Picasso.

Semaine de la critique

— Mourir à trente ans, de Romain Goupil (France).

Perpectives du cinéma français

— Interdit aux Moins de Treize Ans, de Jean-Louis Bertuccelli (France).

Actuellement sur les écrans: Qu'est-ce qui fait courir David? d'Elie Chouraqui.

Et toujours 70 films, parmi lesquels:

Hester Street, de Joan Micklin Silver
Padre Padrone, de Paolo et Vittorio Taviani
La Femme Gauchère, de Peter Handke
L'Angoisse du Gardien de But au Moment du Penalty, de Wim Wenders
L'Amour Violé, de Yannick Bellon
La 3e Génération, de R.W. Fassbinder
Navire Night, de Marguerite Duras
Le Couteau dans la Tête, de Reinhard Hauff
Martin et Léa, de Alain Cavalier
Simone Barbès ou la Vertu, de Marie-Claude Treilhou
Le Troupeau, de Yilmaz Guney, Zeki Okten
Extérieur Nuit, de Jacques Bral
Sauve Qui Peut (La Vie), de Jean-Luc Godard
Le Pré, de P. et V. Taviani
Le Saut dans le Vide, de Marco Bellochio
Regards et Sourires, de Kenneth Loach
L'Ombre Rouge, de Jean-Louis Comolli
Mur Murs — Documenteur, d'Agnès Varda
Les Anges de Fer, de Thomas Brasch

A Paris, 12 salles MK2, les « 14 Juillet ».

MK2 PRODUCTION DIFFUSION
MARIN KARMITZ

Affiche du film *Mourir à trente ans* de Romain Goupil, caméra d'or au Festival de Cannes, 1982.

sur le marché du film, domaine dévolu à Jean Labadie, et rencontres nombreuses, déjeuners d'affaires et dîners officiels, inscrits dans l'agenda de Marin Karmitz, qui porte durant la quinzaine toutes ses casquettes, distributeur, producteur, exploitant, patron de PME, et multiplie les entretiens dans la presse. « Cannes est le seul vrai marché international, précise-t-il. On peut vendre un film dans le monde entier en une semaine. Être montré à Cannes permet à un réalisateur de décrocher une réputation, et pour les jeunes qui débutent, c'est un formidable tremplin. Mais attention, Cannes peut être aussi la pire des choses : l'impact sera très négatif pour des auteurs connus si le film est mal reçu. C'est grâce à Cannes que j'ai pu développer mk2, mais il n'y a aucune garantie de succès. Notre métier est proche de la compétition sportive de haut niveau : même si vous êtes champion, vous pouvez terminer dernier [77]. »

Lors de l'édition 1982, les palmarès tombent le 26 mai, et c'est un triomphe pour mk2, qui remporte cinq prix. Le jury de la compétition officielle, présidé par le metteur en scène de théâtre italien Giorgio Strehler, couronne *Yol* de Yilmaz Güney de la Palme d'or, ex-aequo avec *Missing* de Costa Gavras. Le film remporte également le prix FIPRESCI. Le jury donne son grand prix spécial aux frères Taviani et le prix du scénario à Jerzy Skolimowski. Enfin, la Caméra d'or salue *Mourir à trente ans* de Romain Goupil. De tous ces prix, peut-être est-ce le dernier qui touche le plus Marin Karmitz. Goupil est un ami de longue date : fraternité d'armes née de Mai 68 puis de l'expérience du gauchisme – tout ce que le cinéaste a mis dans son film. Les conversations et réflexions critiques sur la politique et le cinéma se poursuivent entre les deux hommes, forgeant une amitié désormais longue de six décennies, depuis les prémices du gauchisme jusqu'au film *Souviens-toi du futur !*, tourné lors de l'exposition du Centre Pompidou, *Corps à corps. Histoire(s) de la photographie*, en 2024. *Mourir à trente ans*, le film-témoignage de Goupil, rencontre un vrai public à sa sortie, et s'y ajoute le César 1983 du premier film. « À ma grande surprise [78] », précise Romain Goupil, le film devient celui d'une génération.

Yilmaz Güney, de la prison à L'Internationale

Yol couronné de la Palme d'or est l'autre belle histoire de ce Festival 1982. Yilmaz Güney a eu plusieurs vies [79]. La première est celle d'un acteur turc d'origine kurde né en 1937, figure vedette du cinéma populaire dans des rôles stéréotypés de bandit au grand cœur. La deuxième, celle d'un cinéaste prolifique à la fin des années 1960 et au début des années 1970, réalisant *Agit, Umut* ou *Arkadas*, d'inspiration néo-réaliste, mettant en scène paysans et ouvriers, petit peuple à la vie précaire, cinéma traquant les inégalités sociales à travers la disparité de la société turque. L'écrivain politique incarne la troisième vie, qui connaît la prison durant plusieurs mois, condamné pour « propagande communiste » par le régime. En 1974, Güney retourne en prison pour une affaire non élucidée d'assassinat d'un magistrat. Mais, depuis sa cellule, il met en scène un film tourné à l'extérieur par ses assistants suivant ses directives. En 1978, Marin Karmitz voit *Sürü* (*Le Troupeau*), entraîné par son correspondant allemand, Klaus Hellvig, dans une salle berlinoise emplie d'un public d'émigrés turcs. « Je n'ai strictement rien compris, poursuit-il, mais j'ai trouvé le film excellent [80]. » mk2 assure la distribution du *Troupeau* en 1980, l'œuvre rencontrant un certain succès d'estime.

Dernier film tourné depuis la prison, *Yol*, sous-titré *La Permission*, est monté par le cinéaste lui-même. En 1981, il parvient à fuir et se réfugie à Paris avec les bobines de son film. Il le montre à Marin Karmitz, qui accepte de régler les dettes du montage, lui propose un contrat de diffusion et lance même une nouvelle production, le premier film réalisé par Güney en France. À Cannes, en mai 1982, si *Yol* remporte la Palme d'or, son réalisateur est sous protection policière : même s'il n'aime pas ça, ce militant de gauche, activiste pro-kurde, réfugié à l'étranger avec un « film anti-patriotique », reste recherché par les services turcs.

Il passe ensuite l'été au secret dans la maison normande de Karmitz. « Yilmaz était chez moi avec toute sa famille, raconte son producteur. Il commençait à écrire son scénario. Il sortait de sept ans de détention dans les geôles turques et ne tenait pas en place : la liberté lui était si chère. J'essayais de l'épuiser en longues parties de ping-pong, mais je me fatiguais avant lui, car il était un vrai champion. Parfois, avec sa femme, ils faisaient des fugues, laissant leurs enfants. J'étais terrorisé. Ils allaient au casino à Trouville, parfois plus loin, ils évitaient Paris où c'était dangereux pour eux [81]. » Güney écrit le scénario du *Mur* assez rapidement, une histoire de révolte et de désespoir d'adolescents dans une prison turque. Grâce à l'argent rapporté par *Yol*, qui attire 1 250 000 spectateurs en septembre 1982, le nouveau film peut démarrer illico. Karmitz s'en occupe personnellement et trouve une ancienne abbaye à Pont-Sainte-Maxence, près du Bourget, à une cinquantaine de kilomètres au nord de Paris, dont une partie est à l'abandon, qui pourra accueillir le cœur de la prison du film. Le bâtiment est reconstitué en dur par des ouvriers turcs et kurdes que Güney fait venir spécialement d'Allemagne et d'Autriche, comme ensuite les adolescents, issus de maisons de redressement dans la Ruhr, qui joueront les rôles principaux et assureront l'ensemble de la figuration, non sans parfois poser d'assez graves problèmes de discipline.

Le tournage commence fin novembre 1982 sous protection policière discrète. Gaston Defferre, alors ministre de l'Intérieur, a chargé Maurice Grimaud, son directeur de cabinet, de veiller sur Yilmaz Güney. L'ancien préfet de Paris en Mai 68 et l'ex-révolutionnaire Karmitz se retrouvent en bonne intelligence autour du militant kurde, qui commence régulièrement ses prises par entonner *L'Internationale* avec toute son équipe, ce qui surprend et déroute quelque peu Elia Kazan, cinéaste hollywoodien légendaire, d'origine turque, en visite sur le tournage après s'être beaucoup occupé à défendre Güney lorsqu'il était en prison. Le cinéaste est constamment accompagné de deux hommes armés et obtient, grâce à Grimaud, un vrai-faux passeport pour circuler.

Le Mur est présenté en compétition à Cannes en mai 1983, mais sans succès. Sa carrière en salle est également une déception. Les relations du cinéaste et de son producteur se tendent, le second reprochant au premier des dépassements importants de budget (9 millions de francs au lieu des 5 millions prévus). Il n'y aura pas de nouveau film produit par mk2, comme l'annonce Marin Karmitz dans une lettre, le 7 septembre 1983, où il précise qu'« il n'est pas possible d'avoir de bonnes relations quand tu ne tiens pas ton engagement et que tu ne te soucies pas du tout des problèmes que je peux rencontrer » [82]. Cette manière franche et frontale caractérise sa personnalité et ses liens aux autres, dans la vie comme dans le travail. Yilmaz Güney, épuisé par ses éprouvantes années de prison et l'énergie mise à tourner plus de vingt-cinq films dans des conditions difficiles, tombe bientôt malade. Il meurt un an plus tard, en septembre 1984, à quarante-sept ans. Lors de son enterrement, au Père-Lachaise, Marin Karmitz écoute une dernière fois ses amis chanter *L'Internationale*, auxquels il se joint avec émotion.

Sur le tournage de *Mur* de Yilmaz Güney en 1982.
De droite à gauche : Elia Kazan, le traducteur et assistant de Yilmaz Güney, Marin Karmitz et Yilmaz Güney.

Son bon plaisir

Si le producteur est furieux des dépassements de budget du *Mur*, c'est qu'au même moment, inquiet, il finance le plus gros film de sa carrière : *Le Bon Plaisir*, adapté par Francis Girod du roman à succès de Françoise Giroud, coûte 23 millions de francs, plus du double de la limite haute à laquelle se tient généralement tout film mk2. Ce coup de poker, qui n'est pas sans risque, est inspiré à Karmitz par le contexte politique. Mieux, même, il s'agit d'un double contexte. Il y a d'abord celui de la réforme Lang du cinéma, entrée en vigueur quelques mois auparavant : *Le Bon Plaisir* est assez clairement une sorte de « film Gaumont produit par mk2 ». Une comédie dans les hautes sphères du pouvoir, des décors prestigieux, des vedettes, la recette ressemble plus à un projet d'Alain Poiré – champion du film populaire et familial, qui vient d'enchaîner quelques succès notables, *La Boum, La Chèvre, L'As des as, Carmen* – pour la firme à la marguerite qu'à un film d'auteur chez mk2. Sur le moment, quand on le fait remarquer à Marin Karmitz, il en rit : « Je n'avais pas encore fait ce type de gros film commercial, ça m'amusait, mais de le faire bien. J'avais envie de découvrir un autre type de production. D'une certaine façon, je montre à Gaumont qu'il y a encore de l'avenir dans ce type de films si on les réalise avec tous les atouts, comme Lubitsch, Cukor, Capra, Wilder pouvaient faire de magnifiques comédies populaires dans le Hollywood classique. L'avenir pour Gaumont, c'est de faire de bons films, pas de s'agglutiner avec d'autres majors. J'ai donc probablement profité des contradictions du système au moment où la réforme du cinéma le met en question. Chez Gaumont, il y a des productions Poiré et des productions Toscan. Et puisque Toscan décide de faire un Bellocchio, qui est un de "mes" auteurs historiques, il est logique que je fasse du Poiré ! Et si, visiblement, Toscan réussit moins bien que moi avec Bellocchio, il faut bien admettre que je réussis aussi bien que Poiré ! Alors, je dis à la Gaumont : tenez votre place, soyez un groupe multimédia, et soyez-le bien en faisant de bons films populaires, mais ne vous prenez pas pour un artisan qui fait des films d'auteur ! Quant à moi, qu'ils se rassurent, je suis trop attaché à ma petite structure qui mène ses guérillas [83]. »

Karmitz piétine les plates-bandes de Gaumont et du cinéma français, mais également celles des palais de la République. Le contexte politique est important, à la fois favorable – mk2 bénéficie d'appuis en haut lieu aussi bien pour la production du film que pour les autorisations de tournage – et délétère : ce que décrit *Le Bon Plaisir* est loin d'être un monde idéal. Secret d'État, scandales, chantages, trahisons, mises sur écoute, coups bas, fin des idéaux, les ors et lambris abritent et protègent un petit monde qui n'est guère brillant ni honnête, mais plutôt corrompu et prêt à toutes les basses œuvres pour parvenir à ses fins. Françoise Giroud écrit *Le Bon plaisir* au début du premier mandat de François Mitterrand avec ses souvenirs des allées du pouvoir, qui datent plutôt du septennat précédent, où elle fut deux fois ministre sous Valéry Giscard d'Estaing. Mais, de ce point de vue, les mœurs n'ont guère changé.

Une jeune femme, Claire, se fait agresser et voler son sac à main. Ce ne serait qu'un banal fait divers si, dans ce sac, il n'y avait une lettre, envoyée jadis par un de ses amants et dans laquelle cet homme lui demandait de ne pas mettre au monde l'enfant qu'elle attendait de lui. Claire a rompu, mais elle a gardé et élevé cet enfant. Entre-temps, l'homme est devenu président de la République. Et désormais, les maîtres chanteurs et journalistes rôdent autour d'une lettre qui se trouve quelque part, dans la nature, offrant la possibilité de tous les scoops et de toutes les révélations.

Marin Karmitz et Françoise Giroud sur le tournage du *Bon plaisir* de Francis Girod, 1983. Photographie de Micheline Pelletier.

À l'époque, Françoise Giroud nie s'être inspirée de la vie de François Mitterrand – plutôt de celle d'un ministre dont elle tait le nom –, même si, troublante coïncidence ou clé de lecture secrète, elle a publié *Le Bon Plaisir* aux éditions… Mazarine, filiale de Fayard. Marin Karmitz aime ce roman, qui est un événement : premier pas de la grande journaliste dans la fiction, dévoilement des arcanes de la politique et succès de librairie avec près de trois cent mille exemplaires vendus. Françoise Giroud, qui est aussi sa belle-mère, lui cède les droits sans pour autant les brader. Tout dans ce film, d'ailleurs, se doit d'être cher : « Je considère, estime cependant le producteur, que le prix du *Bon Plaisir*, 23 millions de francs, est normal par rapport à ce que je souhaitais : un film qui renoue avec le grand cinéma français d'avant-guerre ou avec la comédie américaine de studio. Ils étaient faits, à tous les niveaux, avec un soin extrême. Dans le choix des acteurs, qui sont forcément des vedettes, des décors, des costumes, des lieux. Nous avons agi de même [84]. » Karmitz a personnellement veillé à chaque meuble, à chaque tableau, afin que ce soient de vrais tableaux et de vrais meubles. Certains jours, il y a pour 4 millions de meubles dans le décor. « Ce budget, il était nécessaire et je l'assume complètement [85] », conclut-il.

Le Bon Plaisir est d'abord un film de producteur, puis un projet financé sur le nom de quelques vedettes populaires, enfin, dans un dernier temps, l'œuvre d'un cinéaste. La hiérarchie est inversée par rapport à la plupart des films mk2. Pour les vedettes, Karmitz puise dans les renommées du moment : Catherine Deneuve, Jean-Louis Trintignant pour « Castor », le président de la République, et Michel Serreau en « Polux », son fidèle ministre de l'Intérieur, spécialiste des coups tordus. La réalisation est confiée à Francis Girod, qui a lui-même approché Marin Karmitz pour ce film, ayant savouré le roman de Françoise Giroud. Les deux hommes se connaissent, ayant ciré les mêmes fauteuils cinéphiles, notamment à la Cinémathèque. Girod a déjà réalisé cinq films, des polars comme *René la Canne*, avec Gérard Depardieu, ou des intrigues sur fond politique ou financier, comme *L'État sauvage*, avec Michel Piccoli, ou *La Banquière*, avec Romy Schneider. Il est à l'aise avec les vedettes, a la réputation d'être un bon directeur d'acteurs – il enseigne au Conservatoire d'art dramatique – et maîtrise bien le genre de la comédie populaire, la gestion des décors et des costumes, le budget confortable alloué, mais pas plus.

Grâce aux relations politiques de Marin Karmitz, le tournage peut se dérouler principalement au ministère de la Justice, place Vendôme, alloué par Robert Badinter, puis au ministère des Affaires étrangères, aux Invalides, « chez » Claude Cheysson, enfin à l'ambassade d'Italie, rue de Varenne, hôtel particulier pourvu d'un magnifique jardin. Karmitz conçoit son rôle comme celui d'un « bouc émissaire », et sa stratégie est au point : « Le film commençait à prendre du retard, explique-t-il, parce que Francis Girod, angoissé, multipliait les prises et que Catherine Deneuve, exaspérée, répondait à cela en arrivant en retard. Je me suis alors souvenu d'un truc lu dans les mémoires d'un producteur américain : il engageait toujours un acteur en le prévenant qu'il serait renvoyé au milieu du tournage. C'était le bouc émissaire. Dans une équipe de cinéma, surtout s'il y a des tensions, il faut souvent une personne contre laquelle tous se retournent. Le virer, c'est simplement purger la plaie et ramener le calme. Je me suis auto-désigné comme le bouc émissaire du *bon Plaisir*, celui qu'on adore détester, ce qui renforce la cohésion des groupes. J'ai fait envoyer en recommandé à Catherine Deneuve un constat d'huissier sur ses nombreux retards, fait sur le plateau. Elle était furieuse contre moi, certes, mais elle s'est rapprochée de Francis Girod, et l'ambiance s'est détendue : il a fait moins de prises, et elle n'était plus en retard [86]. » On comprend que travailler avec le producteur Marin Karmitz demande un certain doigté : il faut accepter sa présence, ses idées, ses stratégies, sinon le film ne peut pas fonctionner.

Le Bon Plaisir « fonctionne » : une intense campagne de publicité le lance en janvier 1984 ; le succès est immédiat : deux millions de spectateurs, 45 millions de francs de recettes, deux fois le budget investi. Mk2 peut continuer, et multiplier, ses aventures de production.

Un poulet et du vinaigre

Marin Karmitz aime retrouver et produire ses maîtres, qui sont souvent d'anciennes connaissances, pionniers de la Nouvelle Vague. Après Godard et *Sauve qui peut (la vie)*, mk2 vient en aide à Agnès Varda, dont Karmitz fut l'assistant pendant le tournage de *Cléo de 5 à 7* deux décennies auparavant, et Claude Chabrol, qu'il a croisé sur le plateau des *Sept Péchés capitaux*, en 1962, avant de traverser ensemble le Paris enfiévré de Mai 68. Les cas de figure sont assez semblables : deux cinéastes célèbres mais en difficulté, qui ont du mal à monter leur nouveau film et à réintégrer le circuit commercial des salles.

Agnès Varda est alors cantonnée dans le documentaire ou le court métrage, passant de commandes de télévision à des financements d'institutions muséales. Elle parvient néanmoins à réunir un tout petit budget pour réaliser le portrait d'une routarde retrouvée morte de froid dans l'hiver de la plaine venteuse du Gard. Le film part d'un fait divers traité comme un document, crée des personnages mis en scène sous forme d'entretiens et suit les déambulations de la jeune femme en lents et beaux travellings sur la nature tirés au cordeau.

À dix-sept ans, révélée un an auparavant par Maurice Pialat dans *À nos amours*, Sandrine Bonnaire incarne Mona avec une gravité faite de silence, de solitude, de secret et de grâce. *Sans toit ni loi* remporte le Lion d'or de la Mostra de Venise, le 6 septembre 1985, et un succès inattendu, replaçant Agnès Varda au cœur du cinéma français. Pour mk2, voilà une nouvelle réussite, soutenue par une campagne publicitaire efficace. « L'hiver très froid de 1985, le Lion d'or, la performance de Sandrine Bonnaire, qui lui vaut un César, et la rigueur du sujet, tout à joué pour nous, se souvient Agnès Varda. Le film, qui a dépassé le million d'entrées, a été le plus grand succès de ma carrière. On était contents. Tous. Marin Karmitz et moi, sans être amis, avons toujours eu une très bonne relation de travail [87]. »

Affiche de *Sans toit ni loi* d'Agnès Varda,
Lion d'or à la Mostra de Venise en 1985.

Lorsqu'il rencontre Marin Karmitz, en mai 1984, Claude Chabrol est lui aussi un cinéaste en souffrance. Le fiasco du *Sang des autres*, son dernier film, cher et médiocre, semble le condamner à passer de commande en commande sans véritable boussole. Dans ce contexte, la stabilité que mk2 va lui apporter ouvre une période de grande création, dont témoigne d'abord une figure centrale du cinéma chabrolien : Lavardin, inspecteur dandy un peu vieux jeu qui n'en fait qu'à sa tête. C'est autour de lui que Chabrol se reconstitue, sous les auspices de mk2, grâce à deux films en deux ans, puis une série pour la télévision. Ensuite, s'émancipant de ce seul personnage, viendront dix opus en quinze ans, jusqu'en 2002, dont une demi-douzaine peut être considérée comme des chefs-d'œuvre. Malgré quelques incompréhensions et infidélités, Chabrol devient l'« auteur maison » : avec douze films, sur les quatre-vingts produits par Marin Karmitz, il est non seulement le cinéaste le plus assidûment financé, mais un pilier fondateur du système mk2.

Un jour de mai 1984, le scénario *Le Diable en ville*, signé par Claude Chabrol, atterrit sur le bureau de Marin Karmitz. Le producteur le juge « infaisable en l'état ». Il n'est pas le premier à le penser : depuis huit mois, le scénario circule sans succès entre les producteurs et les télévisions. L'avance sur recettes l'a refusé. Karmitz et Chabrol conviennent d'un rendez-vous à déjeuner. « Mon idée, rappelle le producteur, consiste à dire "oui" là où les autres disent "non", mais de faire le film de façon personnelle, avec un financement limité, proche de l'austérité. J'ai trouvé ce scénario et le tournage demandé trop longs. J'ai proposé à Chabrol une somme limitée, dans laquelle nous serions libres de faire notre film. "Si tu acceptes mon idée, on peut tourner demain !" Il me pose cette question formidable : "Quel est le prix moyen d'un film français en ce moment ?" Treize millions de francs. Il me dit alors : "Je suis d'accord pour le faire pour sept millions." C'est la somme dont je disposais, seul, sans avoir besoin de quémander autour de moi [88]. »

Dans l'économie du cinéma français des années 1980, la production de *Poulet au vinaigre* est une petite révolution. L'époque est en effet celle d'une inflation sans précédent des coûts des films, qui implique l'engagement d'une chaîne de télévision et la nécessité d'un ou plusieurs acteurs vedettes sur lesquels le financement se monte. C'est une autre logique, vertueuse économiquement, que souhaitent instaurer Karmitz et Chabrol en passant leur accord pour mk2 : « *Poulet au vinaigre*, se défend le cinéaste, n'était pas un "coup" : faire attention au choix des comédiens, fixer un plan de travail serré, savoir ce qu'on tourne, ne pas faire trop de prises, tout cela est une question de volonté. Effectivement, le film a coûté peu cher, on s'est tous serré la

Marin Karmitz et Claude Chabrol sur le tournage
de *Inspecteur Lavardin* en 1985. Photographie de Dityvon.

Marin Karmitz et Caroline
Eliacheff sur le tournage
de *Madame Bovary*, de
Claude Chabrol, 1990.
Photographie de
Micheline Decaux.

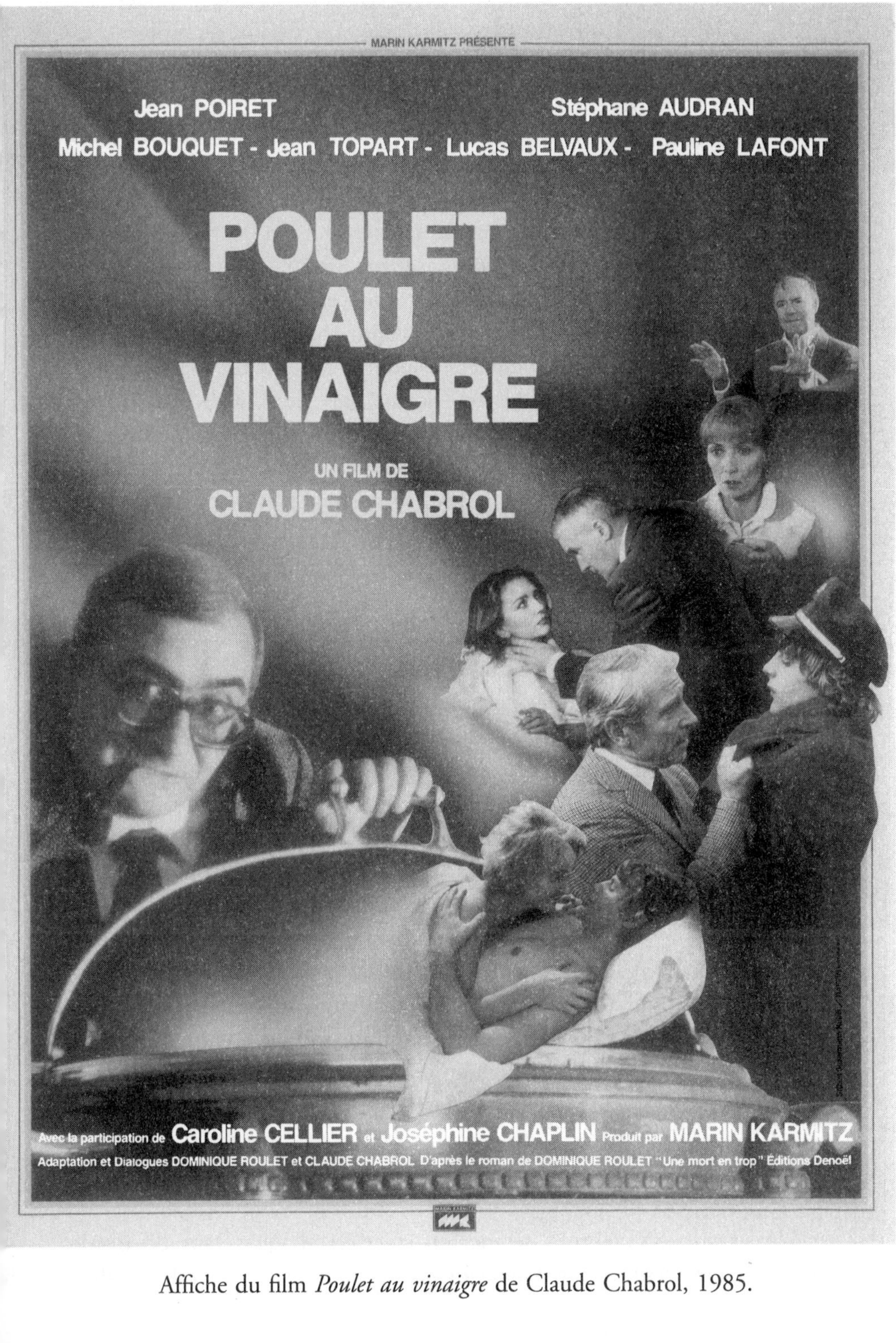

Affiche du film *Poulet au vinaigre* de Claude Chabrol, 1985.

vis[89]. » Mais Chabrol trouve des solutions pour diviser de moitié son budget : couper dans le scénario en le centrant sur la personnalité de Lavardin, ce qui permet de supprimer plus de quinze jours de tournage. Dénicher des acteurs qui acceptent des cachets diminués. Effectivement, pour sceller cet accord, Claude Chabrol, Marin Karmitz et Jean Poiret, qui s'est lui-même proposé pour le rôle de Lavardin, décident de travailler pour un même salaire de 300 000 francs, ce qui est modeste, surtout pour l'acteur. Enfin, durant le tournage, de la mi-octobre à la fin novembre 1984, à Forges-les-Eaux, petite ville normande connue pour ses thermes et son casino, tout se fait à l'économie grâce à la concentration des espaces : l'équipe investit un vieux restaurant avant fermeture, où loge une bonne part des collaborateurs, ce qui permet de maintenir quasi toutes les scènes à deux pas alentour.

Sans doute, aussi, le succès du film vient-il de son titre… Lors d'un coup de fil à Marin Karmitz, Chabrol s'interroge : « On ne va tout de même pas appeler ce film *Poulet au vinaigre*… » Et bien, si ! Le producteur est ravi par ce titre-boutade et l'adopte sur le champ, d'autant que le cinéaste sait vite le justifier : « "Poulet", c'est le côté policier ; "Vinaigre", parce que le ton du film est acide[90]. »

La promotion, l'un des points forts de mk2, consiste à relancer Chabrol lui-même, à jouer sur sa bonne image publique. Tout est centré sur le cinéaste, qui apparaît lui-même sur l'affiche et dans la bande-annonce, à la manière d'Hitchcock au générique de la série *Hitchcock Present's*. Il est le « chef cuisinier » qui ouvre le couvercle d'un plat appétissant, et il ajoute, pipe au bec : « Pour faire un bon *Poulet au vinaigre*, prenez un poulet authentique, un poulet plutôt tendre. Une pincée de folie. Saupoudrez d'agressivité. Ajoutez deux cuillerées de mystère. Déglacez avec un brin d'érotisme. Laissez mijoter dans le suspense. C'est une recette secrète. Et servez chaud. Bon appétit et régalez-vous[91] ! » *Poulet au vinaigre*, dans une logique cinéphile, devient l'illustration de l'art « gastronomique » d'un auteur de films. Sept cent cinquante mille spectateurs vont voir *Poulet au vinaigre*, ce qui est largement rentable par rapport à son modeste budget.

Chabrol : le salaire, la contrainte et la trouvaille

Un « système Chabrol » se met en place. À chaque étape du film, Karmitz intervient. Sur les scénarios, par exemple : « Je lui ai demandé, rappelle le producteur, de retravailler systématiquement les scénarios qui lui sont proposés et d'écrire lui-même. Claude est un remarquable scénariste et dialoguiste, mais il n'aimait pas forcément cela, il allait parfois un peu vite. Il était très important qu'il s'implique dans les scénarios [92]. » De plus, mk2 « encadre » son cinéaste et lui propose le principe d'un salaire mensuel. « Chabrol, reprend Karmitz, était peut-être le réalisateur le plus mal payé de France, mais il savait qu'un salaire l'attendait tous les mois et que, si l'un de ses films était un échec en salle, il pouvait retravailler tout de suite. Il a été assez rapidement salarié de mk2. Il me livrait les films sur le rythme qui lui convenait, tous les douze à dix-huit mois selon les cas. C'est unique en France. Cela le rassurait et entrait dans le cadre de la rigueur financière nécessaire à sa liberté [93]. » Chabrol se « contente » en effet d'une mensualisation à hauteur de 30 000 francs.

D'autres habitudes se prennent, concernant les tournages par exemple. « Claude, poursuit Karmitz, attendait du producteur qu'il organise ses tournages. Il fallait éviter les conflits, faire attention à la nourriture, qui était très importante pour lui, créer une certaine ambiance conviviale et joyeuse. Il ne voulait pas voir les décors, les lieux ni les costumes à l'avance, ni même faire de repérages, cela l'ennuyait. La seule chose qu'il aimait faire, c'était sa distribution, mais sans casting : il choisissait mais sans voir les gens. Il voulait tout découvrir au dernier moment, sur le plateau : pour lui, il fallait qu'il y ait cette contrainte pour qu'il y ait un enjeu [94]. » Claude Chabrol aime les tournages – « C'était le moment de l'année qu'il attendait [95] » –, mais guère ce qui suit, laissant au producteur le soin de visionner les rushes et à la monteuse celui de préparer un premier montage. « À chaque fois que je lui ai signalé une longueur ou un problème, se souvient Karmitz, cela a été pris en compte. Je ne l'ai jamais vu rechigner à couper, et parfois à couper sec [96]. »

Enfin, ce rôle de producteur s'apparente à une forme de protection, de garde-fou, voire de tutorat. « Ce qui est important, conclut Karmitz, c'est tout ce que j'ai pu refuser pour Claude. On lui amenait une foule de projets, et comme il ne savait pas dire non, il renvoyait sur moi. Ça me permettait de repousser nombre de projets infaisables [97]. » Chabrol, de plus, est tenu de participer à la promotion du film, mais, là encore, son mentor intervient : « Je freinais, parce que ça l'amusait, mais ça lui faisait du tort. Préserver son image, bloquer les émissions ridicules, cela faisait partie de mon boulot quotidien. »

In fine, Marin Karmitz semble avoir bien compris les ressorts de la psyché chabrolienne : « Il fallait mettre en place tous les éléments qui lui permettaient d'être vraiment heureux, notamment le confort et la régularité des tournages. Mais il fallait également lui soumettre des contraintes, qu'il relevait comme des défis. Il adorait découvrir des choses le matin du tournage. Improviser en fonction des acteurs, de la lumière, des décors, des lieux. Quand il y avait des problèmes, il se débrouillait toujours pour les résoudre vite ; sa rapidité d'exécution était incroyable. J'ai toujours pensé qu'il fallait lui proposer des contraintes pour qu'il joue avec. Comme le chat avec la souris [98]. » Le chat est plutôt content de son sort : « Ça m'a tranquillisé, dira Chabrol. J'ai retrouvé un confort dans le cinéma qui me convient bien [99]. » Les rapports des deux hommes ressemblent à ceux de deux matous qui s'entendent car leurs territoires sont bien délimités.

Success story *à la française*

Au midi de sa vie, entre quarante et cinquante ans, Marin Karmitz change. Moins de vie que d'apparence, de statut, de place dans le cinéma et la société. Il est riche, indéniablement, l'une des plus importantes fortunes de France. Il pénètre dans les fameuses « deux cents familles », 91e fortune « professionnelle » selon *Le Nouvel économiste*, 255e fortune toutes catégories confondues selon le classement annuel du magazine spécialisé *Challenge* à partir de 1989, dont il n'est ensuite jamais sorti, oscillant entre la 200e et la 350e place. Sa fortune est estimée entre 400 et 450 millions de francs d'alors. Le portrait qu'en dresse *Le Nouvel économiste* dit bien cette *success story* à la française comme on les aime dans la presse économique des années 1980, comme on aime aussi les détester à gauche et les jalouser un peu partout ailleurs : « De ses origines d'émigré juif roumain, Marin Karmitz garde une sensibilité à fleur de peau. De son idéal soixante-huitard, un franc dégoût pour le cinéma commercial. Ex-communiste et millionnaire, le producteur est une figure atypique du cinéma. Dans la cinquantaine, Marin Karmitz est à la tête d'une structure originale intégrant la production, la distribution de films et l'exploitation de salles de cinéma. Confortablement assise sur des fonds propres de 450 millions de francs, la société mk2 qu'il a créée lui appartient encore à 78 %. Le groupe a réalisé un chiffre d'affaires d'environ

300 millions de francs et 20 millions de profits. Ce petit homme timide et secret répugne à afficher sa fortune (au moins 400 millions). Son cheval de course est sa seule folie [100]. »

« J'ai commencé à gagner de l'argent assez tardivement, explique-t-il, au milieu des années 1980. Auparavant, on vivait un peu de l'air du temps mais on vivait bien, dans de beaux lieux, en ne manquant de rien. Je n'ai jamais eu honte de l'argent que j'ai gagné, surtout que je l'ai bien mérité [101] ! » Marin Karmitz assume sa nouvelle richesse, sans l'étaler. Le modèle du *self-made man* ne lui est pas étranger. Il est, de fait, un de ces hommes qui ont bâti leur propre fortune, ainsi qu'il le reconnaît dans un numéro d'*Actualité Juive*, enquêtant sur la « trentaine de Juifs parmi les cinq cents personnes les plus riches de France » : « Cela permet de tordre le cou au fantasme d'une économie aux mains des Juifs. Mais ce que je retiens, c'est que la plupart de ces Juifs fortunés sont partis de pas grand-chose et ne doivent leur succès qu'à leur travail et à leur sens des affaires [102]. »

Un jour, le même homme peut affirmer : « Il faut vivre somptueusement. Pour se faire plaisir, profiter de la vie, avoir de belles voitures, une belle maison [103]. » Et le lendemain, de préciser, ce qui ne lui semble pas contradictoire : « Il faut avoir de l'argent afin de s'assurer une porte de sortie en cas de problème et ainsi contrecarrer son angoisse. Avoir de l'argent augmente les possibilités de vivre libre. Sans argent, pas d'échappatoire [104]. » Et quand on lui demande ce qu'il pense de la formule « Je n'aime pas les riches… », attribuée à quelque hiérarque socialiste, il répond : « Pardonnez ma grossièreté, mais je pense que c'est un truc de faux cul de gauche [105] ! » L'argent n'est donc pas « un problème », mais il n'est pas non plus un « but en soi » : « Sur le plan personnel, dit-il aussi, je me suis toujours fixé des limites, des plafonds à ma propre rémunération [106]. »

En conséquence, il n'y a pas de contradiction à mener une vie luxueuse tout en revendiquant la justice, la fraternité, l'égalité. Sur ce point, on peut discerner une certaine évolution, moins sur le fond des idées que sur la mise en pratique d'un idéal : le camarade Karmitz de *Coup pour coup* voulait vivre au milieu du peuple et comme le peuple ; le producteur de mk2 veut faire profiter le peuple de la diffusion de la culture tout en en profitant personnellement. C'est donc la place de l'individu K. qui change, non l'idée du partage des formes de contre-culture issues du gauchisme. Aussi, les combats politiques peuvent toujours animer un homme enrichi. « Je ne pense pas que l'égalité et la fraternité, explique-t-il, soient des idées réservées à certains. Je ne pense pas non plus que ces idées soient liées au fait d'avoir ou pas de l'argent [107]. » Marin Karmitz affirme qu'il est un « patron de gauche », et cet ancrage politique reste son combat tout au long de ces années.

Il s'engage désormais dans la lutte contre la montée du Front national et de ses idées à partir des élections de 1981, ouvrant la longue litanie des premiers succès électoraux de l'extrême droite. Alors, l'homme s'affirme volontiers « juif » et « émigré ». « Malgré tous les succès qu'on peut rencontrer, on reste immigré toute sa vie, lance-t-il. Quand on me demande de décliner mon identité, je dis : "Je suis français et juif, né en Roumanie." Il faut affirmer cela quand on assiste au retour en force d'une France qui correspond à la France collaboratrice. Cette France-là, avec son nationalisme, son égoïsme, sa haine de l'autre, je l'ai toujours combattue, mais elle est en train de gagner les esprits. Dans ce contexte, je me sens redevable à ce pays qui m'a tout donné et qui m'a permis d'être ce que je suis devenu. Je me sens d'ici et d'ailleurs. Les films que je produis et distribue en témoignent : ils viennent du monde entier. Je me sens responsable et je suis amené à prendre mon habit cosmopolite [108]. »

Il soutient également la gauche au pouvoir – ce qui ne l'empêche pas d'être critique –, une gauche qui n'est cependant plus du tout révolutionnaire. Ainsi Marin Karmitz signe-t-il, en avril 1988, avec Bernard Kouchner, Alain Minc et Bernard-Henri Lévy, une tribune dans *Le Monde*, « Un pari pour Mitterrand », appelant à voter pour la réélection du président de la République socialiste : « Qu'on le veuille ou non, c'est François Mitterrand qui est historiquement le mieux placé pour assumer les grandes ruptures de notre temps. Parce qu'il le souhaite. Mais aussi, parce qu'il y est contraint et qu'il a l'intelligence politique de prendre la mesure de cette contrainte. Nous voterons François Mitterrand car, dans une France en pleine métamorphose, sans perdre pour autant son âme ni sombrer dans la molle confusion, il s'apprête à rompre pour de bon avec un corpus philosophique et culturel poussiéreux que l'on appelait "le socialisme". C'est ce pari qui, aujourd'hui, nous anime [109]. »

Au Luxembourg

Marin Karmitz est un bâtisseur. De salles, de films, de fortune. Mais également d'une famille. Le couple qu'il forme avec Caroline Eliacheff depuis 1975 a bientôt deux fils : Nathanaël, qui naît en août 1978, Elisha en mars 1985. Nicolas, né en 1964, le fils de Robert Hossein, et Jérémie, né en 1971, fils de Jacques Nassif, vivent parfois avec eux dans l'appartement agrandi du cinquième étage de la rue Jacob, où Marin Karmitz s'est installé peu après 1968. À vingt ans, Nicolas débute une carrière prometteuse de comédien, jouant dans *L'Ombre rouge, Qu'est-ce qui fait courir David ?, Le Mur*, films mk2, mais encore dans *Les Misérables*, grosse production française, et *Une Chambre en ville* de Jacques Demy. La rue Jacob commence donc à être à l'étroit, avec bientôt quatre garçons et la grossesse délicate de Caroline Eliacheff, fin 1984 – le bébé naîtra prématuré, à huit mois –, qui lui interdit de monter ses cinq étages sans ascenseur et la renvoie, un peu trop souvent à son goût, au premier étage de son autre appartement.

Le couple se met en recherche d'un nouveau lieu, une « petite maison avec jardin dans Paris », selon les termes de l'annonce passée à l'agence immobilière qui le conseille. Un jour de janvier 1985, visite est faite d'un immeuble de quatre étages, coincé entre deux plus grands, situé en face du jardin du Luxembourg. Une banderole « À vendre » est tirée entre deux fenêtres et, en entrant, les visiteurs ont du courrier et des lettres recommandées jusqu'aux genoux. Ils sont reçus par deux hommes en costumes rayés, portant décorations et visiblement armés. Le propriétaire, un notaire véreux, est en prison. Il veut vendre rapidement.

« L'endroit était sinistre, à l'abandon, se souvient Marin Karmitz. Personne ne voulait acheter ça [110]. » Qu'à cela ne tienne, le couple se décide et paye *cash* l'immeuble entier. Durant l'année 1985, les travaux, menés par Martine Dufour, l'architecte et décoratrice qui a dessiné tous les intérieurs des salles 14 Juillet, transforment les lieux. « Ce fut une super-production hollywoodienne menée à train d'enfer par Marin en six mois [111] », se souvient Caroline Eliacheff. La boîte sombre et claustrophobe devient un espace de circulation et de lumière. Martine Dufour a fait casser l'arrière de l'immeuble pour le transformer en un jardin-patio qui prolonge, au premier niveau, la salle à manger et la cuisine, et répond aux arbres du Luxembourg, de l'autre côté de la rue. La décoratrice a également créé un escalier central, entourant un ascenseur intérieur, qui ouvre l'espace sur un puits de lumière. La présence de la nature rappelle celle de l'enfance, la grande maison entre jardin et parc à Bucarest. Les niveaux et demi-niveaux dessinent des pièces qui, toutes, communiquent, coffrées de bois clair et de bibliothèques, parcourues par la même luminosité, à laquelle échappent quelques chambres, plus intimes, où loge la famille.

Caroline Eliacheff participe bien sûr à l'élaboration des plans de la maison et possède son lieu à elle dans cet espace commun. Mais elle laisse faire le « dieu constructeur », comme elle le dit malicieusement. « J'ai toujours aimé qu'on vive deux existences assez différentes, rappelle-t-elle. Cela n'empêche pas, au contraire, d'avoir été très complices, on a vécu des choses ensemble. C'était amusant, parfois excitant. J'ai respecté sa personnalité et son travail – ma mère avait l'habitude de dire : "Marin, il est très bien, mais il ne faut pas le contrarier !" – et il faisait de même avec moi. Ses colères, parfois mémorables, ne se sont jamais tournées contre moi. Il existait un grand respect réciproque ; il s'est toujours réjoui de ce qui pouvait m'arriver de bien, et inversement. Et quand l'un rencontrait des problèmes, on était solidaires. On a même passé un code tacite : que nos forts moments publics soient décalés. Par exemple, il ne sortait pas un gros film quand je publiais un livre... On n'a pas souhaité se marier, jamais, comme si le contrat devait se renouveler tous les jours. On savait pourquoi on était ensemble [112] ! »

Le couple aime vivre dans ce lieu qui possède beauté et personnalité, d'autant plus que Marin Karmitz commence à collectionner les meubles, que son passé récent d'antiquaire lui permet de choisir avec précision, et les œuvres d'art, qu'il dépose sur ses murs comme un ornement intime. Il y a quelques sculptures petit format, comme celles de Germaine Richier, l'une des premières œuvres acquises, ou encore celles d'Ipoustéguy, des lithographies de Francis Bacon, les tableaux de Bernard Dufour, Martial Raysse ou Gérard Fromanger, les amis, et des photographies, beaucoup de photographies. Achats inauguraux : Gotthard Schuh, le reporter suisse d'avant-guerre, Roman Vishniac, Robert Frank, Stanislaw Witkiewicz, Lewis Hine, Saul Leiter, Man Ray, Helen Levitt, Vivian Maier, André Kertész, notamment ce vieil homme assis, dos à la mer près d'une bitte d'amarrage, sur un quai, la tête couverte d'un chapeau, à la barbe blanche, qui regarde au loin sur sa droite. D'où vient-il ? Où va-t-il ? Toute une mémoire juive des communautés diasporiques et disloquées d'Europe centrale remonte à la surface de l'image. Ou ce duo de photos revenues de Roumanie, données peu après la chute de Ceauşescu par les services du Mémorial de l'Holocauste, à Washington, représentant un vieil homme de Bucovine qui monte dans un wagon de déportation, droit, digne, bien vêtu, puis qu'on retrouve sur une autre photo, descendant du wagon, quasi squelettique, laissant derrière lui une pile de cadavres.

La Normandie de Paladin des Ifs

En Normandie, Marin Karmitz fait également réaménager son « antre secret ». À côté de la vieille, mais petite, longère achetée vingt ans plus tôt, il a acquis suffisamment de terrain pour faire construire, entre 1981 et 1983, une maison de bois, spacieuse et lumineuse, qui complète la plus ancienne, aussi bien par ses matériaux que par sa situation. Il a fait creuser la terre d'élection, afin que le rez-de-chaussée, avec salon, cuisine et salle à manger, grande cheminée et bibliothèque, soit au niveau du sol : le regard, à l'horizontale, file par des grandes baies vitrées vers les plantes des champs, l'herbe des prés, les racines des arbres, les pieds des animaux qui paissent. « J'ai creusé pour m'enfoncer dans le sol, explique-t-il, pour avoir une vue sur la prairie depuis la table de la cuisine. C'est le petit émigré qui a éprouvé le besoin de s'installer, de se sentir chez lui, de s'enraciner. » Pour Caroline Eliacheff, cette nouvelle maison coïncide avec la perte d'un rituel qui l'amusait : « L'ancienne n'avait pas le téléphone et j'ai gardé ce souvenir de Marin allant tous les jours au village, excité ou angoissé, appeler et demander les chiffres des entrées au bureau de mk2 [113]. »

La vie se passe ici en famille, généralement en fin de semaine : peu d'invités, peu d'amis de passage, parfois quelques cinéastes étrangers ou réfugiés en mal d'asile, comme Güney. Pas vraiment d'existence mondaine. C'est une logique du retrait, un « pour vivre heureux, vivons cachés » qui éloigne le plus souvent des flux et reflux de Trouville ou Deauville. Il y a bien, de temps en temps, le saut à la pâtisserie À Charlotte Corday, à Trouville, tenue par les Giboudel qui la dirigent depuis 1919. Ils ont même créé un gâteau aux trois chocolats, portant le nom de « Triangle Marin Karmitz ». Et une passion, elle aussi revenue de l'enfance et par l'enfant : le cheval et l'équitation.

Cette passion est ancienne : la famille Karmitz possédait la plus grande écurie de chevaux de Roumanie à la fin des années 1930.

« J'avais un cheval à moi, précise Marin Karmitz, un petit pur-sang assez dur à tenir, que j'ai monté jusqu'à neuf ans. J'ai fait beaucoup de chutes, la première dès mes cinq ans. J'adorais le faire galoper [114]. » Le producteur en tire une forme de leçon professionnelle : « Un des points communs entre le cheval et le cinéma, c'est que vous vous remettez en question à chaque instant, il n'y a jamais rien d'acquis. À chaque film, vous risquez la chute. Savoir tomber, savoir remonter, c'est une bonne école de la vie. »

Au milieu des années 1980, c'est en suivant son fils aîné, Nathanaël, passionné lui aussi, que Marin Karmitz redécouvre l'équitation. Tandis que le fils apprend et écume les concours hippiques de Normandie, finissant à quinze ans, en 1992, en équipe de France catégorie cadet, le père réapprend à monter. « J'ai commencé au Brédevent, chez Jean-Luc Coutable, quand Nathanaël faisait du poney. Puis on est passés chez Jean-Louis Roudaut, l'un des meilleurs éleveurs de la région, quand mon fils est passé au cheval [115] », explique-t-il dans le magazine spécialisé *L'Éperon*. Ajoutant : « Ces entraîneurs m'ont fait sentir la subtilité du rapport du corps de l'homme avec le corps du cheval. Cela m'a énormément apporté : comment l'équilibre et la respiration peuvent faire passer un cheval du pas au trot ou au galop. Je trouve fascinante cette relation tout en nuances. Alors que mon éducation chevaline était bien trop stricte : on nous apprenait à mettre une pièce de monnaie entre le genou et la selle avec interdiction de la faire tomber [116]. » Marin Karmitz est mordu : il monte jusqu'à quatre fois par semaine, le week-end en Normandie, le plus souvent en famille, avec sa femme et ses deux fils, et en semaine au club de L'Étrier, au bois de Boulogne. Il possède Paladin des Ifs, un pur-sang de course en co-propriété avec Jean-Louis Roudaut.

Cela le rapproche d'un autre grand amateur de chevaux, Bartabas et son Théâtre équestre Zingaro. Mk2 produit deux films de Bartabas, autant de mises en scène de dizaines voire de centaines d'animaux, *Mazeppa*, en 1993, puis *Chamane* en 1996. Quand les deux hommes se rencontrent, ils se racontent… des histoires de chevaux. « Le travail avec les chevaux et la technique de cinéma ont ceci en commun, explique le producteur, qu'ils exigent une extrême précision et beaucoup d'unité dans un travail d'équipe. C'était un peu comme un retour à l'innocence du cinéma. Bartabas a compris cette technique en très peu de temps, il a même fini *Mazeppa* une journée avant la date prévue [117] ! »

Un homme qui blanchit

En décembre 1981, Marin Karmitz est l'un des premiers « notables » du nouveau régime à être prévenu : le ministre de la Culture va lui proposer la Légion d'honneur lors de la promotion traditionnelle du 1er janvier. « Mon père était à l'hôpital, gravement atteint, précise-t-il, je savais que cela allait lui faire plaisir. Même s'il était dans le coma, je suis allé le lui dire [118]. » De fait, deux jours plus tard, Salomon Karmitz va mieux. Il est extrêmement fier de son fils et, avec une volonté de fer, reprend des forces pour assister à la remise de la médaille. Mais, *in fine*, Pierre Joxe, ministre de l'Industrie, très influent auprès de François Mitterrand, fait rayer Marin Karmitz des listes de la Légion d'honneur pour son passé à la Gauche prolétarienne, et le patron de mk2 doit se contenter de l'ordre du Mérite, ce qu'il n'osera jamais avouer à son père.

Durant ces années, Marin Karmitz s'occupe beaucoup de ses parents, c'est son principal souci, minant ses succès. À peine son père remis, placé dans une maison de retraite spécialisée à Saint-Cloud, sa mère entre en clinique psychiatrique, à Saint-Mandé, subissant même des électrochocs pour une crise aiguë. « C'était extrêmement compliqué, comme s'ils s'étaient arrangés, l'un à Saint-Cloud, l'autre à Saint-Mandé, aux deux extrémités de Paris, pour me rendre moi aussi malade [119] », se souvient le fils déchiré entre l'épuisement de son père et les crises de démence jalouse et possessive de sa mère. Multipliant les allers et retours, Marin Karmitz, s'il est excédé par sa mère, se rapproche de son père. « Je me souviens, sur la fin, de ses yeux très bleus, qu'il était obligé de cacher derrière des lunettes noires. Sa gentillesse, son attention et sa fierté étaient les ultimes manifestations à ce qu'il considérait comme ma réussite. À l'origine, pourtant, c'est contre lui que je me suis révolté. Il n'avait jamais été complice de mes choix et s'était offusqué de mes engagements à l'extrême gauche. Mais, à la fin, j'ai trouvé la porte grande ouverte chez mon père, alors que ma mère demeurait dans un chantage affectif qui la conduisait à me rabaisser. C'est un moment affectivement très compliqué pour moi [120]. »

Ce n'est finalement que le 1er janvier 1985 que Marin Karmitz est promu au grade de chevalier de la Légion d'honneur. Alors que Jean-Luc Godard, prévu dans la même promotion que lui pour l'ordre du Mérite, décline, écrivant à Jack Lang « Je n'aime pas recevoir d'ordre et je n'ai aucun mérite [121] » –, Marin Karmitz l'accepte sans sourciller. Caroline Eliacheff, enceinte, accouche du second garçon du couple, Elisha, la veille même de la cérémonie de remise de la Légion d'honneur.

Ce sera l'un des derniers jours heureux de Salomon Karmitz, qui meurt à la fin du mois d'août 1987. Son fils, très éprouvé, doit partir deux jours plus tard pour Venise, où il présente *Au revoir les enfants*, de Louis Malle, en compétition. « J'ai encore l'impression de n'avoir pas pu faire le deuil de mon père, avoue-t-il. Dans la tradition juive, on consacre sept jours aux rituels de la mort d'un proche [122]. » Cette année-là, la Mostra est un cauchemar intime pour l'homme, tandis que le producteur triomphe avec le Lion d'or d'*Au revoir les enfants*, réalisé et co-produit par Louis Malle, film magnifique issu d'une histoire personnelle vécue durant la guerre. Car Marin Karmitz, miné par la mort de son père, apprend coup sur coup celle de son oncle, Josef, le frère aîné de Solly – « Il était comme son jumeau ; toute leur vie, ils ont habité les mêmes maisons, acheté les mêmes voitures, épousé deux cousines, et sont morts à cinq jours d'intervalle [123] » – et celle de Christophe Riboud, un ami d'enfance de Caroline Eliacheff devenu son ami proche, « profondément aimable, gai et lumineux », disparu dans un accident de voiture. « Ces trois décès, quasi simultanés, m'ont transformé, reconnaît Marin Karmitz. La mort m'a fait basculer vers une autre approche de la vie et de mon métier. Cela reste profondément enfoui dans mon cœur [124]. » C'est le moment où l'homme « blanchit » rapidement. En mai 1981, au Festival de Cannes, la chevelure est de jais ; lors du festival 1988, elle est devenue blanche.

Taviani, Resnais : la production est affaire de morale

Padre Padrone et sa Palme d'or, en 1977, ont sûrement constitué l'une des briques importantes sur laquelle s'est construit mk2. Marin Karmitz revient vers les frères Taviani en 1982, assurant la co-production et la distribution en France d'un joli succès, *La Nuit de San Lorenzo*, une œuvre très autobiographique fondée sur un souvenir de jeunesse durant la guerre, qui obtient le grand prix du jury au Festival de Cannes. Puis, en 1985 et 1987, il participe à la production de deux des films les plus ambitieux des frères nés à San Miniato di Pisa, petite ville de Toscane, *Kaos, contes siciliens*, film à sketches inspiré de nouvelles du dramaturge Luigi Pirandello, puis *Good Morning Babylonia*, avec la participation de la RAI et d'une société américaine, la Edward R. Pressman Film Corporation, important budget pour un film d'époque racontant de l'intérieur la fabrique d'*Intolérance* de D.W. Griffith vue par deux frères émigrés italiens, les Bonanno, engagés sur le tournage hollywoodien de cette fresque grandiose de 1916. Même si ces deux films ne sont pas des réussites commerciales, Marin Karmitz reste fasciné par la fusion fraternelle et créatrice des Taviani : « Ils ne sont pas jumeaux et pourtant ils travaillent ensemble d'une manière unique. Dans la vie, ce sont deux personnes assez différentes. Sur un plateau, ils ne font plus qu'un, travaillant à tour de rôle. Les acteurs et les techniciens ont l'impression d'avoir affaire à une seule et même personne [125]. » Même s'ils ne travaillent plus ensemble, Karmitz et les Taviani continuent de se voir. Jusqu'en avril 2018, quand Vittorio, le cadet de deux ans, meurt. Marin Karmitz réagit aussitôt : « J'ai en mémoire les films que nous avons faits ensemble, votre merveilleuse entente, sa gentillesse et son attention au monde. Je sais à quel point ta peine doit être grande. Je suis de tout cœur avec toi et te serre fort dans mes bras. Avec toute mon amitié affectueuse [126]. » Paolo répond le lendemain : « Cher Marin, ta voix amicale me touche. Vittorio et moi avons regretté tant de fois le producteur qui, une fois, après la projection de *Kaos*, enthousiaste, a même cité Faulkner. Comme tu le vois, rien n'est oublié de notre amitié et de notre collaboration. Vittorio n'est plus à côté de moi, mais il t'embrasse avec moi [127]. »

Au début de l'année 1986, une pièce du dramaturge autrefois célèbre mais assez oublié Henri Bernstein, *Mélo*, datant de 1929, est déposée sur le bureau de Marin Karmitz. Yvette Etiévant, qui est une amie, et Jean-Louis Livi, ses agents, proposent ce projet d'Alain Resnais en désespoir de cause. Il a été refusé par plusieurs producteurs et l'avance sur recettes. Karmitz accepte de produire le film, mais à deux conditions : un budget de 7 millions de francs, ce qui est presque dérisoire, et une durée qui ne dépasse pas une heure quarante-cinq. Sans doute s'est-il lancé ce pari pour rencontrer Resnais. « J'ai vu arriver un homme très intimidé mais impressionnant, très élégant, très beau. J'étais encore plus intimidé que lui. J'avais toujours voulu travailler avec lui, mais je n'avais pas eu l'idée, par timidité, de le lui proposer [128]. »

Marin Karmitz avec Alain Resnais sur le tournage du film
I Want to Go Home en 1988. Photographie de Jacques Prayer.

Les deux hommes se mettent d'accord sur un plan d'économie, fondé sur le raccourcissement drastique de la durée du tournage et du montage : trois semaines, puis huit semaines, soit environ trois fois moins que la norme du cinéma français. Ils inventent alors un système de répétition, à vide, qui coûte beaucoup moins cher : non seulement les acteurs répètent, comme au théâtre, pendant deux mois, mais également les techniciens, ce qui est très original, durant quinze jours. Les répétitions avec les acteurs permettent de polir, d'approfondir et de raccourcir le texte. Du côté des techniciens, ce genre de répétition est inédit : répéter sur le plateau, avec les acteurs, mais sans tourner, à vide. La mise en scène est ainsi prévue au millimètre, et tous acceptent de travailler gratuitement durant ces essais, à condition d'être bien rémunérés pendant le tournage. Enfin, le monteur, Albert Jurgenson, propose, en étant payé au tarif plein, d'effectuer le montage, les bruitages, le mixage son, en huit semaines, au lieu des vingt normalement nécessaires. « Tous ont répondu par la trouvaille à la contrainte, résume Karmitz. Comment mettre l'imagination au pouvoir et la technique au service du contenu ? Comment des conditions qui semblent impossibles ailleurs dessinent-elles une zone de liberté [129] ? »

Durant le tournage, c'est la seule fois que Marin Karmitz se rend quotidiennement sur le plateau. « Resnais avait besoin de cela, je pense que ça le rassurait. En principe, je n'y vais qu'épisodiquement, parce que je n'ai rien à y faire. Il avait besoin de sentir en permanence une présence et de trouver un interlocuteur à la demande. Grâce aux répétitions préalables, l'atmosphère était exceptionnellement bonne sur le tournage [130]. » À la fin, Resnais appelle angoissé son producteur un matin tôt, parce qu'il a dépassé la durée du film de... trente secondes. « Voilà Alain Resnais, gentleman filmeur [131] », résume en riant Marin Karmitz.

Deux cent trente mille spectateurs voient le film. « On était extrêmement contents, avoue le producteur. Pour ce budget, le film devenait tout à fait rentable [132]. » Cela permet d'enchaîner sur un second film sans attendre, *I Want to Go Home*. Le projet est très différent, nourri de bande dessinée et de culture populaire américaine. Gérard Depardieu y parle anglais, Adolf Green, le scénariste de *Chantons sous la pluie*, interprète un héros grincheux, et des chats dessinés et animés traversent l'écran régulièrement. Cet aspect ouvertement expérimental déroute le public, mais aussi la critique, ce que Marin Karmitz supporte mal, exigeant plus de solidarité pour un tel auteur. Dans *Libération*, on parle même du « gâtisme » d'Alain Resnais [133]. Le cinéaste est blessé et la réaction du producteur extrêmement vive, écrivant à Serge July, le directeur du journal, pour dénoncer « des mots inadmissibles » qu'il associe à d'autres titres de *Libération* – « Chronique d'une merde annoncée [134] », par exemple, pour descendre en flammes un film de Francesco Rosi de 1986, *Chronique d'une mort annoncée* – et aux jeux de mots de Jean-Marie Le Pen quand il blague sur « Durafour crématoire ». Serge July réagit tout aussi vivement [135], réfutant l'association avec le verbe d'extrême droite et défendant les critiques cinéma de son service culture, en particulier Gérard Lefort. Marin Karmitz, membre du conseil d'administration de *Libération*, souhaite s'expliquer avec la rédaction, ce qui lui est refusé. Il démissionne alors du conseil. Cela vaut aux deux anciens amis de 1968 une brouille d'une quinzaine d'années, jusqu'au milieu des années 2000, lorsque le patron de presse quitte le titre qu'il a fondé. Quand Marin Karmitz s'emporte pour défendre ses films, c'est avec passion, parfois non maîtrisée, même colérique, qu'il réagit.

« Mr Impossible »

Le portrait médiatique de Marin Karmitz est omniprésent au milieu des années 1980. Près d'une centaine d'articles paraissent dans la presse professionnelle, culturelle, mais également d'affaires ou généraliste. « Citizen Karmitz [136] », titre *Le Figaro ;* « L'ascension de la maison Karmitz [137] » pour *Le Monde*, ou encore, dans le même journal : « Marin Karmitz, profession : éditeur de films [138] », tandis que *Libération* parle de « Karmitz, marginal du centre [139] » ou « Éditeur de films et PDG heureux » [140]. On trouve encore : « L'homme-miracle du cinéma français [141] » dans *Le Journal du Dimanche*, et « Un homme authentique nous fait du cinéma [142] » pour *La Vie*. Dans la presse professionnelle, le suivi est constant : pas une édition du *Film français* sans un encart, une brève, un encadré sur mk2 [143]. Une soixantaine d'entretiens, parfois importants, avec Marin Karmitz sont publiés entre 1982 et 1989, en France comme à l'étranger [144], à l'image de *Screen International*, qui annonce un beau « Mr Impossible » sur cinq colonnes à la une le 2 avril 1993.

Sans doute sont-ce la couverture puis le dossier spécial du magazine *Médias* qui demeurent les plus évocateurs, titrant « Marin Karmitz, le nouveau géant tous terrains du cinéma » et affichant sous la légende, « Un producteur à la quête du Graal », un portrait du patron de mk2 en armure, casqué comme un chevalier de la Table ronde, tenant fermement à la main son épée Excalibur [145]. Le patron s'est prêté à une mise en scène spectaculaire de sa puissance et de ses combats. La tonalité générale de ces multiples portraits est positive, mais pour le moins nuancée, oscillant entre l'imagerie virile et martiale – Marin Karmitz est vu comme un « soldat » du cinéma, « combattant pour l'indépendance », « triomphant », « glorieux » ou « solitaire », « déterminé », mais toujours en lutte –, le militantisme culturel du « distributeur cinéphile », de l'« éditeur », de l'« ami des auteurs », et les mots saluant les succès économiques et financiers du « producteur qui gagne », du « golden boy français », de l'« homme qui ne connaît pas la crise » [146].

Cette visibilité est complétée par des campagnes de publicité propres à mk2, originales donc efficaces, sur des pleines pages dans *Le Monde, Libération, France-Soir* ou *Le Film français* : « On peut faire du cinéma sans faire de cinéma [147] ! » clame le slogan forgé par l'agence de publicité Collette, ou encore, le jour de l'an 1986 : « Rendez-vous en 2066 ! Marin Karmitz et toute l'équipe de mk2 vous souhaitent 80 nouvelles années de succès [148]. » À chaque reprise, ces pleines pages énumèrent, comme pour des titres de romans phares chez un éditeur, la liste des films proposés dans les salles 14 Juillet.

Il existe bel et bien un « phénomène mk2 ». Avec 100 millions de francs de chiffre d'affaires en 1984, puis 160 millions en 1986, le groupe est devenu, en moins de dix ans, le quatrième en France, après Gaumont, UGC et Pathé. Sur Paris, où mk2 se concentre, les 14 Juillet assurent 20 % des recettes en salle. D'année en année, ces bons chiffres progressent, alors que la fréquentation des films s'est mise à baisser en France à partir de 1987 (d'environ 7 % par an, jusqu'au début des années 1990). *A contrario*, mk2 double alors ses recettes tous les deux ans, ce qui fait figure d'exception révélatrice.

La société reste cependant, et volontairement, une « moyenne » entreprise, une « PME » stabilisant ses effectifs à une soixantaine de salariés, la moitié dans les bureaux de la rue Traversière, l'autre répartie dans les salles parisiennes. Les bureaux du siège, parois vitrées, couloirs étroits, sur cinq étages agencés en U autour de la cour pavée, sont constamment animés. Tous n'ont pas l'emploi du temps affolant du producteur [149], et il est certain que Marin Karmitz aime mieux être au bureau que dans les festivals, dont il redoute les cocktails et les ronds de jambes. Les déjeuners, aux cantines proches, La Connivence, rue de Cotte, le Square Trousseau, rue Antoine Vollon, sont dédiés aux équipes et, parfois, aux cinéastes, que le patron de mk2 aime recevoir à quelques bonnes tables, Le Coin du caviar, la brasserie Bofinger, près de la Bastille, ou L'Ambroisie, place des Vosges. Karmitz regarde également pas mal de films et de rushes, qu'il se fait projeter dans une petite salle aux fauteuils de cuir confortables, en sous-sol de la rue Traversière.

L'équipe de mk2 a été largement transformée lors du départ de Jean Labadie, en 1986, importante « restructuration » qui s'opère autour de deux nouvelles personnalités rejoignant la société. Fabienne Vonier, qui a démarré dans la distribution à la NEF, puis s'est occupée des salles de Louis Malle, avant de prendre la direction de l'exploitation d'UGC dans la région Rhône-Alpes, puis de toute la province, arrive pour assurer la direction générale de mk2 et plus particulièrement la distribution des films (mk2 Diffusion). Francis Boespflug, lui aussi ancien responsable à Lyon pour UGC, s'occupe de toute la programmation des salles et des achats de films. C'est la nouvelle « tête chercheuse » de mk2, chargé, comme directeur des programmes, de dénicher les nouveaux films, « les petits qui peuvent rapporter gros », comme *Bagdad Café* de Percy Adlon, *Sammy et Rosie* de Stephen Frears, *Faux-semblants* de David Cronenberg. Le premier, acheté

600 000 francs, a rapporté 40 millions sur Paris ! « Mon travail au sein de mk2, précise Boespflug, consiste à me tenir au courant, à participer à tous les marchés du film, à tous les festivals, à pister les cinéastes. C'est là que ma cinéphilie me sert, puisqu'elle permet d'être là où, de fait, il n'y a pas grand monde et avant tout le monde. Comme nous ne pouvons pas nous aligner sur les offres des grosses sociétés, il faut être là avant [150]. » Jean-François Deveau, ex-responsable d'UGC pour la Normandie, s'occupe de l'exploitation et de l'animation des salles ; Alexandre Heilen, en provenance de Roissy Films, prend en charge le secteur des ventes à l'étranger ; et Micheline Gautier, ancienne de chez Prodis, la direction de l'ensemble des services comptables.

Marin Karmitz, qui se concentre désormais sur la production des films, sait qu'il n'est pas un patron « facile ». Exigeant, parfois impatient, il peut être autoritaire et colérique. Mais il reconnaIt, et promeut rapidement, le travail bien fait et efficace. L'exigence peut confiner dans certains cas à la dureté. Certains évoquent sa rigueur, son intransigeance, parfois la froideur dans le rapport humain. Il est arrivé que ces tensions qui traversent les bureaux de la rue Traversière finissent devant les tribunaux des prud'hommes. « Nous avons toujours travaillé en petit comité, une vingtaine de personnes rue Traversière tout au plus. Mon critère est qu'il devait toujours être possible de réunir tout le monde dans une pièce pour discuter ou autour d'une table pour déjeuner ensemble. Mon moteur, c'est la confiance. J'ai toujours été entouré de gens jeunes, que j'ai formés. La quasi-totalité des cadres du cinéma français sont passés par chez moi. Mk2 est une bonne école, parfois dure et difficile, j'en conviens. Je suis paranoïaque, certes, intraitable avec les gens qui font mal leur travail, sans parler de ceux qui me trahissent. Quand s'instaure un rapport de force, là, je peux être très dur, oui, je l'assume. Parfois, je manque de calme, je n'ai sans doute pas toujours été juste [151]. »

« Je n'ai pas changé de politique, c'est la politique qui a changé »

Fort de ses succès en production et en distribution, mk2 reste actif sur le front des salles. Après les quartiers périphériques de l'Est et du Sud parisiens, terres de mission de la cinéphilie et de la VO sous-titrée, où se sont installés les 14 Juillet Bastille, Parnasse, Beaugrenelle, l'occasion est donnée, début 1986, d'investir le cœur cinéphile de

Paris, le Quartier latin. La bataille est rude avec UGC et Gaumont, qui sont également sur les rangs pour renforcer leur implantation dans ce quartier stratégique, véritable poumon cinématographique du centre de Paris.

Marin Karmitz se donne alors les atouts pour remporter la mise et fonde une société d'exploitation unique, mk2 Vision, au capital de 20 millions de francs, regroupant l'ensemble des filiales et des salles 14 Juillet, bénéficiant de l'apport de capitaux grâce à des alliances avec des banques, des fonds d'investissement et des médias. Dans les faits, l'opération consiste à racheter le Paramount Odéon au groupe Parafrance, une salle qui marche bien depuis le début des années 1980, dont la programmation va du film populaire français aux films indépendants américains, en VO, de Claude Lelouch à Woody Allen, sans oublier les *Bronzés* ou les suites d'*Emmanuelle*. Sur le boulevard Saint-Germain, à côté du carrefour de l'Odéon, la salle est opérationnelle. Aussi, les changements sont minimaux après le rachat. Quelques semaines après, en février 1986, ouvre le 14 Juillet Odéon et ses 786 places, « le bijou du réseau [152] », selon les termes de Claude Villeneuve, responsable technique de la salle pour Paramount, qui reste en place pour la diriger en version 14 Juillet. Marin Karmitz a en effet la volonté de conserver quasi l'ensemble du personnel. Seul changement : la programmation se déplace quelque peu, abandonnant le film populaire à la française pour se concentrer sur les exclusivités d'auteurs français et internationaux et des reprises de films classiques, dont le marché et les catalogues sont alors en pleine effervescence.

Marin Karmitz occupe une place de plus en plus centrale, à partir de la marge qu'il revendique, dans le monde du cinéma. Cette reconnaissance ne seraient pas complète sans la rétrospective du Centre Pompidou, d'avril à juin 1985, quand Jean-Loup Passek, responsable de la programmation cinéma à Beaubourg, choisit de montrer quatre-vingt-treize films produits par mk2. L'homme de la rue Traversière a décidé du titre : « Marin Karmitz : éditeur de films à Paris », et a écrit le texte de présentation : « J'entends marquer ma volonté d'aborder le cinéma de la même façon qu'un éditeur aborde la littérature, c'est-à-dire par le désir de découvrir et de faire découvrir des langages nouveaux, des territoires jusqu'alors inexplorés de l'écriture cinématographique. [...] Je crois que ce qui définit le mieux mon travail d'éditeur de films, est la volonté affirmée de *faire contre*. Faire contre les idées reçues, contre la valeur acquise, contre les idées dominantes, contre la mode, étant entendu que faire contre, c'est également faire *pour.* Permettre, par exemple, la découverte de cinématographies pas ou peu diffusées, d'auteurs du tiers monde, défendre la culture européenne, qui invente, face à un cinéma américain, qui copie, commercialise, exploite. Mon unique certitude, c'est qu'il est impossible de vivre dans le monde sans avoir le désir de le changer. C'était, il y a quinze ans, comme c'est toujours le cas aujourd'hui, faire acte politique. Je n'ai pas l'impression d'avoir changé de politique, c'est la politique qui a changé, et, partant, le cinéma [153]. »

VIII

Les années de crises

Le 16 janvier 1985, François Mitterrand, président de la République, lors d'un entretien public, lance l'idée d'un « espace de liberté supplémentaire » dans l'audiovisuel, ouvrant la télévision française à la concurrence privée. Dix mois plus tard, le 20 novembre 1985, la concession accordée à Silvio Berlusconi, associé à Jérôme Seydoux, pour La Cinq, lancée début 1986, inaugure un moment de fortes turbulences, dont les conséquences sont ravageuses pour le cinéma français. La « télé Berlusconi », qui a cassé en quelques mois le cinéma italien, comme ses équivalents en Allemagne et en Grande-Bretagne, va-t-elle jouer le même rôle avec le cinéma français ? En 1987, la privatisation de TF1 creuse encore cette crise majeure. En quelques mois, des dizaines d'émissions *trash* et des milliers de films et de programmes américains doublés en italien puis en français inondent les trois chaînes italiennes de Berlusconi, Canale 5, Italia 1 et Rete 4, puis, en France, La Cinq, la 6 et bientôt TF1. Cela n'est pas sans conséquences.

Le choc télévisuel du cinéma français

Marin Karmitz a combattu de toute son énergie la « télé Coca-Cola » à la Berlusconi. Avec d'autres, même au plus haut niveau de l'État, il a mené cette lutte, mais il l'a perdue. La concession faite à La Cinq est l'une des grandes erreurs qui minorent le premier septennat de François Mitterrand, le point d'inflexion malheureux de sa politique culturelle, tournant que prend Jack Lang, même s'il y est sans doute contraint et forcé. Dans *Libération*, le 21 novembre 1985, Karmitz parle de « la faute la plus grave du gouvernement socialiste [1] » et s'emporte : « Berlusconi a parfaitement compris que l'audiovisuel est le lieu du pouvoir de cette fin du XXe siècle, à condition de détenir simultanément les contenus et les moyens de transmission. Ces réseaux sont porteurs d'une idéologie, ils ne sont pas neutres. Il ne souhaite que rentabiliser les droits des films américains acquis pour des millions de dollars en les revendant à La Cinq. Si l'État est faible sur ce point, ce sera la déferlante de la sous-culture, et nous ne pourrons plus faire grand-chose [2]. »

Dès juin 1984, Marin Karmitz a adressé une note à Jack Lang pour le mettre en garde et proposer un autre modèle, inspiré par la BBC anglaise : « Une privatisation totale des chaînes est dangereuse. Une autre solution, susceptible de dynamiser le service public, mériterait d'être étudiée : l'ouverture du service public à des entreprises privées par le biais d'accord-cadres aux cahiers des charges précis et à durée déterminée. Ces entreprises seraient responsables d'heures de programmes respectant les priorités de passage à l'antenne et de quotas sur les films étrangers. L'accord pourrait fixer la nature de la programmation. Des tranches horaires pourraient ainsi être négociées avec Gaumont, Hachette, UGC, mk2… Cette formule aurait pour avantage de redonner du dynamisme aux chaînes de télévision, multipliant les initiatives, assurant la concurrence des idées, favorisant la diversité. Elle rendrait possible le développement d'une véritable industrie de programmes englobant cinéma et télévision, donnant un nouvel élan à la production des films en France lui permettant de planifier ses programmes et de mener une politique d'achats en direction des cinématographies étrangères [3]. » Cette note, si elle est lue, n'est pas le moins du monde mise en application, au contraire.

Le 23 avril 1986, Marin Karmitz est l'un des principaux signataires du « manifeste du service public de la télévision », lancé par *Télérama* : « Le rôle et la mission du service public sont irremplaçables. Ce serait tromper les Français que de leur faire croire qu'ils pourraient être remplis par n'importe quel groupe privé, surtout si ceux-ci ne donnent aucune garantie de qualité, de pluralisme ou d'indépendance [4]. » Quelques mois plus tard, la concession de TF1 au groupe Bouygues relance encore la course à l'audimat et à la médiocrité télévisuelle. Toutes ces mises en garde n'ont pas été entendues.

Parallèlement, et conséquemment, une crise plonge le cinéma français dans le désarroi. En trois ans, entre 1985 et 1988, les salles françaises perdent soixante millions de spectateurs, soit le tiers de leur public. On n'a pas connu telle dégringolade depuis trente ans. Des salles ferment un peu partout en France, démolies et transformées en supermarchés ou parkings. La baisse de fréquentation est de moins 20 % d'une année sur l'autre. Dans cette « Bérézina [5] », la part du cinéma français résiste moins bien que le cinéma américain, devenu plus dominant. En 1987, le cinéma national capte 35 % des spectateurs, contre 44 % pour les films américains, ce qui inverse les positions traditionnelles. Le nombre de films français produits chute lui aussi : 134 films en 1986, 133 pour 1987, son plus bas niveau depuis vingt ans. Deux causes principales sont identifiées. Le « choc télévisuel [6] », s'il peut bénéficier à certains films quand des chaînes investissent pour pouvoir les diffuser à leur antenne, entraîne un changement de comportement profond dans les habitudes culturelles. L'offre des chaînes, qui se sont multipliées en quelques années, accroît considérablement le nombre de films et de programmes de fiction à la télévision. 530 films y étaient diffusés en France en 1984, plus de 1 300 en 1987. Une part importante des spectateurs potentiels du cinéma en salle préfère rester chez eux pour consommer les films sur petit écran. De même, la piraterie par trafic et revente de cassettes vidéo, parfois de films à peine sortis, est un phénomène du temps qui se conjugue au premier pour confirmer le mouvement de désertion des salles. Entre 1985 et 1990, le chiffre d'affaires de la piraterie vidéo en France équivaut chaque année au budget de production de quinze longs métrages [7].

Dans les *Cahiers du cinéma*, Serge Toubiana tire la sonnette d'alarme en mai 1987, faisant le constat d'une mutation structurelle, la « nouvelle économie du cinéma [8] », fondée sur de « profondes transformations du système audiovisuel » [9]. Si les sources de financement de la production cinématographique française se sont diversifiées, avec l'apport des chaînes publiques et des chaînes privées, comme Canal+ surtout, avec la mise en place des SOFICA et leur « système d'abri fiscal » permettant d'injecter d'importants capitaux, autant d'éléments qui pallient la baisse des recettes en salle, l'équilibre est néanmoins rompu. Les films coûtent de plus en plus cher (passant, en moyenne, de 13 à 30 millions de francs entre 1984 et 1987), leur rotation dans les salles est de plus en plus rapide, et la rupture de la fréquentation donne le coup de grâce. La crise est là : la salle n'est plus l'enjeu premier d'un film, le passage à la télévision et son usage domestique, évalué en part d'audience, sont devenus capitaux. Et là est le principal danger : le cinéma va vers sa standardisation, en fonction des exigences de programmation des chaînes.

Chez mk2, ce contexte de crise est paradoxal. « Mk2 ne connaît pas la crise [10] », titre ainsi *Le Nouvel Observateur* ; « Marin Karmitz : la crise… quelle crise [11] ? », annonce *Le Film français* en février 1988. Effectivement, explique le patron de la rue Traversière, cette « crise générale de la consommation culturelle [12] », mk2 ne la connaît pas, ou la rencontre moins : la fréquentation des salles 14 Juillet est stable, contrairement à la perte de 30 % du public à Paris entre 1986 et 1987, et le chiffre d'affaires de la société est en augmentation de près de 20 % sur la même période.

Quels sont les atouts de mk2 ? « Je suis l'un des seuls, avance Karmitz, à avoir toutes les cartes de la profession : production, distribution, exploitation [13]. » Cela permet de prendre le film, non comme un produit de consommation, ce qui le banalise, mais comme une œuvre de culture. « La solution que j'ai trouvée, explique-t-il, consiste à ne produire et à ne distribuer que les films que j'ai envie de voir. Ce caractère subjectif du choix ne peut fonctionner que s'il s'appuie sur un grand professionnalisme dans la gestion des formes de financement et dans la diversification des sociétés : alliance entre l'artisanat et la gestion de pointe des industries les plus rentables [14]. » Marin Karmitz prône, pour sortir de la crise, de privilégier la singularité du film plutôt que sa banalisation. « Le cinéma, conclut-il, doit assumer pleinement un rôle novateur, il doit proposer des films qui ne sont pas ceux que les spectateurs verront plus tard à la télévision, ou quasi en même temps sur cassettes piratées. Le cinéma peut jouer sur l'invention, rôle que la télévision, qui a son langage propre, celui du direct, des feuilletons, des jeux, ne joue plus, et n'a, de fait, jamais joué [15]. »

Une « télé Karmitz » ?

Faut-il pour autant abandonner la télévision à son (mauvais) sort ? Marin Karmitz veut croire qu'on peut produire une télévision différente. Il y dénonce d'abord deux maux principaux : son conformisme et sa violence. « Les financements des chaînes privées, et même publiques, explique-t-il, plient toutes les œuvres à certaines normes, qui les transforment en produits fabriqués selon une standardisation de la pensée. On va vers des illustrateurs plutôt que des créateurs, avec parfois un beau style conforme d'académiciens. Personnellement, je préfère René Char à Maurice Druon ! Ce qui est grave, c'est que cette pression des chaînes condamne des pans entiers de la création. À part quelques vieilleries que l'on ressort à l'occasion, depuis combien de temps les télévisions n'ont-elles pas montré de films russes, allemands, italiens, ou même les Rivette, les Godard, les classiques de la Nouvelle Vague ? La télévision, qui est un langage pauvre, est en train d'appauvrir tout ce qu'elle touche [16]. » L'autre plaie télévisuelle, selon lui, est l'accoutumance à la violence des images, qui ne choque plus. « L'audiovisuel est devenu un système de propagande qui, sous les apparences de la défense des libertés et de la démocratie, est en réalité à l'opposé : soit profondément conservateur, soit radicalement immoral. Songez à *Terminator*, à *L'Arme fatale*... Dans ces films américains d'immense consommation, la violence est invraisemblable : on tue, on brûle les personnes, on viole impunément, on bafoue tous les interdits. C'est cela, le nouveau standard industriel adapté au marché mondial ! Ce n'est donc pas seulement une guerre économique que nous devons mener, mais aussi une guerre morale [17]. »

A contrario, quelle serait la télévision idéale, la « télé Karmitz » ? Tout d'abord, elle montrerait d'autres types de films, plus rares, plus divers, en VO. En effet, le tout premier projet né de la nouvelle donne télévisuelle, en 1985, se nomme Canal 01 et s'apparente à une société d'achats de droits. Il s'agit pour mk2, appuyé sur un accord avec le groupe Suez, d'acquérir des catalogues de films qui pourront ensuite être distribués en salle puis, surtout, diffusés sur les chaînes de télévision. Mk2 innove, devenant l'une des premières sociétés de cinéma à s'intéresser à l'achat de ce type de films. Marin Karmitz se souvient d'avoir convaincu le patron de Suez, Jean Peyrelevade, grâce à cette formule vinicole : « Le cinéma, c'est comme le vin : il y a la consommation courante et les vins de garde. Un bon vieux film, ça n'a pas de valeur, ou plutôt ça en a [18] ! » Quelques exemples, à la fois « cinéphiles » et « profitables » : *Meurtre d'un bookmaker chinois* de John Cassavetes, acheté 200 000 francs puis revendu le double à Canal+, ou encore *Othello* d'Orson Welles, cédé avec la même plus-value à Antenne 2. En mai 1987, mk2 renforce son fonds d'investissement en achats de droits [19], le portant à 150 millions de francs, et fonde la

Compagnie européenne de droits (CED). Celle-ci lui ouvre d'autres types de catalogues de films, plus populaires et plus chers [20]. Sur la durée, avec l'appui de Simon Nora ou Alain Minc, figures du monde économique qui entrent au conseil d'administration de la société, la CED permet l'acquisition de près de huit cents films en une quinzaine d'années.

La vraie occasion de voir la « télé Karmitz » est donnée en 1987, quand la Commission nationale de la communication et des libertés (CNCL) attribue après concours la sixième chaîne à un groupe d'actionnaires dont mk2, minoritaire à hauteur de 2,5 % des parts [21]. S'il est le plus petit, Marin Karmitz est cependant le seul à défendre une vraie idée directrice pour cette nouvelle chaîne généraliste, baptisée M6. Mk2 propose ainsi d'occuper certains programmes spécifiques dans ce qui serait une « télévision kiosque ». Les autres actionnaires laissent, un temps, carte blanche à Marin Karmitz, afin qu'il « apporte un capital culturel [22] » à la chaîne. Outre des films, par exemple des inédits de Fassbinder ou Mizoguchi, il produit des émissions cinéphiles et littéraires à « mission pédagogique ».

En cela, Karmitz réactive une idée déjà caressée depuis le début des années 1980, comme le projet de grand entretien avec Godard confié à Depardon et Bergala, qui ne s'est pas fait, ou certains programmes quant à eux réalisés ou simplement diffusés directement dans les salles 14 Juillet. Il y eut l'historien Fernand Braudel, enregistré lors d'un cours donné dans un collège de Toulon devant des enfants passionnés par sa manière de « raconter l'histoire de France », ou encore Claude Lévi-Strauss dans sa maison, Marguerite Duras chez elle, et Jacques Lacan lors d'une conférence à l'université de Louvain. Le projet le plus élaboré a concerné un grand entretien avec Françoise Dolto, qui révolutionne alors la psychanalyse des enfants tout en lui donnant un fort retentissement grâce à ses émissions de radio, comme *Lorsque l'enfant paraît.* À une époque où l'enfant n'a guère droit à la parole ni à l'écoute, Françoise Dolto offre un cadre pour entendre et accompagner ces paroles qui peuvent sauver des centaines d'enfants en souffrance. Cela passionne bien sûr Caroline Eliacheff, qui co-réalise l'émission pour mk2 et mène avec Françoise Dolto près de dix-huit heures d'entretien. Dans la foulée, reprenant les consultations de la pouponnière d'Antony en 1985, la cadette participe aux dernières leçons de Dolto, au rez-de-chaussée de la rue Cujas, où elle reçoit des collègues lors des deux dernières années de sa vie. « Ces longs entretiens forment un moment extraordinairement formateur pour moi, c'est inoubliable », explique Caroline Eliacheff[23].

Comme il y a peu d'argent pour M6 – « Il faut le remplacer par l'imagination[24] », se réjouit le producteur ! –, ces programmes sont *mis en scène*. « Une bonne télévision, explique-t-il en effet, est une télévision mise en scène. Il m'a fallu quelques mois de réflexion en compagnie de Serge Daney pour parvenir à cette idée toute simple. Mise en scène, la voix de Patrick Brion pour présenter les films au ciné-club de FR3... Mis en scène, *Droit de réponse* de Michel Polac... Mis en scène, *Cinéma Cinémas*, le magazine de Claude Ventura, Anne Andreu et Michel Boujut... On a voulu parler de certains thèmes, la justice, la santé, le savoir, la culture, qui mettent en valeur la démocratie et le lien social, et installer une contre-programmation, casser les horaires, les grilles, les habitudes, la notion même de *prime time*[25]... » Serge Daney, qui est en train d'éclairer les *habitus* télévisuels par ses brillantes analyses publiées dans *Libération*, est alors le compagnon de discussion préféré de Marin Karmitz. Comme il est voisin de la rue Traversière, ils se voient beaucoup.

Quelques tentatives se matérialisent. Michel Polac rejoint ainsi la nouvelle chaîne en octobre 1987. Son émission *Droit de réponse*, créée sur la première chaîne en 1981, arrêtée par TF1 début 1987, trouve son prolongement dans *Libre et Change*, programmé le mercredi soir sur M6. Le principe reste le même : des invités disposés en cercle, sur des gradins, parfois dos à dos, autour de l'animateur, au centre, qui lance les sujets, souvent liés à l'actualité, et une caméra baladeuse qui bouge au gré des mouvements de la parole et des développements des arguments des uns et des autres. « L'ensemble du dispositif crée une tragédie du direct, et quand ça marche, c'est formidable[26] », écrit Serge Daney dans *Libération*. L'émission s'oriente vers l'actualité des livres.

Le programmateur Jean Stock propose également *6 minutes sur la 6*, une émission d'information qui, se passant de présentateur, « met en page[27] » l'actualité comme un journal papier, avec de courts commentaires et des images fortes, tentative pour changer l'utilisation de l'instrument télévisuel. Enfin, un ciné-club, animé par Martine Jouhandeau, programme autrement les films, par exemple *Les Joueurs d'échecs* de Satyajit Ray, en les associant à des soirées thématiques plus larges et ambitieuses.

Marin Karmitz avec Michel Polac, dans le bureau de la rue Traversière, en 1987, au moment de la préparation de l'émission *Libre et Change*, pour M6. Photographie de Jean-Claude Francolon.

Mais cela fait long feu. « L'échec a été total, reconnaît Karmitz, mais incroyablement instructif[28]. » À peine dix-huit mois après ses débuts, la « Télé mk2 » s'arrête. « Les sirènes de la rentabilité rapide et du taux d'écoute, celles de la direction financière de la chaîne, ont eu raison de mes beaux discours[29]. »

D'autres projets s'ensuivent, selon un certain entêtement. En 1988, Marin Karmitz crée, en partenariat avec le journal *Le Monde*, une société de production télévisuelle, LMK Images, spécialisée dans le documentaire. Plusieurs séries sont mises en place, sur George Sand, sur la Première Guerre mondiale, sur l'histoire de l'Europe centrale. La société dure quelques saisons avant d'être reprise en collaboration avec Martine Saada[30].

Autre piste de la « télé Karmitz » : tenter de réaliser une chaîne satellite, projet financé par le groupe Havas pour mk2. À nouveau, Jean Stock s'investit dans la conception de programmes pour créer des émissions sur trois registres, la santé, la justice et le savoir, composées de modules d'entretiens d'un quart d'heure, précédés d'un film en rapport avec le thème choisi. Les quatre « pilotes » portent sur l'éthique scientifique, la garde à vue, l'alcoolisme féminin et la culture avec un « spécial *Madame Bovary* »[31]. Mais le projet s'arrête brutalement lorsque Canal+, diffuseur de télévisions satellites, refuse d'aller plus loin, malgré le financement par Havas, pourtant co-actionnaire de la chaîne. Visiblement, ce projet gêne la direction de Canal+ qui le considère comme trop concurrentiel.

Sur le moment, deux autres créations sont liées au souci de diversifier la diffusion de films en salle. Marin Karmitz fonde mk2 Découvertes, « service de recherches [32] » qui crée une collection de premiers ou deuxièmes films, français et internationaux, selon une vocation de tête chercheuse et de découvreur de talents. En 1990 et 1991, l'Ukrainien Mikhaïl Belikov, le Japonais Kohei Oguri, le Portugais João Mário Grilo, l'Américain Bruce Weber, les Français Jean-Claude Gallotta ou Patrick Grandperret pour *Mona et moi*, en bénéficient. De plus, mk2 s'associe à la société Lazennec d'Alain Rocca et Christophe Rossignon qui vient de connaître quelques succès avec *La Discrète* de Christian Vincent et *Un monde sans pitié* d'Éric Rochant, pour créer MKL [33], dirigé par Adeline Lecallier, qui assure la distribution croisée de leurs productions, dont les premiers titres sont *La Haine* de Mathieu Kassovitz, *Hyènes* de Djibril Diop Mambéty, *A Brighter Summer Day* d'Edward Yang, *Mazeppa* de Bartabas, *L'Odeur de la papaye verte* de Tran An Hung.

Ces opérations entraînent mk2, devenu un groupe audiovisuel, vers un renouvellement de son organigramme. Plusieurs personnalités rejoignent la rue Traversière : l'avocat Marc Soustras, directeur juridique, Jean-Luc Pierson, directeur de l'exploitation des salles, Christophe Marguerie, qui prend en charge la direction financière ; tandis que trois « internes » sont promus : Micheline Gautier au poste de secrétaire générale, Jean-Michel Gevaudan, qui remplace Fabienne Vonnier en charge de mk2 Diffusion, et Laurent Carignon à la place de Francis Boespflug, programmateur du circuit des 14 Juillet. La principale arrivée est sans doute celle de Véronique Cayla, issue de Sciences Po, passée par le ministère de la Culture, qui rejoint mk2 pour diriger LMK Images, avant de prendre en charge la direction générale de la société. « J'ai apporté mon intérêt pour l'urbanisme, soulignera-t-elle, un master d'architecture en poche. C'est très proche du cinéma, et cela correspondait à la politique d'implantation des salles 14 Juillet dans les quartiers parfois sensibles, manière d'associer la rénovation urbaine et l'intégration dans le tissu social [34]. »

Le dossier Une affaire de femmes

En 1987, Marin Karmitz et Claude Chabrol se retrouvent pour un projet plus grave et triste que les aventures de l'inspecteur Lavardin. Le 30 juillet 1943, Marie-Louise Lempérière, « femme Giraud », est guillotinée à Paris dans la cour de la prison de la Roquette pour avoir pratiqué vingt-sept avortements illégaux. Elle fut la seule « faiseuse d'anges » exécutée pour ce motif, jugement pris « pour l'exemple » par le maréchal Pétain.

Une affaire de femme signe un nouveau retour de Chabrol chez mk2, où le cinéaste va désormais enchaîner huit films. Pour Marin Karmitz, *Une affaire de femmes* est décisif : « Là, j'ai été au fond des choses avec Chabrol. Je lui proposais les sujets les plus difficiles possibles, c'était ma manière de lui prouver mon respect. Explorer le social de plus en plus en profondeur[35]. » Cette confiance retrouvée ressoude le duo Karmitz-Chabrol : un nouvel accord, signé en novembre 1987, porte sur la réalisation de quatre films en six années, avec prolongation possible… Pourtant, la production d'*Une affaire de femmes* n'est guère aisée à monter : l'avance sur recettes est refusée au scénario, qui peine aussi à convaincre les chaînes de télévision. Cette histoire d'avorteuse fait un peu peur. Isabelle Huppert a accepté le rôle principal, mais même son engagement ne suffit pas. Il faut une intervention personnelle de Claude Chabrol auprès de Claude Contamine, le patron d'Antenne 2, qu'il connaît bien, pour que la chaîne accepte un investissement minimal mais décisif dans le budget du film.

Le tournage, à Dieppe puis à Meaux, dans le petit tribunal de la ville, pour les séquences de procès, se déroule au mieux. Le cinéaste est ravi : « Ce fut une collaboration formidable. Tout le monde a fait un travail épatant[36]. » Marin Karmitz renchérit : « C'est le plus beau film que nous avons fait ensemble[37]. »

Présenté au Festival de Venise le 2 septembre 1988, *Une affaire de femmes* vaut à Isabelle Huppert une coupe Volpi de la meilleure actrice. Un incident vient perturber le séjour : Radio Vatican a relevé un blasphème dans le film, un « Je vous salue Marie, pleine de grâce » sacrilège, transformé en « Je vous salue Marie, pleine de merde, le fruit de vos entrailles est pourri ». On ne plaisante pas avec cela en Italie. Une enquête judiciaire est ouverte pour blasphème ; Chabrol risque un an de prison.

Le cinéaste se justifie et tient une conférence de presse d'urgence avec son producteur et son actrice. Pour le cinéaste, cette femme, qui va être exécutée, est au fond du désespoir quand elle prononce ces mots, effectivement blasphématoires, qui dépassent sa pensée. Mais, ajoute Karmitz, « le film lui-même n'est pas blasphématoire » [38]. Chabrol renchérit : « C'est comme si on condamnait *Les Dix Commandements* sous prétexte que l'acteur jouant Néron dit : "Dieu est un imposteur, tuez tous les chrétiens." [39] » Le cinéaste n'esquive pas le problème : « Je risque une peine d'un an de prison pour blasphème et outrage à la religion. C'est absurde et triste, pour tout dire c'est mussolinien. Cette histoire est plus politique que morale : l'Église catholique est à la recherche de clients. Elle veut récupérer à tout prix les âmes perdues que sont les intégristes. Ma conscience est pure et tranquille [40]. »

Chabrol n'a pas tort : les autorités catholiques, sollicitées par des associations traditionalistes, ont désormais tendance à attaquer en justice des films jugés « outrageants », « obscènes », « blasphématoires » [41]. C'est aussi le cas avec *La Dernière Tentation du Christ* de Martin Scorsese, présenté lors de la même Mostra de Venise. Certains catholiques rejettent violemment *Une affaire de femmes.* Mgr Decourtray, président des évêques de France, ne déclare-t-il pas dans *Le Monde* : « J'ai bien le droit d'avoir mon sang qui fait un tour quand on insulte ma mère [42]. » Et lui reproche sa « complaisance » envers l'avortement.

La polémique se transforme en guérilla lorsque le film sort en salles, le 21 septembre 1988. Des groupes intégristes de la paroisse Saint-Nicolas-du-Chardonnet, ou des médias traditionalistes comme Radio Courtoisie, appellent à manifester devant les cinémas, à faire usage de gaz lacrymogènes pour obliger à l'évacuation. Le 28 septembre, cinq cents fidèles regroupés derrière une grande croix de bois et chantant des cantiques manifestent devant le mk2 Odéon, où le film est projeté. Le samedi 8 octobre, vers 17 heures, au Miramar de Montparnasse, qui montre *Une affaire de femmes*, deux « fous de Dieu » sortent une bombe lacrymogène et arrosent la salle en visant le plafond. Les spectateurs, asphyxiés, se ruent vers la sortie. Un homme s'affaisse sur le trottoir : Yves Butault, soixante-et-un ans, ancien pilote de ligne et simple spectateur de cinéma, est mort. On ne retrouvera jamais les deux militants intégristes fauteurs de troubles. Claude Chabrol, désolé et attristé, confie : « Je ne m'explique pas cette violence. Le plus scandaleux pour moi est que la prière de Marie a choqué des gens plus que le fait que l'on condamne cette femme à mort. C'est gens-là sont de drôles de gens [43]. »

Le film est cependant un succès : la critique est quasi unanime dans le dithyrambe, et près d'un million de spectateurs vont le voir en France. Aux États-Unis, il devient même un phénomène. Pourtant, aucun distributeur américain ne s'était proposé, à cause d'un sujet trop polémique outre-Atlantique, l'avortement. Marin Karmitz profite cependant de la rétrospective que lui consacre le MoMA de New York, en septembre 1989, pour imposer *Une affaire de femmes* en soirée d'ouverture, qui remporte un triomphe. Le producteur décide alors de monter une petite société de distribution américaine, mk2 USA, dirigée par Rosine Handelman, pour montrer le film dans les grandes villes américaines. Il va rapporter plusieurs millions de dollars et gagner le prestigieux Golden Globe Award du meilleur film étranger.

Karmitz-Chabrol, la cordée créatrice

Le succès d'*Une affaire de femmes* permet à Marin Karmitz et Claude Chabrol de poursuivre leur compagnonnage avec un projet d'ampleur, l'adaptation de *Madame Bovary* de Gustave Flaubert, une idée du cinéaste qui nécessite sans doute le plus important budget de sa carrière. Pour le producteur également, c'est l'un de ses financements les plus conséquents, à hauteur de 50 millions de francs, ce qui remet en cause le modèle d'autosuffisance mk2. Mais les choses ne sont pas simples : l'avance sur recettes est à nouveau refusée, et, à nouveau aussi, les chaînes de télévision traînent les pieds. C'est finalement auprès de FR3 que Marin Karmitz trouve, à sa grande surprise, écoute et financement complémentaire indispensable.

La sortie de *Madame Bovary* représente donc, deux ans plus tard, un enjeu crucial. La stratégie consiste à conférer au film une autorité légitime, littéraire, universitaire, même scolaire. On mobilise les professeurs, tels le flaubertien Pierre-Marc de Biasi, le critique littéraire André Clavel, l'écrivain Jean-Didier Wolfromm et Julian Barnes, l'auteur du *Perroquet de Flaubert*, prix Médicis de l'essai.

Quand le film sort en salle, en avril 1991, l'accueil est tiède, voire frisquet, mais, contre la critique, *Madame Bovary* rencontre le succès grâce à la province et aux scolaires, souvent conduits voir un classique par leurs professeurs de français. Chabrol dira, amusé : « Le film a très bien marché parce qu'on a carrément obligé les gosses à aller le voir, un kalachnikov dans les omoplates. J'estime que ça leur permettait de lire le livre tout en le regardant[44]. » Il s'agit surtout du résultat d'un travail en amont de mk2 en partenariat avec l'Éducation nationale et les associations comme « Collège au cinéma », programme d'action culturelle mis en place par le CNC en 1989. L'exploitation française, en deux mois, atteint 1,3 million de spectateurs. Aux États-Unis, le film sort dans le circuit d'un bon distributeur, Samuel Goldwyn Cie, en décembre suivant, qui s'appuie sur mk2 USA afin d'organiser une tournée de Chabrol et Huppert dans les grandes villes américaines, sur près de dix jours. En six semaines, dans une cinquantaine de salles, les gains de *Madame Bovary* dépassent le million et demi de dollars.

Le film suivant, *Betty*, est une adaptation d'un court roman de Simenon. Marin Karmitz n'a qu'un mot à dire, « d'accord », pour que le cinéaste débute, au début de l'année 1991, ce nouveau projet. « À ma grande surprise, se souvient Chabrol, Marin a tout de suite accepté[45]. » Le producteur s'engage les yeux fermés, en totale confiance. Karmitz est profondément touché par ce film sur l'emprise de l'alcool : « *Betty* est un des chefs-d'œuvre les plus secrets de Chabrol, dira-t-il, un film d'une justesse et d'une profondeur inouïes sur la plongée dans un abîme que j'ai personnellement connu. J'étais extrêmement ému en voyant les rushes. Marie Trintignant y était déjà extraordinaire, et j'avais l'impression que Claude me parlait intimement à travers ces bouts de film encore désaccordés, qui faisaient revenir en moi, comme par flashes, des fragments de mes errances avec Beckett. Du coup, j'ai associé, ce qui est étrange, le personnage de la mentor de Betty, joué par Stéphane Audran, avec Beckett et la fascination qu'il exerçait sur moi, près de vingt-cinq ans auparavant[46]. »

Le producteur joue un autre rôle pour le film suivant, le quatrième opus du contrat signé en novembre 1987. Il est l'intermédiaire, le passeur d'histoire, et parle au cinéaste d'un ensemble de documents qu'il vient de recevoir d'Inès Clouzot, la veuve du réalisateur. Chabrol dresse l'oreille, car il aimait bien Henri-Georges Clouzot, disparu en 1977, l'auteur du *Corbeau*, des *Diaboliques*, de *La Vérité*. Avant de mourir, il a confié à sa femme qu'il ne lui déplairait pas que ce soit Chabrol qui tourne son grand projet abandonné en 1964, *L'Enfer*, qui voulait saisir les angoisses et les troubles nichés dans les méandres de la jalousie. Claude Chabrol hérite via son producteur du « dossier *L'Enfer*[47] » : mille pages de scénario, de story-board et treize heures de rushes. Karmitz a une idée derrière la tête en jouant les intermédiaires : « Ce n'était pas tout à fait pour lui, mais l'enjeu me paraissait intéressant : voir comment il pouvait, en partant de Clouzot, s'en démarquer. Il a beaucoup hésité avant de me donner son accord[48]. » *L'Enfer*, avec Emmanuelle Béart et François Cluzet, est bientôt l'un des succès de la cordée formée par Marin Karmitz et Claude Chabrol, attirant à nouveau le million de spectateurs.

De la chute du Mur au XIe plan

Lorsque tombe le mur de Berlin, dans la nuit du 9 novembre 1989, Marin Karmitz sent que les bouleversements du monde vont entraîner ceux du cinéma, de la culture et de son économie en général. Au choc télévisuel, qui est déjà largement international, succède un choc de civilisation, qui est désormais mondial. « Après la chute du Mur, explique-t-il, la mondialisation de l'économie et celle des systèmes de communication se sont accélérées. Ce processus a été accompagné d'une mue idéologique : les films américains dominants ont changé d'ennemi. Jusqu'alors, il divisait le monde en deux, les "méchants", représentés par les Soviétiques et le système totalitaire, et les "gentils", le camp des États-Unis et de la démocratie. Quand les méchants ont disparu des écrans, il a bien fallu en créer d'autres, et les Américains se sont retournés contre leur démocratie, pour aller traquer l'ennemi intérieur. C'est la nouveauté de ces films marquant la victoire de l'impunité et la défaite de la loi, dont le cinéma de Quentin Tarantino est sans doute l'un des plus brillants représentants. Le cynisme règne, et la violence est à la fois banalisée et jamais sanctionnée[49]. »

La fin de la guerre froide ouvre à la communication mondialisée : nouvelles technologies des satellites, du câble, bientôt de la télévision numérique et de l'internet. Cela permet la création quasi infinie de nouvelles chaînes dans un marché libéralisé et mondialisé. Cette ouverture du robinet télévisuel et cinématographique mondial à l'hégémonie des produits américains semble à Marin Karmitz porteuse d'un ordre moral et de valeurs constitutifs d'une pensée profondément conservatrice. C'est pourquoi il est inquiet et pessimiste : « La chute du mur de Berlin mène à une faillite économique et morale, car personne n'a été capable d'anticiper la suite. La télévision s'est engouffrée dans ce vide idéologique, elle s'est attribuée tous les rôles, y compris celui d'assurer une culture commune, remplaçant l'éducation populaire[50]. » Cette hégémonie télévisuelle est, en elle-même, porteuse de grands dangers pour la démocratie.

Aussi Marin Karmitz reprend-t-il son combat politique. Avant même la chute du Mur, on l'a vu, ce fut sa lutte contre la *trash* télé sous domination américaine. « En 1988, j'ai passé un an de ma vie, reconnaît-il, à lutter contre un homme que je ne connaissais pas, Giancarlo Parretti, qui a voulu inonder le marché européen de films américains achetés à bas prix. Avec Berlusconi, ils ont représenté le cheval de Troie audiovisuel de l'industrie américaine des images [51]. » Parretti annonce en effet vouloir constituer un circuit européen de salles, en regroupant Cannon d'Angleterre et des Pays-Bas, Gaumont-Italie, les salles Pathé en France et le plus grand des réseaux allemands. Plus dangereux encore, l'homme d'affaires italien trouve un accord avec le Crédit Lyonnais, banque d'État, pour financer son entreprise et racheter la major américaine MGM et son immense catalogue de films. « J'ai alors fait, explique Karmitz, le tour des ministères pour expliquer les dessous de cette tentative de déstabilisation culturelle. Il était clair que l'Europe de la culture était en grand danger. J'ai fini par obtenir un rendez-vous à Matignon, au printemps 1989, où j'ai passé trois heures à tenter de convaincre Michel Rocard, le Premier ministre, et ses conseillers. J'avais apporté des dossiers discrètement passés par Jorge Semprun, ministre de la Culture espagnol, qui avait eu affaire à Parretti. Ils établissaient clairement ses intentions et, surtout, ses liens avec la mafia et les origines très troubles de sa fortune [52]. » En juin 1989, le ministre de l'Économie, Pierre Bérégovoy, annule purement et simplement l'opération de vente de Pathé, qui avait eu lieu six mois auparavant. « C'était un moindre mal [53] », concède Marin Karmitz. Trois ans plus tard, Giancarlo Paretti laissera un trou de dizaines de milliards de francs dans les caisses du Crédit Lyonnais, participant à la faillite de la banque.

C'est au niveau de l'Europe culturelle qu'il faut donc agir. Faute de pouvoir proposer une véritable union entre des États et des politiques culturelles publiques trop disparates, Marin Karmitz préfère défendre l'idée de l'exception culturelle. « Le libre-échange, déclare-t-il, n'est pas conçu de la même façon en France, en Europe et aux États-Unis. En l'absence de règles cohérentes, intégrer le cinéma et l'audiovisuel dans une négociation commerciale avec l'Amérique, c'est courir au suicide culturel. Notre seul salut, c'est l'exception culturelle : faire comprendre que la culture n'est pas réductible aux échanges commerciaux communs, qu'elle n'est pas un "produit". Nous sommes en face d'une énorme machine qui exporte des images et des valeurs, qui servent ensuite pour affirmer une domination économique. Cela touche déjà 90 % des films et des programmes dans de nombreux pays européens [54]. »

Bientôt, au moment des négociations sur les accords commerciaux libéraux du GATT (General Agreement on Tariffs and Trade, ou Accord général sur les tarifs douaniers et le commerce), en 1993, l'offensive au nom de la défense de l'exception culturelle devient nécessaire. Marin Karmitz s'y engage, de même que de nombreux autres artistes et producteurs du cinéma français ou le ministère de la Culture. « Derrière les négociations du GATT, lance-t-il dans *La Croix* avec quatre cents personnalités, il y a un vrai enjeu de civilisation : il faut opposer un cinéma de création, universel et humaniste, au cinéma de consommation courante, porteur d'un contenu idéologique sous-jacent [55]. »

Marin Karmitz se mobilise sur deux fronts. Il choisit d'abord d'être présent pour défendre ses films, sur le territoire de l'« ennemi », en créant sa filiale américaine, mk2 USA, afin de distribuer puis de coproduire des films américains indépendants. « Pas de mégalomanie, prévient-il, on ne va pas conquérir l'endroit le mieux protégé du monde, Hollywood. Il ne faut pas se tromper de stratégie. Il s'agit d'un empire fortifié qui ne laisse entrer aucun étranger. Mais les Américains ont aussi besoin de nourriture culturelle : quand on leur apporte ce dont ils ont besoin, ils le prennent et le payent bien [56]. »

L'autre engagement, en France cette fois, est clairement politique, s'inscrivant dans une tradition de politique culturelle [57]. En mars 1992, Marin Karmitz accepte « avec enthousiasme [58] », de présider, à la demande de Jack Lang, le groupe « Création culturelle, compétitivité et cohésion sociale » pour la préparation du XIe plan (1993-1997). Cette action de planification culturelle lui paraît essentielle : « Nous sommes l'un des seuls pays au monde à avoir un ministère de la Culture, traduisant la volonté d'imprimer une politique culturelle. Quoi qu'on en pense, cette politique a existé, sous tous les régimes. Avec l'éclatement des télévisions privées et la mondialisation de la consommation culturelle, il est temps d'agir, sinon l'un des fondements de notre culture, la qualité de l'écrit et de l'image que nous lisons et voyons, est systématiquement menacé [59]. »

Installée en février 1993, cette commission rend un an plus tard ses recommandations, où l'on retrouve la signature mk2 : veiller aux abus de position dominante grâce à une loi anti-trust, protéger la propriété littéraire et artistique, moderniser la taxe sur la reprographie, créer un droit de location et de prêt dans les médiathèques, soutenir les projets culturels des collectivités locales, prioriser l'éducation à l'image dans la formation scolaire, lutter pour l'action culturelle, évaluer publiquement les résultats des politiques culturelles. Cependant, Marin Karmitz n'est pas dupe : « En pratique, constate-t-il, presque aucune recommandation n'a été suivie d'effet, sauf la "taxe photocopie", reprise par Jacques Toubon, ministre de la Culture, pour alimenter le Centre national du livre [60]. »

Dans sa bouche, le constat est cinglant : « Je pense que ce qui distingue aujourd'hui la droite de la gauche, ce n'est ni la politique économique, ni la politique étrangère, ni la politique intérieure. C'est la culture. La gauche devrait se montrer capable de mettre la culture au cœur de la politique et non à la périphérie. Quand elle perd cette capacité, la gauche n'existe plus [61]. » Et la conclusion non moins terrible, lancée à la fin des années 1990 : « Je le constate tous les jours en discutant avec des responsables de gauche : ils n'ont plus rien à foutre de la culture [62] ! » CQFD : la gauche n'est plus la gauche…

Retour à l'Est

Marin Karmitz défend un cinéma ancré : « En Europe, nous sommes porteurs d'histoires et de mémoires différentes. Dans n'importe quelle ville européenne, l'Histoire vous saute immédiatement à la gueule. Nous devons tenir compte de ce contexte, des différences, des vieilles cultures plurielles [63]… » C'est alors vers l'Est, sa terre d'origine, que ses regards se portent. Après la chute du mur, le patron de mk2 fait partie de la première délégation du cinéma français à se rendre en URSS, en janvier 1990, avec Alexandre Mnouchkine, Serge Silberman et Jean-Louis Livi, trois figures, producteurs de Lelouch, de Broca et Lautner, de Buñuel et Kurosawa, de Resnais. Le premier, d'origine russe, y revient pour la première fois depuis la révolution d'Octobre dont, enfant, il avait été témoin, avant d'émigrer en France avec ses parents. Entre les visites-souvenirs, à Saint-Pétersbourg ou Moscou, défilent devant les producteurs des dizaines de jeunes cinéastes qui leur décrivent leur scénario et tentent de les convaincre. « Ils avaient un quart d'heure pour nous raconter le film qu'ils voulaient faire. Nous étions assis derrière une table, avec du thé et des

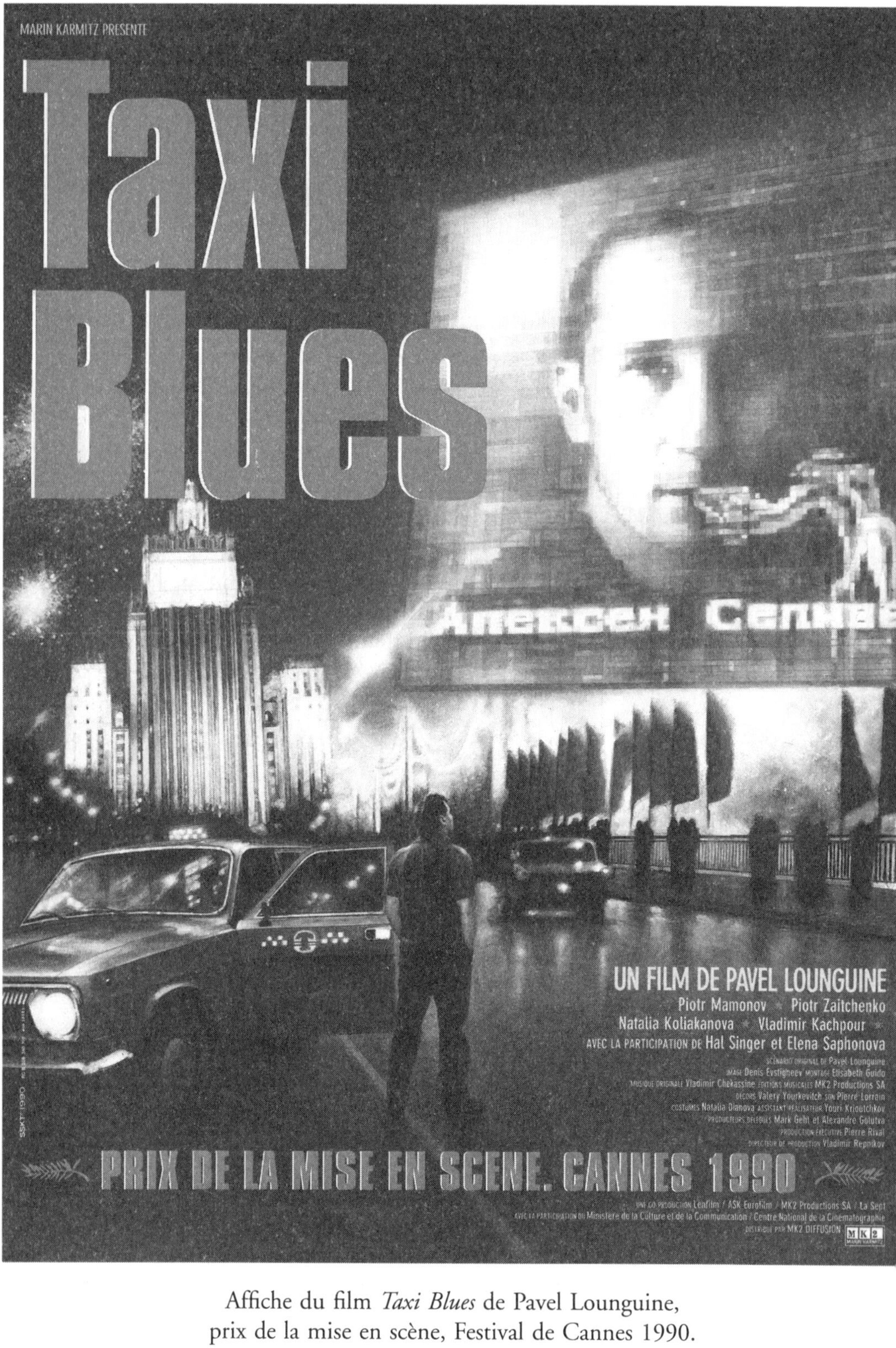

Affiche du film *Taxi Blues* de Pavel Lounguine,
prix de la mise en scène, Festival de Cannes 1990.

petits gâteaux, comme si nous étions un jury. Ces hommes passaient un examen. Le problème, c'est que leurs scénarios se ressemblaient tous. Ils étaient en plein désarroi et ne savaient pas comment se relever. À vrai dire, nous sommes sortis de ce voyage démoralisés [64]. »

Ce n'est que dans l'avion du retour qu'un critique, Pierre Rival, signale à Marin Karmitz « un homme qui a écrit un scénario intéressant, une vague histoire de chauffeur de taxi, mais qui passe désormais ses journées au lit à boire beaucoup » [65]. Peu après, il reçoit un manuscrit intitulé *Taxi Blues*, d'un dénommé Pavel Lounguine. Karmitz le lit, l'aime et invite son auteur à Paris. « J'ai vu arriver, reprend le producteur, un type massif, barbu, qui parlait parfaitement le français grâce à une mère traductrice, mais qui bégayait terriblement [66]. »

Entre-temps, avec l'appui de Mikhaïl Gorbatchev, qui supervise l'accord lors de son voyage à Paris, en 1989, mk2 se rapproche de Lenfilms, deuxième studio d'URSS, pour coproduire des films russes, en premier lieu *Taxi Blues*, et ouvrir deux salles, d'abord à Saint-Pétersbourg puis à Moscou, afin de diffuser films français et films internationaux en version originale sous-titrée en russe. UGC fait de même, avec le Goskino, pour rénover une vingtaine de salles. Les films français représentent encore à l'époque le deuxième corpus étranger le plus vu par les spectateurs russes. En juillet 1990, tous se retrouvent au Festival de Moscou, accueillis par le secrétaire général de l'Union des cinéastes soviétiques, Andreï Smirnov.

La production de *Taxi Blues* de Pavel Lounguine cherche à prendre de vitesse toutes les difficultés, avec un objectif quasi obsessionnel pour Marin Karmitz : montrer le film au Festival de Cannes, en mai 1990, alors que la Croisette bruisse de rumeurs sur la *perestroïka* en cours. Le producteur rachète le scénario au studio Lenfilms et convainc Lounguine, qui n'a jamais approché une caméra, de le tourner lui-même. Il l'enferme une semaine dans la salle de projection de la rue Traversière, pour lui montrer une vingtaine de films, notamment ceux de John Cassavetes, car c'est celui « qui a réellement bouleversé la mise en scène académique des studios [67] » et lui semble « le plus proche de ce que cherche le scénario de *Taxi Blues*, ce rapport direct avec les acteurs et la fluidité de la caméra » [68].

Le film se tourne à Moscou, en décors naturels, avec des caméras légères et des acteurs non professionnels, tout le contraire des productions traditionnelles des grands studios soviétiques. C'est Marin Karmitz lui-même qui déniche la fameuse Mercedes du film, conduite par le chauffeur Schlikov, grâce à un ancien agent des services secrets russes acheminant ce type de voitures depuis l'Afghanistan, achetées à des officiers de l'armée en déroute pour être revendues aux premiers hommes d'affaires enrichis de Moscou.

En mai 1990, *Taxi Blues* est à Cannes, en compétition officielle. Avec *Bouge pas, meurs, ressuscite*, de Vitali Kanevski, les deux films russes font l'événement. L'une des tendances de l'année est l'apparition du « phénomène perestroïka » sur la carte du cinéma mondial présentée lors du Festival. *Taxi Blues* obtient le prix du jury ; c'est Ben Gazzara, grand acteur de John Cassavetes, qui remet le prix au réalisateur ! Le film, qui sort en octobre, attire près de trois cent mille spectateurs.

Chaussée Kissilev, la plus belle avenue de Bucarest

Marin Karmitz soutient un autre artiste venu des pays de l'Est, le Roumain Lucian Pintilie. Le metteur en scène est une figure connue en France, où il travaille depuis la fin des années 1970 pour l'opéra et le théâtre. En Roumanie, jeune cinéaste, il a tourné deux films censurés par le régime de Ceaușescu : *La Reconstitution* (1968), l'une des œuvres fortes du cinéma roumain, puis *Scènes de carnaval* (1980). Sa liberté de ton, son humour grinçant marié au sens des traditions en font un artiste « irrécupérable ». En France, c'est au Théâtre de la Ville que Pintilie exerce ses talents, mettant en scène des spectacles marquants, *La Mouette* de Tchekhov, *Le Canard sauvage* d'Ibsen, *Les Bas-Fonds* de Gorki, *Ce soir on improvise* de Pirandello ou *La Danse de mort* de Strindberg. Après la révolution roumaine de la fin 1989, Pintilie retourne au pays prendre la tête du Studio de création cinématographique du ministère de la Culture, où il produit une quinzaine de films, contribuant à lancer le nouveau cinéma roumain. En avril 1991, menant une délégation officielle à Paris, Pintilie est à l'honneur. Il rencontre alors Marin Karmitz, via le producteur de son nouveau film, *Le Chêne*. Presque contemporains, les deux hommes passent une soirée ensemble, partageant bien des choses, entre humour à vif et souvenirs d'enfance à Bucarest. Il est également décidé que mk2 participe à la finition du film en cours, *Le Chêne*, l'histoire de Nela, fille d'un colonel de la Securitate, qui fuit son père et la barbarie qu'il incarne, mais revient pour l'enterrer, déambulant à travers le pays avec ses cendres réunies dans une simple bouteille.

Lucian Pintilie sur le tournage de son film
Un été inoubliable, à Bucarest en 1993. Photographe de Jérémie Nassif.

Le film est présenté en compétition au Festival de Cannes, en mai 1992. Il est fort, drôle et décapant, avec une actrice magnifique, Maia Morgenstern, mais il connaît un échec terrible. Mk2 paye même des figurants et des photographes pour rendre la projection officielle et sa montée des marches un peu plus fréquentées. « J'ai eu honte, rappelle Marin Karmitz, qu'un artiste comme Pintilie soit ainsi méprisé en plein festival de Cannes, où se regroupent près de deux mille cinq cents journalistes et critiques du monde entier. Alors que tout le monde parlait de la Roumanie en 1989, plus personne ne se déplace à peine deux ans plus tard. Tout le monde s'en fout ; c'est malheureusement ce qu'est devenue l'Europe en quelques mois [69]. » Sous le choc, le producteur décide de refaire immédiatement un film avec Lucian Pintilie.

Le 6 novembre 1993, prenant prétexte du tournage d'*Un été inoubliable*, Marin Karmitz se rend à Bucarest, quarante six ans après avoir quitté la ville et le pays. « L'avion entame son approche vers Bucarest, écrit-il dans une sorte de journal de voyage. Vues du ciel, toutes les capitales se ressemblent. Peut-être pas celle-là. Pas de banlieues, pas d'usine, pas d'autoroute, mais une grande forêt et des champs noirs, très noirs. On entre dans Bucarest par une large avenue, plantée de marronniers et bordée de villas luxueuses entourées de jardins. Chaussée Kissilev, la plus belle avenue de la ville. J'ai immédiatement repéré l'ancienne maison de mon oncle, immense et blanche au bout d'une large allée de pins [70]. » L'enfant de Bucarest loge dans un hôtel sans âme, « à la soviétique » [71]. Il n'ose pas trop aller seul à l'aventure ; on lui propose des visites : « Les maisons n'ont pas changé, rien n'a été démoli. Mais tout est dégradé, profondément dégradé. Croyant me faire plaisir, la production roumaine a obtenu l'autorisation de visiter mon ancienne maison, devenue l'ambassade d'Autriche. Nous visitons les appartements de l'ambassadeur. Il n'y a plus rien, juste un lustre de Murano que je crois reconnaître. C'est vide, sinistre. On m'emmène dans les cuisines. Là, à ma grande surprise, rien, absolument rien n'a changé. La cuisine n'a jamais été modernisée. Une femme de chambre me conduit à "ma" chambre d'enfant, qui est devenue celle de l'ambassadeur. J'ai presque retrouvé la couleur des murs. L'attaché d'ambassade me dit : "C'est la vie." [72] » Le lendemain, Marin Karmitz retourne à Sinaia, dans la brume des montagnes. « J'ai indiqué d'instinct au chauffeur la route à suivre, et la maison de l'enfance apparaît. C'est horrible, parce que seul le souvenir est intact. Rien d'autre ne ressemble au bonheur de mon enfance. Un désastre. L'homme a laissé la laideur l'emporter. Je ne veux pas faire de photos, je refuse de visiter l'intérieur [73]. »

Il reste un bon souvenir inattendu, cependant, émergeant de ce retour difficile au pays des origines. Lucian Pintilie fête ses soixante ans et invite son ami franco-roumain et son beau-fils Jérémie, qui est photographe de plateau pour *Un été inoubliable*. Les trois hommes boivent beaucoup, de la *tsuica*, l'eau-de-vie de prunes de la campagne roumaine ; ils chantent et ils parlent, de Beckett, de Ionesco, de la nécessité de résister, de dire non, de porter le deuil de la mémoire. Pintilie confie à Karmitz que son père était un ancien légionnaire de la Garde de fer, qu'il avait participé au pogrom de janvier 1941 à travers Bucarest et avait peut-être été l'un des fascistes menaçant l'enfant et sa mère dans leur maison.

Aucun des films de Lucian Pintilie produit ou distribué par mk2 ne rencontre le moindre succès en France. Même accueil, pour le mieux indifférent, réservé à *Un été inoubliable*, présenté en compétition au Festival de Cannes 1994, à *Trop tard* (1996), un thriller inquiet dans le milieu des mineurs, ou à *Terminus paradis* (1998), qui suit la traque de deux amants dans une veine à la fois fantaisiste, poétique et désespérée. Le producteur se souvient encore de son ami pleurant en lisant une critique humiliante d'*Un été inoubiable* paru dans *Le Monde*. Il n'en reste pas moins que Lucian Pintilie demeure l'une des grandes rencontres de la vie de Marin Karmitz.

L'âme sœur

Même si le patron de mk2 a beaucoup aimé travailler avec Claire Denis pour son premier long métrage, *Chocolat*, ou avec le cinéaste new-yorkais Lodge Kerrigan pour son deuxième, *Claire Dolan*, aucune rencontre n'est demeurée aussi essentielle que celle de Krzysztof Kieślowski, dont il a produit les trois derniers films, *Bleu, Blanc* et *Rouge*, en 1993 et 1994.

Marin Karmitz, en mai 1988, voit au Festival de Cannes *Tu ne tueras point*, le long métrage que Kieślowski a tiré du *Décalogue*, ces dix films courts qu'il avait tournés, quelques années plus tôt, pour la télévision polonaise. C'est un choc. La presse le compare immédiatement à Bergman, et le film obtient le grand prix du jury. Le producteur de mk2 réagit : « J'ai aimé cette liberté qu'il laisse au spectateur de choisir sa version des faits, cette façon de le traiter avec dignité et de ne pas lui imposer une seule interprétation [74]. » Il demande à le rencontrer. L'occasion survient en décembre 1989 : Krzysztof Kieślowski est à Paris pour une réunion de l'Académie du cinéma européen. Il vient chez Marin Karmitz, près du Luxembourg. Les deux hommes passent l'après-midi entière ensemble, avec un traducteur. « Notre première rencontre a scellé notre aventure, explique Karmitz, celle dont je rêvais, sans le savoir vraiment, depuis dix ans. Nous avons essentiellement parlé de morale et d'éthique, pas du tout de cinéma : philosophie, religion, judaïsme, christianisme. J'ai eu un coup de foudre pour cet homme, d'autant qu'il ressemblait à Beckett, avec les mêmes yeux bleus très clairs, délavés [75]. » Le cinéaste finit par lui confier qu'il est venu le voir parce qu'il avait produit *Au revoir les enfants*, le film de Louis Malle qui l'a beaucoup touché. Aussi, le producteur embraye sur ce sujet et lui propose un contrat. Kieślowski évoque une trilogie, nommée *Liberté, Égalité, Fraternité*. « Ces trois mots ont résonné fort en moi, reprend Karmitz, ils disaient tout de ma dette envers la France, de ma relation à ce pays qui m'a accueilli, de cette complicité fraternelle naissante avec cet homme. J'étais très ému [76]. » Le cinéaste insiste cependant : auparavant, il s'est engagé sur un film avec un producteur du cinéma français, Leonardo De la Fuente, pour *La Double Vie de Véronique*, qu'il tourne avec l'actrice Irène Jacob, en France et en Pologne.

Quelques semaines avant la présentation de *La Double Vie de Véronique* au festival de Cannes 1991, Krzysztof Kieślowski présente à

Marin Karmitz et Krzysztof Kieślowski. Photographie de Piotr Jaxa.

Marin Karmitz le synopsis des trois épisodes de sa trilogie, une vingtaine de pages pour chaque film. S'il sort dépressif de son tournage, perdu devant les méthodes et les habitudes des techniciens français, si différentes de celles qu'il a connues en Pologne, dans un système de studio « soviétique », les mots du patron de mk2 le rassurent. « Alors que je cherche un vrai producteur à l'Ouest, écrit ainsi le cinéaste, j'attends de lui deux choses : liberté et partenariat. Ma tranquillité est liée à la liberté ; le partenariat suppose que je peux compter sur le regard d'un homme qui connaît le cinéma et le marché du film, et va suivre le travail de près en proposant un véritable dialogue. Marin Karmitz est un homme aux idées claires, ouvert à toutes les discussions afin de trouver des solutions satisfaisantes pour les deux parties. Et il connaît indéniablement le cinéma. Dans un certain sens, il me sert de caisse de résonance. Je pense que de tels producteurs sont rares [77]. »

Le 22 avril 1991 s'est tenue la première d'une longue série de réunions de travail, accompagnant la fabrication des trois films qui se nomment bientôt *Bleu, Blanc, Rouge*. Kieślowski tient à associer son producteur à trois étapes principales : l'écriture du scénario, en collaboration avec son écrivain attitré, Krzysztof Piesiewicz, la conception des décors et des costumes, pour laquelle il lui laisse carte blanche, et le visionnage des rushes et des premiers montages. Lors de ces étapes, les dialogues sont serrés, les remarques précises, chaque détail est examiné. Les archives conservées de ces échanges, sous forme soit de lettres, soit de comptes rendus minutieux, ne laissent guère de doute : rarement a-t-on pu lire une collaboration aussi étroite entre un cinéaste et son producteur. « Pour les scénarios, rappelle Karmitz, nous nous posions toujours les mêmes questions : que faut-il élaguer, tailler, comme on taille un arbre pour qu'il soit plus beau, plus fort ? Comment quitter l'anecdote pour aller à l'essentiel et même à l'abstraction pour que la compréhension devienne irréfutable, universelle ? Pour les montages, tout était d'une précision extrême, cela se jouait à la seconde près. Parfois, au contraire, on changeait complètement l'organisation d'une séquence, voire d'une partie du film. La fin de *Blanc*, par exemple, dont nous n'étions contents ni l'un ni l'autre, dans un premier temps, a été entièrement recomposée, même retournée puis remontée. Avec succès [78]. »

Une quinzaine de lettres et une dizaine de comptes rendus de visionnage, ultra pointus, témoignent encore de la qualité de ces échanges, de leur importance pour l'un et l'autre, de leur régularité. Le 12 janvier 1993, alors qu'il tourne la part polonaise de *Blanc*, à Varsovie, Kieślowski répond à son ami à propos de son fax du 7 janvier précédént, où il lui faisait part de ses remarques sur la « troisième version du montage du film *Bleu* » : « Cher Marin, merci beaucoup pour les cadeaux et vos vœux de Nouvel An. Toute l'équipe, ainsi que moi-même, avons été très émus par votre geste. La musique est magnifique ! En ce qui concerne vos remarques, je pense que vous avez raison sur la majorité des points. Nous aurons l'occasion d'en parler plus en détail pendant votre prochain séjour en Pologne. Le tournage à Varsovie avance assez difficilement. Après, je vais passer à Paris pour travailler sur la version suivante du film *Bleu*. Toutefois, je ne sais pas si ce sera la dernière version. Je crains que non. Cela demande encore beaucoup de temps de réflexion. Je pense que, comme je vous l'ai proposé, on aboutira à la dernière version pendant le tournage de *Rouge* en Suisse. J'espère que cela nous permettra de respecter les délais que vous souhaitez. Je suis content que vous ayez aimé la troisième version du montage, car moi aussi j'ai l'impression que l'on a bien avancé depuis le début. Amicalement, Krzysztof [79]. »

Jean-Louis Trintignant, qui joue dans *Rouge*, témoigne de l'intensité de ce travail commun dans une carte d'après-tournage adressée au producteur, le 25 avril 1993 : « Ce qui m'a le plus impressionné, c'est la collaboration, l'attention, la délicatesse avec laquelle tu as entouré ton metteur en scène. Je pense que lui non plus n'a jamais été aussi heureux dans son travail. Il m'a raconté sur toi de merveilleuses anecdotes de tournage qui m'ont enchanté[80]. »

Kieślowski sait aussi avoir des exigences précises, sur lesquelles il ne transige pas, ce que comprend son producteur. Il souhaite ainsi, une fois les trois scénarios mis au point, enchaîner les trois tournages en dix-huit mois, entre le printemps 1992 et l'automne 1993, comme une sorte de tuilage, tout en poursuivant le montage des trois œuvres « dans le même mouvement[81] », avec trois actrices principales différentes, Juliette Binoche, Julie Delpy et Irène Jacob, et trois chefs opérateurs polonais différents, correspondant à trois styles. Par contre, il désire travailler avec le même scénariste, Krzysztof Piesiewicz, et le même musicien, Zbigniew Preisner. Pour les autres acteurs (Benoît Régent dans *Bleu*, Jean-Louis Trintignant dans *Rouge*) et les différents techniciens français, par exemple l'ingénieur du son Jean-Claude Laureux ou le premier assistant Emmanuel Finkiel, il laisse entièrement Marin Karmitz choisir. Ce dernier finance l'ensemble pour 30 millions de francs, ce qui n'est pas cher payé pour un projet d'une telle ampleur.

C'est également le producteur, qui est aussi distributeur, qui décide des dates de sortie des films, très en amont : *Bleu* doit être prêt pour la Mostra de Venise, en septembre 1993, *Blanc* pour le Festival de Berlin, en février 1994, et *Rouge* pour Cannes, en mai 1994. Un point de calendrier sur lequel mk2 semble intransigeant. Cet effet groupé, cet enchaînement sont essentiels pour Karmitz. Ils assurent la cohérence et la reconnaissance de l'œuvre, des prix : Lion d'or, Ours d'argent, un César de la meilleure interprétation féminine pour Binoche. Les critiques sont favorables, et la visibilité est bonne auprès du public international. Effectivement, la trilogie réunit en à peine une année près de quatorze millions de spectateurs dans le monde ! « Krzysztof Kieślowski m'a offert mon rapport le plus heureux avec un cinéaste, conclut Karmitz. On a fait ensemble trois films en trois ans. C'était difficile, à la fois très long et très court, les films étaient durs, on tournait dans quatre pays différents, dans quatre langues différentes, avec des équipes différentes. Et pourtant, je garde le souvenir

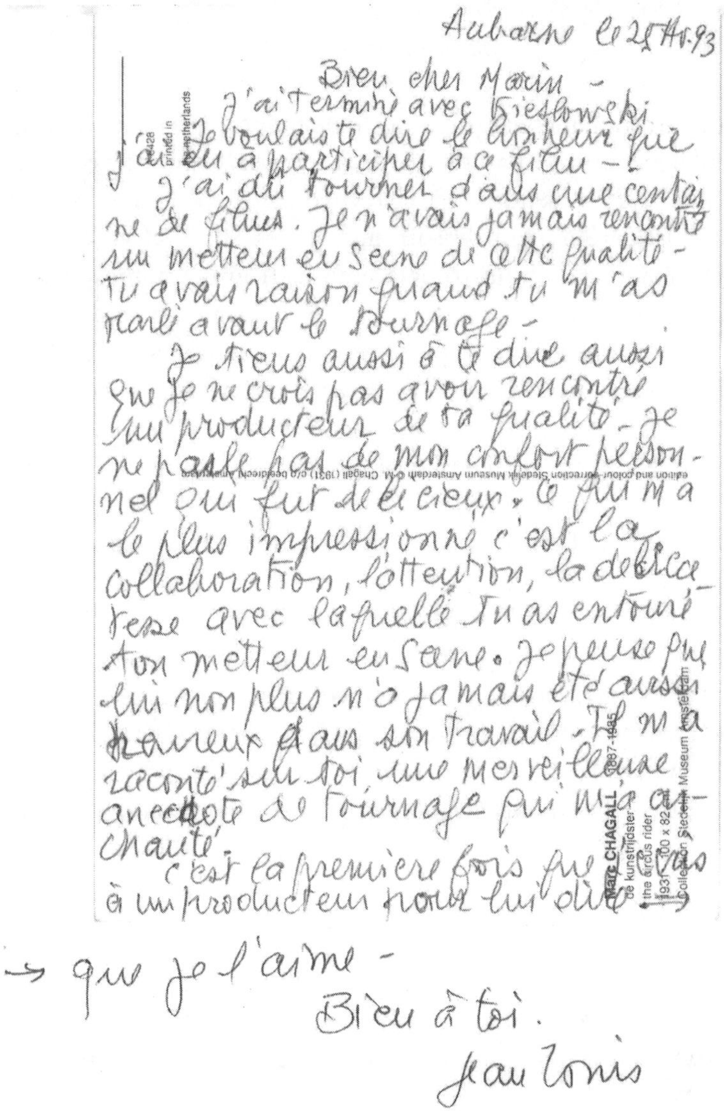
Aubagne le 25 Av. 93

Bien cher Marin -
J'ai terminé avec Kieslowski
Je voulais te dire le bonheur que j'ai eu à participer à ce film -
J'ai dû tourner dans une centaine de films. Je n'avais jamais rencontré un metteur en scène de cette qualité -
Tu avais raison quand tu m'as parlé avant le tournage -
Je tiens aussi à te dire aussi que je ne crois pas avoir rencontré un producteur de ta qualité - je ne parle pas de mon confort personnel qui fut délicieux. Ce qui m'a le plus impressionné c'est la collaboration, l'attention, la délicatesse avec laquelle tu as entouré ton metteur en scène. Je pense que lui non plus n'a jamais été aussi heureux dans son travail. Il m'a raconté sur toi une merveilleuse anecdote de tournage qui m'a enchanté.
C'est la première fois que j'écris à un producteur pour lui dire
→ que je l'aime -
Bien à toi.
Jean Louis

Dos d'une carte postale envoyée par Jean-Louis Trintignant à Marin Karmitz, 25 avril 1993, à la suite du tournage de *Rouge* de Krzysztof Kieślowski.

de tournages incroyables et je reste fier d'une aventure qui m'a rapproché d'une "âme sœur" [82]. »

Krzysztof Kieślowski meurt le 13 mars 1996 à l'hôpital de Varsovie à la suite d'une opération délicate à cœur ouvert. Marin Karmitz est anéanti. Il avait pourtant essayé de le faire soigner à Paris et organisé à l'hôpital Cochin un rendez-vous avec un professeur réputé pour cet acte médical, mais le cinéaste avait finalement préféré rentrer en Pologne, où il était suivi par un médecin moins expérimenté. Avec Juliette Binoche, ils se rendront à la cathédrale de Varsovie, puis au cimetière, pour l'enterrement de leur ami.

Kieślowski était sorti de la trilogie épuisé. Il avait même, lors du Festival de Berlin, en février 1994, annoncé sa retraite, ne souhaitant plus tourner. Mais, une année plus tard, il avait changé d'idée, se lançant avec son scénariste Krzysztof Piesiewicz dans une nouvelle trilogie, *L'Enfer, Le Ciel, Le Purgatoire*, signant avec mk2, à la grande joie de Marin Karmitz, un contrat pour ces trois films, le 23 juin 1994. Les trois traitements devaient être rendus fin 1995 et les trois scénarios fin 1996. Les tournages, à la suite, étaient prévus de l'automne 1997 à la fin 1998.

Seuls les deux premiers traitements, *L'Enfer* et *Le Ciel*, ont été rendus par Piesiewicz. La disparition de Kieślowski entraîne l'annulation du contrat. « Krzysztof s'était relancé, il était revenu à la vie à travers ce nouveau projet, notre projet [83] », estime Karmitz, qui ajoute : « Sa mort brutale m'a bouleversé. Après cela, je n'ai plus eu envie de produire. J'en ai voulu longtemps aux institutions françaises de ne l'avoir pas reconnu à la hauteur de ce qu'il était. J'étais en deuil. Je n'étais plus porté par l'enthousiasme qui permet de produire. J'avais perdu un double, d'une certaine façon. J'étais vraiment livré au silence [84]. »

« Aujourd'hui, j'ai l'impression de vous connaître mieux… »

Ce « silence » cinématographique n'empêche pas, au contraire, un retour sur soi, sur sa vie, son passé, ses origines. Sans doute est-ce Serge Daney qui engage son voisin de la rue Traversière vers cette voie introspective. « Il était une des rares personnes dont l'avis m'importait, rappelle le producteur. J'acceptais et recherchais ses critiques, même si j'avais régulièrement des rapports compliqués avec *Libération*, où il travaillait. Il s'est un peu éloigné du journal au début des années 1990, et nous nous rencontrions plus souvent. On se croisait fréquemment au bistrot, et on s'est rapidement assis à la même table. Nous parlions avec passion de cinéma. Un jour de 1991, il m'a dit : “Tiens, tu n'es jamais venu dans mon émission à la radio. Viens dans quinze jours. Je passe te prendre et on va à France Culture enregistrer *Microfilm* ensemble." Il est passé au bureau, j'ai embarqué une bouteille de whisky. En attendant que les techniciens soient prêts, on a commencé à boire. Il n'y avait ni verre ni gobelet. On a bu à la bouteille. Je savais qu'il avait le sida. À ma grande honte, j'ai hésité une fraction de seconde à boire au goulot après lui. Je ne sais pas s'il l'a senti. Je crois que son regard est devenu moqueur. On a terminé la bouteille [85]. » L'entretien dépasse les bornes d'une émission normale de *Microfilm*, il sera d'ailleurs diffusé en trois épisodes. Il donne surtout l'impression d'une conversation hors micro, comme savait en avoir Daney. Les deux hommes font le tour de la situation du cinéma français et international, parlent des cinéastes et refont le monde. Serge Daney meurt du sida un an plus tard, en juin 1992. « Je l'aimais et il me manque [86] », écrira bientôt Marin Karmitz.

La fin de l'entretien de *Microfilm* revient longuement sur la guerre et les camps de la mort, l'extermination des Juifs. Daney parle de son rapport existentiel à *Nuit et brouillard*, le documentaire d'Alain Resnais ; Karmitz n'entre pas dans son propre récit personnel, il n'évoque pas le pogrom de janvier 1941 qui massacre les Juifs de Bucarest, dont il fut pourtant un très jeune témoin, petit garçon vivant quelques heures avec un canon de pistolet sur la tempe.

Ce retour sur soi, il ne semble pouvoir le faire que deux ans plus tard, à l'automne 1993, alors qu'il s'apprête à retourner à Bucarest, sur le tournage de Lucian Pintilie. C'est aussi à ce moment qu'un ancien journaliste du *Monde*, Martin Evin, lui propose de l'écouter parler et de tenter d'en faire un livre. Le temps de la mémoire est venu. L'intercesseur aurait sans doute pu être Serge Daney, mais il est mort trop tôt. Le rapport qu'entretient Marin Karmitz avec Martin Evin est d'un autre ordre, mais c'est un lien de confiance, nourri par une longue fréquentation. Les deux hommes se sont en effet rencontrés au début des années 1970, alors qu'Evin commençait au *Monde* une carrière de journaliste au côté d'Yvonne Baby et de Catherine Humblot, la compagne d'époque de l'auteur de *Coup pour coup*. C'est d'ailleurs sur ce film que Martin Evin publie une pleine page du *Monde*, en février 1972, proposant d'en faire « l'exemple d'une autre fabrique possible du film » [87]. Les deux hommes, ensuite, se voient régulièrement. Jusqu'au jour où, vingt ans plus tard, en juin 1993, le journaliste propose au producteur de se réunir autour d'une table, une journée au bureau de la rue Traversière, pour un premier entretien qui donnera les pistes pour continuer.

Varsovie, le 12/01/93

Krzysztof KIESLOWSKI

à : Marin KARMITZ

FILM: " BLEU " - v/fax du 7.01.1993

Cher Marin,

Merci beaucoup pour les cadeaux et vos Voeux de Nouvel An. Toute l'Equipe, ainsi que moi-même avons été très émus par votre geste. La musique est magnifique !

Je vous remercie également de votre lettre du 7 janvier 1993. En ce qui concerne vos remarques sur la 3ème version du montage du film "BLEU", je pense que vous avez raison sur la majorité des points.

Nous aurons l'occasion d'en parler plus en détail pendant votre prochain séjour en Pologne.

Le tournage à Varsovie avance assez difficilement. Je suis accablé surtout par la quantité de plans que je dois retourner à cause des pertes de cassettes son.

Certains de ces plans sont vraiment difficiles et coûteux. Bien sûr je ne referai pas les plans contenant peu de dialogue.

Il est évident qu'après la fin du tournage en Pologne, je vais passer à Paris pour travailler sur la version suivante du film "BLEU". Toutefois, je ne sais pas si ce sera la dernière version. Je crains que non. Car cela demande encore beaucoup de temps pour la réflexion. Je pense que, comme je vous l'ai proposé, on aboutira à la dernière version pendant le tournage en Suisse. J'espère que cela nous permettra de respecter les délais que vous souhaitez.

Je suis content que vous ayez aimé la 3ème version du montage car moi aussi j'ai l'impression que l'on a bien avancé depuis le début.

Amicalement,

Krzysztof

Lettre de Krzysztof Kieślowski à Marin Karmitz, 12 janvier 1993, à propos du premier film de la trilogie « Trois couleurs », *Bleu*.

Effectivement, le 5 septembre 1993, les deux hommes se retrouvent. « Les pages qui suivent, écrit peu après Martin Evin en présentant un canevas du livre en dix pages, sont, je crois, un reflet assez fidèle de ton récit de mardi dernier. Dans la colonne de gauche, j'ai commenté les pistes qu'il me semblerait utile de remonter, dans la colonne de droite, le "récit" lui-même. Pour le moment, le commentaire l'emporte nettement sur le narratif, ce qui n'est pas très journalistique. Est-ce parce que nous parlions dans la journée ? Alors, il faudra travailler le soir. Il faut davantage de récit de ta part. Je pense, au demeurant, que c'est un reflet plutôt exact de ta façon de t'exprimer – et sans doute de voir les choses. Tu es plutôt dans l'explication que dans le récit personnel. J'aurai besoin de faits, de portraits, de choses vues, de VÉCU. Je propose que nous poursuivions ce travail d'entretiens [88]. » On sent encore les réticences de Marin Karmitz à parler de lui, de sa vie, à remonter vers l'enfance et à suivre ce fil purement autobiographique.

Sans doute le retour à Bucarest, deux mois plus tard, en novembre 1993, joue-t-il un rôle déclencheur ? Ainsi, au même moment, que l'envoi par Radu Ioanid des archives familiales des Karmitz récupérées dans les fonds de la Securitate roumaine. Toujours est-il que l'homme se dévoile peu à peu lors des rencontres suivantes, échelonnées jusqu'en décembre 1993. Il se raconte, revient sur son enfance, ses joies et ses traumatismes, réunit ses souvenirs et reprend le fil de sa mémoire. On trouve d'ailleurs dans ses papiers liés à ce projet des notes personnelles : « Roumanie : 1. 48 heures un pistolet sur le front 2. Il y a quelques mois, une lettre arrive de Roumanie. 3. 20 décembre 47-début janvier 48. Istanbul et Haïfa, vus de la mer. 4. Haïfa et Jérusalem, avec Claude Chabrol et Isabelle Huppert. Mai 68 : 1. Le projet 4 des États généraux. 2. La mort de Pierre Overney, le jour de la sortie de *Coup pour Coup*. Je décide d'arrêter la photographie. 3. Simone de Beauvoir à Bruay-en-Artois face aux femmes des mineurs. Basaglia : Venise-Trieste *Cavalo Blanco*. Le film impossible. La fermeture de l'hôpital psychiatrique. La ville s'enfonce. Foucault et les archives. La dernière fois que j'ai vu Basaglia. Le cheval dans la nuit [89]. »

Marin Karmitz poursuit ce geste mémoriel en prenant lui-même le livre en main, avec l'aide de Caroline Eliacheff. Le couple s'enferme un été dans une maison de l'île d'Yeu, au large de la Vendée. Il se souvient des événements de sa vie, dicte ; elle note, réécrit, met en forme. Marin Karmitz remercie d'ailleurs la « complicité de C. E. » en exergue de l'ouvrage qui résulte de ce processus d'écriture à deux, *Bande à part*, publié en mai 1994 chez Grasset. Les deux cent soixante pages sont dédiées « à Nathanaël, Elisha, Nicolas, Jérémie », les quatre fils et beau-fils qu'ils ont élevés en couple. La couverture est étrange, un dessin en couleur de projecteur en feu, mais l'ouvrage est indéniablement personnel, « tissé de souvenirs et de réflexions, de portraits et de défis », comme l'annonce la quatrième de couverture : « L'histoire d'un homme qui, de son enfance d'émigré roumain jusqu'à ses triomphes à Cannes ou à Venise, a tenté de rester fidèle, avec sa part de rêve, à quelques principes et aux quelques valeurs de résistance qui ont inspiré ses combats [90]. »

La presse n'est guère sensible à ces mémoires. Peu d'articles. Un texte plutôt ironique de Jean-Michel Frodon dans *Le Monde* : « Cette histoire est celle d'une incontestable réussite. Le lecteur risque, dès lors, de mal comprendre l'amertume qui semble toujours percer sous l'évocation de ses propres hauts faits, et de trouver quelque incohérence dans cette théorie de la marge et du centre, que Karmitz développait brillamment à l'époque où il était un “petit” lancé à l'assaut des grands, mais qui perd de sa pertinence à présent qu'il est devenu l'un des principaux représentants de l'*establishment* [91]. » Ce n'est pas un livre pour les critiques de cinéma.

Pour comprendre la vraie portée de ces pages où l'homme se dévoile pour la première fois, sans doute faut-il ouvrir les lettres plus personnelles reçues par Marin Karmitz, venant de ses amis, plus ou moins proches, qui l'ont alors découvert sous un autre jour. Michel Rocard est le premier à lui écrire, un petit mot où il lui certifie que « c'est bien que vous ayez conté tout cela » [92]. Suit Julia Kristeva : « Monsieur, je viens de vous entendre sur France Inter, et j'étais convaincue par la dignité de votre révolte. Je ne vous connais que de nom, je suis de très loin vos activités, et vous prie d'excuser cette intrusion. Mais je crois partager vos analyses sur le “nouvel ordre mondial”, le déclin moral et culturel, l'aboutissement du cinéma, notre démission devant le drame de l'Est [93]. » Maurice Grimaud, l'ancien préfet de Mai 68, est sincèrement touché par le passé du gauchiste qui « manifestait devant [ses] CRS » : « Il y a d'abord l'aventure de ce jeune garçon qui entre dans la vie au moment où les plus sombres nuages s'accumulent sur sa famille, jusque-là heureuse et privilégiée. Ces ruptures de destin trempent sans doute les caractères lorsqu'elles ne brisent pas les plus faibles. Avec votre famille, vous êtes entré dans un enchaînement peu commun de tragédies, passant des Gardes de fer aux Gardes rouges et à leur égale tyrannie. On comprend mieux que toute votre vie ait été un combat contre l'iniquité et une résistance sans faille à la barbarie [94]. »

Certains se sont rapprochés de Marin Karmitz, même s'ils pensaient le connaître. Homéric, par exemple, le journaliste de *Libération* spécialiste des chevaux : « Merci pour votre livre. La couverture est repoussante, mais je l'ai dévoré et apprécié. Maintenant, je comprends un peu mieux votre carapace et conçois tout à fait qu'elle n'autorise pas facilement à votre tendresse de s'exprimer hors des minima imposés. Sachez enfin que, si mon adhésion au pari de la solitude et du silence peut vous être de quelque soutien, ce serait pour moi un honneur réel. Les pages sur Serge Daney m'ont touché. À *Libé*, il était le seul à venir jusqu'à moi pour me faire des compliments. Et les siens avaient du poids, car je comprenais grâce à lui un peu mieux mon travail. Il aurait voulu que j'écrive sur le cinéma [95]. » Ou André Rousselet, le patron de Canal+ : « Aujourd'hui, j'ai l'impression de vous connaître mieux… [96] » Le dernier à lui écrire, près d'un an après la publication, est un tout jeune homme qui rêve alors de devenir un jour cinéaste, Xavier Giannoli : « J'ai trouvé chez mon père votre livre *Bande à part*. Je l'ai lu comme ça, d'une traite, un matin. Un peu comme on rencontre quelqu'un par hasard, quelqu'un qui raconte une histoire captivante, un peu comme vous deviez écouter Georges de Beauregard. J'ai vingt-trois ans, et, pour moi, votre livre est riche d'enseignement, d'idées à défendre, de projets à réaliser. Si un jour vous avez le temps, je serais très heureux de vous montrer un de mes courts métrages [97]. »

« Le dernier film marxiste »

Alors qu'ils réfléchissent à un nouveau film au début de l'année 1994, Claude Chabrol et Marin Karmitz déjeunent pour en discuter au restaurant La Bourgogne, place des Vosges. La conversation, comme à leur habitude, roule sur bien des sujets, notamment l'éclatement de la Yougoslavie, les guerres civiles qui en découlent, donc le fait que l'on a mal interprété la chute du mur de Berlin en novembre 1989. L'idée apparue à ce moment-là, la « fin de l'Histoire », est contredite de bien des façons. Chabrol dit son irritation : « Tout vient de la lecture d'un article paru dans *Le Figaro* ou ailleurs, qui titrait : "La chute du mur de Berlin sonne le glas de la lutte des classes" ! C'est une phrase extraordinaire, car elle ne peut être écrite que par quelqu'un qui fait partie de la classe supérieure. Or c'est un savoir que seule la classe inférieure peut vraiment avoir. L'effondrement du mur de Berlin ne pouvait que provoquer un soulagement chez les nantis. C'est de là que résulte mon envie de montrer ce qu'est la lutte des classes [98]. » Un autre élément, très matériel et abordé dans la conversation des deux amis, entre également en ligne de compte : le cinéaste, gêné par une opacification du cristallin, surtout sur l'œil gauche, vient de se faire opérer de la cataracte. Le film qu'il prépare avec mk2 est donc celui d'un homme qui a retrouvé toute sa vision, celui d'un « clairvoyant » : hyperlucide.

Claude Chabrol évoque alors une romancière qu'il découvre, Ruth Rendell, auteure britannique qui insère de très sombres histoires policières au sein d'un tissu social serré, considéré avec un regard cru et précis, au scalpel, notamment *A Judgement in Stone*, paru en 1977, traduit sous le titre *L'Analphabète*. En sortant de ce fructueux déjeuner, le cinéaste et son producteur tombent donc trois fois d'accord : sur une manière de regarder le monde avec lucidité, sur la survivance de la lutte des classes dans le tissu social et sur l'adaptation d'un livre précis.

Claude Chabrol souhaite cependant une sorte d'expertise : puisque les héroïnes représentent deux cas pathologiques, une analphabète et une psychopathe (jouées par Sandrine Bonnaire et Isabelle Huppert), il demande son « avis psychiatrique » à Caroline Eliacheff, qu'il connaît depuis une trentaine d'années, et qui a d'ailleurs déjà joué ce rôle à propos des névroses de Betty puis de la psychopathologie de la jalousie pour *L'Enfer*. Séduit par son savoir-faire, le cinéaste lui propose, via Marin Karmitz, de tenter d'écrire elle-même le scénario. La psychanalyste renommée se pique au jeu, ayant lu des dizaines de scénarios proposés à mk2 et confiés par son compagnon. « J'ai adoré ce moment, confie-t-elle. J'écrivais dans mon coin, mais on se parlait régulièrement avec Claude Chabrol, le plus souvent au téléphone. » Après quelques semaines de travail, Caroline Eliacheff rend au cinéaste une continuité dialoguée de l'ensemble du film, intrigue évoluant par humiliations ressenties et vengeances violentes. « Caroline Eliacheff m'a considérablement aidé, précise le cinéaste. Elle m'a rendu un travail très approfondi et entièrement dialogué, qui me garantissait l'authenticité psychiatrique des réactions des personnages, pour ne pas partir dans le n'importe quoi et la folie furieuse, m'évitant de filmer des bêtises sur les déviances mentales [99]. »

Quand *La Cérémonie* sort en salle, le 30 août 1995, Marin Karmitz reprend sa place ; il demeure l'interlocuteur privilégié du cinéaste. À Venise, les deux hommes assistent au triomphe de Sandrine Bonnaire et Isabelle Huppert, qui remportent conjointement la coupe Volpi de la meilleure interprétation féminine. Chabrol ne remporte rien, comme d'habitude, mais il s'en fiche – « J'étais très malheureux que Claude reparte les mains vides, avoue au contraire Marin Karmitz, alors qu'il venait de faire l'un de ses plus beaux films [100]. »

La critique unanime reconnaît au film son statut de chef-d'œuvre, dont la conclusion sanglante lui fait l'effet d'un coup de poing magistral. « Claude Chabrol est-il le plus grand cinéaste français actuel [101] ? », se demande ainsi, avec l'envie très forte d'y répondre positivement, Thierry Jousse dans les *Cahiers du cinéma*. Jamais depuis *Le Boucher*, vingt-cinq ans auparavant, un film de Chabrol n'a rencontré un tel accueil critique. Cerise sur le gâteau, inattendue – « C'est un film qui ne fera pas un strapontin [102] », aurait lancé Chabrol à Karmitz lors du fameux déjeuner de la place des Vosges –, le nouvel opus attire un million de spectateurs dans les salles françaises. Triomphe sur toute la ligne.

La Cérémonie marque également son temps par une formule que Karmitz et Chabrol décident, avec une habile dose de provocation, de placer en exergue du dossier de presse du film, du coup abondamment reprise et commentée : « Le dernier film marxiste. » Karmitz reconnaît l'efficacité du slogan : « On riait comme deux gamins quand on a trouvé ça. C'est une formule publicitaire, sans doute. C'est vrai que la formule est audacieuse. Mais elle a formidablement bien marché. Et elle n'est pas dénuée d'un certain fondement : la fin de la lutte des classes, quelle ânerie [103] ! » Dans *Le Monde*, Jean-Michel Frodon reprend le thème pour en faire un geste de cinéma : « Claude Chabrol fait glisser la guerre des classes dans le cauchemar », titre-t-il, avant d'analyser le film comme la « mise à nu des mécanismes d'une société bloquée » : « La ligne de fracture, c'est la maîtrise des codes, des langages. Les bourgeois contrôlent et jouissent de toutes les formes, des plus traditionnelles (la littérature, l'opéra) aux plus modernes (la télévision satellite) ; ils dominent la culture, la technique et les machines communicantes. En face, il y a les "prolétaires du langage". À ceux qui n'ont rien de ces codes, il reste l'obscur, l'ambigu, le chaos, le massacre [104]. »

Retour au judaïsme

La mort de Krzysztof Kieślowski, en mars 1996, prive Marin Karmitz d'un interlocuteur privilégié. Chabrol est un complice formidable, mais il n'offre pas la profondeur spirituelle des échanges avec le cinéaste polonais. Ce dernier est chrétien et, avec le Juif athée qu'est Karmitz, ils ont beaucoup échangé sur le texte biblique, l'exégèse de la parole mystique ou talmudique, les dix commandements et les manières de les interpréter. « On arrivait très bien à parler ensemble, rapporte-t-il. J'aimais nos longues conversations sur le sens du texte religieux ou sur l'insupportable violence de notre monde contemporain et de ses images, sur ce qu'on peut et ne peut pas montrer, sur ce qu'on doit et ne doit pas montrer [105]. »

C'est à ce moment que, pour la première fois de sa vie, Marin Karmitz se rend en Israël. Il avait toujours refusé et redouté de le faire. Il y va d'abord avec Claude Chabrol et Isabelle Huppert, pour montrer *Madame Bovary* à la Cinémathèque de Tel Aviv et au Festival de Jérusalem, ensuite avec Kieślowski, pour la première de *Bleu* à Tel Aviv et Haïfa. L'homme est alors frappé par « ce qui se dégage des pierres [106] », qui lui paraît « d'une puissance telle que mon discours théorique, ma position de principe contre le sionisme se heurte à une réalité de lumière, de lieux, de l'utopie concrète des kibboutz » [107]. « Je m'étais éloigné du judaïsme par militantisme politique, constate-t-il. Peu à peu j'y suis revenu. En novembre 1995, avec l'assassinat de Yitzhak Rabin et la fin du mouvement “La Paix maintenant”, j'ai pris conscience de l'urgence qu'il y avait à m'engager dans cette voie [108]. »

Sans doute, aussi, les liens familiaux ont-ils joué dans ce retour au judaïsme. Surtout chez sa compagne, Caroline Eliacheff, et son fils aîné, Nicolas. Françoise Giroud leur apprend en effet, très tardivement, en 1988, qu'elle est juive, baptisée par sa mère, elle-même convertie au catholicisme. Pour sa fille, c'est une révélation : « Ma mère, Françoise Giroud, et mon père ne m'ont jamais dit qu'ils étaient juifs. J'ai été élevée dans la religion catholique, comme une évidence. Dans mon enfance, j'allais à la messe tous les dimanches ! À la maison, il régnait un silence abyssal sur l'histoire familiale. Nous étions français et catholiques, point. Je savais que nous venions d'ailleurs, j'étais curieuse, mais il ne me serait pas venu à l'esprit de poser des questions : domaine interdit que je respectais. Quand trop de non-dits ont commencé à me peser, j'ai entamé une psychanalyse. Mon histoire et surtout celle de mes parents étaient inscrites dans l'Histoire avec un grand H [109]. »

Nicolas Hossein en reçoit confirmation par un mot de sa grand-mère : « Mon chéri, tu peux rassurer ta fiancée. Sa grand-mère est née juive. Elle a abjuré et s'est convertie en septembre 1917, et m'a fait baptiser le jour de sa conversion. Pour te dire cela, je dois rompre un serment que j'ai fait à ma mère sur son lit de mort, ce qui m'est, franchement, assez odieux. Mais puisqu'il y va de ton bonheur avec une jeune femme que tu aimes, soit… Disons que cela ne me réconciliera pas avec l'intolérance juive. […] On en finit avec le jeu du détective ? Le passé m'ennuie. D'ailleurs, je n'en ai pas. Je l'abolis au fur et à mesure que la vie avance. C'est moi l'auteur de ma vie, tu comprends ? C'est difficile de t'expliquer cela. Mais c'est une autre histoire. Je t'embrasse fort mon chéri, Françoise [110]. »

Bouleversé, Nicolas Hossein change sa vie du tout au tout. Il a d'abord enquêté sur la famille Eliacheff, d'origine juive stambouliote, et sur sa grand-mère, devenue « Giroud », de « Gourdji ». Caroline Eliacheff, rétrospectivement, l'en remercie : « Nicolas a remis les choses à leur place [111]. » Le fils de Robert Hossein abandonne bientôt une carrière de comédien pour embrasser le judaïsme, forgeant une nouvelle identité à partir du nom de sa mère : Aaron Eliacheff. Robert Hossein s'en étonne, mais l'accepte : « Aaron était un comédien remarquable, avec une carrière prometteuse. Sa mère, Caroline Eliacheff, et son beau-père, Marin Karmitz, ont joué un rôle dans sa décision. Je la respecte. Je regrette seulement son talent [112]. » Aaron Eliacheff travaille dès lors à l'étude du texte talmudique, avec Henri Atlan, comme Marin Karmitz, puis souhaite approfondir sa formation et, en 1994, s'installe à Nice auprès du rabbin Rav [maître] Yehochoua Gronstein, qui y a fondé un Centre d'études juives. Sa formation achevée, il devient rabbin et se marie. « On a organisé chez nous, raconte Marin Karmitz, la cérémonie juive pour son mariage, en 1996. C'est à cette occasion que j'ai rencontré le Rav Gronstein. Il est arrivé à la maison avec d'autres rabbins, tous coiffés de grands chapeaux noirs en fourrure. Françoise Giroud était offusquée. Ils les ont tous enlevés, ne conservant que leur kippa. Cette cérémonie a marqué un moment important dans nos vies, celle de Nicolas et la mienne [113]. » Aaron Eliacheff s'est ensuite installé à Strasbourg, dont il est devenu rabbin au milieu des années 2000.

Marin Karmitz est fasciné, chez Yehochoua Gronstein, par le savoir, l'art du dialogue, la science du texte. Il lui propose tout d'abord de venir à Paris, chez lui, une fois par mois pour étudier le Talmud. Ces moments exercent une grande influence sur un homme alors un plein doute, qui cherche sa voie, que le travail de producteur ne satisfait plus tout à fait. « La complexité des situations humaines proposées dans le texte talmudique, la compréhension de la capacité d'un être humain à faire le mal ou à le combattre sont autant d'éléments de réflexion existentielle qui m'ont fait avancer. Le Talmud est une école de la complexité humaine. Dans l'étude, on ne pose jamais le problème en termes de bien ou de mal. Chaque être, chaque chose contiennent un élément positif et un élément négatif. Le monde est une dialectique. Grâce à l'étude, j'ai découvert que j'avais hérité d'une culture juive sans même en être conscient. J'ai mis toutes ces années à comprendre ce que c'est d'être juif[114]. »

Au début de l'année 1998, Marin Karmitz propose à Rav Gronstein de s'installer à Paris pour ouvrir une école talmudique. « Quinze jours plus tard, il était là, avec sa famille et ses onze enfants ! Il fallait trouver des lieux pour les loger et pour installer une école. Ce fut un moment très fort. À nouveau, comme avec mk2, j'avais l'impression de fonder quelque chose[115]. » Marin Karmitz trouve un appartement pour Yehochoua Gronstein et sa famille dans le IIIe arrondissement, et déniche non loin, pour la transformer en école talmudique, une grande galerie de peinture, claire et lumineuse.

« Dans le judaïsme, précise le patron de mk2, le problème de l'argent est posé de manière très précise. Il existe des règles strictes. Par exemple, vous devez donner entre 10 et 20 % de votre superflu, et il ne s'agit pas de dilapider sa fortune. Le judaïsme offre trois possibilités : financer l'étude, soutenir la veuve et l'orphelin, et accueillir l'étranger. J'ai choisi pour ma part de financer cette école talmudique de haut niveau[116]. » L'ADE, l'Association pour le développement de l'étude, est un « laboratoire du texte[117] » ouvert à tous, un lieu d'enseignement de la *Téchouva*, de la *Guémara* et du *Midrash* pour Juifs, non-Juifs et athées. « L'école a commencé modestement, rappelle Karmitz. Mais beaucoup d'amis, par ailleurs parfaitement assimilés, se posaient la question de leur identité juive dans un contexte compliqué, aussi bien en France qu'en Israël. Ça a lancé l'école. On s'est rapidement retrouvés une centaine à suivre régulièrement l'enseignement talmudique[118]. » Marin Karmitz, même s'il revendique son athéisme, passe dès lors une heure et demie trois fois par semaine à travailler le Texte avec le Rav Yehochoua Gronstein [119].

Des 14 Juillet à mk2 : la salle de cinéma comme outil d'aménagement urbain

Au mitan des années 1990, les salles 14 Juillet se développent [120]. Mk2 entend par exemple installer une salle cinéphile, pendant du Quartier latin, sur la rive droite : un cinéma proposant des exclusivités de films d'auteur en VO, des séances spéciales avec rencontres, débats et rétrospectives, et une politique de défense de courts métrages proposés en avant-séance. Marin Karmitz décide de racheter le Ciné Beaubourg, rue Rambuteau, en face du Centre Pompidou, qui végète sans véritable programmation, pour en faire, comme il le confie, la « première salle de cinéma d'art et d'essai de France » [121]. Le patron de mk2 propose cette tâche à Bertrand Roger, formé au 14 Juillet Beaugrenelle : « Je suis arrivé avec mon idée : faire de cette nouvelle salle une "cave à films", comme on fait une cave à vin, un endroit qui donne le temps aux films de bien vieillir, où ils gagnent en richesse et en profondeur [122]. » Le 14 Juillet Beaubourg ouvre à l'automne 1995, bénéficiant de l'attrait culturel de ses prestigieux voisins, le Théâtre de la Ville, le Forum des images ou le Centre Pompidou [123].

Deux autres nouvelles salles du réseau ouvrent peu après, au début de l'année 1998 : les 14 Juillet Nation et Gambetta. Le premier est l'ancien « Les Trois Nation », surtout un lieu de concert. Trois salles peuvent accueillir cinq cents spectateurs. L'autre cinéma est un bijou Art déco années 1920, le Gambetta-Palace, situé sur l'un des côtés de la place. Les architectes de mk2 rénovent le bâtiment, en particulier la façade arrondie et son bas-relief, signés Henri Sauvage, ornés de feuilles de palmier et de masques de théâtre d'inspiration japonaise. L'ancien théâtre d'un millier de fauteuils accueille quatre salles et, à nouveau, cinq cents spectateurs potentiels. La *gentrification* transforme alors la sociologie des habitants de ces quartiers et les attentes d'une nouvelle population en matière de cinéma.

Enfin, le 14 Juillet-sur-Seine ouvre à l'automne 1996, situé sur le bord du canal de la Villette, dans le XIXe arrondissement, dans un ancien et immense hangar construit par Gustave Eiffel pour l'Exposition universelle de 1878, utilisé jusqu'alors par des mariniers comme hangar à bateaux[124]. Le bâtiment conserve sa structure métallique, mais a été réhabilité et vitré. Sur les façades des répliques du cinéma français ont été inscrites en larges caractères : « T'as de beaux yeux tu sais », « Atmosphère, atmosphère… »

Les sept salles, qui peuvent accueillir près de mille places, avec lesquelles co-existent une librairie, un espace d'exposition et un bar-restaurant, ont été conçues selon le principe du multiplexe, qui se développe à ce moment dans les zones commerciales des périphéries urbaines. Depuis juin 1993, en effet, Pathé d'abord, puis Gaumont et UGC, ouvrent ces « hypermarchés du cinéma » dans les zones commerciales des banlieues de Toulon, d'Avignon, de Nantes, de Metz, de Paris à Belle-Épine, près de Thiais, ou à Eurodisney, près de Marne-la-Vallée. Le mouvement est rentable et transforme en profondeur l'exploitation des salles de cinéma.

L'enjeu du 14 Juillet-sur-Seine, pour mk2, est le passage du complexe au multiplexe, forme de transition du petit commerce à la grande surface[125]. Il s'agit donc de répondre à certaines attentes consuméristes – vendre de la confiserie, des boissons, du pop-corn – sans pour autant perdre son âme. L'arrivée chez mk2 de Philippe Aigle, qui vient de chez Darty et épaule Véronique Cayla et Thomas Bidegain à la direction générale, permet à l'administration de l'entreprise de prendre ce tournant.

Le 14 Juillet-sur-Seine participe d'une autre ambition, celle de la rénovation urbaine parisienne. Le cinéma s'intègre dans une stratégie initiée par le maire du XIXe arrondissement, Michel Bulté. Dans le réaménagement complet de la place de Stalingrad et des abords du bassin de la Villette, le cinéma vise à attirer la nouvelle clientèle gentrifiée d'un quartier qui change, tout en transformant l'ambiance et l'animation des lieux[126]. Stalingrad est alors un haut lieu du trafic de drogue, spécialisé dans le crack, dont les effets sont dévastateurs. Au début des années 1990, les commerces ferment, des appartements sont à vendre, l'insécurité est totale. Difficile pour un cinéma… qui peut cependant permettre de changer les choses.

Les débuts sont compliqués. Des groupes de jeunes, venus des cités voisines, font les quatre cents coups autour et dans les salles. « Cela provoquait l'exaspération des spectateurs, voire des mouvements de peur et de panique », explique Marin Karmitz[127]. La décision est alors prise de mener une action culturelle et sociale pour calmer les esprits et civiliser les comportements. L'équipe du 14 Juillet-sur-Seine, menée par Bertrand Roger, décide, plutôt que d'appeler la police, d'impliquer les jeunes dans la vie du cinéma en leur donnant des programmes à distribuer en échange de places gratuites. Ensuite, Marin Karmitz propose à Jacques Doillon de rencontrer ces adolescents et de faire un film avec eux, *Petits Frères*, tourné dans la cité des Courtillères à Pantin.

Certains vont être embauchés et salariés dans des 14 Juillet, à la Villette ou ailleurs, comme Dembo Goumane, agent d'accueil à Gambetta [128], ou un jeune prisonnier sortant de la Santé, agent au Quai de Seine [129]. « Je reste fier de ce moment, revendique Marin Karmitz, de la façon dont on a réussi avec les équipes à inclure les jeunes des cités dans le projet, en établissant un rapport de proximité, un respect mutuel, en les faisant travailler [130]. » Le cinéma, *hic et nunc*, peut transformer un quartier et être vecteur de cohésion sociale.

Marquant cette évolution, en avril 1998, les salles de cinéma 14 Juillet sont rebaptisées « mk2 ». Pourquoi changer le nom du premier circuit indépendant parisien ? C'est à contrecœur que Marin Karmitz met fin à l'appellation historique et militante, mais la nécessité l'y oblige : « La marque qui importait pour constituer l'identité d'ensemble, c'était mk2. Il fallait regrouper les différents métiers sous la même bannière [131]. » La nouvelle identité visuelle est dessinée par Claude Maggiori, le directeur artistique de *Libération*, qui donne la ligne graphique de mk2, tandis que le dessinateur Lewis Trondheim réalise les affiches et les cartes postales annonçant le changement de nom des salles.

Continuer ?

Marin Karmitz s'interroge de plus en plus ouvertement sur son premier métier, celui de producteur. La mort de Krzysztof Kieślowski a laissé un grand vide, comme si le plaisir et la nécessité même de produire avaient en partie disparu. De plus, la désillusion que rencontre le patron de mk2 avec un grand cinéaste qu'il admire, Maurice Pialat, n'arrange pas son moral et accentue ses doutes. Marin Karmitz avait souhaité en effet entrer dans la production de *Van Gogh*. C'est un film cher, et le producteur s'engage sous certaines conditions, qui sont rituellement les siennes. Mais ce qu'acceptent avec bonne volonté des cinéastes comme Chabrol et Kieślowski ne convient pas à Pialat. « Il a commencé par ne pas vouloir me montrer le scénario, car il

Façade du 14 Juillet Odéon, 1994.

Dessin du projet de la façade du 14 Juillet-sur-Seine (actuel mk2 Quai de Seine), 1996.

n'était pas fini, disait-il. Puis il a tellement fait traîner les choses que l'acteur qui devait jouer le rôle, Daniel Auteuil, a dû s'engager sur d'autres films et n'était plus disponible. Enfin, il s'est mis à jouer un jeu pervers, essayant de me monter contre l'autre co-producteur, Toscan du Plantier. Il avait l'habitude de diviser pour parvenir à ses fins. Ce n'est pas ma conception du travail ni des relations humaines, j'ai donc fait machine arrière, même si je trouvais ce projet de film, puis l'œuvre elle-même lorsqu'elle a été réalisée, absolument formidables [132]. » Il ne demeure de cette mésaventure qu'une réputation qu'ont fait courir Toscan et Pialat dans tout Paris : Karmitz, l'ex-révolutionnaire qui se fait servir par des valets en gants blancs ! « Sous prétexte que, le soir où je les avais invités à dîner, j'avais engagé un maître d'hôtel [133]... », rectifie le producteur.

L'autre raison des doutes de Marin Karmitz est son accaparement par les stratégies financières des hautes sphères de l'argent roi, où il a l'impression de n'« être pas du même monde » que ses interlocuteurs. Avec la reconfiguration audiovisuelle de l'Europe, mk2 ne peut plus rester isolé, au risque d'être marginalisé. Marin Karmitz choisit alors d'entrer dans cette stratégie d'alliances avec plus gros que lui, tout en tentant de préserver son indépendance. Rapidement, mk2 reçoit des proposition de groupes hollywoodiens, comme Paramount ou Warner. « Mais quand je me suis retrouvé, à Cannes, sur un yacht pour discuter avec le patron de Warner entouré de vingt marins pour jeter l'ancre entre deux îles, je me suis dit que je ne serais jamais de ce monde-là. J'avais droit à tout ce luxe, mais on ne me disait absolument rien sur le type de films qu'il fallait que je produise [134]. »

Ayant renoncé à vendre mk2 aux Américains, Marin Karmitz se tourne vers des groupes financiers français : Lagardère, Canal+, la CLT sont sur les rangs. Le patron de mk2 préfère Havas « parce que la *holding* détenait déjà 20 % de Gallimard, et que je me "prenais" pour Gallimard [135] ! » Havas, dirigé par Pierre Dauzier, entre alors en tant qu'actionnaire minoritaire chez mk2, à hauteur de 20 %, apportant une surface financière nécessaire à la survie de l'entreprise comme acteur majeur du cinéma français. En contrepartie, mk2 devient le « lieu de développement et de recherche [136] » du groupe Havas, spécialement conseillé par Marin Karmitz sur ce type de projets, du côté tant du cinéma que de l'audiovisuel.

Cependant, cette indépendance a un prix, surtout quand des gros poissons rôdent dans le même aquarium… En 1997, la Générale des eaux absorbe Havas. Au bout de quelques mois, Pierre Dauzier est balayé par le nouvel homme fort du groupe, Jean-Marie Messier, dont l'ambition est alors immense. Rien de moins que de devenir, à sa façon, le « Berlusconi français » [137].

Havas, désormais dirigé par Éric Licoys, homme de main de Messier, convoque Marin Karmitz dès le mois de novembre 1997, pour un bref rendez-vous et lui pose deux questions : « Mk2 est-elle une entreprise rentable ? » La réponse est positive, tout le monde s'entend sur ce point. Puis : « Acceptez-vous de céder vos parts à la Générale des eaux ? » L'interrogation tombe de manière brutale ; la réponse est attendue sous quelques heures. « En sortant, se souvient Marin Karmitz, j'étais dans un tel état de rage que j'ai emplafonné ma voiture contre un pilier du parking. Ce rendez-vous m'a coûté doublement cher [138]… » Le patron de mk2 décide en effet d'emprunter pour contre-attaquer, se lançant dans un combat pour son indépendance payable au prix fort. Il rachète les parts de Havas à hauteur de 100 millions de francs. Il joue gros dans l'affaire et le fait d'ailleurs savoir. « Le fric a pris le pouvoir », titre ainsi *Télérama*, avec pour accroche : « Marin Karmitz dénonce [139] ! » « Karmitz, un producteur "en guerre" [140] », reprend le magazine *Forum* quelques jours plus tard.

Mk2 entre en turbulences. La stratégie du patron n'est pas comprise, ni admise, par tous. Véronique Cayla et Christophe Marguerie, les n°s 2 et 3 de l'entreprise, quittent le navire en juin 1998, au moment où mk2 s'engage dans une profonde restructuration, prenant le tournant du multiplexe, redéployant son parc de salles, s'interrogeant sur le devenir de la production de films.

Le financier et essayiste Alain Minc, proche de Marin Karmitz et membre important du conseil d'administration de mk2, démissionne lui aussi de ses fonctions. Le conseiller pense que la société et celui qui l'incarne depuis près de trente ans courent à leur perte. Il l'écrit sans détour au plus fort de la crise, dans une retentissante lettre signant son départ : « Je crains qu'ayant sur tes épaules une dette personnelle de 100 millions de francs, excédé comme tu l'as, à juste titre, toujours été par la dépendance que suscite tout endettement, tu ne sois poussé à céder, de manière inconsidérée, le contrôle de ton groupe. Tout va te conduire, dans un an ou dix-huit mois, à vendre. Tu tireras prétexte des difficiles relations avec les chaînes françaises pour justifier une cession à une "major" étrangère et sans doute américaine. Je te connais assez pour être convaincu qu'inconsciemment tu aggraveras même le contentieux avec Canal+ pour justifier, à tes yeux et à ceux de la place de Paris, la vente à un de ces "méchants" que tu as toujours vilipendés. Or l'idée de voir disparaître mk2 au profit d'un quelconque Time Warner, Disney ou autre, me chagrine. Ce sera la destruction d'un objet que tu qualifies toi-même d'unique et du travail formidable qui a été le tien. Quitter ton conseil d'administration me peine ; mon amitié pour toi va très au-delà de ces débats stratégiques ; j'aime ta société et je crois avoir joué un rôle plutôt positif et bienveillant, ce qui ajoute à mon regret [141]. »

Voir disparaître mk2… Comment va réagir Marin Karmitz ?

IX

Les allées du pouvoir

À l'aube des années 2000, une question revient souvent dans les pensées de Marin Karmitz, alors qu'il va vers ses soixante-cinq ans : comment et quand passer la main ? Son fils aîné, Nathanaël, travaille chez mk2 depuis qu'il a vingt ans, et l'équipe de l'entreprise accueille suffisamment de compétences pour s'émanciper du fondateur. Du côté de la production, quelques expériences difficiles éloignent un peu plus Marin Karmitz du désir d'investir temps, énergie et argent dans l'aventure de films qui peuvent le décevoir. Seules quelques rencontres plus enthousiasmantes, avec le cinéaste iranien Abbas Kiarostami, ou des projets de longue haleine – l'édition de DVD, la construction de nouveaux cinémas – sont susceptibles de le mobiliser encore pour mk2. Cependant, peu à peu, il s'éloigne de la maison mère. Comme il se sent encore utile, il s'investit dans d'autres tâches qui l'intéressent, entre défense corporative et allées du pouvoir. L'exception et la politique culturelles demeurent au centre de ses engagements, même s'ils sont parfois paradoxaux ou mal compris.

Un travail constructif

Alors qu'il souhaite travailler avec lui depuis quelque temps, Michael Haneke, cinéaste autrichien réalisateur de *Benny's Video*, soumet à Marin Karmitz un scénario, *Code inconnu : récits incomplets de divers voyages*, sur les émigrations africaines et roumaines à Paris, que le producteur accepte, malgré les difficultés de financement et la complexité d'un tournage sur plusieurs pays mêlant acteurs professionnels et non professionnels. « J'ai eu des discussions passionnantes avec

Michael Haneke et Juliette Binoche sur le tournage de *Code inconnu*, 2000. Photographie de Jérémie Nassif.

Haneke, précise Marin Karmitz. C'est un homme d'une grande culture, qui réfléchit à l'image dans la société et provoque la réflexion, un cinéaste typique de la *Mitteleuropa*, ce qui me touche et me plaît, qui comprend les lignes historiques et culturelles de l'Europe [1]. »

La préparation du film puis son tournage, entre juin 1999 et mars 2000, sont difficiles. Haneke est exigeant, cassant, traitant ses collaborateurs de « lents et irresponsables » [2]. Le premier assistant qu'il a choisi, Yvon Rouve, excédé et humilié, quitte le film quelques semaines avant le début du tournage. Marin Karmitz se sent obligé d'intervenir : « Il est très difficile de faire un travail constructif dans la mesure où vous remettez en question vos propres choix [3]... », écrit-il au cinéaste. Mk2 est sur le point d'interrompre la production de *Code inconnu*, qui se tourne tout de même in extremis quand les choses s'apaisent avec l'arrivée d'un premier assistant plus docile. « Le problème avec Haneke, reprend le producteur, c'est son autoritarisme, sa raideur et la façon insidieuse qu'il a d'instaurer une sorte de dictature de la revendication [4]. »

Le film est présenté au Festival de Cannes en mai 2000, où il est mal reçu, puis il s'avère un échec public. Karmitz choisit cependant d'enchaîner un second film avec Haneke, *La Pianiste*, adapté du roman d'Elfriede Jelinek. Les difficultés reprennent à la vision du montage du film, d'une durée de deux heures trente, « trop long d'une vingtaine de minutes, alourdi par des scènes répétitives, impudiques et inutilement provocantes [5] », selon le producteur, qui écrit au cinéaste : « Je vous parle de deux scènes. La première, entre Annie Girardot et Isabelle Huppert, marquera, je crois, l'histoire du cinéma par son thème, l'inceste mère/fille dont on ne parle jamais, et par son traitement subtil sur ce sujet choquant, par ses silences et la force des mots. Par contre, lors de la seconde scène, dans le sex-shop, l'insertion de scènes pornographiques choque, au plus mauvais sens du terme, car elle envoie une image de vous et de votre œuvre qui vous rabat au rang des metteurs en scène qui ont besoin de démontrer plutôt que de suggérer. Le traitement de la perversion, où vous excellez, demande à ne pas être montré avec des images. Le son seul permet le fantasme que l'image rend vulgaire et trivial. La scène d'Isabelle reniflant le mouchoir est beaucoup plus évocatrice que les scènes de fellation [6]. » Haneke réagit très mal à la demande de coupes. « Toute nouvelle coupe ruinerait le film du point de vue esthétique : c'est *absolument impossible et inacceptable à mes yeux* [7]. »

Finalement, à la demande des responsables du Festival de Cannes, Gilles Jacob et Thierry Frémaux, qui n'acceptent *La Pianiste* qu'avec des coupes, le film est présenté en compétition officielle, avec l'accord du cinéaste, dans une version de deux heures dix. Le film remporte le grand prix du jury, les deux prix d'interprétation pour Isabelle Huppert et Benoît Magimel, et enfin un beau succès en salle à sa sortie à l'automne 2001. « Je n'avais pas souhaité laisser tomber Haneke après l'échec de *Code inconnu*, mais je suis fort heureux de l'abandonner après le succès de *La Pianiste*. Je me suis vraiment fâché avec lui [8] », dira Karmitz. Ce genre d'expérience tendue et compliquée n'engage pas le producteur à poursuivre son métier.

Pourtant, Marin Karmitz continue ses collaborations avec des cinéastes réputés difficiles. C'est le cas d'Abdellatif Kechiche, peut-être le plus grand cinéaste français du moment, mais qui accepte mal les conseils extérieurs. Avec mk2, la dispute se termine même au tribunal. Leur collaboration part d'un beau sujet, l'histoire de Saartjie Baartman, dite la Vénus hottentote, femme noire à la morphologie hors du commun, sortie de son pays, l'Afrique du Sud, puis conduite en France et en Angleterre à la fin du XVIIIe siècle, où elle devient une bête de foire et un objet de curiosité scientifique. « Un sujet politique magnifique [9] », annonce Marin Karmitz, qui s'avoue également « très séduit par l'intelligence d'Abdellatif Kechiche » [10]. Il déchante devant le film, qu'il trouve non seulement « beaucoup trop long [11] », avec ses deux heures quarante-quatre, mais également « complaisant, comme si Kechiche prenait plaisir à filmer la comédienne dans des scènes de plus en plus dérangeantes. J'ai eu beau tout essayer, je ne suis jamais arrivé à le faire changer d'avis [12] ! » Le producteur est extrêmement sévère avec le cinéaste et sa *Vénus noire* : « Son rapport au langage, à l'immigration et à l'exclusion m'intéressaient, précise-t-il. Mais je me suis rendu compte que je m'étais trompé. J'ai découvert son mépris des gens, que je ne peux pas supporter. Selon moi, le talent s'arrête au non-respect des gens : il est incapable de travailler en équipe. Or le génie, c'est savoir écouter les autres [13]. »

Éditeur de cinéma

À la fin des années 1990, le DVD fait son entrée chez les particuliers et révolutionne la vision des films. Le support vidéo concrétise le rôle d'« éditeur de films » tel que Marin Karmitz l'entendait vingt ans plus tôt : « Je ne me doutais pas, au milieu des années 1980, que ce qui relevait alors de l'utopie deviendrait réalité au XXIe siècle avec le développement du DVD. Depuis 2000, le terme d'éditeur a pris tout son sens [14]. » Dès lors, mk2 se dote de la capacité d'éditer le patrimoine cinématographique. En 1999, Nathanaël Karmitz, à vingt-et-un ans, lance mk2 Éditions. Cela suppose d'abord l'acquisition de catalogues ou de collections de films « classiques », l'achat de droits de reproduction, de valorisation et de diffusion vidéo des œuvres.

Trois achats successifs font date : le catalogue des films de François Truffaut, en 1999, acquis auprès des Films du Carrosse, celui de CIBY 2000 l'année suivante (Mike Leigh, David Lynch, Emir Kusturica…) et, en 2001, les ventes internationales sur les films de Charles Chaplin. En une dizaine d'années, mk2 Éditions propose un catalogue de plus de cinq cents titres internationaux. L'ambition éditoriale concerne également la valeur cinéphile du travail effectué sur les DVD, ce que Marin Karmitz nomme la « Pléiade du DVD » [15]. Cela suppose une grande qualité de soin apportée à la restauration des œuvres, par exemple pour les Chaplin, *Les Temps modernes*, *Les Feux de la rampe*

Gus Van Sant avec Nathanaël et Marin Karmitz sur le tapis rouge cannois, lors de la présentation de *Paranoid Park* en compétition officielle, 2007.

et *La Ruée vers l'or*, présentés en 2003 au Festival de Cannes, puis sortis en salle et en coffret DVD. Autre apport essentiel : l'édition de bonus, indispensables pour une édition de référence. Serge Toubiana, ancien directeur des *Cahiers du cinéma* et spécialiste de François Truffaut, prend en charge en 1999 le travail éditorial de l'ensemble des DVD du réalisateur de *Jules et Jim*. Pour l'édition Chaplin, le même Toubiana confie à dix cinéastes (Chabrol, Kiarostami, Bertolucci, Jarmusch, Ouedraogo, Kusturica, Costa Gavras...) la réalisation d'un bonus de vingt-six minutes permettant de commenter, chacun à sa façon, un film fétiche de l'auteur du *Dictateur*[16]...

Cette transmission de la mémoire du cinéma se double bientôt d'une volonté d'éditer une revue spécifique à mk2. *Trois couleurs* voit le jour en 2002, hommage au tricolore historique des salles 14 Juillet aussi bien qu'à la trilogie *Bleu, Blanc* et *Rouge* de Krszysztof Kieślowski. Le mensuel de mk2 Éditions est d'abord dirigé par l'équipe d'exploitation des salles, puisqu'il s'agit d'éclairer l'actualité spécifique des sorties de films de la maison : critiques et entretiens, mais aussi annonces, présentation des débats, cycles de projections, rencontres qui les accompagnent. Bientôt, en 2006, Elisha Karmitz, le fils cadet, se fait une place chez mk2 en conduisant, à vingt-et-un ans, la refonte du titre, avec pour objectif d'en faire non plus seulement un « journal d'entreprise » mais un « mensuel culturel parisien de référence », autour de trois axes : le cinéma, mais aussi l'ensemble des créations visuelles, de la BD aux spectacles vivants, de la peinture à la vidéo, et enfin l'intérêt pour les nouvelles technologies, jeux vidéo, essor de l'internet et du numérique. La pagination monte à soixante-quatre pages, les collaborations s'étoffent, un rédacteur en chef s'impose, Aureliano Tonet, qui mène souvent les entretiens avec les cinéastes ou les acteurs de la galaxie mk2. La diffusion approche parfois les deux cent mille exemplaires, et le journal reste gratuit [17]. Six ans plus tard, *Trois couleurs* est passé à cent trente-six pages, emploie une équipe d'une dizaine de rédacteurs, et confie sa rédaction en chef à Juliette Reitzer et Étienne Rouillon.

« Nous nous comprenions au-delà des mots, au travers des oliviers. »

En mai 1997, Abbas Kiarostami obtient la Palme d'or au Festival de Cannes pour *Le Goût de la cerise*. Quelques jours plus tard, il se met d'accord par fax avec Marin Karmitz pour la production de son prochain film, son premier financé hors d'Iran, en lui décrivant simplement son histoire, nébuleuse et ouverte : « Quelques étrangers arrivent de la ville afin de passer quelques jours dans un village lointain. La raison de leur séjour est méconnue des habitants. Les étrangers flânent et semblent surtout s'intéresser à l'ancien cimetière ; cela fait croire aux villageois qu'ils sont à la recherche d'un trésor. Ils quittent le village sans pour autant donner l'impression d'avoir trouvé ce qu'ils cherchaient. Au cas où les spectateurs trouvent ce qu'ils cherchent, ils en seront entièrement responsables [18] !!! »

Cinq ans plus tôt, Marin Karmitz a vu *Close Up*, un film de Kiarostami que lui a montré sur cassette Mamad Haghighat, critique et traducteur, et il a été très impressionné. « J'ai éprouvé le même choc que face à Rossellini, Bresson ou Kieślowski. Il fallait que je travaille avec lui [19]. » Mamad Haghighat lui présente alors Kiarostami, de passage à Paris. « Là aussi, le charme a opéré immédiatement, se souvient-il. Il m'a raconté une, deux, trois histoires, m'expliquant qu'il n'écrivait jamais de scénario mais prenait ces récits comme point de départ[20]. » Karmitz est prêt à le produire sur le champ, mais Kiarostami, pris par d'autres engagements, constamment surveillé par la censure et les autorités du cinéma en Iran, tempère son enthousiasme. « Il était très amical, mais méfiant : "On verra", me dit-il d'abord[21]. »

En attendant, mk2 se rapproche d'autres cinéastes iraniens, dans un contexte où le cinéma persan s'impose dans tous les festivals. En 1995, Mohsen Makhmalbaf, l'autre grand réalisateur et ami de Kiarostami, voit deux de ses films, *Salam Cinema* et *Le Temps de l'amour* sélectionnés à Cannes et à Venise, tandis que *Le Ballon blanc* de Jafar Panahi gagne la Caméra d'or sur la Croisette. Marin Karmitz, qui suit de près ces cinéastes, décide de distribuer dans ses salles *Salam Cinema*, puis produit trois films de Makhmalbaf : *Gabbeh, Un instant d'innocence, Le Silence*, et un de sa fille, Samira Makhmalbaf : *La Pomme*.

Finalement, en 1995, un premier projet semble pouvoir se concrétiser avec Kiarostami. « Suite à notre entrevue et à nos diverses conversations, écrit le producteur le 30 mars, je vous confirme notre souhait de vous engager comme auteur-réalisateur pour l'écriture d'un scénario et la réalisation d'un film cinématographique de long métrage. Le sujet et le budget de ce film devront être choisis d'un commun accord[22]. » Il s'agit d'un film appelé *L'Amour et le mur*, que le cinéaste doit livrer dans un « délai de dix-huit mois[23] », contre la somme de 750 000 francs. Le cinéaste a repéré les lieux du tournage et tourne même une « maquette » du film quasi complète en vidéo. Malheureusement, quelques semaines plus tard, tout s'arrête. « Cher Marin, écrit Kiarostami, je dois vous annoncer avec beaucoup de regret qu'avec la situation actuelle de mon pays, je ne peux pas réaliser *L'Amour et le mur*, bien que j'aie vraiment désiré faire ce film plus qu'un autre. Je dois perpétuellement tenir compte de l'état d'esprit de Téhéran ! Je suis désolé que, malgré vous, vous aussi soyez entré dans un "jeu" dans lequel nous sommes pris depuis des années. En espérant pouvoir travailler ensemble un jour, je vous prie de croire, cher Marin, à l'expression de mes sentiments les meilleurs, Abbas Kiarostami[24]. »

Trois ans plus tard, la situation se débloque, à un moment paradoxal où le cinéaste semble pourtant acculé en Iran. Au Festival de Cannes, alors qu'il reçoit sa Palme d'or des mains de Catherine Deneuve, celle-ci l'embrasse, ce qui déchaîne l'ire de la presse iranienne. À son retour à Téhéran, un millier de personnes l'attendent à l'aéroport pour le conspuer. « C'est là, explique Marin Karmitz, qu'il m'a dit : "D'accord pour que vous produisiez mon prochain film…"[25] » La Palme d'or le protège sans doute désormais ; Kiarostami accepte un nouveau contrat et tourne dans la foulée, en août 1998, au Kurdistan, en vingt jours, *La Cérémonie spéciale*, retitré à Paris *Le vent nous emportera*.

Se met alors en place un véritable « atelier Kiarostami » chez mk2, fonctionnant durant une douzaine d'années. Avec non seulement la réalisation de cinq longs métrages, *ABC Africa, Ten, Copie conforme* et *Like Someone in Love*, deux en Iran, les autres sur trois continents, mais également plusieurs vidéos, *24h, Shirin, Five, Ten on Ten*, présentées dans les musées et les biennales d'art du monde entier, sans oublier les livres de photographies, eux aussi édités dans plusieurs pays. Marin Karmitz a demandé à une collaboratrice de MK Productions, Nathalie Kreuther, de s'occuper personnellement des projets et des voyages de Kiarostami. À raison de courriers réguliers tous les deux mois, on comprend à la lecture des archives que le laboratoire fonctionne de manière intense et efficace. Au moins une fois par an, en fonction des visas délivrés, le cinéaste passe à Paris pour quelques semaines et peut rencontrer son producteur, lui montrant ses cassettes, lui faisant écouter des bandes-son, établissant un lien affectif et professionnel de plus en plus fort. « Abbas passait régulièrement à mon bureau me raconter des histoires auxquelles je devais être très attentif, car ce sont des films potentiels. À la façon dont je réagissais, il voyait si l'histoire pouvait fonctionner ou pas[26]. »

Le producteur est également le premier spectateur. « Il arrivait un jour à Paris, avec ses cassettes : "Voilà, le film est terminé." Il attendait mon avis. Je lui soumettais un certain nombre de critiques. Il repartait remonter le film dans les bureaux de mk2. Deux semaines après, il me montrait une autre version tenant compte de mes remarques[27]. » Le producteur est heureux ; le cinéaste est devenu un ami. Ils se comprennent. « Kiarostami était un très grand monsieur du cinéma, se souvient Karmitz, avec lequel j'ai eu une relation profondément amicale dans une langue qui nous était propre. Je ne parle pas anglais ni persan, Abbas parlait un peu anglais et pas français, et quand l'interprète Massoumeh Lahidji n'était pas là, nous parvenions étrangement à communiquer et à nous comprendre avec un peu de français et un brin d'anglais, mais seulement quand nous roulions ensemble en voiture, comme dans ses films. Nous nous comprenions au-delà des mots, au travers des oliviers[28]. »

Au fur et à mesure de la sortie de ses films produits par mk2, Nathalie Kreuther organise les voyages de Kiarostami, qui passe, à partir des années 2000, une bonne partie de son temps à travers le monde. Il accompagne ses œuvres dans les festivals internationaux, où il reçoit de nombreux prix et hommages, à Cannes, à Berlin, à San Francisco, à Rotterdam, à New York, à Tokyo, à Vancouver. Et en profite parfois pour tourner avec un matériel très léger. Indéniablement, l'arrivée des petites caméras numériques à changé sa manière de travailler. « Cela m'a offert, dit-il, le moyen d'exprimer de façon très complète ce que j'avais envie de montrer. L'outil est facile et permet d'explorer librement et en solitaire, en m'autosuffisant, toutes les hypothèses, toutes les possibilités d'une histoire [29]. »

C'est ainsi que Kiarostami se rend en Ouganda, en mars 2000, et, à la demande du Fonds international de développement agricole, une agence des Nations Unies, tourne un film, poignant et léger en même temps, sur ces milliers d'orphelins dont les parents sont morts du sida. Comme à chaque reprise dans ses films, il existe une part réflexive sur le cinéma et l'artiste lui-même : quelle peut être la position du documentariste face à la misère qu'il regarde et qu'il filme ? Marin Karmitz, en visionnant les images envoyées par Kiarostami, suggère à son ami d'en proposer un montage complet. Il en résulte l'une des œuvres les plus fortes, épurées, mais méconnues du cinéaste : *ABC Africa*.

L'autre grand projet voyageur de Kiarostami, que mk2 soutient sur le long cours, mais qui n'aboutira jamais, est un film indien. Le cinéaste se rend à plusieurs reprises dans la région de Delhi, comme autrefois, dit-il explicitement, ses deux maîtres à filmer, Jean Renoir et Roberto Rossellini. Il part, quant à lui, aux sources du récit légendaire du Mahabharata. Frappé par le spectacle de Peter Brook, qu'il a vu au Festival de Shiraz en Iran, puis par le film que le metteur en scène franco-britannique en a tiré, il contacte personnellement son dramaturge et scénariste, Jean-Claude Carrière, pour lui proposer de « refaire le voyage » avec lui, une caméra et deux collaborateurs. Il s'agit donc de repartir sur les traces de l'épopée des Pandava et des Kaurava, tout en racontant comment s'est élaboré le récit qui a engendré le spectacle créé au Festival d'Avignon, dans la carrière de Boulbon, en 1985. Abbas Kiarostami a l'ambition de proposer une fresque en treize épisodes, qui raconterait également l'Inde contemporaine qu'il traverse, une série qui pourrait être, pour aujourd'hui, à la hauteur du

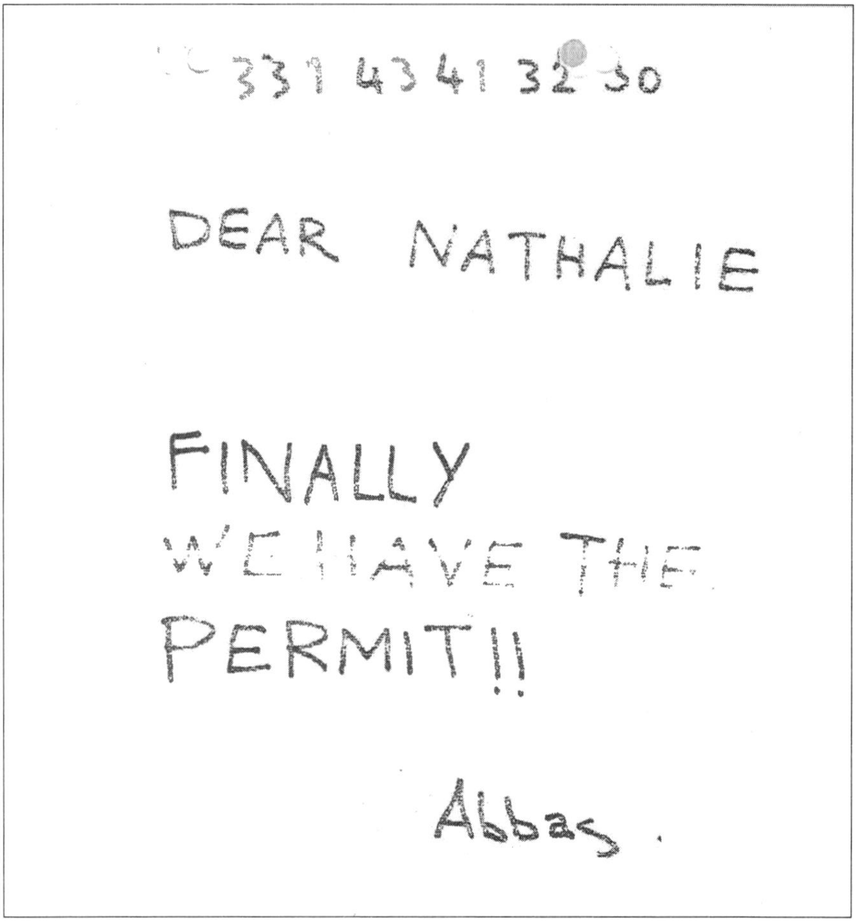

33 1 43 41 32 30

DEAR NATHALIE

FINALLY
WE HAVE THE
PERMIT!!

Abbas.

Fax envoyé par Abbas Kiarostami à Nathalie Kreuther, productrice exécutive chez mk2, en 2002.

Mahabharata d'autrefois et du spectacle de Peter Brook. Voilà sûrement son projet le plus ambitieux, dont les traces sont nombreuses dans les archives de mk2. Prévu plusieurs fois, en octobre-novembre 2000, puis à l'automne 2002, 2005, même en 2009, le tournage est à chaque reprise annulé pour diverses raisons, souvent liées aux arcanes administratives et à la surveillance parfois tatillonne de la République islamique iranienne. Comme l'avoue Kiarostami lui-même à son producteur : « Croyez-moi, il faut avoir travaillé dans mon pays pour comprendre combien il est parfois difficile, voire impossible, de faire aboutir une idée à laquelle on tient beaucoup[30]. »

Heureusement, il y a les films qui se font… *Ten*, par exemple, est sans doute l'un de ceux auxquels Kiarostami « tient particulièrement[31] » au sein de sa filmographie. Il a pu le réaliser grâce au financement de mk2 et, bien sûr, à la discrétion du dispositif : deux mini-caméras DV fixées à l'avant de l'habitacle d'une voiture. À travers Téhéran, une femme, jouée par l'actrice Mania Akbari, roule avec dix passagers, neuf femmes et un enfant, soit dix conversations. Le film dépasse sa situation conceptuelle et son dispositif modeste pour atteindre un état de grâce de la parole, un état de liberté absolue au milieu d'un pays sans liberté. Quand *Ten* est présenté en compétition à Cannes, en 2002, il est unanimement salué comme un chef-d'œuvre d'intelligence et de subtilité, l'un des plus beaux usages de la technique numérique contemporaine.

En 2009, l'élection présidentielle à Téhéran porte au pouvoir Mahmoud Ahmadinejad. La répression et la censure s'accroissent encore. Plusieurs cinéastes sont jetés en prison, comme Jafar Panahi ou Mohammad Rasoulof. Quant à Abbas Kiarostami, s'il est davantage protégé par sa reconnaissance internationale, il cherche cependant à travailler le plus possible hors de son pays. Ses deux derniers films sont donc tournés à l'étranger. En Italie pour *Copie conforme* (2010), première œuvre interprétée par des comédiens professionnels, Juliette Binoche et William Shimell, travaillant le motif du vrai et du faux, de l'original et de la copie, en art, au cinéma et dans un couple. Puis Kiarostami travaille au Japon, tournant *Like Someone in Love* à Tokyo, sur la rencontre d'un vieil homme et d'une étudiante qui se prostitue pour financer ses études. Le film est présenté en compétition au Festival de Cannes en mai 2012, mais sans succès.

Marin Karmitz insiste particulièrement sur l'importance des photographies réalisées par Abbas Kiarostami, organisant des expositions à Paris et à New York, co-éditant un livre magnifique chez Hazan [32] et achetant certaines pièces pour sa collection personnelle, rares photos en couleurs de son catalogue. Il la définit comme « une photographie contemplative, qui affirme la nature comme source d'inspiration et permet au spectateur d'amplifier le silence [33]. »

L'autre caractéristique majeure des rapports entre les deux hommes est l'humour, à la manière de ce mot adressé par le cinéaste à Nathalie Kreuther (et indirectement à Marin Karmitz, donc) en lui envoyant une version non aboutie de leur autre chef-d'œuvre, *Le vent nous emportera* : « Rassurez-vous, le film n'est pas aussi mauvais qu'on vous l'a dit !!! De toute façon, même s'il est mauvais, il n'est pas médiocre, et c'est cela qui compte, n'est-ce pas ? Le voilà, il est trop long, mais le raccourcir relève de la spécialité de Marin [34]... »

Le 4 juillet 2016, Abbas Kiarostami meurt à Paris à soixante-seize ans, à l'Institut mutualiste Montsouris. Le sachant très malade, victime d'une infection contractée à l'hôpital de Téhéran, son ami producteur a pu le faire rapatrier de Téhéran par avion spécial pour l'hospitaliser dans l'un des meilleurs services de gastro-entérologie du monde, dirigé par le Pr Brice Gayet. Au bout de quelques jours, les médecins se montrent plus optimistes. « Je croyais qu'on l'avait sauvé [35]... » murmure Marin Karmitz dans un mot à une amie. Il est anéanti par sa disparition.

Le mk2 Bibliothèque, entre le film et la ville

Les premiers coups de pioche sont donnés à l'automne 2001 dans un espace à la forme malcommode au sein d'un quartier encore délaissé. C'est Véronique Cayla, directrice générale de mk2, qui prévient Marin Karmitz de l'existence de ce terrain vague en bordure de la BNF à peine construite près de la gare d'Austerlitz, face à la Seine. Quand le patron de mk2 visite l'endroit, fin 1997, il se demande sans doute comment, là, faire pousser un cinéma... Ce n'est qu'un « trou » sur le côté de la grande esplanade, surplombé par les quatre tours en forme de « L ». Le soir même, il avoue à sa compagne : « Je viens d'acheter un trou. » Ajoutant devant son scepticisme : « Mais je trouve ce trou formidable. Ça m'intéresse, c'est le nouveau Quartier latin... » Pourtant, les lecteurs et les chercheurs se sentent encore perdus à la BNF, alors des spectateurs de cinéma... Le patron de mk2 croit coûte que coûte à cette idée : le quartier, où les investissements de l'État et de la mairie de Paris sont massifs, va démarrer et, du point de vue urbanistique et architectural, tout reste à construire. Le pari consiste donc à imaginer un grand multiplexe de proximité, le mk2 Bibliothèque, dans un quartier qui n'existe pas encore.

Pour cet investissement, mk2 a besoin de fonds importants alors que l'entreprise subit une crise financière. Marin Karmitz, en 1998, a racheté très cher les parts de Havas-Vivendi pour éviter les crocs de Jean-Marie Messier. Il est donc largement endetté. « Je me suis retrouvé devant de sérieuses difficultés financières, reconnaît-il. Entre les rachats des salles à Beaubourg, à Nation et à Gambetta, et la construction du mk2 Quai de Seine, notre société avait grandi rapidement tout en s'endettant fortement. Nous en avons "bavé" : la période a été très dure. Il a fallu faire des économies sur tout : moins de films produits, les frais divers revus à la baisse, y compris nos salaires. Mk2 a vécu, pour pouvoir dégager de quoi investir dans de nouveaux projets, sa deuxième "révolution industrielle", poursuivie par Nathanaël [Karmitz] lorsqu'il est devenu directeur général en 2005 : il fallait remettre de l'ordre [36]... »

Le projet du mk2 Bibliothèque peut donc avancer, vaille que vaille. Sur un terrain triangulaire de douze mille mètres carrés, le bâtiment « en lame » conçu par l'architecte et designer Jean-Michel Wilmotte émerge peu à peu. Ce chantier, qui rappelle à Marin Karmitz l'un des films qu'il a produits, *Good Morning Babylonia* des frères Taviani, racontant l'histoire de deux maçons italiens engagés pour la construction des immenses décors hollywoodiens de David Griffith, concentre durant les deux années toutes les attentions et tous les investissements de mk2.

La nature du bâtiment du mk2 Bibliothèque est très visible dans l'ajustement de ses murs : le fronton, pan vertical imposant, verso du grand écran de la salle de six cents places, fait l'interface entre le film et la ville. La transparence ensuite : de larges baies vitrées dessinent les flancs du bâtiment et permettent un trait d'union entre les deux lignes droites qui bordent l'édifice. Il s'agit d'adresser un message d'accueil aux riverains. Le résultat final est sans doute trop froid, assez « nouveau Berlin », mais sa convivialité est assurée par les cafés, les boutiques DVD, la librairie, le club Limelight, le restaurant Jules et Jim, qui contrastent avec les immenses couloirs où s'alignent, en sous-sol, une douzaine de salles à la file. Enfin, touche « glamour », cinéphile et sentimentale, les fauteuils rouges dessinés par le designer Martin Szekely peuvent, à volonté, se transformer en banquette à deux, version *Love Seat* collés serrés.

Le mk2 Bibliothèque est inauguré le 19 février 2003 ; les premiers résultats sont jugés plutôt satisfaisants : avec sept cent mille spectateurs en 2003, le cinéma s'installe en 39ᵉ position des multiplexes les plus fréquentés de France, loin encore des trois millions de l'UGC Cité Ciné les Halles. « Il faut quatre ans à ce type de cinéma pour trouver sa vitesse de croisière [37] », précise Marin Karmitz. Effectivement, avec l'arrivée des universités, notamment Paris VII qui s'installe aux Grands Moulins en 2004, des nouveaux habitants, des commerces, des bureaux, des grandes surfaces et hypermarchés, le « Paris Rive Gauche » devient une réalité, et la « proximité » du cinéma y trouve son sens. En 2012, le mk2 Bibliothèque accueille désormais un million six de spectateurs.

Ruptures et deuils

Le processus de retrait progressif de Marin Karmitz hors de la sphère professionnelle est engagé par la vie elle-même. En une décennie, de la mort de Krszysztof Kieślowski en 1996 aux derniers films produits d'Abbas Kiarostami à la fin des années 2000, Marin Karmitz se désengage peu à peu de mk2.

Il a encore quelques satisfactions de producteur, notamment avec de jeunes cinéastes ou des artistes qui l'intriguent et qu'il cherche à mieux comprendre, comme la nouvelle génération de réalisateurs asiatiques. Il s'attache à Jonathan Nossiter, dont il a découvert le deuxième film, *Sunday*, au Festival de Telluride, qu'il achète et amène au Festival de Deauville en 1997, où il obtient le grand prix. Mk2 s'engage alors dans la production du très ambitieux *Signs and Wonders*, d'après *Kosmos* de Witold Gombrowicz, avec Charlotte Rampling et Stellan Skarsgärd, l'un des premiers films entièrement tourné en numérique.

Puis, c'est la rencontre avec Raphaël Nadjari, jeune cinéaste français installé à New York à la fin des années 1990, qui réalise une trilogie *in situ*, *The Shade*, présenté en 1999 à Un certain regard, à Cannes, *I Am Josh Polonski's Brother*, montré à Berlin en 2001, puis *Apartment #5C*, en avant-première à la Quinzaine des réalisateurs cannoise en 2002. Karmitz aime l'esprit et la facture très « cassavetienne » de ces films. Mk2 distribue les deux premiers et produit le troisième. Les deux hommes s'apprécient. Beaucoup d'estime et d'intérêt, puis d'amitié, circule dans les nombreuses lettres qu'ils échangent [38]. On sent chez le cadet un réel désir de filiation, l'élection d'un père de cinéma, et chez l'aîné le souhait de guider un jeune artiste, double de lui-même à ses débuts, à travers les écueils de la profession et les difficultés de la fabrique du film. Ils évoquent également souvent les formes de leur judaïsme, à propos de l'école talmudique fondée par l'aîné et de la rencontre marquante de Nadjari avec Benny Lévy, à la toute fin de sa vie. Ce dialogue continu, de 2000 à 2004, est d'autant plus important que Marin Karmitz est conscient d'un des échecs de sa vie de producteur : n'avoir jamais su « découvrir » un cinéaste et

Marin Karmitz et Caroline Eliacheff avec Abbas Kiarostami, sur le tournage au Japon de *Like Someone in Love*, 2012.

l'avoir suivi, encouragé, avant de le faire découvrir à son tour à la critique et aux spectateurs. Karmitz n'a pas grandi avec un cinéaste ; il reste le producteur des « secondes chances », ces maîtres qu'il relance et accompagne, Godard, Chabrol, Resnais, Kieślowski, Kiarostami, et que, malheureusement, il va tous voir disparaître.

Le producteur découvre également Hong Sang-soo, cinéaste coréen qu'il rencontre grâce à Pierre Rissient, qui fut le passeur de tant de réalisateurs asiatiques. Il apprécie beaucoup *La Vierge mise à nu par ses prétendants* et décide de co-produire ses deux films suivants, *Turning Gate*, en 2003, et *La femme est l'avenir de l'homme*, en 2004. Les deux hommes, notamment lors de quelques Festivals de Cannes, gardent de beaux souvenirs de soirées où leurs conversations rejoignent les dialogues des films, rythmées par de nombreux verres de *soju*, l'alcool de riz coréen.

Avec Jia Zhangke, le plus brillant représentant de la nouvelle génération chinoise, le dialogue est immédiat, favorisé par les liens d'amitié tissés entre le cinéaste et Nathanaël Karmitz, dont il est comme « le regard occidental »[39]. La collaboration entre Jia Zhangke et mk2 court depuis 2009, pour *24 City*, *A Touch of Sin*, prix du scénario à Cannes 2013, *Au-delà des montagnes* et *Les Éternels*. La lettre que Marin Karmitz fait parvenir au cinéaste, après l'échec de ce dernier film au festival de Cannes, dit l'intérêt profond et l'émotion éprouvés à découvrir cette œuvre, qui est aussi un monde en soi : « J'ai été très heureux de ce déjeuner avec vous. Je voulais surtout vous dire à quel point j'ai trouvé votre film remarquable. J'attendais un petit moment pour connaître les traces que votre œuvre laisserait en moi. Je pense souvent aux images de votre film, et cela m'arrive de plus en plus rarement. Je sais que vous avez été blessé par l'accueil mitigé à Cannes. Mais nous (mk2) n'avons pas besoin du Festival pour croire en votre talent. Restez ce que vous êtes, c'est très important pour le cinéma et pour nous. Avec toute mon admiration et mon amitié [40]. »

Dans la balance du producteur, ces quelques rencontres, importantes, ne pèsent cependant plus autant que les déceptions et les désillusions, que Marin Karmitz, avec son caractère entier, vit très mal, éprouvant un fort sentiment de dépossession. Ainsi la rupture la plus douloureuse, avec Claude Chabrol, est-elle alors consommée. *La Fleur du mal*, qui sort en février 2003, est en effet leur dernière collaboration. Pourtant, le film est un succès commercial, et tout semble harmonieux entre les deux hommes : le cinéaste est le salarié de mk2, et les échanges complices comme les projets abondent. Le cinéaste évoque ainsi un « scénario original [41] » en cours d'écriture pour Isabelle Huppert. Karmitz, quant à lui, parle d'une « relation profonde » qui les rapproche, qui rend leur lien « unique » : « Nous ne parlons pas beaucoup d'argent, mais plutôt de bouffe, de cinéma, de pinard ou du plaisir de vivre, de littérature, de politique, de psychanalyse, de musique. Plus notre histoire, Mai 68 ensemble. Je ne peux bien travailler que quand il existe une culture commune [42]. »

Malgré cette entente, Chabrol conçoit ses fidélités au pluriel. Il s'est d'ailleurs engagé financièrement auprès d'Antonio Passalia, un vieil ami producteur, pour un nouveau projet, l'adaptation d'un autre roman de Ruth Rendell, *La Demoiselle d'honneur*. Mais le producteur italien n'a pas les reins assez solides et ne peut s'engager seul sur un tel projet. Il cherche un partenaire. Chabrol espère qu'il pourra faire affaire avec Karmitz. Ce dernier, pourtant, refuse catégoriquement : « Il y avait toujours ce producteur Italien qui rôdait autour de nous, rappelle-t-il, et auquel Claude disait devoir un film pour des raisons que j'ignore, argent ou autre. C'est une de ses faiblesses, il ne sait pas dire non à un ami, même s'il sait pertinemment qu'il court à la catastrophe. Le contrat que Claude et moi avions passé depuis quinze ans lui permettait de contourner l'obstacle. Il suffisait que je règle le problème et l'affaire était close, en payant et rachetant le scénario qu'ils voulaient faire ensemble. Mais Passalia a refusé toutes les solutions. Quant à moi, je ne voulais pas coller au générique mon nom au sien comme coproducteur, il n'en était pas question [43]. » Un troisième larron entre alors dans le jeu, s'infiltrant dans la brèche ouverte entre le cinéaste et son producteur : Patrick Godeau, dirigeant la société Alicéléo, qui possède à son actif une quinzaine de films. C'est un grand admirateur de Chabrol.

Lorsqu'il apprend, « dans la presse [44] », dit-il, que Godeau s'intéresse au cinéaste, Karmitz « le prend très mal » [45]. « Chabrol ne m'a pas appelé pour me le dire. Après douze films et vingt ans de collaboration, j'ai été très blessé par cette histoire. Notre attachement à Claude chez mk2 était total [46]. » Ce ne sont pas seulement des recettes assurées qui s'envolent – « les succès de ses films nous permettaient de faire travailler plein d'autres metteurs en scène, tout était réinvesti dans le cinéma [47] » –, mais ce sentiment de trahison qui le mine. La « fâcherie » rend Karmitz « malade » [48]. Il faudra près de sept années avant que le producteur et le cinéaste ne se reparlent.

Une succession de disparitions frappe également Marin Karmitz : sa belle-mère, Françoise Giroud, meurt en janvier 2003 et, peu avant, sa mère, Diane, à la fin de l'année 2002. Les courriers reçus à cette occasion, après l'enterrement et la cérémonie funèbre près du Trocadéro, disent combien il a été douloureux et complexe pour le fils de perdre cette « mère viscontienne [49] », cette « musicienne [50] », cette « femme cultivée [51] », qu'il aimait malgré « des liens si complexes et pas faciles à vivre » [52]. « Les dernières années de ta mère ont été lourdes à assumer, et bien plus encore les derniers mois. J'ai souvent pensé à toi, à ta solitude [53] », lui écrit Martine Laroche, une vieille amie de quarante ans. Ces épreuves l'engagent sûrement à prendre de la distance, notamment avec son métier et son entreprise.

Marin Karmitz reconnaît lui-même cette « crise de la soixantaine [54] » : « Au début des années 2000, je me suis lassé de la production. Pour faire bien ce métier, il faut de la fougue, de l'innocence, de la croyance : croire en un homme, une femme, un projet. Je n'avais plus cette envie-là. Je n'avais plus la possibilité d'assumer mes désirs de producteur tout seul en disant "merde" aux autres. À ce moment-là, c'est devenu impossible : le jeu des co-productions est tel qu'on ne peut plus faire un film en toute liberté, seul avec des contraintes qu'on maîtrise et qu'on assume. Le dernier à pouvoir le faire c'était Kiarostami ; je me suis concentré sur lui. Voir tourner Abbas était une joie pour moi, je me mettais dans un coin et je le regardais. Cela me permettait de faire le deuil de ma propre réalisation [55]. »

Passages de relais

Le patron de mk2 souhaite désormais passer la main. Il a engagé plusieurs personnalités compétentes dans lesquelles il a confiance pour conduire l'entreprise : Olivier-René Veillon, ancien de Télé Images international, occupe les fonctions de directeur général adjoint en charge des activités internationales, et Charles Gillibert, un ami et collaborateur de Nathanaël Karmitz, prend en charge plus directement la production d'une quinzaine de films mk2, travaillant principalement avec une nouvelle génération qui lui est proche, Walter Salles, Xavier Dolan, Gus Van Sant, Danielle Arbid, Olivier Assayas.

Marin Karmitz a vu grandir son fils aîné, Nathanaël, né en 1978, en jeune homme des images et des sons. À treize ans, il réalise un premier court métrage, avec les restes de pellicule de *Madame Bovary* et une journée de travail de l'opérateur de Claude Chabrol, Jean Rabier. À seize ans, il monte sa première société, que gère Caroline Eliacheff puisqu'il est mineur, spécialisée dans la communication audiovisuelle. Puis il ouvre à Paris, place Gambetta, le mk2 Project Café, bar où l'on projette des vidéos d'art. L'un des artistes invités est Steve McQueen, vidéaste à la réputation bientôt internationale, qui devient un ami. Le café doit fermer après plainte de voisins pour nuisances sonores. « C'était une belle idée, commente son père. Il a assumé ce premier échec, l'a surmonté et a continué. Il avait choisi très vite sa voie et il a poursuivi malgré tout. C'est là qu'il m'a convaincu [56]. »

Nathanaël Karmitz s'associe, à dix-huit ans, à Charles Gillibert pour créer la société Nada en 1996, produisant des courts métrages vidéo. Ils créent également ensemble le prix Kieślowski, concours de scénarios de courts qui, entre 1997 et 2002, permet de révéler de jeunes réalisateurs. Parallèlement, Nathanaël Karmitz commence à travailler chez mk2, faisant d'abord ses preuves en simple « employé administratif » à partir de 1997, jusqu'à devenir « directeur général » en 2005. « J'ai commencé à me retirer, explique Marin Karmitz, quand j'ai vu les équipes changer leur regard sur lui, et quand je l'ai vu, lui, se débrouiller seul face à l'adversité [57]. »

Dans un entretien donné à deux, le seul sur le moment, au magazine *Playboy*, Karmitz père et fils conversent sur les changements sociétaux qui imposent une réorientation de mk2. « L'attente des gens a changé, lance Nathanaël. Avant, la contre-culture avait son public, son mouvement, avait des artistes et des pionniers qui en portaient les valeurs. Mk2 en est issu et j'en suis fier. Mais, aujourd'hui, la contre-culture est devenue un slogan publicitaire, un gadget, ou elle est en train, au contraire, de se muséifier. Il faut éviter l'un et l'autre et la réinventer. Dans une société mondialisée, l'adversaire s'est dilué. La seule cause commune, c'est l'écologie et le mieux-vivre. On n'est plus devant une révolution des idées mais des modes de vie. Aussi, changer mk2 devient un enjeu de société dans tous les sens du terme. Comment s'ancrer dans nos valeurs d'origine, tout en les adaptant au monde d'aujourd'hui, celui des nouvelles technologies, des niches de culture résistant à la consommation généralisée, des allers et retours constants entre modes de vie, genres, arts, un univers où tout bouge, s'adapte, fluide et complet de ses nuances [58] ? »

Deux chantiers sont assez exemplaires de cette filiation. Tout d'abord, l'ouverture du mk2 Quai de Loire, en 2005, le pendant gémellaire du mk2 Quai de Seine, installé pile de l'autre côté du bassin de la Villette. Comme son aîné, il réhabilite un ancien entrepôt ; de même, il est tout de transparence : façades vitrées, ponctuées de deux œuvres monumentales en néons colorés, représentant des visages, signées par l'un des artistes préférés de Marin Karmitz, qu'adopte son fils, très versé lui aussi dans le monde de l'art et des galeries : Martial Raysse. Le mk2 Quai de Loire, avec ses six salles, de soixante-dix à trois cent cinquante sièges, complète son frère jumeau, sur l'autre rive, aux mêmes dimensions. Cela fait du quartier de Stalingrad le pendant nord du quartier Tolbiac du Paris Rive Gauche où s'est installé le mk2 Bibliothèque, comme deux nouveaux Quartiers latins culturels excentrés aux marges de Paris.

L'autre trait d'union entre générations est le cinéaste Gus Van Sant. Marin Karmitz y voit l'incarnation même de l'« esprit contemporain » mk2 : « Il faut se battre contre les idées acquises, l'académisme, mais il est aussi important de pouvoir amener la marge vers le centre. C'est le rôle des passeurs et de mk2 depuis les origines. Il faut que cette marge soit reconnue ; elle-même va devenir un élément du centre. C'est ensuite aux artistes eux-mêmes de revenir vers la marge. Quand ils ont un succès, ils peuvent ou continuer à se répéter et faire commerce et consommation de leur succès, ou repartir vers des créations nouvelles et dérouter, repartir à zéro, créer à nouveau. On voit ce mouvement-là chez tous les grands artistes. C'est actuellement le cas de Gus Van Sant, qui va de Portland à Hollywood, pour repartir ensuite à Portland. Il ne cesse de réaliser ces allers-retours entre la marge et le centre. Le problème, aujourd'hui, c'est la disparition de ces passeurs, de ces intermédiaires, que sont les producteurs, les distributeurs, les journalistes. C'est ce vide qu'il faut pointer [59]. »

Quand *Elephant* remporte la Palme d'or à Cannes en 2003, chef-d'œuvre adolescent et mélancolique, mk2 décide de distribuer ses films. Plus encore, la rencontre opère entre le cinéaste, Marin Karmitz et ses fils, qui ont l'âge des protagonistes de ses fictions : « J'ai rencontré à Paris Marin et sa famille, ses deux fils, rapporte Gus Van Sant. Nous avons passé du temps ensemble au moment de la sortie d'*Elephant*, à l'automne 2003. Je leur ai alors demandé s'ils aimeraient m'aider à tourner *Paranoid Park* [60]. »

Avec l'accord de Marin et Nathanaël Karmitz, Gus Van Sant reprend ce projet vieux de dix ans, l'histoire d'un jeune skater de Portland, Alex, qui tue accidentellement un agent de sécurité et tente de vivre avec ce lourd secret. Il envoie d'abord, en juin 2006, un court récit du film vu du point de vue du jeune héros, puis un scénario développé, auquel réagit l'aîné en suggérant quelques modifications intégrées dans une deuxième version. Nathanaël Karmitz se rend durant l'été à Portland pour suivre la préparation du tournage, le choix des jeunes acteurs. Juste avant le tournage, qui a lieu près d'un grand skatepark de Porland en octobre et novembre 2006, Marin et Nathanaël Karmitz envoient ce mot : « À Gus et toute l'équipe de *Paranoid Park*, nous vous souhaitons un tournage plein de joie et de bonheur. Nous sommes tous ici très fiers de participer avec vous à ce film. Nous sommes convaincus que le talent de Gus et l'énergie déployée par tous vont faire de ce film un grand succès, et nous voulons vous dire que mk2 fera tout pour défendre votre œuvre dans le monde. Ce n'est qu'un début... continuons le combat [61] ! »

Après la projection d'un premier montage, rue Traversière, le 13 décembre 2006, Marin est à moitié convaincu. Il pense « que vous tenez un grand film », écrit-il à Gus Van Sant, mais qu'il y a « encore de vrais problèmes de construction et de compréhension » [62]. Il demande la réintroduction des voix off « telles qu'elles étaient écrites dans le scénario » et davantage de linéarité et de dépouillement dans la narration. Suit une liste de quinze moments, simples plans ou séquences complètes, au total près de dix minutes du film, qu'il souhaite couper ou faire remonter, notamment des « plans de skate trop longs » et des « ralentis trop insistants », en passant par une « musique inadaptée au plan » ou une « confession difficile à comprendre ». Les derniers mots sont conciliants mais fermes : « Il est clair que je peux tout à fait m'être trompé. Donc ne m'en veuillez pas si j'ai une réaction un peu abrupte par rapport à ce que j'ai vu. Je suis à votre disposition à tout moment pour en parler. Et Nathanaël m'a dit qu'il était prêt à venir vous voir à Portland. Avec toute mon amitié [63]. »

Gus Van Sant réagit avec une grande souplesse et sérénité à ces remarques. Il réintroduit la voix off, raccourcit la plupart des plans dits « trop longs », mais conserve la construction non linéaire à laquelle il tient, et se dit touché par l'intérêt d'un producteur et surtout l'idée de ce dialogue d'égal à égal, « artiste à artiste » : « Merci pour vos commentaires – ils ne sont pas trop abrupts –, et merci d'être un "innocent" comme vous le dites, car tous les films ont besoin de cette communication candide, particulièrement entre cinéastes [64]. »

Quatre autres versions, entre mi-décembre et mi-février, sont ensuite nécessaires à tous les ajustements, tandis que les correspondances entre Paris et Portland demeurent fluides et constructives. « Je dois vous dire, écrit ainsi Marin Karmitz, que je suis vraiment émerveillé par l'intérêt et la vitesse à laquelle vous avez effectué des changements qui me semblent très convaincants et qui, cette fois, font réellement exister l'histoire [65]. » Cette collaboration assez exemplaire, éclairée par ces échanges nombreux et précis, près d'une vingtaine de lettres, s'achève par un *satisfecit* des deux Karmitz : « Nous avons vu la nouvelle fin : avoir raccourci les plans de skate semble vraiment bien, et nous trouvons très beau et juste de finir sur un skater qui perd l'équilibre [66]. » Mk2 suivra le film jusqu'à sa présentation à Cannes, en compétition où il obtient la Palme d'or du 60e anniversaire du Festival, puis sa sortie à Paris, en octobre 2007, en présence de Gus Van Sant, auquel la Cinémathèque rend alors hommage avec une rétrospective et une exposition.

Elisha Karmitz, de sept ans le cadet de Nathanaël, emprunte un autre chemin mais parviendra au même endroit : un engagement sans faille pour mk2. Il choisit de faire des études de philosophie et de lettres, en classes préparatoires littéraires hypokhâgne et khâgne, puis

Nathanaël, Marin et Elisha Karmitz pendant l'édition 2022
du Festival Cinéma Paradiso, à Paris. Photographie de Cédric Canezza.

réussit le concours de Sciences Po en 2005, sans toutefois suivre la scolarité de la rue Saint-Guillaume. Sans doute était-ce une manière de montrer à ses parents qu'il en était capable. Car, dès l'année suivante, il entre chez mk2 au poste d'adjoint du directeur d'exploitation, puis s'occupe du magazine *Trois couleurs*, où il est très à son aise. « Il est fort dans l'expression, notamment festive, du cinéma, note son père. Il sait vraiment monter des manifestations, des avant-premières, des moments collectifs, et surtout leur donner du sens[67]. » Alliant la parole, la conceptualisation au sens de la fête, c'est lui qui lance « Cinéma Paradiso » en 2013, série de projections hors normes mêlant films, musiques, performances, nouvelles technologies.

Les deux frères co-dirigent désormais mk2, tandis que leur père reste un temps président du directoire de l'entreprise. « Ce qui me fait plaisir, explique-t-il, c'est de voir mes fils reprendre mk2 mais également certaines idées, qu'ils adaptent à leur époque et à leur sensibilité. Par exemple, l'idée du cinéma comme lieu de vie, ou celle de la responsabilité des films vis-à-vis du monde où nous vivons. Un film, c'est un mode de vie et aussi un acte d'engagement moral. Je ne sais pas ce qui se serait passé s'ils n'avaient pas suivi ou compris comment continuer l'esprit de mk2. Je pense que j'aurais vendu[68]. » En 2012, les trois Karmitz, père et fils, annoncent que la société se retire de la production cinématographique. Mk2 a définitivement changé de direction, de nature, mais pas de culture.

Cette évolution recentre indéniablement mk2 sur ses salles, priorité marquée, et sur ce qui en dépend et les fait mieux exister : nouvelles technologies, passage résolu et précoce au tout-numérique, autres manières de voir les films, de les vivre, de les habiter. C'est en douceur, mais résolument, que les priorités changent.

Défense de la profession

Pour Marin Karmitz, ce désengagement progressif de mk2 au profit de ses fils n'implique pas un retrait du milieu du cinéma ou un désintérêt pour la politique culturelle. La logique est différente : cherchant à s'éloigner de sa création, il s'investit dans d'autres tâches, plus corporatives et collectives. C'est ainsi qu'il préside, entre 2001 et 2006, la Fédération nationale des distributeurs de films (FNDF) et le BLIC, le Bureau de liaison des industries cinématographiques, l'équivalent du « MEDEF du cinéma français », entre 2002 et 2004. Marin Karmitz le fait à sa façon, de manière énergique et charismatique, ou autoritaire pour certains.

Le contexte du cinéma français l'impose sans doute, car il est à la fois rassurant et inquiétant. La grave crise du cinéma au milieu des années 1980, jusqu'au début 1990, décennie difficile, a été surmontée. Quand Marin Karmitz prend ses fonctions à la tête de la FNDF, en 2001, la situation est favorable. « Les cinémas français font écran plein [69] », titre *Le Figaro* en constatant les chiffres : les salles hexagonales enregistrent plus de 180 millions d'entrées en 2001, soit une augmentation de 12 % par rapport à l'année précédente. Ce chiffre était descendu à 112 millions d'entrées en 1992, plus bas étiage. Le sursaut, en dix ans, est de près d'un tiers de gain de fréquentation des salles de cinéma en France. Et la part de marché pour les films français est également remontée en flèche, s'établissant à 43 % en 2001, entraînée par quelques succès importants comme *Le Fabuleux Destin d'Amélie Poulain* de Jean-Pierre Jeunet, *Le Pacte des loups* de Christophe Gans, ou quelques comédies comme *La Vérité si je mens !* de Thomas Gilou. Ce pourcentage restera assez stable ensuite, jusqu'aux années 2020.

Il faut nuancer cet état de santé, tout n'est pas rose. Si 21 films français ont dépassé le million d'entrées, près d'une centaine ont réalisé moins de 10 000 entrées, soit près de 40 % des films français distribués. L'écart se creuse entre les riches et les pauvres, au sein des sociétés de distribution : les 10 plus grosses s'octroient plus de 85 % des entrées, tandis que les 85 autres se partagent le reste. De là quelques problèmes récurrents : l'inflation du nombre de films en salle engendre de forts coûts de sortie et une vitesse de rotation des films toujours plus importante, ce qui fragilise les indépendants, notamment les producteurs, distributeurs et exploitants les plus modestes.

La situation, de plus, est troublée par quelques enjeux nouveaux. En mars 2000, UGC lance sa « carte illimité », permettant, moyennant finance, une fréquentation « illimitée » des salles de son circuit. Le débat qui s'engage est vif. Pour les salles et distributeurs indépendants, c'est un risque, puisqu'ils en sont exclus et peuvent considérer cette offre comme de la concurrence déloyale. Il existe bien des systèmes d'abonnement, salle par salle, ou réseau par réseau, mais l'offre n'est évidemment pas la même. Comment réagit mk2 ? « Au départ, j'y étais tout à fait opposé, explique Marin Karmitz. Je crois réellement que la culture, tout comme la psychanalyse, ne peut pas être gratuite. C'est aussi pourquoi je suis extrêmement opposé à la légalisation du piratage. C'est un manque profond de respect pour les créateurs. J'étais contre la carte "illimité", et j'ai fait ce que j'ai pu pour que ces cartes n'existent pas. Par contre, sur le plan commercial, l'initiative a eu des effets bénéfiques sur la fréquentation en France, en particulier sur les films "difficiles" et non sur les *blockbusters*. C'est donc un aspect positif que je n'avais pas imaginé à l'époque [70]. » Pour mk2, la logique « commerciale » l'emporte : le réseau ne peut pas rester en dehors de cette offre nouvelle. En quelques mois, la carte « illimité » UGC rafle près de 15 % du marché. Une stratégie d'urgence est mise en place pour parer à la nouvelle situation, dangereuse pour l'entreprise : faire alliance avec Gaumont, malgré les hésitations et les pesanteurs de la vieille maison dirigée par Nicolas Seydoux, pour sortir une carte commune.

L'autre débat qui exacerbe les passions concerne l'exception culturelle. En qualifiant, le 15 décembre 2001, ce combat contre l'américanisation de la consommation culturelle d'« archaïsme franco-français [71] », Jean-Marie Messier, le PDG de Vivendi, déclenche une levée de boucliers salutaire. Sans doute, pris dans une vision mégalomaniaque, est-il allé trop loin ? La ministre de la Culture, Catherine Tasca, sur l'antenne de France Inter, s'est dite « scandalisée » par ces propos, protestation à laquelle adhèrent la plupart des dirigeants d'entreprises culturelles en France : « L'idée de l'exception culturelle n'est pas archaïque, encore moins franchouillarde. Je crois au contraire que c'est une idée d'avenir, parce que, si le monde de demain est un monde où les grands groupes possesseurs des médias et producteurs des biens de consommation culturelle, sont les seuls à déterminer les frontières et la liberté de nos créations, ce sera un monde où peu de peuples se reconnaîtront [72]. » Marin Karmitz enchaîne : « Les propos de Messier ne sont pas surprenants, mais scandaleux, car c'est grâce à cette exception culturelle qu'il a pu mener son aventure de conquête de l'Amérique. Aujourd'hui, même les Américains ont compris, et pris de fait, ce que la France proposait de plus étonnant et de plus original : considérer que la culture n'est pas un simple bien de consommation comme les autres [73]. »

Un troisième front s'ouvre bientôt, sur lequel Marin Karmitz intervient, même s'il est largement incompris et s'en trouve même attaqué de manière très vive. Lorsque des cinémas d'art et essai décident d'agrandir leurs salles, pour concurrencer les multiplexes qui se sont désormais étendus à toute la France – on compte quatre-vingt-cinq cinémas de six salles ou plus dans l'hexagone en 2002 –, les plus grands réseaux, UGC, Gaumont, Pathé, mais également mk2 en région parisienne, décident de les attaquer en justice pour « concurrence déloyale ». Ces cinémas art et essai qui s'agrandissent le font généralement en comptant sur des subventions nationales ou municipales. C'est le cas à Lyon avec le Cœmedia, puis à Épinal avec le Palace, à Noisy-le-Grand avec Le Bijou, à Hérouville-Saint-Clair avec le Café des Images, et à Montreuil avec Le Méliès.

Élaboré dès 2001, déposé en 2007, le projet du Méliès rénové prévoit six salles en centre-ville de la cité de l'Est parisien, pouvant attirer plus de mille cent spectateurs, ce qui en fait le plus grand cinéma d'art et essai de France, pratiquant des tarifs préférentiels grâce à son système d'abonnement. Il est financé en bonne partie par la municipalité et la communauté d'agglomérations de Seine-Saint-Denis. Mk2, qui craint beaucoup pour la fréquentation de ses salles à Nation et Gambetta, très proches, part à l'offensive contre ce projet et le dénonce pour « concurrence déloyale bénéficiant de subventions publiques » [74]. Si la position est légitime et recevable juridiquement, l'image donnée par mk2 n'est pas bonne, laissant l'impression que la société indépendante issue des combats politiques de la cinéphilie s'est tournée vers les groupes en position dominante, notamment à l'occasion des partenariats promouvant une carte « illimité ». Comme si une « nouvelle alliance entre les requins du secteur [75] » était à l'œuvre, incluant désormais mk2 parmi les « gros poissons » [76].

La polémique enfle, et le maire de Montreuil, Jean-Pierre Brard, passablement énervé et excessif, dénonce Marin Karmitz dans une émission de radio comme un « homme d'argent » qui voudrait « se faire passer pour un homme de gauche et de culture ». Et de conclure : « Nous avons arraché le masque. Il y a longtemps que M. Karmitz a perdu tout humour. Comme le vin, il y a des personnes qui évoluent bien et d'autres qui tournent à la piquette. M. Karmitz est plutôt dans l'étagère de la piquette [77] ! » Le patron de mk2 est blessé par ces attaques. Furieux, il choisit également d'attaquer Brard en justice pour diffamation – il sera débouté, la 17e chambre civile jugeant que ces propos, pour « déplaisants et négatifs » qu'ils soient, « n'excédaient pas les limites admissibles de la liberté d'expression » [78]. En 2010, mk2 renonce à ses poursuites après que la mairie de Montreuil, désormais écologiste avec Dominique Voynet, a annoncé la conclusion d'un accord par lequel Le Méliès s'engage à « ne pas favoriser un dumping des prix [79] ».

À la tête de la Fédération nationale des distributeurs de films, puis du BLIC, Marin Karmitz a du pain sur la planche. Il cherche surtout à « réunir la profession », comme il l'affirme dans un entretien du *Film français* : « Désunis, nous ne pouvons pas faire face aux dangers. Cette union n'est pas une unification, car ce qui fait la force du cinéma français, c'est son pluralisme. On peut tous se retrouver dans la défense d'une *industrie de prototypes*, combat du cinéma français depuis si longtemps [80]. » Cet appel à l'union n'est pas toujours compris – Jean Labadie, Fabienne Vonier, Francis Boespflug, tous anciens de mk2, provoquent même une scission en créant une association de distributeurs concurrente –, mais trouve cependant sa concrétisation en mars 2003 quand Marin Karmitz, au nom du BLIC, et Robert Guédiguian, président du BLOC (Bureau de liaison des organisations cinématographiques, regroupant essentiellement les petites sociétés indépendantes), font cause commune devant le Conseil supérieur de l'audiovisuel pour faire pression sur les chaînes de télévision afin qu'elles assurent un meilleur financement de la diversité des films français.

Le principal combat de Marin Karmitz aboutit au début de l'année 2004 sur un « nouveau pacte » entre les instances du cinéma français

(CNC, BLIC, BLOC) et Canal+, qui reste son principal financier et diffuseur. La chaîne cryptée s'engage, dans les cinq ans à venir, à consacrer 17 % de son obligation d'acquisition aux films d'expression française. Canal+ veillera de plus à financer une large palette de films, « intervenant de manière équilibrée sur tous les segments de budget du marché » [81]. Pour la chaîne, il s'agit donc de consacrer 9 % de son chiffre d'affaires à l'acquisition de films français, 12 % à des films européens, dont 80 % de ces œuvres en pré-achat avant le premier jour de tournage. L'accord, négocié pendant deux ans, est une bonne chose, notamment quand on sait que la chaîne cryptée, en 2001, menaçait de se retirer massivement du financement du cinéma français et de reporter l'essentiel de ses efforts sur la diffusion des sports et le financement de ses propres programmes de fiction télé. L'accord conclu, en février 2004, Marin Karmitz laisse sa place à la direction du BLIC, puis, en 2006, se retire également de la Fédération nationale des distributeurs de films.

De Mao à Sarko

Le cas Karmitz ne s'arrange pas, aux yeux d'une bonne partie du milieu culturel, quand il accepte, le 13 janvier 2009, à la demande de Nicolas Sarkozy, président de la République, de prendre la délégation générale du Conseil de la création artistique [82]. Cette nouvelle instance est directement présidée par le chef de l'État, vice-présidée par le Premier ministre, François Fillon, et par la ministre de la Culture, Christine Albanel. Sa mission consiste à « proposer aux pouvoirs publics une nouvelle politique en faveur de la création artistique, tournée vers l'excellence, favorisant sa diffusion en France et à l'étranger » [83]. Onze membres la composent, outre le délégué général, tous précisément choisis par Marin Karmitz : Henri Atlan, son mentor, professeur honoraire en biologie humaine à l'hôpital Hadassah de Jérusalem, Laurent Bayle, directeur de la Cité de la musique et de la Salle Pleyel, Jacques Blanc, directeur du Quartz, scène nationale de Brest, Hervé Chabalier, PDG de l'agence Capa, Emmanuel Ethis, recteur de l'académie d'Avignon, Vincent Frèrebeau, fondateur du label Tôt ou tard, Dominique Hervieu, chorégraphe et directrice du Théâtre national de Chaillot, Emmanuel Hoog, PDG de l'INA, Laurent Le Bon, directeur du Centre Pompidou-Metz, Olivier Meyer, directeur du Théâtre de l'Ouest parisien, Jean Vient, directeur du Centre des arts du cirque de Basse-Normandie.

Les réactions sont vives et moqueuses contre le « chef du comité Bidule » [84]. On se gausse du ralliement de l'ex-gauchiste au sarkozysme : « De Mao à Sarko [85] » est l'expression qui revient le plus souvent, provoquant nombre d'enquêtes et de chroniques dans les journaux à propos du « joli coup [86] » pratiqué par l'homme de droite « ratissant les milieux culturels de gauche [87] », ou sur l'influence de son épouse et l'existence d'une « bande à Carla [88] », d'une « gauche Carla [89] », de « copains de Carla [90] », et encore sur le petit monde des « maosarkozystes [91] », de la « gauche caviar à la mangeoire [92] », sur la « galaxie rose du président » [93]. Tous ces textes pointent l'apparition opportuniste d'une nouvelle espèce politique, les « sarkozystes de gauche [94] », où cohabiteraient avec Marin Karmitz Denis Olivennes, Président de la FNAC, Frédéric Mitterrand, neveu de l'ancien président, Max Gallo, néo-académicien, des acteurs sociaux comme Jean-Pierre Jouyet ou Martin Hirsch, un ancien ministre tel Bernard Kouchner, ou des intellectuels comme Bernard-Henri Lévy, Élisabeth Badinder, Jacques Attali, Alain Finkielkraut, Pascal Bruckner, tous passés sous le charme d'un Président omniprésent qui entend déposséder son opposition de son rôle et de ses ouailles. *Le Canard enchaîné* consacre un dossier entier à ces « Épris de cour [95] » proliférant dans cette « société de cour de récré [96] », profitant du règne et des prébendes de « Nicolas-le-petit » [97]. « Partir du maoïsme pour arriver au sarkozysme n'est pas contradictoire, c'est juste un grand bond en avant [98] », ironise le volatile moqueur.

C'est la première fois que Marin Karmitz répond ouvertement à une initiative de la droite politique. Il existe donc un vrai revirement. En mars 2002, il s'est encore clairement engagé dans le camp de Lionel Jospin, contre Jacques Chirac, participant au comité de soutien à la candidature socialiste à l'élection présidentielle et à un meeting des intellectuels et artistes à la Mutualité. En octobre 2003, il est en première ligne, en compagnie de Bertrand Tavernier, Robert Guédiguian, Ariane Ascaride, Tonie Marshall, personnalités de gauche, à intervenir publiquement par une lettre ouverte contre le projet de loi sur l'immigration de Nicolas Sarkozy, ministre de l'Intérieur, dénonçant une « aggravation des conditions de vie des étrangers en France » [99]. En février 2009, acceptant la proposition du même Nicolas Sarkozy devenu président de la République, il proteste encore de ses convictions : « Je ne suis pas passé au sarkozysme, je me sens toujours à gauche et fidèle à mes engagements pour une véritable politique culturelle [100] », dit-il dans un entretien donné à *Actualité Juive* pour répondre à ses détracteurs.

Vient la justification. S'il a accepté la proposition de diriger le Conseil de la création, c'est parce que « la gauche n'a pas fait elle-même le travail de réflexion et de politique sur la culture » [101]. « Depuis que Mitterrand a offert la première télévision privée à Berlusconi, explique-t-il, il n'y a plus de politique à gauche sur la culture [102] ! » Ou encore, plus direct : « La culture, la gauche s'en fout [103] ! » Or, réfléchir à une politique culturelle demeure « une priorité [104] » pour Marin Karmitz. Jack Lang, ministre de la Culture, lui avait bien fait une proposition de collaboration, mais il s'agissait de diriger une chaîne de télévision publique, en l'occurrence France 3, ce qu'il a refusé. « Je voulais faire des choses, avoir une action concrète au service de l'État, non plus passer des heures dans des commissions d'expert [105]. » En ce sens, Marin Karmitz voit au contraire « une certaine logique » dans son choix : c'est pour lui la continuation de son action culturelle, issue des efforts de démocratisation de la contre-culture initiée dès 1974 par la création des salles 14 Juillet. « En acceptant de travailler pour Nicolas Sarkozy au Conseil de la création artistique, j'ai essayé de répondre à cette sempiternelle question : faut-il combattre à l'intérieur de l'institution ou à l'extérieur ? J'ai choisi pour une fois l'intérieur [106]. » C'est de cette démission culturelle de la gauche qu'est né le revirement de Karmitz. Le diagnostic n'est pas tout à fait faux… Mais la réponse est-elle juste et le remède efficace ?

Il existe deux précédents à l'engagement de Marin Karmitz dans une instance modélisant la politique culturelle. En 1992, il s'est engagé dans la commission « Création culturelle » du XIe Plan, mais c'était sous le gouvernement de gauche de Pierre Bérégovoy. En 2008, il participe à la commission sur l'audiovisuel public, dite « commission Copé ». Forte d'une trentaine de membres, dont certaines figures de gauche comme le communiste Jack Ralite ou le socialiste David Assouline, présidée par le député et ministre de droite Jean-François Copé, la commission suggère par exemple, à la proposition explicite de Marin Karmitz, la suppression de la publicité sur les chaînes publiques de télévision, la redevance devenant la seule issue au financement. La commission rend son rapport en juillet 2008, et le gouvernement propose une réforme de l'audiovisuel en décembre suivant. Le débat se tient à l'Assemblée nationale avec ses répercussions au sein de l'opinion publique. Deux des dispositifs de la loi audiovisuelle entraînent alors des protestations des syndicats, de la gauche à l'Assemblée et d'une bonne part du milieu professionnel : la suppression de la publicité, vue comme un affaiblissement financier du service public par rapport aux chaînes privées, et la nomination du PDG de France Télévisions en Conseil des ministres, considérée comme une prérogative trop directement politique et une dépendance vis-à-vis de l'Élysée.

De manière assez provocatrice, Marin Karmitz intervient dans une interview du *Monde*, le 7 décembre 2008, pour soutenir ces deux points et la présidence, alors qu'il redoutait quelques semaines plus tôt que les députés de l'UMP « détricotent [107] » les propositions de la commission Copé. « Nicolas Sarkozy a peut-être sauvé France Télévisions [108]», lance-t-il dans *Le Monde*. La fin de la publicité ? « C'est une aubaine pour le service public, qui pourra montrer sa différence éditoriale [109]. » La nomination via Sarkozy ? « Cela mettra fin à l'hypocrisie, car tout le monde sait que cette nomination a toujours été celle du pouvoir politique [110]... » Karmitz est clair : il préfère une décision forte du pouvoir politique aux lobbies et aux syndicats « qui bloquent le débat » et « cèdent à tous les conformismes en refusant toute réforme » [111].

Ce soutien est immédiatement repéré par Nicolas Sarkozy, qui souhaite rencontrer Marin Karmitz. Un premier rendez-vous est annulé – « oublié [112] » par le producteur ! – et lors du second, mi-décembre 2008, la conversation commence : « Nous avons parlé deux heures, en tête à tête, puis avec Carla. Je leur ai parlé culture, politique culturelle. J'ai exposé ma théorie des trois bouleversements : chute du mur de Berlin, mondialisation de l'économie et des systèmes de diffusion, révolution numérique. Il a écouté avec beaucoup d'attention. À la fin du tête-à-tête, le Président m'a demandé si cela m'intéresserait de réfléchir à ces questions en dehors du ministère de la Culture, obsolète selon lui, pour le changer et l'adapter au monde contemporain [113]. » Marin Karmitz demande un délai de réflexion avant de donner une réponse.

Il sait parfaitement que, s'il accepte, son geste ne sera pas compris, son engagement interprété comme une trahison et que cela ne lui vaudra pas beaucoup d'amis. Mais deux éléments penchent en faveur de ce ralliement. Ce qu'il apprécie, c'est une relation directe et personnelle avec le sommet du pouvoir, lien qui court-circuite le rôle d'une commission, voire d'un ministère. De plus, il est surpris par cet homme autodidacte si « désireux d'apprendre », qu'il compare à un « enfant devant des trésors [114] » quand il lui fait envoyer les coffrets DVD des œuvres complètes de Chaplin, Truffaut, Chabrol et Bresson. Nicolas Sarkozy lui répond ainsi dix jours plus tard : « Je tenais à te remercier très chaleureusement pour les coffrets de DVD que tu as eu la gentillesse de m'offrir à l'occasion des fêtes de fin d'année. Sache que j'ai été particulièrement sensible à ta délicate attention et c'est avec beaucoup de plaisir que nous les regardons avec Carla. Je serai heureux de te revoir dès le début du mois de janvier, ton ami [115]. » Marin Karmitz est estomaqué : « Il s'est mis à tout regarder, tous les soirs un film différent, qu'il découvrait, souvent en compagnie de sa femme. En deux mois, il a vu tout Truffaut, Chaplin, Chabrol, Bresson, et m'a demandé ensuite de venir plusieurs fois à l'Élysée, le dimanche, pour discuter des films. Il pouvait m'appeler à 11 heures du soir pour comparer la *Jeanne d'Arc* de Dreyer et celle de Bresson ! Cette compulsion autodidacte de culture m'a touché. Je ne nie pas avoir été séduit, c'est vrai, par sa personnalité, que j'ai trouvée ouverte d'esprit et sympathique, et son réel appétit, tardif mais passionné, pour la culture [116]. »

L'autre élément qui entre dans sa décision est son propre désengagement de mk2. Accepter la direction du Conseil pour la création est une forme de « subterfuge [117] » qui l'oblige, concrètement, à quitter la rue Traversière. « Cela me permettait d'avoir des bureaux ailleurs [118] ! », dit-il en riant.

Marin Karmitz retourne à l'Élysée aux premiers jours de janvier 2009 et accepte l'idée d'un Conseil de la création artistique – l'appellation est de Sarkozy – dont il serait le délégué général – ce titre est de Karmitz. Il met trois conditions à cet accord : ne dépendre que du Président et non du ministre de la Culture ; pouvoir choisir son équipe ; disposer de moyens, 10 millions d'euros pour commencer, afin de « faire des expériences » [119].

Ministre de la Culture bis

Le Conseil pour la création emménage bientôt dans ses bureaux, trouvés rue de Varenne, près de l'hôtel de Matignon. Une secrétaire générale, Carine Camby, de la Cour des comptes, ancienne conseillère de la ministre de la Culture socialiste Catherine Trautmann, en 1997, chargée des médias et du cinéma, vient rapidement renforcer l'équipe et lui donner son ossature administrative.

La presse se demande quels vont être le mode et le rayon d'action du Conseil. « La commission Karmitz est-elle utile à la culture [120] ? », s'interroge *Télérama* dans un de ces débats contradictoires dont l'hebdomadaire est friand. « Pourquoi Sarkozy mise sur la culture pour sortir de la crise et comment il a besoin de Marin Karmitz [121]... », suppute *Le Figaro.* « Marin Karmitz saura-t-il convaincre le monde de la culture [122] ? », se demande *Le Film français.* « Le ministre-bis divise le landerneau de la culture [123] », juge *Le Monde*, qui pose directement la question : « Faut-il accepter l'argent du Conseil piloté par Marin Karmitz ? » Nombreux sont ceux qui partagent cette analyse : Sarkozy a nommé directement un « ministre de la Culture bis », lui permettant de contourner le ministère qui, selon lui, serait devenu inefficace. « Le M. Culture de Sarkozy [124] », titre d'ailleurs *VSD* pour un portrait de Marin Karmitz, tandis que *Le Nouvel Observateur* commence le sien par ces mots : « Aujourd'hui en France, le vrai ministre de la Culture est né en Roumanie [125]... » Et *Le Film français* de rappeler malicieusement que l'annonce de Nicolas Sarkozy s'est déroulée, lors d'un déplacement à Toulon, « cinquante ans quasi jour pour jour après qu'un certain André Malraux a porté sur les fonts baptismaux un ministère de la Culture à la portée tout aussi ambitieuse, avec la volonté, entre autres, de soutenir la création » [126].

Rue de Varenne, on s'active et on travaille. Les membres du Conseil sont très présents, les premières semaines, autour du délégué général qui, quant à lui, occupe le terrain. On est loin du « comité Bidule » moqué et redouté. De plus, en ces débuts du Conseil, Nicolas Sarkozy suit de près l'évolution des propositions et « protège » sa création des rivalités et des conflits de pouvoir.

Le 10 septembre 2009, six mois après son installation, Marin Karmitz tient conférence de presse au musée du Quai Branly pour annoncer la mise en route de dix projets et préciser la fonction du Conseil : « Être un laboratoire de recherche sur la création et les savoirs, avec la possibilité, unique au monde, d'expérimenter ces recherches [127]. » Il vante la souplesse et la rapidité d'action de ses propositions, financées à hauteur de 10 millions d'euros : « L'idée est de donner au Conseil de la création artistique les moyens d'expérimenter. Si un projet marche, on généralise. Sinon, on abandonne, sans ruiner l'État [128]. »

Que trouve-t-on dans les cartons du Conseil ? « Imaginez maintenant », une carte blanche aux jeunes artistes, de quinze à vingt-cinq ans, qui, dans des domaines aussi différents que la cuisine, la mode ou les arts, s'approprient, dans neuf villes de France, un lieu chargé d'Histoire ; la « Colline des arts » de l'Ouest parisien pour « refaire de Paris la capitale mondiale de l'art contemporain [129] », grâce à la synergie de toutes des institutions muséales situées autour du Trocadéro ; « Plaine commune », qui cherche à « intégrer les nouvelles formes d'habitat, les loisirs d'aujourd'hui, les transports, aux manifestations culturelles et aux festivals [130] » de la Seine-Saint-Denis ; un orchestre des jeunes musiciens classiques dans les quartiers sensibles, « DEMOS », calqué sur un modèle éprouvé au Venezuela ; une école de cinéma nomade sur une péniche ancrée au pied des cités du 93, animée par Abdellatif Kechiche ; le projet « Centre Pompidou mobile » qui, par sa circulation, « ouvre l'accès à la culture au plus grand nombre [131] » ; « Airs d'opéra, ère numérique », qui retransmet des grandes représentations lyriques dans des théâtres publics, et « Monet numérique » reproduisant et éditant l'œuvre du peintre sur un site internet, les deux projets pour « démocratiser la grande culture » ; la « Cinémathèque de l'étudiant », via une plateforme VOD, pour diffuser un ciné-club en ligne dans les universités ; « Walls and Bridges », festival de la pensée française à New York.

L'accueil par la presse est étonné, surpris par la rapidité de mise en place des projets et leur diversité. Le scepticisme l'emporte néanmoins, soit ironique : « Beau comme du Jack Lang [132] », lance *Paris Match*, sans doute pour moquer un « saupoudrage quelque peu artificiel [133] », soit perturbé par le côté « énumération à la Prévert [134] » que pointe *Le Monde*, par exemple. Ce n'est pas la philosophie habituelle des politiques culturelles à la française, qui se fondent sur les institutions subventionnées, théâtres et orchestres nationaux, centres dramatiques nationaux, scènes nationales, Centre national de la danse. Ce n'est pas non plus une recherche de mécénat ou de fonds privés « à l'américaine ». Plutôt une sorte de laboratoire des idées et des bonnes volontés, comptant sur des initiatives individuelles à vocation culturelle et sociale, soutenu par des fonds publics. En ce sens, les méthodes et les propositions du Conseil de la création artistique peignent assez fidèlement l'état d'esprit de Marin Karmitz. Il s'agit moins d'une politique culturelle que d'une « boîte à outils » pour artistes et créateurs voulant impliquer des publics différents, plus jeunes, éloignés des sphères culturelles habituelles.

L'opposition du monde de la culture est quasi unanime et s'exprime en une violente fin de non-recevoir. Quelques voix portent cette méfiance, des « artistes de service public », ainsi qu'ils se définissent eux-mêmes : Jean-Michel Ribes, directeur du Théâtre du Rond-Point, parle de « ces conneries du conseil de la création [135] » ; Jean-Pierre Vincent, metteur en scène important et grand manitou de la décentralisation théâtrale, évoque la « culture gadget » [136]. L'ancien ministre de la Culture, Jean-Jacques Aillagon, espère, quant à lui, un « sabordage inévitable » [137].

Ce sont surtout les différents syndicats culturels qui dénoncent la nouveauté. Le Syndéac, syndicat national des entreprises artistiques et culturelles, regroupant quasiment l'ensemble, environ trois cent cinquante, des directeurs de structures subventionnées, est immédiatement sévère avec le Conseil et oppose aux propositions un refus têtu. De même, la CGT-Spectacle ou la Coordination des intermittents et précaires appellent au boycott. De nombreuses manifestations ont lieu, rue de Valois devant le ministère, au Festival d'Avignon en juillet 2009 puis 2010, au Festival de Cannes en mai 2010 ou lors du forum Culture 2011 organisé par le ministère à la Villette en février 2011. À chaque reprise, en tête des revendications, revient la demande de « dissolution du Conseil de la création artistique, animé par Marin Karmitz » [138].

Dans *Tout est à nous !*, la lettre de la CGT-Spectacle, on peut lire, résumant cette opposition irréductible : « Être créatif pour Monsieur mk2, c'est l'incitation à devenir riche et célèbre. Son Conseil de la créativité prône le jet puissant de l'idée, et dénature comme archaïque, corporatif et académique toute responsabilité des collectivités publiques en matière de création artistique comme lien social, comme outil d'émancipation des individus. Ce Conseil confirme ainsi sa vraie nature : une créature de l'Élysée pour essayer de faire passer le plan de régression général [139]. »

L'autre opposition vient, plus sournoisement et parée de grands sourires et de protestations d'amitié, du ministère de la Culture. Le ministre ne peut interpréter que comme un affront la création d'un tel organisme qui semble le contourner. Marin Karmitz n'est pas toujours très diplomate. Dans *Le Monde* qui suit sa nomination, le 16 janvier 2009, il confie qu'il « faut se poser la question du financement de la culture, car la rue de Valois n'a plus de moyens »[140]. Immédiatement, la ministre Christine Albanel le convoque à déjeuner ; le communiqué qui suit cette première et fraîche rencontre apporte des nuances : « Je n'ai pas dit que le ministère avait perdu quoi que ce soit. J'ai dit que, depuis de très longues années, la culture n'était plus au cœur de la politique. Ce n'est pas la faute du ministère de la Culture mais des hommes politiques[141]... »

Avec l'entrée au gouvernement de Frédéric Mitterrand, en juin 2009, la donne change, et les relations entre les deux entités et les deux personnalités ne s'arrangent pas. Car lui aussi est venu en obtenant des garanties de Nicolas Sarkozy, puisqu'il a été nommé selon le même processus que Marin Karmitz, par décision directe et souveraine de la présidence, sans doute influencée par Carla. L'un des premiers actes de Frédéric Mitterrand au ministère qui, par ses fonctions, « vice-préside » le Conseil de la création, consiste à borner rigoureusement le cadre de l'action publique de son « subordonné ». Mitterrand a même une réponse cinglante sur la place qu'occupe, dans son esprit, le Conseil de la création : « Sur le plan administratif, je l'assimile à une DRAC *in partibus*[142]. » Une vulgaire Direction régionale des affaires culturelles !

La tactique est habile : il s'agit de cantonner sévèrement Marin Karmitz à son petit pré carré tout en faisant assaut d'amitié, puisque les deux hommes se connaissent depuis près de quarante ans et leurs combats communs à la tête de deux réseaux indépendants de salles à Paris, les Entrepôts et les 14 Juillet. Lors de la conférence de presse du délégué général au Quai Branly, le 10 septembre 2009, le ministre s'invite ainsi *in extremis* – il n'était pas mentionné dans le communiqué de presse –, montrant qu'il tient son rôle de vice-président et qu'il n'entend pas jouer les doublures. Dans les faits, tous les projets du Conseil de la création qui se concrétisent rapidement relèvent de la transversalité – « La culture doit être dans tous les ministères[143] », lance Karmitz –, par exemple des commandes du ministère de l'Éducation, de la Recherche, ou du haut-commissariat à la Jeunesse dirigé par Martin Hirsch. Alors que ceux qui empiètent directement sur les compétences du ministère de la Culture demeurent encore assez flous et resteront souvent englués dans les arcanes des délégations et des services internes de son administration. Frédéric Mitterrand est d'autant plus susceptible sur ses prérogatives que la presse du temps bruisse de débats, de rumeurs et de dossiers spéciaux sur « le malaise du ministère de la Culture[144] », « Faut-il arrêter le ministère de la Culture[145] ? », « Sert-il encore à quelque chose[146] ? », « Où est passée la politique culturelle ? »[147]. Scepticisme qui n'est pas très éloigné de ce que pensent et Nicolas Sarkozy et… Marin Karmitz.

Ce dernier n'est pas dupe. En octobre 2009, quelques semaines après l'humiliation de la conférence de presse du Quai Branly, il pense écrire à Nicolas Sarkozy pour lui présenter sa démission : « Pour moi, cette mission s'inscrivait dans un cadre très précis. Je ne dépendais que de vous en tant que président de la République et du Conseil de la création, je jouissais d'une entière liberté de réflexion et d'action, dans le cadre bien sûr de votre politique et des contraintes liées à votre fonction. Il se trouve que la situation non réglée, malgré mes très nombreuses demandes, du financement du Conseil m'amène à être totalement dépendant du ministère de la Culture, aussi bien pour les crédits de fonctionnement que pour les crédits d'intervention. Cette situation a été confirmée par le ministre de la Culture lors de sa conférence de presse du 1er octobre quand il a parlé d'une DRAC à propos du Conseil. Je m'imagine mal le président de la République devenir un président de DRAC sous les ordres du ministre de la Culture, et mon projet est incompatible avec l'idée d'être un fonctionnaire de ce même ministère. Tous les efforts que j'ai faits pour essayer de sortir de cette impasse, y compris en proposant une structure dynamique et moderne, ont été voués à l'échec. Cette situation rend mon travail impossible et nuit à l'indépendance du Conseil de la création. Cela me conduit donc à vous présenter ma démission[148]. » Cette lettre est un brouillon, elle n'a pas été adressée à l'Élysée. Mais elle dit le fond de la pensée de Marin Karmitz, qui l'expose directement au président de la République. Celui-ci dégage alors en urgence des financements nécessaires. Mais pour combien de temps ?

« C'est râpé… »

Sous perfusion directe de l'Élysée, le Conseil de la création ne résiste pas au calendrier de Nicolas Sarkozy. Plus le temps passe, plus le Président entre en pré-campagne électorale pour sa réélection. En 2010, il y pense « tous les jours en se rasant[149] » ; en 2011, il est désormais obnubilé par la chose. Toute son équipe élyséenne est également centrée sur cette échéance, et ceux qui n'ont pas le même calendrier quittent le navire. C'est le cas de Catherine Pégard, ancienne rédactrice en chef du *Point*, conseillère « Culture » du président de la République depuis 2007, et véritable interlocutrice, quasi quotidienne, de Marin Karmitz. Celle-ci rejoint fin 2010 la direction du château de Versailles, remplacée par Éric Garandeau, avec qui la complicité n'est plus la même. « Je n'avais plus d'interlocuteur à l'Élysée, précise alors Marin Karmitz, et Sarkozy rentrait de fait en campagne présidentielle. Je me suis senti abandonné [150]. »

Se méfiant des subventions du ministère de la Culture et ne comptant pas sur elles, le délégué général envisage de mettre en place un système mixte de financement public-privé, prenant exemple sur le « Fonds de dotation mixte » imaginé par Christine Lagarde pour le financement du Louvre Abou Dabi. Il cherche 20 millions d'euros, « levier nécessaire à lancer le financement des projets [151] » du Conseil de la création, moitié privé, moitié public. Des contacts semblent prometteurs avec Suez, la SNCF, Nexity, Vinci… qui sont prêts à s'engager à hauteur de 10 millions. Mais il faut l'aval de Nicolas Sarkozy pour inaugurer ce système de fonds de dotation mixte. Trois rendez-vous sont nécessaires. Le Président, à l'automne 2010, a d'autres priorités en tête. Il finit par donner son accord de principe, mais renvoie pour la validation du montage financier sur son conseiller spécial, Claude Guéant, et le ministre du Budget, François Baroin. Là, c'est un *niet* catégorique. Claude Guéant sollicite Frédéric Mitterrand, tout aussi peu convaincu. Puis François Fillon, Premier ministre, renvoie au Secrétaire général du gouvernement qui… renvoie vers le Conseil d'État. Marin Karmitz visite tous les guichets et finit au Conseil d'État, où Maryvonne de Saint-Pulgent, conseillère en charge des affaires culturelles, a beau jeu de lui opposer la tradition française en matière de politique publique de la culture pour contrecarrer son inititive.

« C'était râpé, se souvient le délégué général. Il fallait partir. On ne pouvait plus rien faire de nouveau, et ma seule ambition, désormais, consistait à maintenir les projets en cours. Dès que j'ai obtenu ces quelques garanties, j'ai présenté ma démission à Sarkozy. Je l'ai rejoint un beau dimanche de mars 2011 dans le jardin de l'Élysée. Il était en train de lire Proust ! Je lui ai expliqué la situation, tous ces blocages et j'ai simplement dit : "Je préfère m'en tenir là…" Il n'a pas accepté ma démission, nous avons simplement "arrêté" le Conseil de la création. Deux semaines plus tard, il nous recevait à l'Élysée pour nous remercier et nous réconforter : "Vous avez rempli votre mission…" [152] » L'arrêt du Conseil est rendu public peu après, en avril 2011, dans une indifférence polie.

Ce sabordage volontaire du Conseil de la création est accueilli comme une aubaine par Frédéric Mitterrand, qui en consacre la fin dans une lettre officielle datée du 28 juin 2011. « Je me suis engagé, écrit le ministre à son "ami de trente ans", en votre présence et devant le président de la République, à pérenniser certaines des expérimentations conduites au cours des deux années écoulées par le Conseil de la création artistique, dont j'ai, par ailleurs, publiquement salué le bilan. À cet effet, j'ai confié la réalisation et la mise en œuvre de ces projets majeurs à des établissements de mon ministère. Mes collaborateurs ont par ailleurs remis en cause la pérennité d'autres projets. Il est important que, de votre côté, vous vous gardiez d'édicter des solutions administratives sur l'avenir, telles que la signature de "décrets de virement". Je souhaite vous dire que j'accorderai personnellement une grande attention au devenir de votre ancienne équipe et que mon cabinet s'attachera à les faire affecter très vite à des postes correspondant à leurs compétences respectives au sein du ministère [153]. »

Quel est le bilan du Conseil de la création ? L'échec global du projet ne doit pas masquer les réussites du laboratoire. Six millions ont été effectivement dépensés. Quatre des idées ont été des flops : « Airs d'opéra, ère numérique », « Paris Ouest culture », ou la « Plaine commune », rencontrant l'indifférence en Seine-Saint-Denis, et l'école de cinéma nomade installée sur une péniche, Abdellatif Kechiche se disputant violemment et publiquement avec Marin Karmitz. Un des projets s'est effectivement déroulé, avec des résultats contrastés : « Imaginez maintenant », à moitié torpillé par le Syndeac et les institutions publiques qui devaient accueillir les manifestations de jeunes artistes dans neuf villes de province ; à moitié réussi, puisque, dans certaines villes, le succès a été au rendez-vous : dans la région parisienne, où vingt mille spectateurs se sont assemblés le premier weekend, à Amiens, où il a permis de relancer les hortillonnages, ou à Bordeaux où l'îlot Rive Droite est aménagé à partir de cette initiative.

Par contre, trois des projets ont été largement soutenus, et ont marqué d'une manière ou d'une autre. On tient là le cœur du laboratoire Karmitz, le nerf le plus vif de ce que le délégué général aurait aimé pouvoir expérimenter. L'orchestre des jeunes DEMOS, repris en charge par la nouvelle Cité de la musique, financé à hauteur de près de 2 millions, qui essaime ses sept mille musiciens juniors dans les cités, « expériences magnifiques [154] » pour Laurent Bayle son initiateur et Marin

Karmitz, quant à lui « sincèrement touché et ému par ces concerts qui révélaient leurs talents et la musique à des jeunes gens qui ne pouvaient pas en avoir conscience auparavant »[155]. De même, « Walls and Bridges », sous la direction de Guy Walter, avec un budget d'un million, a permis en cinq éditions successives de ce « festival intellectuel » à New York, de 2009 à 2013, de faire traduire, colloquer, performer et connaître les renouveaux contemporains de la French Theory. Enfin, le Centre Pompidou mobile, initié par Laurent Le Bon, dessiné par Patrick Bouchain, a offert huit cents mètres carrés d'exposition d'art contemporain qui se sont promenés durant deux années dans les banlieues, les régions défavorisées ou les communes rurales en faisant découvrir des œuvres originales à ceux qui, *a priori*, n'en étaient pas les destinataires. « Plutôt que de faire venir les gens au musée, aller chez les gens avec le musée. C'est une idée de 68, une idée de la gauche prolétarienne, celle des "artistes aux pieds nus"[156]… » lance Marin Karmitz.

Reste la plateforme VOD de la Cinémathèque de l'étudiant, pilotée par Emmanuel Ethis, qui cherche sa voie : le projet intellectuel et cinéphile est brillant, mais les conditions de sa possibilité s'avèrent complexes. Rien n'est possible du côté du ministère de l'Éducation nationale, puis le ministère de l'Enseignement supérieur semble débloquer les choses, sous la conduite de Valérie Pécresse, avant que son départ pour un autre ministère bloque à nouveau le projet, finalement abandonné. Marin Karmitz, quant à lui, croit toujours, comme il le dit dans le seul entretien rétrospectif sur cette expérience du Conseil de la création, publié en mars 2012 dans *Le Journal des Arts*, que « la culture peut changer la vie »[157].

Dissolution

L'homme a été choqué par cet échec, blessé par les virulentes attaques, voire des insultes, qu'il a subies, par cette image de traître et d'opportuniste, même d'homme d'argent, qui a accompagné ces deux années passées loin de l'abri protecteur de la rue Traversière. Il trouve ces réputations d'autant plus injustes et ces attaques d'autant plus cruelles qu'il reste persuadé d'être en cohérence avec lui-même. Marin Karmitz n'a pas été compris, et il s'en veut de n'avoir pas su s'expliquer, faire admettre sa démarche. « Cet engagement a été perçu, je le sais, comme totalement paradoxal, alors qu'à mes yeux il était en cohérence avec le déplacement de la politique, régulièrement pratiqué, de la marge vers le centre et les structures de pouvoir. Il est parfois nécessaire de travailler avec ces “contraintes”, qu’il s’agisse des financiers privés, des représentants des institutions et de l’État. Je ne suis pas “passé à droite” comme un certain nombre d’anciens maoïstes l’ont fait. Je revendique ma liberté. Quand Nicolas Sarkozy m’a proposé d’animer ce Conseil de la création, j’y ai vu l’opportunité unique de passer au centre du système et de pouvoir changer les choses de l’intérieur. J’ai toujours voulu former un contre-pouvoir. Là, j’ai cherché à fonder ce contre-pouvoir au sein même du pouvoir, comme nous l’avions envisagé en 68. Alors oui, c’est sûr, on a pensé que pour moi, la Gauche prolétarienne et Nicolas Sarkozy, c’était la même chose, puisque je suis passé de l’une à l’autre. Je n’ai pas su ou pas pu expliquer la cohérence de mon geste, qui a été vécu comme une trahison, alors que, pour moi, il s’agissait de la poursuite d’un même combat autrement et ailleurs, d’un même cheminement politique. Illusion sans doute. J’ai choisi ; je ne suis pas convaincu que le choix fût bon [158]. »

Les quelques mois qui suivent l’arrêt du Conseil de la création sont difficiles. D’autant plus que Marin Karmitz a perdu un ami, à nouveau, perte d’autant plus cruelle et brutale qu’il ne s’était pas réconcilié avec lui après une brouille sévère. En effet, Claude Chabrol se meurt et disparaît en trois semaines lors de l’été 2010, victime d’un cancer généralisé à quatre-vingts ans. Le cinéaste, en août 2010, a appelé « son » producteur, qu’il n’a pas vu depuis sept ans, pour solder ce que Marin Karmitz, très touché, a nommé alors « une dispute de vieux cons » [159]. Ils conviennent d’un déjeuner mi-septembre à Paris « afin de reprendre peut-être, espère le cadet, notre route ensemble » [160]. Chabrol lui décrit son état, tel qu’il le ressent : « J’ai perdu une partie de mon tonus. Je le sens bien le matin, où il me faut plusieurs heures et un long bain pour émerger. Je suis une vraie loque au réveil et ensuite je reprends du poil de la bête. J’ai franchi un cap, les quatre-vingts ans, et même si je ne crois pas aux chiffres ronds, je suis intéressé de savoir si j’ai perdu quelque chose dans ma capacité à gérer un plateau [161]… Je n’ai pas peur de la mort, mais j’en ai la crainte. » Elle survient bien plus vite que les deux hommes le redoutaient, le 12 septembre 2010, par une matinée pluvieuse.

« Quand le Conseil a été dissous, reprend Marin Karmitz, et que j’ai dû revenir dans les locaux de la rue Traversière après deux ans et demi d’absence, ce n’étaient plus les mêmes bureaux, ce n’étaient plus les mêmes rapports. Et là, j’ai été quelque temps totalement désespéré. Je vivais le Conseil comme un échec terrible. Je vivais violemment les insultes à mon égard. Autant j'avais réussi à mettre les critiques de côté pendant que je faisais les choses, autant, après, j'ai encaissé les coups plus difficilement. Il m'arrivait de croiser des gens que je connaissais et qui refusaient de me serrer la main. J'étais un pestiféré parce que j'avais travaillé avec Sarkozy. Je n'avais plus de travail, et je ne voulais plus peser économiquement sur la boîte. J'avais un sentiment d'injustice, d'échec, doublé d'un sentiment de dépossession. C'est une difficulté d'accepter de se mettre dans l'ombre, même pour laisser deux fils aller vers la lumière à votre place. Se mettre en retrait, c'est accepter de ne plus assister à un certain nombre de réunions, de ne plus intervenir pour donner son avis, de ne plus se mêler des contrats, des scénarios, des montages. Accepter de ne plus "être au courant". Je ne veux pas passer pour une victime, ce serait indécent, mais ce fut objectivement assez dur pour moi. Je changeais de rythme de vie, je le vivais comme un déchirement. Je devais trouver d'autres occupations [162]. »

Alors, Marin Karmitz envisage d'occuper ce temps vacant et délicat en travaillant à un livre d'auto-justification où il s'expliquerait sur le Conseil de la création, en revendiquerait les réussites, en critiquerait les échecs. La sociologue Nathalie Heinich a accepté de le faire avec lui et, le 15 mai 2011, lui suggère un titre, *Propos sur un Conseil*, un éditeur et un synopsis : « Plus qu'un entretien, ce sera une discussion, pas forcément consensuelle, entre un praticien de l'action culturelle et une chercheuse en sociologie de la culture. Qu'est-ce qui, aujourd'hui, est "de droite" ou "de gauche" en matière d'action culturelle ? La gauche doit-elle continuer à défendre les positions des "artistes établis" au risque d'empêcher l'intégration des "exlus", les pauvres et les jeunes ? Le corporatisme n'est-il pas en train de glisser à gauche ? "L'affaire" de ce Conseil est révélatrice de troubles profonds dans la reconfiguration des positions politiques [163]. »

Puis, d'un coup, tout cela semble lasser Marin Karmitz. Il décide de tourner la page et d'investir d'autres champs, de sillonner deux autres passions, qui seront celles de sa vieillesse, enfin assumée : l'art contemporain et l'étude talmudique. Mais, auparavant, il décide d'emmener ses deux fils, Nathanaël et Elisha, qui ne connaissent pas le pays, pour un voyage en Roumanie.

X

Les mondes de l'art

Alors qu'il recouvre sa liberté, après la dissolution du Conseil de la création, Marin Karmitz choisit de donner temps et énergie à une autre passion qui l'a conduit, depuis vingt ans, à réunir l'une des plus belles collections d'art contemporain en Europe, notamment de photographies [1]. Il décide de rendre publics son goût pour l'art et sa collection elle-même. En mai 2009, Marin Karmitz propose un premier parcours personnel au sein d'une importante exposition, *Silences*, au musée d'Art moderne et contemporain de Strasbourg [2]. Cette expérience de « commissaire d'exposition » lui plaît. « Penser une exposition, la concevoir et la monter, revient à faire de la mise en scène [3] », confie-t-il.

Silences *au musée*

Tout a commencé en juillet 2006, au Palazzo Grassi de Venise, lors de l'inauguration *in situ* de la Fondation Pinault d'art contemporain : « Lors du dîner, j'ai eu l'occasion de rencontrer Fabrice Hergott, alors directeur des musées de la ville de Strasbourg. Nous avons parlé des mouvements artistiques d'après-guerre, du Nouveau Roman à la Figuration narrative, évoquant ce temps révolu où des intellectuels, de Foucault à Barthes, s'intéressaient à la peinture et écrivaient des préfaces dans les catalogues d'exposition. Pourquoi ne pas monter une exposition sur les rapports des philosophes à l'art entre 1950 et le début des années 1970 ? "Qu'à cela ne tienne !" m'a-t-il répondu, et il m'a immédiatement confié le commissariat de l'exposition ! Ayant un peu abusé d'un délicieux Château-Latour au cours du repas, j'ai préféré laisser passer une bonne nuit de sommeil avant de relever le défi [4]. »

Un an plus tard, Marin Karmitz est à pied d'œuvre, dans le beau musée d'Art moderne de Strasbourg, créé en 1998. Assez vite, la perspective de l'exposition change : non plus partir des philosophes pour aller vers l'art, mais le mouvement inverse : partir des œuvres et trouver une idée qui les réunit, une pensée née de l'art pour aller vers la philosophie de l'Histoire. « Dans les années 1970, explique le commissaire, avec le retour dans la mémoire française et européenne de la guerre, des occupations, de la Shoah, du traumatisme de l'extermination des Juifs, l'art du présent a eu besoin de "sortir du cadre" de la peinture pour s'exprimer autrement. C'est cela que j'ai voulu montrer [5]. »

Fabrice Hergott, le directeur du musée, quitte cependant ses fonctions, partant diriger le musée d'Art moderne de la ville de Paris. Marin Karmitz craint un temps pour son projet, mais il est rapidement rassuré par la nouvelle arrivante, Joëlle Pijaudier-Cabot, qui prend ses fonctions au MAMCS en mars 2008 et confirme, avec enthousiasme, la tenue de l'exposition. Le commissaire s'investit entièrement dans cette tâche tout au long de l'année 2008 : il aime l'idée de transformer le plateau de sept cents mètres carrés qui lui est confié en un « grand studio de cinéma ». « J'ai vraiment eu l'impression de retrouver la mise en scène de cinéma, dit-il, comme si je revenais à mes débuts de réalisateur. Seulement, cette fois, le scénario était écrit avec des œuvres, qui devenaient en quelque sorte mes personnages. À partir d'eux, mes idées prenaient forme en trois dimensions, et c'était passionnant. Le but consistait à transmettre des émotions, celles créées par les œuvres, grâce à leur mise en scène dans l'espace, à la lumière, à la scénographie. J'ai pris cela comme une sorte de cinéma sans parole, un film muet [6]. » D'où le titre bientôt donné à l'exposition : *Silences*, né également de l'idée que certains artistes cherchent à « prendre la parole » en brisant ce silence de l'Histoire, en le rendant « expressif », selon un mot de Fernando Pessoa qui a marqué le commissaire : « Tout art forme les projections d'un silence expressif [7]. »

Pour donner consistance à cette entreprise, Marin Karmitz s'allie avec le plasticien Patrick Bouchain, qui dessine une scénographie ambitieuse et complexe, une sorte de grand labyrinthe de boîtes et de passages, souvent étroits et aveugles, structurant le parcours, visite débouchant soudain sur une œuvre dans sa pleine unicité. « Il faut que les visiteurs aient le sentiment d'être perdus, explique l'artiste, qu'ils remontent le temps en revenant sur leurs pas et qu'ils se construisent leur propre parcours. Puis, ils se retrouvent dans la maison d'un créateur [8]. » L'autre élément scénographique important est la présence de lumières tremblantes, vibrantes, qui laissent la pénombre envahir l'espace, ambiance fantomatique, entre fête et deuil. « Je me suis inspiré de la fête juive de *Hanouka*, précise Marin Karmitz, lorsque des dizaines de bougies sont allumées dans les maisons et éclairent l'extérieur [9]. »

Tout part des créateurs. La première « traversée » d'une œuvre parcourt celle de Joseph Kosuth, *Du phénomène de la bibliothèque* (2006), milliers de livres posés au sol, recomposant un long labyrinthe, entourés de sérigraphies sur verre et de bibliothèques de certains philosophes. Puis viennent les mannequins de Christian Boltanski (*Prendre la parole*, 2005), forêt de lampadaires-personnages « en marche », faiblement éclairants, vêtus de manteaux et de chapeaux noirs, qui lancent des bribes de phrases, évoquant un paysage urbain de ville fantôme. L'œuvre n'est pas sans lien avec la mythique *Classe morte*, le spectacle de Tadeusz Kantor (1975), dont Marin Karmitz, grand admirateur du metteur en scène polonais, a pu obtenir le prêt par la « Cricothèque » de Cracovie. Un morceau de décor, artisanal, impressionnant et funèbre, est planté là, trois rangées de bancs d'écoliers occupés par des mannequins-élèves aux regards fixes, inexpressifs, et aux tristes visages de cire. *La Forêt* d'Alberto Giacometti, sept figures féminines décharnées, hiératiques et frontales, fixées sur un socle qu'on dirait de lave et de cendres fondues, occupe le centre de l'espace, dialoguant avec les œuvres de fin du monde, composant un désastre silencieux. Autre labyrinthe, celui proposé par Ilya et Emilia Kabakov, dédale de l'appartement moscovite de sa mère faisant voir et entendre, murmurée, la vie de cette famille ordinaire. Chris Marker, autre admiration de Marin Karmitz, montre *The Hollow Men* (2005), inspiré du poème de T.S. Eliot, *Les Hommes en creux*, reflétant sur huit écrans des images d'hommes blessés dans les tranchées de la Grande Guerre et des visages de femmes en *Mater dolorosa*. Des œuvres d'Annette Messager (un superbe « Ciineeemaa », mot cousu en tissus et peluches, 2001), Juan Muñoz (un homme hurlant suspendu dans le vide, assis sur une chaise accrochée à un mur), Dieter Appelt, Georg Baselitz, Robert Gober, On Kawara, Mario Merz, Bruce Nauman et Martial Raysse complètent l'ensemble de cet impressionnant panorama contemporain, face sombre de l'Histoire.

L'exposition *Silences*, qui ouvre d'avril à août 2009, est très bien reçue. La presse est dense et, le plus souvent, dithyrambique, des *Dernières nouvelles d'Alsace* (« Les Silences de Karmitz [10] »,) à *Télérama* (« Éloquents Silences [11] »), de *L'Œil* (« Silences d'un cinéaste [12] ») aux *Échos* (« Beauté muette à Strasbourg [13] ») ou à *L'Humanité* (« Prendre la parole [14] »). Seul *Artpress* fait la fine bouche devant ces « œuvres de valeurs sûres et établies sans grande originalité » [15]. Plus de cinquante mille visiteurs se pressent à l'exposition, ce que le magazine *Beaux-Arts* reconnaît comme une « surprenante réussite » : « Une très belle fréquentation pour une exposition d'art contemporain pilotée par Marin Karmitz, qui a su trouver son public [16]. »

Collectionneur de regards

La collection de Marin Karmitz, l'une des plus riches en Europe, s'est constituée sur trente ans, depuis la fin des années 1980. Mais l'esprit collectionneur, lui, vient de plus loin. « Ce regard et cette habitude, explique Marin Karmitz, ont consolé et fortifié l'adolescent solitaire qui arrive à Paris au début des années 1950. J'ai fait alors deux découvertes, l'Orangerie du Jeu de Paume, où je passais mes dimanches. Caillebotte, Van Gogh, Fantin-Latour, Bonnard, les impressionnistes, où j'ai exercé mon regard, et les bouquinistes, le long de la Seine, avec la lecture mais aussi l'acquisition de livres, récents ou anciens : Blaise Cendrars, Louis Aragon, Malcolm Lowry, puis Adamov, Ionesco, Beckett. Je fonctionnais justement par "collections" : les couvertures bleues chez Denoël, les jaunes chez Grasset, la NRF, et les Éditions de Minuit. Pour financer ces achats, j'allais jouer aux courses à l'hippodrome de Longchamp [17]. » C'est alors, entre treize et vingt ans, que naît l'*habitus* collectionneur de Marin Karmitz, moins systématique que « chineur », attaché aux coups de cœur et aux curiosités personnelles.

Ensuite vient une pratique, celle de la photographie, qui prépare à la collection. « Ce sont Johan van der Keuken, de qui j'étais proche à l'IDHEC, et Chris Marker, au long des années 1960, qui m'ont initié à la photographie. Eux-mêmes vivaient avec un appareil photo en bandoulière et, lors de promenades communes dans Paris, cet apprentissage s'est naturellement imposé. Bientôt, pour préparer mes films ou par militantisme, je passe à mon tour par la photo [18]. »

Il existe, à la fin des années 1960, une autre imprégnation artistique, du côté des graphistes, comme Roger Tallon, qui dessine les premiers logos de MK Productions, des peintres fréquentés dans le sillage de Mai 68, Gérard Fromanger, le sculpteur Ipoustéguy, Ernest Pignon-Ernest, Bernard et Martine Dufour, Martial Raysse, mais également le couturier Michel Schreiber, père du *sportswear*, ou des antiquaires comme le galeriste Marc Perpitch. Marin Karmitz aime fréquenter ces créateurs.

L'autre ferment, qui permet tout, c'est la réussite économique : à partir du milieu des années 1980, l'enchaînement des succès, *Poulet au vinaigre, Au revoir les enfants, Bagdad Café, Une affaire de femmes*, apporte au patron de mk2 l'argent nécessaire à ses premières et nombreuses acquisitions : des œuvres de Richier, Degottex, Dubuffet, Fautrier, Leroy, Giacometti, Matta, Tàpies, Richter, Fromanger, Dufour, Raysse, Boltanski, Messager…

Comme un jardin secret, ces pièces viennent d'abord orner les murs ou occuper les pièces de la vie quotidienne. Marin Karmitz aime « vivre avec les œuvres qui [l]'ont marqué et continuent ainsi de [le] marquer » [19]. Certaines racontent un lien fort et personnel avec les artistes collectionnés, comme César, proche de Françoise Giroud, Christian Boltanski, rencontré par hasard dans un bar à Boston, en 1994, et Annette Messager, « presqu'une sœur [20] », ou Gérard Fromanger et Martial Raysse, déjà compagnons de fêtes de la rue Saint-Benoît des années 1960, amis avec lesquels les discussions sont nombreuses et régulières. Puis les œuvres s'entassent dans des réserves, avant de sortir périodiquement au gré des expositions.

Une autre rencontre est décisive dans l'apprentissage du regard : Christian Caujolle, spécialiste de la photographie, historien, critique d'art, « passeur d'images » [21]. Il est le premier « rédacteur en chef » en charge de la photographie à *Libération*, entre 1978 et 1986, avant de créer l'agence VU. C'est là, à la galerie VU, boulevard Henri-IV, près de la Bastille, que Marin Karmitz achète nombre de ses premières photographies, Gotthard Schuh, Robert Frank, André Kertész, Brassaï, Robert Doisneau, Man Ray. « Christian Caujolle m'a fait redécouvrir la photo, son histoire, son importance. Il m'a formé et, au fur et à mesure de cet apprentissage, j'ai eu envie de vivre avec ces images. C'était l'idée première : être entouré de photographies [22]. » Au bureau, rue Traversière, ou chez lui, les murs se tapissent rapidement d'œuvres.

Marin Karmitz avec son ami l'artiste Christian Boltanski.
Photographie de Jean Picon.

Marin Karmitz avec son amie l'artiste Annette Messager.
Photographie de Jérémie Nassif.

Les choix s'élargissent, mais restent dans la cohérence d'images fortement arrimées au réel, entre portraits et reportages anthropologiques : Stanislaw Witkiewicz, Anders Petersen, Christer Strömholm, Roman Vishniac, Chris Marker, Lewis Hine, W. Eugene Smith, Johan van der Keuken, Moï Ver, Saul Leiter, Michael Ackerman, Jorge Molder, Larry Fink, Douglas Gordon, Daido Moriyama, Sergio Larrain, Hiroshi Sugimoto, Shirin Neshat, Miroslav Tichý, Antoine d'Agata, Abbas Kiarostami. Toutes ces œuvres rejoignent la collection Karmitz. Pour faire le lien avec le collectionneur, Christian Caujolle évoque trois mots précis : obsession, thérapie, autoportrait. « Les artistes qu'il a élus aussi bien que les œuvres qu'il a sélectionnées, par ensembles cohérents, choix tout à fait précis, croisent à la fois sa propre expérience, son histoire dans le siècle et ses préoccupations, d'ordre politique et philosophique, sur l'identité ou la mémoire. Sur la fonction de l'artiste dans son temps et sur le sens de la création. Ce qui réunit ces auteurs et ces œuvres, outre l'œil, les goûts, les engagements du collectionneur, c'est leur sincérité, le fait qu'ils et elles soient là par nécessité. Une tonalité grave par nécessité [23]. »

Éblouissant retour

La première apparition publique de Marin Karmitz dans le champ de l'art contemporain date cependant du printemps 1996, dix ans après les vrais débuts de la collection, quand se tient au musée d'Art moderne de la ville de Paris, une exposition originale et prometteuse : *Passions privées. Art moderne et contemporain dans les collections particulières en France.* « C'est sans aucun doute l'une des plus étonnantes expositions jamais consacrées à l'art du XXe siècle en France, écrit France Huser dans *Le Nouvel Observateur.* Plus d'un millier d'œuvres y sont rassemblées, de Picasso à Combas, de Jawlensky à Bacon. Leurs propriétaires ? Des passionnés qui, certains pour la première fois, ont accepté de montrer au public ces peintures ou ces sculptures avec lesquelles ils vivent [24]. » Les collectionneurs se nomment Claude Berri, Alain Delon, Daniel Filipacchi, Hubert de Givenchy, Gunther Sachs, Jean-Marc Vernes, Michel David-Weill ou… Marin Karmitz. Producteurs, acteurs, hommes de presse ou de médias, banquiers, hommes d'affaires, la réussite s'incarne en œuvres d'art et, d'un coup, se dévoile, ce qui n'est guère dans la tradition française, où les collections sont publiques, ou alors plutôt secrètes et cachées.

Le patron de mk2 a prêté plusieurs œuvres, notamment une sculpture de César, des nus féminins de Bernard Dufour et une peinture abstraite d'Antoni Tàpies qui le fascine, entièrement noire, barrée d'une bande sculptée aux extrémités sombre ou claire. Karmitz, dans un des premiers entretiens qu'il donne sur les principes de sa collection, défend son goût pour ce tableau, et ses choix en général, en ces termes : « Je crois qu'il y a deux types de peintures : les anecdotiques et celles qui vont droit à l'essentiel, comme ce Tàpies par exemple. De ces dernières, on ne se lasse jamais. Toutes leurs interprétations restent possibles et ouvertes au rêve. Mais ces tableaux ne supportent pas la cohabitation et rejettent catégoriquement les autres. Ce n'est pas évident de les avoir chez soi. Pour le Tàpies, chez moi, j'ai dégagé tout ce qui pouvait l'entourer et gêner sa contemplation. Par contre, tout ce qui est anecdotique par rapport au tableau, c'est-à-dire son vécu, la personnalité de son créateur, ne m'intéresse absolument pas. Pour moi, seule l'émotion prime [25]. »

Quatre ans plus tard, Marin Karmitz bénéficie dans le milieu de l'art d'un étrange et réjouissant retour. Plusieurs artistes et galeristes souhaitent en effet voir et montrer, exposer, son film vieux de près de trente-cinq ans, *Comédie*, réalisé en 1966 avec Samuel Beckett. Les galeristes Catherine Thieck et Caroline Bourgeois, que Karmitz connaît bien, ou l'historien d'art Werner Spies ont vu lors d'une exposition à San Francisco, consacrée à Beckett, ses essais vidéo et le considèrent comme l'« inventeur de l'art vidéo [26] ». C'est alors que l'ancien cinéaste signale son propre film, oublié – y compris dans la monumentale biographie consacrée à l'auteur d'*En attendant Godot* par Deirdre Bair [27] –, et le montre lors d'une projection à mk2, rue Traversière. « Le ban et l'arrière ban du milieu de l'art a vu *Comédie* à ce moment, se souvient Marin Karmitz. Notamment Christian Boltanski et Bertrand Lavier, qui préparaient leur exposition *Voilà*, au musée d'Art moderne de la Ville de Paris [28]… » Les deux artistes montrent alors le film et c'est l'emballement. « Suzanne Paget, la directrice du musée d'Art moderne, Élisabeth Lebovici, la critique de *Libération*, des gens de chez Christie's ou l'un des plus importants galeristes anglais, Anthony Reynolds, ont vu *Comédie*, en parlent, publient, l'exposent. »

Harald Szeemann, commissaire de la Biennale de Venise, programme le film dans la prestigieuse manifestation en 2001. Karmitz y montre également une installation vidéo d'Abbas Kiarostami, *24h*. « Je me trouvais là, à Venise, en tant qu'auteur et producteur, explique le réalisateur de *Comédie*. Après avoir été, cinéaste, hué à la Mostra, dans le même lieu, en 1966, j'obtenais une mention trente-cinq ans plus tard pour le prix de "l'artiste plasticien" avec un autre lauréat français, Pierre Huyghes. Vraiment incroyable ! J'étais très, très ému, j'ai pleuré en recevant mon prix. J'avais oublié que j'avais été metteur en scène. Y repenser de cette manière, c'était pour moi magnifique. J'étais heureux aussi pour Beckett. *Comédie* n'était pas un film, c'était effectivement les débuts de l'art vidéo, mais fabriqué comme du cinéma ! On le reconnaissait enfin [29]... »

En mars 2007, à l'occasion de l'exposition *Beckett* au Centre Pompidou – dont, par ailleurs, Marin Karmitz détestera l'esprit encyclopédique et la présentation « fourre-tout [30] » –, mk2 ressort *Comédie* en programme spécial d'une demi-heure, à 1 €. L'accueil critique est dithyrambique. *Les Inrockuptibles, Libération, Le Monde, Télérama*, célèbrent « l'éblouissant retour d'un film qui a fait scandale » [31].

Les Rencontres d'Arles

En 2009, François Hébel, directeur des Rencontres photographiques d'Arles, propose à Marin Karmitz d'y montrer un choix d'œuvres de sa collection. « Ce mot de "collection", c'est Hébel qui l'a employé, rappelle celui qui se dénomme plutôt un "amateur". Il est venu chez moi, il a regardé tout ce qui était accroché aux murs, tout ce que j'avais dans mes tiroirs. Et il a dit "collection" : c'est l'institution qui nomme, qui légitime... De mon côté, depuis vingt ans, j'avais accumulé des ensembles, des séries, autour de certains photographes ou alors de thèmes qui m'intéressaient, par exemple les reportages dans les *shtetl* d'Europe centrale, villages juifs en Pologne, en Russie, en Roumanie. Quand j'aime un artiste, j'accumule autour, c'est ma manière de faire [32]. »

François Hébel est ravi – « C'est une collection photographique importante, cohérente, magnifique [33] », écrit-il – et programme l'exposition pour la 41e édition des Rencontres d'Arles, lors de l'été 2010. Marin Karmitz propose assez naturellement à Christian Caujolle, son « œil initiateur [34] », d'en assurer le commissariat. « Christian m'a éclairé sur mes propres choix. C'est lui qui m'a expliqué pourquoi j'avais choisi tel ou tel photographe, telle ou telle œuvre. Grâce à lui, j'ai compris pourquoi j'étais devenu "collectionneur". Il m'a convaincu que cette passion accumulation avait un sens. Personnellement, je n'éprouve pas de fétichisme, je ne me sens pas collectionneur. Mais je me raconte des histoires à travers les photos : sans doute, ne pouvant plus réaliser de films, les fais-je par les photos [35]… »

Après un repérage à Arles, Marin Karmitz choisit un lieu sombre et sobre, l'église des Frères prêcheurs, pour montrer ses photographies et disposer quelques installations. « Dans le noir, grâce à une lumière très précise, délicate, ajustée, les œuvres ressortent mieux [36] », précise le collectionneur.

L'exposition *Traverses* ouvre le 3 juillet 2010, accompagnée d'un catalogue de 350 pages et plus de 230 photos, sous-titré « La collection photographique de Marin Karmitz », publié par Actes Sud [37]. L'accueil public et critique est excellent [38]. Parmi les soixante expositions proposées à Arles, *Traverses* est l'une des plus marquantes de l'édition 2010.

Marin Karmitz est désormais un « nom » dans le milieu de l'art. On le retrouve régulièrement présent dans les salons et les foires. À la FIAC, par exemple, où il achète « en direct [39] » un tableau de l'artiste suisse Jonathan Delachaux à la New Galerie de France en novembre 2008. Il y récompense, en 2011, les jeunes lauréats du concours « Audi talents FIAC » [40]. C'est encore à la FIAC, le 16 octobre 2012, qu'il s'associe à une protestation contre la taxation des œuvres d'art dans le calcul de l'ISF, l'impôt sur la fortune promulgué par François Hollande à son arrivée au pouvoir [41].

Marin Karmitz est également membre fondateur de la Galerie et de la Photothèque Claude Dityvon, qui réunit les œuvres du grand photographe de presse – notamment ses reportages célèbres sur Mai 68 – disparu en 2008, à la bibliothèque universitaire d'Angers [42]. Enfin, en 2011, il s'engage comme mécène et parrain du principal prix français en matière de photographie, le prix Niépce, remis alors à Guillaume Herbaut, Denis Darzacq ou Valérie Jouve.

En 2011, Marin Karmitz entre au conseil d'administration des Rencontres d'Arles, comme « personnalité et artiste photographe » [43]. Deux ans plus tard, il s'engage, avec Jean-Maurice Rouquette, conservateur du musée de l'Art antique, et l'écrivain Michel Tournier, dans la défense du festival fondé par le photographe Lucien Clergue en 1970 et développé par François Hébel, les Rencontres passant, de 2001 à 2010, de neuf mille à quatre-vingt seize visiteurs. Le directeur a le projet d'un Centre international de la photographie, en synergie avec l'Ecole nationale de la photographie qui doit s'installer à Arles. Mais cette idée est écartée par les tutelles étatiques et municipales en

2012. De plus, les anciens Ateliers de la SNCF, espaces qui ont permis l'extension du nombre d'expositions, ont été rachetés par une fondation privée, Luma, dédiée à l'édification d'un centre d'art construit par Frank Gehry dans la ville d'Arles. François Hébel, qui se sent désavoué, décide en 2013 de quitter ses fonctions. Le président du conseil d'administration, l'historien Jean-Noël Jeanneney, choisit également de ne pas renouveler son mandat.

Dans *Le Monde*, le 21 novembre 2013, un texte-pétition proteste contre cette situation. Deux fondateurs des Rencontres, Lucien Clergue et Jean-Maurice Rouquette, et des membres du conseil d'administration, dont Marin Karmitz, en appellent aux pouvoirs publics pour garantir une « transition dans des conditions convenables » et pour assurer la pérennité d'un « espace nécessaire au rayonnement des Rencontres d'Arles »[44]. La mobilisation n'est pas vaine. Un successeur à François Hébel est choisi, Sam Stourdzé, commissaire d'expositions[45], directeur du musée de l'Élysée à Lausanne, qui prend ses fonctions après l'édition 2014. Puis un accord est trouvé avec Maja Hoffmann, la directrice de la Fondation Luma, pour pérenniser l'usage des grands Ateliers qui, aux côtés du patrimoine plus ancien de la ville, permettent aux Rencontres d'Arles de poursuivre leur expansion. En 2020, la cité du Rhône accueille l'été venu près de 150 000 visiteurs et amateurs de photographie.

En partenariat avec les Rencontres d'Arles, en 2018, la région des Hauts-de-France, présidée par Xavier Bertrand, met en place l'Institut pour la photographie[46], espace de conservation, de valorisation pour des expositions, de bibliothèque, de pédagogie pour les scolaires, d'ateliers pratiques pour tous les amateurs, dirigé par la conservatrice Anne Lacoste et présidé par Marin Karmitz. Le producteur s'engage avec enthousiasme dans ce projet, qu'il suit de près. Le chantier débute en 2019 au cœur de la cité lilloise, rue de Thionville, réhabilitant un hôtel particulier du XIXe, un beau bâtiment Art déco et l'ancien lycée Édouard-Lalo, sur près de quatre mille mètres carrés, avant de pouvoir accueillir ses premiers fonds (Bettina Rheims, Agnès Varda...) puis ses premiers visiteurs, chercheurs, amateurs et jeunes gens en 2026.

La destruction du troisième Temple

À quatre-vingts ans, l'âge, les honneurs et la reconnaissance n'apaisent pas le caractère parfois sombre ni les emportements toujours vifs d'un homme qui demeure aux aguets des nouvelles du présent. Marin Karmitz a même parfois le sentiment d'avoir échoué, notamment en regardant le monde tel que sa génération, celle qui a pensé pouvoir le changer, le laisse aux plus jeunes. « Sans jouer aux anciens combattants, précise l'ex de la Gauche prolétarienne, on se voit régulièrement avec Daniel Cohn-Bendit, Olivier Rolin ou Romain Goupil. Et on ne peut pas se dire autrement les choses : "On a échoué..." Notre échec, c'est qu'on ne comprend plus aujourd'hui notre engagement autour de 68. Nous avons perdu la bataille des idées : la montée des extrémismes montre que les idées auxquelles on croyait ont laissé place à des révoltes autrement plus violentes, purement individualistes, libertariennes, religieuses ou nationalistes. Les justiciers, les Églises, les fascistes sont là, omniprésents. Nos idées, elles, se sont absentées [47]. »

Le 15 novembre 2015, au lendemain même de la nuit où huit attentats et trois commandos terroristes, revendiqués par l'État islamique, font, à Paris, 130 morts, 413 blessés, dont 99 en situation d'urgence absolue, Marin Karmitz choisit de rouvrir les salles mk2 et de passer, avec ses fils, de l'une à l'autre pour réconforter le personnel et les spectateurs des cinémas. « Ce matin, confie le fondateur des lieux à une journaliste du *Parisien*, lors de ma visite au mk2 Nation, une spectatrice a dit ce mot magnifique en payant son billet : "Résistance." J'ai rouvert mes salles pour entendre ce mot. Pour dire non à la barbarie. Les salles de cinéma sont un lieu de lumière, qui éclaire la ville, qui relie les spectateurs au monde. Ce n'est pas pour rien qu'ils s'attaquent aux salles de spectacle. Instaurer une ville morte, c'est montrer qu'on se couche, c'est dire à ces barbares qu'ils ont gagné. On est en guerre, c'est vrai, mais justement : croyez-vous que Churchill, en 1939-1945, ait motivé les citoyens de Londres en leur disant : "Restez chez vous" ? Je suis un enfant de la guerre. J'ai eu très peur dans ma vie... Mais je n'ai jamais accepté de baisser la tête. La meilleure façon de maîtriser cette peur, c'est d'avoir du courage. J'assume ma responsabilité comme les spectateurs assument la leur lorsqu'ils viennent dans nos salles [48]. »

La situation en Israël assombrit le plus souvent l'esprit d'un homme qui a du mal à s'abstraire de son présent. Le constat est posé depuis vingt-cinq ans et le tournant qu'a représenté l'assassinat de Yitzhak Rabin, en novembre 1995, tué précisément par la conjonction des extrémismes : le terrorisme du Hamas d'un côté, le « judaïsme fasciste [49] » de l'autre. Pour Marin Karmitz, Israël vit la « destruction du troisième Temple » :

« Le premier, ce fut le Temple, le deuxième, ce fut Jérusalem, destructions racontées dans la Bible et le Talmud ; le troisième, c'est Israël même [50]. » Comme si le piège s'était refermé, implacable : « À l'humiliation de l'adversaire s'ajoute l'humiliation de soi-même par le reniement de ses propres principes [51]. » En effet, l'aporie est totale, insoluble : « Il ne peut y avoir d'autre solution que la destruction du terrorisme ; mais, en détruisant le Hamas comme il le fait, Israël est en train de se détruire [52]. » C'est la parabole d'Amalek qui vient à l'esprit de Marin Karmitz [53] pour commenter la situation au Moyen-Orient : Amalek, Juif qui se retourne contre les Juifs lors de la fuite hors d'Égypte, prônant la violence, la vengeance et le vol de terres. Amalek, le premier des colons, le premier des « Juifs antisémites » [54]. Karmitz refuse de reporter toute la faute sur l'autre, sur le Palestinien dont il se sent proche, et fait un lien de filiation entre Amalek, Benyamin Netanyahou et la double tragédie du pogrom du 7 octobre 2023 puis des mois de répressions et de massacres qui s'ensuivent à Gaza. « Ma vie aujourd'hui, confie-t-il, tient dans ce combat contre Amalek : lutter contre le terrorisme et lutter, en même temps, contre le judaïsme fasciste [55]. »

Un enfant de ce siècle

D'octobre 2017 à janvier 2018, Antoine de Galbert, directeur de La Maison rouge, un bel espace d'exposition sur le canal de l'Arsenal, près de la Bastille, aujourd'hui fermé, invite Marin Karmitz et lui propose de « montrer sa collection suivant un regard particulier » [56]. Le collectionneur choisit celui des migrations, des déplacements, des exils, mettant l'« étranger » au centre des attentions. Il est vrai qu'une bonne part de sa collection, de photographies comme d'œuvres d'art, s'y prête. *Étranger résident* dit beaucoup de ce qu'a traversé Marin Karmitz, « enfant de ce siècle », lui-même « victime des déracinements engendrés par la Shoah et le partage de l'Europe en deux blocs » [57].

Dans le catalogue et dans le film qui accompagnent l'exposition, sous le même titre, l'auteur italien Erri De Luca écrit et dit très justement la « récolte d'un homme [58] » en dressant son portrait à travers sa collection : « Marin Karmitz se reconnaît dans la condition d'étranger et de résident. Il est né dans le premier siècle des grandes hémorragies d'êtres humains d'une terre à l'autre. Il est arrivé en France par la mer avec sa famille, après la guerre. Au XXe siècle, la mer a été la voie royale de ceux qui devaient tout risquer pour se sauver. Sur le quai Beverello de Naples, des vies se séparaient par la coupure définitive d'un mouchoir blanc qui détachait le bras resté à terre du bras qui répondait de l'arrière d'un paquebot, entraîné au large par les remorqueurs. Débarqués à Marseille, les Karmitz sont devenus citoyens français. Aujourd'hui, il peut bien mettre dans son tiroir la décoration de la Légion d'honneur, solennelle distinction de son deuxième pays, mais il reste un étranger résident. Les arbres ont des racines, les hommes non. Ils les remplacent avec ce qu'ils sèment et ce qu'ils récoltent. Sa maison contient sa récolte : ce sont des photographies, des œuvres, des films, qui eux-mêmes redisent les visages de ceux qui sont partis, qui ont fui, qui ont croisé les routes des exils. Marin Karmitz n'est pas un collectionneur, il n'a pas l'obsession acharnée de la série à compléter, le trouble de l'accumulation. Il recueille en fait des rencontres [59]. »

C'est ce même homme qui a signé l'Appel de Calais, en octobre 2015, publié dans *Libération* pour alerter l'opinion sur les conditions de vie réservées aux migrants et aux réfugiés de la jungle de Calais [60].

L'exposition qui ouvre en septembre 2023, occupant la grande galerie du musée national d'Art moderne (MNAM) au Centre Pompidou, *Corps à corps, histoire(s) de la photographie*, reprend elle aussi cette collection et cette vie, mêlées, toujours selon un vrai scénario et sous la forme d'une mise en scène, mais re-racontées cette fois comme des corps disposés dans l'espace. En près de cinq cents photographies, pour moitié appartenant à Marin Karmitz, pour moitié au MNAM, se répondant, correspondant, se faisant de l'œil ou au contraire se dénonçant, se combattant ou se repoussant, le parcours expose ses visages, ses faces, ses jambes, ses yeux, ses mains, dans un double mouvement qui à la fois accumule et complète.

Karmitz dévoile ses obsessions et montre des photographies de Lewis Hine, Gordon Parks, Stanislaw Witkiewicz, Gotthard Schuh, Moï Ver, Roman Vishniac, que l'institution n'a pas dans ses collections, tandis que Beaubourg, guidé par la conservatrice Julie Jones, co-commissaire de l'exposition, ajoute des œuvres que n'aurait pas forcément achetées le patron de mk2 : des travaux récents de Laïa Abril, artiste féministe, des images de Trevor Paglen réalisées par Intelligence artificielle, les photographies de Zanele Muholi sur les portraits lesbiens et transgenres. Mais la réunion donne du sens à l'une et l'autre des collections. « Faire exister ces deux mondes, à la fois public et privé, est une proposition un peu folle, vraiment gonflée dans le contexte actuel, aime à dire Marin Karmitz. La photographie a cette originalité qu'aucun autre art ne possède : le millième de seconde, la possibilité de ramasser tellement de choses dans une image. C'est cette richesse, souvent contradictoire, qui m'intéresse [61]. »

Deux images dans une vie

Deux photographies se dressent dans la vie de Marin Karmitz qui, à la fois, la résument, l'introduisent et l'accompagnent. Le jeune mineur de Winterslag en Belgique, saisi par l'objectif de Gotthard Schuh en 1937 ; le visage de Marin Karmitz, à dix-huit ans, pris et repris dans l'encadrement d'un carreau de fenêtre en 1956 par son ami Johan van der Keuken.

Sur la première, on voit un enfant : dans la malice de son regard, la mèche rebelle, le sourire et la frêle stature, c'est un gamin. Et pourtant c'est un homme, qui remonte de la mine, au travail, et pas n'importe quel travail, harassant, épuisant, faisant mourir à petit feu. « C'est une vision de résistance, dit Marin Karmitz. Cet enfant sort de la mine, il est tout noir, mène une vie de chien et en même temps, il est magnifique, rayonnant d'énergie. Cette espèce de certitude que le monde peut être à vous, qu'il est devant vous et va vous appartenir, que la vie est là et qu'elle est la meilleure chose que l'on puisse imaginer. J'ai pensé à la photographie de Gilles Caron : Daniel Cohn-Bendit défiant d'un sourire le CRS en Mai 68. Gotthard Schuh, photographe malheureusement sous-estimé, me touche, me bouleverse, me fait rêver... Chacune de ses images, et c'est ce que j'aime de la photographie, est un point de départ, le début d'un scénario, d'un mystère à résoudre [62]. » Cette photo est la première que le collectionneur Marin Karmitz ait achetée. Depuis avril 2001, elle le suit, de bureau en bureau, près de sa table de chevet, ou d'exposition en exposition. La place peut changer dans sa disposition, mais pas dans sa vie.

Marin Karmitz et Johan van der Keuken se sont rencontrés à l'IDHEC en 1956, tous les deux apprentis cinéastes. Le second photographie le premier, jeune homme sage, sérieux, qui fixe l'appareil avec une étrange profondeur de regard. Ce qui passe dans ses yeux, ce sont les souvenirs d'enfance, loin, à l'autre bout de l'Europe, et la mélancolie de l'adolescent, fortement présente. Ce qui vibre aussi dans cette image, c'est l'écart entre les deux tirages côte à côte, la lumière blanche

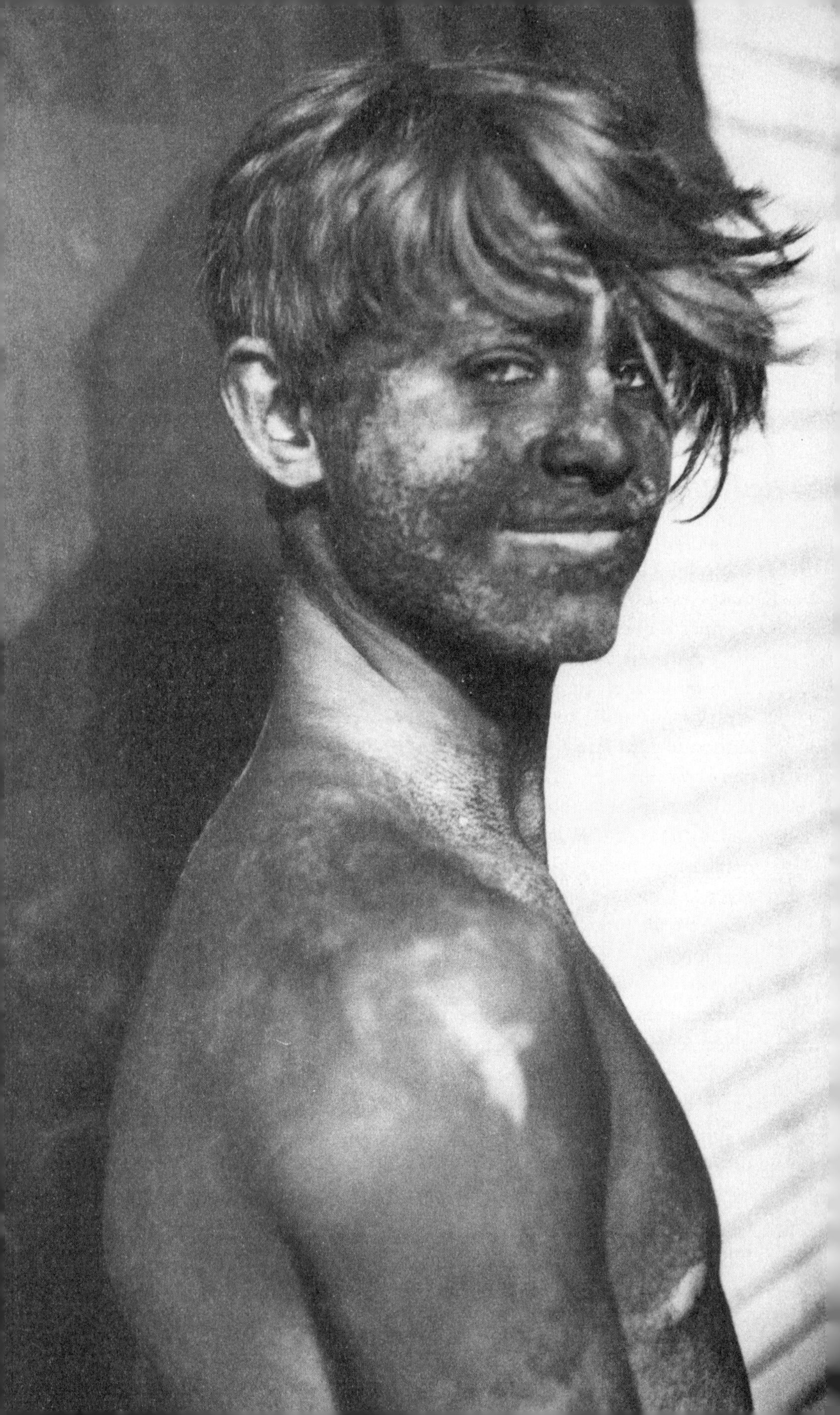

Double tirage du portrait de Marin Karmitz, photographié par son ami à l'IDHEC Johan van der Keuken en 1957.

qui passe sur le visage, un bout d'appartement qui apparaît, une plante, du matériel technique, un film à réaliser… Le portrait est à la fois terriblement figé, presque crispé, et s'anime d'un mouvement qui le décale, le décadre, le lance vers ailleurs, celui d'un jeune homme ancré dans son enfance, mais qui part, pourtant, et va entrer dans la vie. « C'est toute ma jeunesse, reprend Marin Karmitz, mon adolescence encore. Je me souviens de la découverte du jazz – lorsque nous allions voir Johan dans sa chambre d'hôtel où il nous servait du thé et nous faisait écouter Charlie Parker et Sonny Rollins – mais aussi de la photographie, encore grâce à lui, et des filles – j'étais timide. Je me formais pour être opérateur de cinéma, il me formait pour l'existence. J'avais oublié que j'avais toutes ces photographies de lui, y compris ce portrait qu'il a fait de moi. Je les ai retrouvées comme une partie de ma vie, ces années de formation durant lesquelles un étranger plus ouvert que moi me faisait découvrir des musiques et des images qui me parlaient de mon temps[63]. »

Ci-contre : *Le Jeune Mineur* de Gotthard Schuh (1937), premier achat photographique de la collection de Marin Karmitz, en avril 2001.

Notes

I. Enfance roumaine

1. Marin Karmitz, Caroline Broué, *Comédies*, Fayard, 2016, p. 19. 2. Marin Karmitz, entretien avec l'auteur, 16 juin 2023. 3. Marin Karmitz, *Bande à part*, Grasset, 1994, p. 20. 4. *Ibid.*, p. 21. 5. Marin Karmitz, entretien avec l'auteur, 21 novembre 2023. 6. La source et synthèse principale, à propos de ce contexte, reste le livre de Catherine Durandin, *Histoire des Roumains*, Fayard, 1995, p. 573. 7. Anca Tudorancea, Felicia Waldma, *Tales and Traces of Sephardic Jewish Bucharest*, Bucarest, NOI Media Print, 2016. 8. Marin Karmitz, *Profession producteur. Conversations avec Stéphane Paoli*, Hachette, 2003, p. 15. 9. Marin Karmitz, Caroline Broué, *Comédies*, *op. cit.*, p. 36. 10. Marin Karmitz, Caroline Broué, *Comédies*, *Ibid*, p. 23. 11. *op. cit.*, p. 24. 12. Marin Karmitz, Caroline Broué, *Comédies*, *op. cit.*, p. 23-24. 13. Marin Karmitz, *Profession producteur. Conversations avec Stéphane Paoli*, *op. cit.*, p. 17-18. 14. Marin Karmitz, entretien avec l'auteur, 16 juin 2023. 15. *Ibid.* 16. Marin Karmitz, *Profession producteur. Conversations avec Stéphane Paoli*, *op. cit.*, p. 15. 17. Sur le Bucarest années 1930, on lira Catherine Durandin, *Histoire des Roumains*, *op. cit.*, et le beau livre de Sonia Devillers, *Les Exportés*, Flammarion, 2022, notamment le chapitre « Le petit Paris », p. 23-27. 18. Sonia Devillers, *Les Exportés*, *op. cit.*, p. 24. 19. *Ibid.*, p. 25. 20. *Ibid.*, p. 26. 21. Ferdinand Lassalle, cité par Irina Popescu-Criveanu, « Notes sur l'image des villes moldaves et valaques avant la période moderne », *Études balkaniques*, n° 17, 2010/1, p. 19-39. 22. Radu Ioanid, *La Roumanie et la Shoah. Destruction et survie des Juifs et des Rois sous le régime Antonescu 1940-1944*, Éditions de la Maison des sciences de l'homme/CNRS Éditions, 2002, puis 2023, chapitre « Le statut légal des Juifs en Roumanie, du XIVe siècle à 1938 », p. 23-41. 23. Alexandra Laignel-Lavastine, « *Cartea Neagra*, de Matatias Carp : un monument pour l'histoire », introduction au livre de Matatias Carp, *Cartea Neagra. Le Livre noir de la destruction des Juifs de Roumanie 1940-1944*, Denoël, 2009, p. 18. 24. Cité par Alexandra Laignel-Lavastine, « *Cartea Neagra*, de Matatias Carp : un monument pour l'histoire », *op. cit.*, p. 19-20. 25. *Ibid.* 26. Radu Ioanid, *La Roumanie et la Shoah. Destruction et survie des Juifs et des Rois sous le régime Antonescu 1940-1944*, *op. cit.*, chapitre « Fascisme roumain et antisémitisme d'État », p. 43-91. 27. Alexandra Laignel-Lavastine, *Cioran, Eliade, Ionesco. L'oubli du fascisme*, PUF, 2002. 28. Alexandra Laignel-Lavastine, « *Cartea*

Neagra, de Matatias Carp : un monument pour l'histoire », *op. cit.*, p. 21. 29. Dossiers conservés dans les Archives personnelles de Marin Karmitz/M. Radu Ioanid, à partir de ces milliers d'archives, a publié en 2002 le livre définitif sur *La Roumanie et la Shoah. Destruction et survie des Juifs et des Rois sous le régime Antonescu, 1940-1944*, Éditions de la Maison des sciences de l'homme/ CNRS Éditions. Il est à présent ambassadeur de Roumanie en Israël. 30. *Ibid.* 31. Matatias Carp, *Cartea Neagra. Le Livre noir de la destruction des Juifs de Roumanie 1940-1944*, *op. cit.*, chapitre « La rébellion légionnaire et le pogrom de Bucarest (21 au 23 janvier 1941) », p. 142-146 ; Radu Ioanid, *La Roumanie et la Shoah. Destruction et survie des Juifs et des Rois sous le régime Antonescu 1940-1944*, *op. cit.*, chapitre « La rébellion légionnaire et le pogrom de Bucarest (21 au 23 janvier 1941) », p. 114-124. 32. Matatias Carp, *Cartea Neagra. Le Livre noir de la destruction des Juifs de Roumanie 1940-1944*, *op. cit.*, p. 143. 33. *Ibid.*, p. 145. 34. Marin Karmitz, Caroline Broué, *Comédies*, *op. cit.*, p. 25. 35. *Ibid.*, p. 25-26. 36. Marin Karmitz, *Bande à part*, *op. cit.*, p. 16-17. 37. Cité par Danielle Maillefer, *Passion roumaine : une famille royale dans la tourmente*, Cabédita Éditions, 2018, p. 14. 38. Marin Karmitz, entretien avec l'auteur, 16 juin 2023. 39. Dossier « Salomon Karmitz », Archives personnelles de Marin Karmitz/M. 40. Marin Karmitz, *Bande à part*, *op. cit.*, p. 18. 41. Marin Karmitz, Caroline Broué, *Comédies*, *op. cit.*, p. 27. 42. Matatias Carp, *Cartea Neagra. Le Livre noir de la destruction des Juifs de Roumanie 1940-1944*, *op. cit.* ; Radu Ioanid, *La Roumanie et la Shoah. Destruction et survie des Juifs et des Rois sous le régime Antonescu 1940-1944*, *op. cit.* On lira également le roman de Lionel Duroy, *Mes pas dans leurs ombres*, Mialet Barrault, 2023. 43. Sonia Devillers, *Les Exportés*, *op. cit.*, p. 61-62. 44. Alexandra Laignel-Lavastine, « *Cartea Neagra*, de Matatias Carp : un monument pour l'histoire », *op. cit.*, p. 25. 45. Radu Ioanid, *La Roumanie et la Shoah. Destruction et survie des Juifs et des Rois sous le régime Antonescu 1940-1944*, *op. cit.*, chapitre « Ion Antonescu jugé par lui-même », p. 507-542. 46. *Ibid.* Cette citation servira de titre au magnifique film de Radu Jude, portant sur le lien des Roumains d'aujourd'hui à l'extermination des Juifs, notamment à Odessa : *Peu m'importe si l'Histoire nous considère comme des barbares*, 2019. 47. Ivor Porter, *Michael of Romania : The King and the Country*, Londres, Sutton Publishing Ltd, 2005. 48. Marin Karmitz, entretien avec l'auteur, 16 juin 2023. 49. Dossier « Isidore Karmitz », Archives personnelles de Marin Karmitz/M. 50. « Roumanie : les forçats du canal du Danube à la mer Noire », *Le Courrier des Balkans*, 2010. 51. Radu Ioanid, *La Rançon des Juifs. L'histoire de l'extraordinaire marchandage secret entre la Roumanie et Israël*, Londres, Rowman & Littlefield Publishers, 2021. 52. Sonia Devillers, *Les Exportés*, *op. cit.*, chapitre « Juifs à vendre », p. 249-254. 53. *Ibid.*, « Plein de cochons, plus un juif », p. 261-265. 54. Danielle Maillefer, *Passion roumaine : une famille royale dans la tourmente*, *op. cit.* 55. Dossier « Salomon Karmitz », Archives personnelles de Marin Karmitz/M. 56. Marin Karmitz, entretien avec l'auteur, 16 juin 2023. 57. Marin Karmitz, *Bande à part*, *op. cit.*, p. 23. 58. Marin Karmitz, *Profession producteur. Conversations avec Stéphane Paoli*, *op. cit.*, p. 19. 59. Leon Uris, *Exodus*, New York, Doubleday, 1958. 60. Marin Karmitz, Caroline Broué, *Comédies*, *op. cit.*, p. 28. 61. Marin Karmitz, *Bande à part*, *op. cit.*,

p. 24. 62. *Témoignage chrétien*, 27 septembre 2007. 63. Marin Karmitz, Caroline Broué, *Comédies, op. cit.*, p. 28. 64. Marin Karmitz, *Bande à part, op. cit.*, p. 25.

II. Jeunesse française

1. Marin Karmitz, Caroline Broué, *Comédies*, Fayard, 2016, p. 29-30. 2. Marin Karmitz, *Bande à part*, Grasset, 1994, p. 27. 3. *Ibid.*, p. 26. 4. Bulletin scolaire et relevé des notes, Marin Radu Karmitz, classe de 7e, école élémentaire de Mont Boron, Archives personnelles de Marin Karmitz/M. 5. Marin Karmitz, Caroline Broué, *Comédies, op. cit.*, p. 30. 6. *Ibid.*, p. 30. 7. Marin Karmitz, entretien avec l'auteur, 22 mai 2023. 8. Marin Karmitz, Caroline Broué, *Comédies, op. cit.*, p. 29. 9. Marin Karmitz, *Bande à part, op. cit.*, p. 28. 10. Lettre du censeur de l'école élémentaire de Mont-Boron au proviseur du lycée Carnot, 10 août 1949, Archives personnelles de Marin Karmitz/M. 11. Marin Karmitz, *Bande à part, op. cit.*, p. 28. 12. *Ibid.* 13. Marin Karmitz, Caroline Broué, *Comédies, op. cit.*, p. 30. 14. *Ibid.* 15. Marin Karmitz, entretien avec l'auteur, 22 mai 2023. 16. Bulletins scolaires et relevés des notes, Marin Radu Karmitz, classe de 6e, 5e, 4e, lycée Carnot, Archives personnelles de Marin Karmitz/M. 17. Marin Karmitz, entretien avec l'auteur, 22 mai 2023. 18. Marin Karmitz, Caroline Broué, *Comédies, op. cit.*, p. 37. 19. *Ibid.*, p. 37. 20. *Ibid.*, p. 38. 21. Marin Karmitz, Caroline Broué, *Comédies, op. cit.*, p. 35. 22. *Ibid.*, p. 36. 23. Jean Thuillier, « Ten Years that Changed Psychiatry », *Samizdathealth Review*, novembre 2020. 24. Marin Karmitz, entretien avec l'auteur, 22 mai 2023. 25. Marin Karmitz, *Bande à part, op. cit.*, p. 29. 26. *Ibid.*, p. 29. 27. *Ibid.*, p. 29. 28. Marin Karmitz, entretien avec l'auteur, 16 juin 2023. 29. Marin Karmitz, Caroline Broué, *Comédies, op. cit.*, p. 38. 30. *Ibid.*, p. 38-39. 31. *Ibid.*, p. 36. 32. Sur Aragon et l'influence sur son temps, on lira : Catharine Savage Brosman, *Malraux, Sartre, and Aragon as Political Novelists*, University of Florida Press, 1964 ; Erwan Caulet, Corinne Grenouillet et Patricia Richard-Principalli, *Aragon, trente ans après*, Strasbourg, Presses universitaires de Strasbourg, 2014. 33. Marin Karmitz, entretien avec l'auteur, 16 juin 2023. 34. *Ibid.* 35. Marin Karmitz, *Profession producteur. Conversations avec Stéphane Paoli*, Hachette, 2003, p. 15. 36. *Ibid.*, p. 16. 37. Jacques Girault, « Gilbert Mury », *Dictionnaire historique du mouvement ouvrier français*, dit « Le Maitron », Éditions de l'Atelier, 1997. 38. Marin Karmitz, Caroline Broué, *Comédies, op. cit.*, p. 41. 39. *Ibid.*, p. 41. 40. Alain Ruscio, *L'Affaire Henri Martin et la lutte contre la guerre d'Indochine*, Le Temps des cerises, 2005. 41. Marin Karmitz, *Bande à part, op. cit.*, p. 31. 42. Jean-Pierre Vernant, « Le PCF et la question algérienne », *Vacarme*, n° 13, 3/2000 ; Jean-Pierre Simon, « Le PCF et la question algérienne 1920-1962 », *Mémoire vive*, n° 80, novembre 2021. 43. Dominique Borne, *Petits bourgeois en révolte ? Le mouvement Poujade*, Flammarion, 1977 ; Romain Souillac, *Le Mouvement Poujade : de la défense professionnelle au populisme nationaliste (1953-1962)*, Presses de Sciences Po, 2007. 44. « Le premier Front républicain, 1956 », *Libération*, 21 mars 2011 ; Thomas Stélandre, « Aux origines du Front républicain », *L'Histoire*, mars 2011. 45. Jacob Moneta, *Le PCF et la question coloniale 1920-1965*, Maspero, 1971 ; Marco Galeazzi, « Le PCF et les luttes anticoloniales 1955-1975 », *Cahiers d'histoire*,

n° 112-113, 2010. 46. Marin Karmitz, Caroline Broué, *Comédies*, *op. cit.*, p. 41. 47. Marin Karmitz, *Bande à part*, *op. cit.*, p. 32. 48. Philippe Robrieux, *Histoire intérieure du Parti communiste. Biographies, chronologie, bibliographie*, Fayard, 1984. 49. Sur Jeannette Vermeersch : Annette Wieviorka, *Maurice et Jeannette : biographie du couple Thorez*, Fayard, 2010. 50. Marin Karmitz, *Bande à part*, *op. cit.*, p. 32. 51. Marin Karmitz, Caroline Broué, *Comédies*, *op. cit.*, p. 42. 52. Marin Karmitz, *Bande à part*, *op. cit.*, p. 32. 53. *Ibid.*, p. 33. 54. Marin Karmitz, entretien avec l'auteur, 16 juin 2023. 55. *Ibid.* 56. Marin Karmitz, *Bande à part*, *op. cit.*, p. 34. 57. Marin Karmitz, *Profession producteur. Conversations avec Stéphane Paoli*, *op. cit.*, p. 22-23. 58. Marin Karmitz, entretien avec l'auteur, 16 juin 2023. 59. Actes de naturalisation, pour Salomon, Diane, Marin et Fleur Karmitz, 16 août 1957, Archives personnelles de Marin Karmitz/M. 60. Marin Karmitz, *Bande à part*, *op. cit.*, p. 31. 61. *Ibid.*, p. 31. 62. Notes de cours, dossiers réunis par Marin Karmitz, 1956, Archives personnelles de Marin Karmitz/M. 63. Copies de devoirs de philosophie, année 1955-1956, Archives personnelles de Marin Karmitz/M. 64. Diplôme du baccalauréat, Marin Radu Karmitz, 13 juillet 1956, Archives personnelles de Marin Karmitz/M. 65. Marin Karmitz, *Journal*, 14 septembre 1956, Archives personnelles de Marin Karmitz/M. 66. Marin Karmitz, *Journal*, 16 septembre 1956, Archives personnelles de Marin Karmitz/M. 67. Marin Karmitz, *Journal*, 28 septembre 1956, Archives personnelles de Marin Karmitz/M. 68. Marin Karmitz, *Journal*, 6 octobre 1956, Archives personnelles de Marin Karmitz/M. 69. Marin Karmitz, *Journal*, 5 janvier 1957, Archives personnelles de Marin Karmitz/M. 70. Marin Karmitz, *Journal*, 7 octobre 1956, Archives personnelles de Marin Karmitz/M.

III. Apprenti cinéaste

1. Marin Karmitz, Caroline Broué, *Comédies*, Fayard, 2016, p. 48. 2. Marin Karmitz, entretien avec l'auteur, 22 mai 2023. 3. Marin Karmitz, *Profession producteur. Conversations avec Stéphane Paoli*, Hachette, 2003, p. 21. 4. Marin Karmitz, *Bande à part*, Grasset, 1994, p. 47. 5. Antoine de Baecque, *La Cinéphilie. Histoire d'une culture, invention d'un regard*, Fayard, 2001. 6. Laurent Mannoni, *Histoire de la Cinémathèque française*, Gallimard, 2006. 7. Marin Karmitz, *Bande à part*, *op. cit.*, p. 42. 8. Chris Marker, « L'aventure commence avenue de Messine », *La Cinémathèque française* n° 5, 1/1986. 9. Henri Langlois, cité par Laurent Mannoni, *Histoire de la Cinémathèque française*, Gallimard, 2006, p. 216. 10. Marin Karmitz, *Bande à part*, *op. cit.*, 1994, p. 46. 11. Dans ses archives, Marin Karmitz conserve son *Journal*, avec des notes cinéphiles nombreuses correspondant aux années 1957-1959. Archives personnelles de Marin Karmitz/M. Il revient sur l'importance du cinéma et de la Cinémathèque, son « musée personnel », dans sa *Conférence du Louvre*, 9 mars 1990. 12. Fiches Eisenstein, Stroheim, Ophüls, 1957-1958. Archives personnelles de Marin Karmitz/M. 13. Fiche Robert Bresson, 1957. Archives personnelles de Marin Karmitz/M. 14. *Voyage en Italie*, *Journal*, 1957. Archives personnelles de Marin Karmitz/M. 15. Marin Karmitz, *Bande à part*, *op. cit.*, p. 44.

16. Marin Karmitz, Caroline Broué, *Comédies*, *op. cit.*, p. 114. 17. Dossier « Tribune du cinéma », 1958. Archives personnelles de Marin Karmitz/M. 18. Marin Karmitz, *Journal*, 24 mai 1957. Archives personnelles de Marin Karmitz/M. 19. *Ibid.* 20. « Marin Karmitz, un homme d'éthique », *Euro J Magazine*, mai-juin 2006. 21. Marin Karmitz, *Profession producteur. Conversations avec Stéphane Paoli*, *op. cit.*, p. 25. 22. *Ibid.*, p. 24. 23. Marin Karmitz, *Bande à part*, *op. cit.*, p. 103-104. 24. Gérard Weil, *Élie Levita, humaniste et massorète (1469-1549)*, Éd. Brill, Leyde, 1963 25. Françoise Fogelman-Soulié (sd.), *Les Théories de la complexité : autour de l'œuvre de Henri Atlan*, Seuil, 1991 ; Paul Bourgine, David Chavalarias, Claude Cohen-Boulakia (sd.), *Déterminismes et complexités : Du physique à l'éthique, autour d'Henri Atlan*, La Découverte, 2008. Et de Henri Atlan lui-même : *Entre le cristal et la fumée*, Seuil, 1979. 26. Denise Gamzon, « L'École Gilbert-Bloch », Site du *Judaïsme d'Alsace et de Lorraine*, consulté le 14 février 2024. 27. Laurent Joly, *Vichy dans la « Solution finale » : histoire du Commissariat général aux questions juives (1941-1944)*, Grasset, 2006. 28. Henri Atlan, *À tort et à raison : inter-critique de la science et du mythe*, Seuil, 1986 ; du même auteur, *Croyances, comment expliquer le monde ?*, Éd. Autrement, 2014. 29. Marin Karmitz, *Profession producteur. Conversations avec Stéphane Paoli*, *op. cit.*, p. 26. 30. *Ibid.*, p. 28. 31. Marin Karmitz, *Bande à part*, *op. cit.*, p. 42. 32. Marin Karmitz, *Journal*, 18 septembre 1956. Archives personnelles de Marin Karmitz/M. 33. *Ibid.* 34. Sur l'IDHEC, il manque encore une synthèse. On regardera la présentation de l'école et des cours, dans *L'I.D.H.E.C. au service des carrières du cinéma et de la télévision - Conditions et Programmes d'admission*, Cours et Publications de l'I.D.H.E.C, Paris, 1966 ; et IDHEC, « Classe spéciale du Lycée Voltaire », Cours et Publications de l'I.D.H.E.C, Paris, 1966. 35. Valérie Vignaux (sd.), *Léon Moussinac. Un intellectuel communiste*, vol. 1, et *Léon Moussinac, critique et théoricien des arts*, vol. 2, Éditions de l'Association française de recherche sur l'histoire du cinéma, 2014. 36. Cité par Valérie Vignaux (sd.), *Léon Moussinac. Un intellectuel communiste*, *op. cit.*, p. 214. 37. Marin Karmitz, *Bande à part*, *op. cit.*, p. 43. 38. *Ibid.*, p. 42. 39. « René Clair, auteur de films ? », correction de copie, 1957. Archives personnelles de Marin Karmitz/M. 40. Bulletin de notes, Classe spéciale du lycée Voltaire, 1957. Archives personnelles de Marin Karmitz/M. 41. Concours de l'IDHEC, 13 juin 1957. Archives personnelles de Marin Karmitz/M. 42. Concours de l'IDHEC, 21 octobre 1957. Archives personnelles de Marin Karmitz/M. 43. Concours de l'IDHEC, 28 octobre 1957. Archives personnelles de Marin Karmitz/M. 44. Marin Karmitz, *Bande à part*, *op. cit.*, p. 48. 45. Rémy Tessonneau, *Histoire vécue de l'Idhec et du Cilect (1951-1970)*, Publications de l'I.D.H.E.C, 1971. 46. Blâme, 27 mai 1958. Archives personnelles de Marin Karmitz/M. 47. Marin Karmitz, Caroline Broué, *Comédies*, *op. cit.*, p. 50. 48. Marin Karmitz, *Profession producteur. Conversations avec Stéphane Paoli*, *op. cit.*, p. 33. 49. Fiche « Joseph Mundwiller », site *Les Gens du cinéma*, consulté le 16 février 2024. 50. Marin Karmitz, *Bande à part*, *op. cit.*, p. 50. 51. *Ibid.*, p. 51. 52. *Ibid.*, p. 52. 53. Marin, Karmitz, entretien avec l'auteur, 22 mai 2023. 54. *Ibid.* 55. Marin Karmitz, *Bande à part*, *op. cit.*, p. 56. 56. Marin Karmitz, entretien avec l'auteur, 20 mars 2024. 57. *Ibid.* 58. Marin Karmitz, *Bande à part*, *op. cit.*, p. 57. 59. Marin Karmitz, entretien avec l'auteur, 20 mars 2024. 60. *Ibid.* 61. Hervé

Hamon, Patrick Rotman, *Les Porteurs de valises*, Albin Michel, 1979. 62. Marin Karmitz, entretien avec l'auteur, 20 mars 2024. 63. Marin Karmitz, Caroline Broué, *Comédies, op. cit.*, p. 43-44. 64. Marin Karmitz, *Bande à part, op. cit.*, p. 62. 65. *Ibid.*, p. 63. 66. Entretien avec l'auteur, 20 mars 2024. 67. Marin Karmitz, *Bande à part, op. cit.*, p. 64. 68. Entretien avec l'auteur, 20 mars 2024. 69. Antoine de Baecque, *Les Nuits parisiennes*, XVIII-XXIe siècles, Seuil, 2015. 70. Jacques-Louis Delpal, *La nuit*, Grasset, 1963, p. 114. 71. Marin Karmitz, entretien avec l'auteur, 22 mai 2023. 72. Clément Ghys, « À Deauville, sur les traces de Françoise Sagan », *Le Monde*, 17 juillet 2018. 73. Marin Karmitz, *Bande à part, op. cit.*, p. 64. 74. *Ibid.*, p. 105. 75. Marin Karmitz, entretien avec l'auteur, 6 juin 2023. À propos d'*Aurélien* d'Aragon, Marin Karmitz s'explique sur la place de ce livre dans sa vie : Marie-Laure Delorme, « Un livre, une vie : *Aurélien* par Marin Karmitz », *Le Journal du Dimanche*, 27 juillet 2008. 76. *Aurélien*, scénario original, p. 14 », Archives mk2/B. 77. Marin Karmitz, *Profession producteur. Conversations avec Stéphane Paoli, op. cit.*, p. 33. 78. Marin Karmitz, Caroline Broué, *Comédies, op. cit.*, p. 46. 79. Marin Karmitz, *Bande à part, op. cit.*, p. 55. 80. *Ibid.*, p. 54. 81. *Ibid.*, p. 57. 82. Marin Karmitz, entretien avec l'auteur, 6 juin 2023. 83. *Ibid.* 84. *Ibid.* 85. « Marin Karmitz : “J'ai porté des sandwichs !” », *Le Figaro Entreprise*, 7 novembre 2005. 86. Jean-Charles Tacchella, *Mémoires*, Séguier, 2017, p. 251. 87. Marin Karmitz, *Bande à part, op. cit.*, p. 61. 88. *Une autre idée du cinéma. Mk2 40 ans après…*, mk2 Éditions, 2014, p. 34. 89. Marin Karmitz, *Bande à part, op. cit.*, p. 62. 90. Agnès Varda, « Je crois que cela avait impressionné Marin… », *Une autre idée du cinéma. Mk2 40 ans après…, op. cit.*, p. 34. 91. Marin Karmitz, *Profession producteur. Conversations avec Stéphane Paoli, op. cit.*, p. 40. 92. *Ibid.*, p. 41. 93. Marin Karmitz, *Bande à part, op. cit.*, p. 66. 94. *Ibid.*, p. 68. 95. Marin Karmitz, entretien avec l'auteur, 6 juin 2023. 96. *Ibid.* 97. *Ibid.*

IV. Premières créations

1. Sur ce contexte de reflux de la Nouvelle Vague : *Antoine de Baecque, Nouvelle Vague, portrait d'une jeunesse*, « La mort », Flammarion, Paris, 1998 (rééd. 2009, coll. « Champs », 2018), p. 112-114. 2. *Ibid.*, p. 96-101. Par exemple, Michel Audiard, « Échec de la Nouvelle Vague du cinéma : trente films invisibles sur les écrans », *Arts*, 22 mars 1962. 3. Edgar Morin, « Salut les copains », *Le Monde*, 6-7 juillet 1963 ; Stéphane Ollivier, « Le mouvement yéyé », Lumni/MEN/INA, septembre 2008. 4. Marin Karmitz, *Bande à part*, Grasset, Paris, 1994, p. 75. 5. « Métropole d'équilibre », dossier brun, Archives mk2, boîte MK 93/B. 6. Marin Karmitz, *Bande à part, op. cit.*, 1994, p. 75-76. 7. Antoine de Baecque, Jean-Pierre Benghozi, Christian Delage, *Une histoire économique du cinéma français. Regards croisés franco-américains*, « La Nouvelle Vague, une aventure de production », L'Harmattan, Paris, 1997 ; Xavier Cabane, *Le Financement public de la production cinématographique en France*, L'Harmattan, Paris, 2006. 8. Marin Karmitz, *Bande à part, op. cit.*, p. 75-76. 9. Pierre Braunberger, *Cinémamémoire, propos recueillis par Jacques Gerber*, Éditions du Centre Pompidou, 1987 ; François Thomas, *Le Court Métrage français, de*

1945 à 1968. De l'âge d'or aux contrebandiers, « Panorama d'une génération désaccordée. Le court métrage français, 1959-1968 », Dominique Bluher et François Thomas, Presses universitaires de Rennes, 2005, p. 297-315. 10. Marin Karmitz, *Bande à part, op. cit.*, p. 76. 11. C'est-à-dire l'équivalent de 5 000 euros. 12. « Un jour à Paris », dossier blanc, « Note de MK à l'intention de la Préfecture de Paris », Archives mk2, boîte MK 87. 13. « Un jour à Paris », dossier blanc, « Résumé du film », Archives mk2, boîte MK 93/B. 14. Marin Karmitz, *Profession producteur. Conversations avec Stéphane Paoli*, Hachette, 2003, p. 45. 15. Marin Karmitz, *Bande à part, op. cit.*, p. 77. 16. « Nuit noire Calcutta », dossier bleu, « Correspondance et phase de financement ANPHAR », Archives mk2, boîte MK 87. 17. Marin Karmitz, *Profession producteur. Conversations avec Stéphane Paoli, op. cit.*, p. 46. 18. Entretien de Marin Karmitz avec l'auteur, 13 juin 2023. 19. *Ibid.* 20. Marin Karmitz, *Bande à part, op. cit.*, p. 79. 21. Marin Karmitz, *Profession producteur. Conversations avec Stéphane Paoli, op. cit.*, p. 46-47. 22. « Nuit noire Calcutta », dossier bleu, « Marguerite Duras. Textes et correspondances », Archives mk2, boîte MK 87. 23. *Ibid.* 24. Entretien de Marin Karmitz avec l'auteur, 13 juin 2023. « Marin Karmitz tourne dans la reine des plages de Trouville d'après un scénario de Marguerite Duras », *Paris-Normandie*, 8 juin 1964 ; « Marguerite Duras : alcool et écriture », *Petit Journal*, 5 mai 2010. 25. « Nuit noire Calcutta », dossier bleu, « 6e congrès international du film médical », Archives mk2, boîte MK 87. 26. Marin Karmitz, « Je reviens sur mon passé », *L'Express*, 30 avril 2003. 27. *Les Lettres françaises*, 29 octobre 1964. 28. Marin Karmitz, *Bande à part, op. cit.*, p. 81. 29. Marin Karmitz, entretien avec l'auteur, 13 juin 2023. 30. *Ibid.* 31. Marin Karmitz, *Profession producteur. Conversations avec Stéphane Paoli, op. cit.*, p. 50. 32. Marin Karmitz, *Bande à part, op. cit.*, p. 82. Philippe Azoury, « Le cinéma comme piège de l'image », Libération, 21 mars 2007. 33. Marin Karmitz, *Profession producteur. Conversations avec Stéphane Paoli, op. cit.*, p. 49. 34. Marin Karmitz, *Bande à part, op. cit.*, p. 82. 35. Marin Karmitz, *Profession producteur. Conversations avec Stéphane Paoli, op. cit.*, p. 51. 36. Marin Karmitz, *Bande à part, op. cit.*, p. 84. 37. Marin Karmitz, « Quand il s'exprimait, nous étions à l'écoute », *Le Figaro*, 14 décembre 2015. 38. *Ibid.* 39. *Ibid.* 40. Marin Karmitz, *Bande à part, op. cit.*, p. 84. 41. Marin Karmitz, « Quand il s'exprimait, nous étions à l'écoute », *Le Figaro*, 14 décembre 2015. 42. Marin Karmitz, *Bande à part, op. cit.*, p. 83. 43. Marin Karmitz, « Quand il s'exprimait, nous étions à l'écoute », *Le Figaro*, 14 décembre 2015. 44. Marin Karmitz, *Bande à part, op. cit.*, p. 85-86. 45. *Ibid.*, p. 86. 46. Marin Karmitz entretien avec l'auteur, 13 juin 2023. 47. *Ibid.* 48. « Comédie », dossier vert, « Lettre de Jean Paulhan à Marin Karmitz », Archives mk2, boîte MK 87/B. 49. Henry Chapier, « Le Festival de Venise s'ouvre par un défi au cinéma traditionnel », *Combat*, 29 août 1966. 50. Marin Karmitz, *Bande à part, op. cit.*, p. 87. 51. « Comédie », dossier vert, « Carte postale de Samuel Beckett à Marin Karmitz », Archives mk2, boîte MK 87/B. 52. Marin Karmitz, « Quand il s'exprimait, nous étions à l'écoute », *Le Figaro*, 14 décembre 2015. 53. Marin Karmitz, *Bande à part, op. cit.*, p. 87. 54. Marin Karmitz, entretien avec l'auteur, 13 juin 2023. 55. *Ibid.* 56. « Diététique », dossier vert, « Régime de base », Archives mk2, boîte MK 93/B. 57. « Diététique », dossier vert, « Suppressions du vin et des alcools », Archives mk2, boîte MK 93/B. 58. Antoine de Baecque, *Les Nuits parisiennes XVIIIe-XXIe siècles*, Seuil, Paris, 2015, p. 144-148 ; Jacques Braustein, « Chez Castel, club de légende », *GQ*, juillet 2011. 59. Le scénario de *La Demoiselle de Saint-Florentin*, écrit avec Alexandre Rimevale, suit une « vieille fille » de trente-cinq ans, pharmacienne dans une officine de province, qui rêve d'un voyage en Suède. À peine débarquée à Stockholm, la voilà victime d'une crise d'appendicite aiguë, direction l'hôpital. Juste avant d'être opérée, elle a l'occasion d'échanger quelques mots avec un autre malade, dans le même état qu'elle et français lui aussi, bel homme aux tempes grisonnantes. Durant une semaine, le temps de sa convalescence, elle rêve de cet inconnu et imagine vivre avec lui une idylle merveilleuse. Le dernier jour, ils se sont donné rendez-vous à la sortie de l'hôpital. « Elle l'attend, heureuse, l'homme arrive. C'est un prêtre. » « La Demoiselle de Saint-Florentin », dossier bleu, « Résumé du film », Archives mk2, boîte MK 87/B. 60. *Edeanaré :* « Aux sources de l'oued Immirrouh, ce village de verdure, assez miraculeux, semble vivre hors du temps. On y conserve des peintures préhistoriques, de cinq à dix mille ans en arrière, quand ce paysage possédait une végétation méditerranéenne et abritait une vaste civilisation noire. Certaines familles touaregs y cultivent toujours un peu de blé et récoltent des dattes. Pourtant, la sécheresse gagne du terrain, et la plupart des habitants doivent se faire nomades pour survivre. » « Edeanaré », dossier vert, « Résumé et générique du film », Archives mk2, boîte MK 87/B. 61. *Le Jardin des Tuileries* est une « promenade géographique » d'automne dans le célèbre jardin, du Louvre aux parterres de l'ancien château royal, jusqu'au musée de l'Orangerie qu'a beaucoup pratiqué le producteur dans sa jeunesse. *Un dimanche à Aurillac*, très court, passe néanmoins toute une journée dans la petite préfecture du Cantal par un dimanche de pluie. On pêche à la ligne, on s'exerce au stand de tir, on se promène main dans la main, on danse au bal. Sans dialogue ni commentaire, la caméra passe du café à la gare, suivant les visages et les lieux, saisis à la manière impressionniste. « Guy Gilles », dossier rouge, Archives mk2, boîte MK 87/B. 62. « Ionesco Production », dossier vert, Archives mk2, boîte MK 87/B. 63. *La Cantatrice chauve* : avec Odette Piquet et Claude Mansard en Mister et Misses Smith, Nicolas Bataille et Thérèse Quentin en Monsieur et Madame Martin, Jacqueline Staup en bonne et Jacques Legré en capitaine des pompiers. « La Cinémathèque française du Théâtre », dossier bleu, Archives mk2, boîte MK 87/B. 64. « La Cinémathèque française du Théâtre », dossier bleu, « Notre propos est de filmer… », Archives mk2, boîte MK 87/B. 65. *Ibid.* 66. *Un hiver au Havre* : solitaire et taciturne, désormais en civil, Polo cherche son ami, de bar en bar, de tuyau en tuyau. Il traîne dans la nuit, rencontre un joueur de cartes un peu louche, une fille, Nicole, découvre un trafic de meubles maquillés d'antiquaires sans scrupules. Lui met bientôt en place un trafic de voitures, récupère une vieille Aronde avec laquelle il circule au Havre. Les trafics tournent mal, Polo est pourchassé. Cela se finit en bagarre : « Quand il rentre chez lui, le soir, il voit que deux types l'attendent. Alors, tranquillement, il s'assoit sur une marche et allume une cigarette. On sait que ça finira mal. FIN. » « Un hiver au Havre », dossier rouge, « Présentation », Archives mk2, boîte MK 87/B. 67. « Algeria. Principio dell'anno 1962 », dossier violet, Archives mk2, boîte MK 93/B. 68. « Correspondance avec Elie Wiesel », « Lettre d'Elie Wiesel à Marin Karmitz, 15 juillet 1966 », Archives personnelles de Marin Karmitz/M. 69. « Correspondance avec Elie Wiesel », « Lettre de Marin Karmitz à Elie Wiesel, 18 juillet 1966 », Archives personnelles de Marin Karmitz/M. 70. « Correspondance avec Elie Wiesel », « Lettre d'Elie Wiesel à Marin Karmitz, 27 juillet 1966 », Archives personnelles de Marin Karmitz/M. 71. « Projet Elie Wiesel », dossier orangé, « Résumé », Archives mk2, boîte MK 93/B. 72. « Troisième leçon des Ténèbres », dossier bleu, Archives mk2, boîte MK 93/B. 73. « Milena », dossier orangé, Archives mk2, boîte MK 93/B. 74. « Milena », dossier orangé, « Résumé en cinq pages », Archives mk2, boîte MK 93/B. 75. Marin Karmitz, entretien avec l'auteur, 6 juin 2023. 76. Marin Karmitz, entretien avec l'auteur, 26 juin 2023. 77. *Ibid.* 78. Marin Karmitz, *Bande à part*, *op. cit.*, p. 89-90. 79. Marin Karmitz, entretien avec l'auteur, 26 juin 2023. 80. *Ibid.* 81. « Vivre debout », dossier gris, « Scénario », Archives mk2, boîte MK 93/B. 82. Marin Karmitz, entretien avec l'auteur, 26 juin 2023. 83. « Vivre debout », dossier gris, « Devis du film », Archives mk2, boîte MK 93/B. 84. Marin Karmitz, Caroline Boué, *Comédies*, Fayard, Paris, p. 68. 85. Marin Karmitz, entretien avec l'auteur, 26 juin 2023. 86. Marin Karmitz, *Bande à part*, *op. cit.*, p. 104. 87. Antony Fiant, « La création en direct : *L'Amour fou* de Jacques Rivette (1968) », dans *Filmer l'acte de création*, Pierre-Henry Frangne, Gilles Mouëllic et Christophe Viart (sd.), Presses universitaires de Rennes, 2013 ; Gilles Mouëllic, « Performances et happenings dans *L'Amour fou* (1967-1969) de Jacques Rivette », dans *Les Œuvres d'art dans le cinéma de fiction*, Antony Fiant, Pierre-Henry Frangne et Gilles Mouëllic (sd.), Presses universitaires de Rennes, 2014 ; Gilles Mouëllic, *Improviser le cinéma*, Ed. Yellow Now, Crisnée, 2011. 88. Marin Karmitz, *Profession producteur. Conversations avec Stéphane Paoli*, *op. cit.*, p. 63. 89. Pierre Biner, *Le Living Theatre. Histoire sans légende*, La Cité, Paris, L'Âge d'homme, Lausanne, 1968 ; Jean-Jacques Lebel, *Living Theatre*, éditions Belfond, Paris, 1969 ; *Les Voies de la création théâtrale*, tome 1, « Grotowski, Living Theatre, Open Theatre », Éditions du CNRS, Paris, 2003 ; Richard Schechener, *Performance ; Expérimentation et théorie du théâtre aux USA*, Éditions Théâtrales, Paris, 2008 ; Stéphanette Vendeville, Le Living Theatre, de la toile à la scène 1945-1985, L'Harmattan, Paris, 2008. Et le texte de Julian Beck, leader du groupe : *The Life of the Theatre*, traduction française de Fanette et Albert Vander, Gallimard, NRF, Paris, 1978. 90. Marc'O, « Théâtralité et Musique », *L'impossible et pourtant*, Association STAR, Paris, 1992 ; Jean-Pierre Thibaudat, « Marc'O et les siens réinventent un nouveau théâtre politique », *Libération*, 6 février 1995. 91. Marin Karmitz, Caroline Boué, *Comédies*, Fayard, Paris, p. 59-60. 92. Marin Karmitz, entretien avec l'auteur, 26 juin 2023. 93. La lettre de Marin Karmitz à Luigi Chiarini est publiée dans le bulletin *Le cinéma s'insurge*, n° 2, États généraux du cinéma/Le Terrain Vague, Paris, 1968, « Documents pour l'affaire de la Mostra », p. 28-30. 94. Marin Karmitz, *Bande à part*, *op. cit.*, p. 92. 95. Marin Karmitz, *Profession producteur. Conversations avec Stéphane Paoli*, *op. cit.*, p. 64. 96. Marin Karmitz, entretien avec l'auteur, 26 juin 2023. 97. Claude Mauriac, « Petit bilan d'une grande année », *Le Figaro littéraire*, 29 décembre 1969. 98. *Paris-Jour*, 30 août 1969. 99. Jean-Louis Bory, « Pour éviter l'enterrement des films d'auteurs inconnus… », *Le Nouvel Observateur*, 1er septembre 1969.

V. Camarade Karmitz

1. Marin Karmitz, *Bande à part*, Grasset, 1994, p. 89. 2. Au sein d'une bibliographie proliférante, on préférera choisir la synthèse la plus à jour et la mieux informée, notamment sur les effets « sociétaux » de Mai 68 : *68. Une histoire collective (1962-1981)*, sous la direction de Philippe Artières et Michelle Zancarini-Fournel, La Découverte, Paris, 2008 (rééd. format poche en 2015). 3. Aldo Tassone, *Que reste-t-il de la Nouvelle Vague ?*, « Entretien avec Marin Karmitz », Stock, Paris, 2003, p. 68. 4. « Questionnaire : 68, et moi, émois, et nous », *Cinéma 68*, numéro hors-série des *Cahiers du cinéma*, 1998 (rééd. en format poche aux Éditions des Cahiers du cinéma, Paris, 2008, p. 95). 5. Marin Karmitz, *Bande à part*, *op. cit.*, p. 89. 6. *Ibid*, p. 90. 7. Ludivine Bantigny, *1968. De grands soirs en petits matins*, Seuil, 2018. 8. Laurent Marie, *Le cinéma est à nous. Le PCF et le cinéma français, de la Libération à nos jours*, L'Harmattan, 2005 ; Dimitri Vezyroglou (dir.), *Le cinéma : une affaire d'État, 1945-1970*, La Documentation française, 2014 ; Pauline Gallinari, *Les communistes et le cinéma en France. De la Libération à Mai 68*, Presses universitaires de Rennes, 2015. 9. Antoine de Baecque (dir.), *Cahiers du cinéma*, « Histoires de Cannes », hors-série, 1997. 10. Sébastien Layerle, *Caméras en lutte en Mai 68*, Nouveau Monde Éditions, Paris, 2008 ; Sonia Bruneau, *Les cinéastes insurgés en mai 68 : des hommes et des films pris dans l'événement. Éléments pour une socio-histoire des États généraux du cinéma*, thèse de doctorat, études cinématographiques, Paris, Université Sorbonne-Nouvelle, 2008 ; Élias Hérody, *Une « société seconde » ? Politisation, socialisation et modes d'actions du cinéma en grève en sein des États généraux du cinéma français en Mai 68*, Master en études cinématographiques, Université Sorbonne-Nouvelle, 2023. 11. Marin Karmitz, Caroline Broué, *Comédies*, Fayard, 2016, p. 61. 12. Marin Karmitz, *Bande à part*, *op. cit.*, p. 91. 13. Marin Karmitz, *Profession producteur. Conversations avec Stéphane Paoli*, Hachette, Paris, 2003, p. 64. 14. Marin Karmitz, *Bande à part*, *op. cit.*, p. 92. 15. *Ibid*, p. 93. 16. *Ibid*, p. 91. 17. Marin Karmitz, Martin Evin, « Autour du livre *Bande à part*, décryptage de l'entretien préparatoire, p. 4 », Archives Marin Karmitz, boîte « Correspondance Auteurs ». 18. Marin Karmitz, *Bande à part*, *op. cit.*, p. 91. 19. Claude Chabrol, « Mes dates-clés », *Libération*, 19 février 2003. 20. Sur les ciné-tracts : *Jeune, dure et pure ! Une histoire du cinéma d'avant-garde et expérimental en France*, sous la direction de Nicole Brenez et Christian Lebrat, Cinémathèque française/Mazzotta, Paris/Milan, 2001, p. 337-341. 21. Gérard Fromanger, entretien avec l'auteur, Paris, 12 décembre 2008. 22. Marin Karmitz, entretien avec l'auteur, 26 juin 2023. 23. Marin Karmitz, Caroline Broué, *Comédies*, *op. cit.*, p. 63-64. 24. Marin Karmitz, *Bande à part*, *op. cit.*, p. 90-91. 25. Cité par Sébastien Layerle, *Caméras en lutte en Mai 68*, *op. cit.*, p. 40. 26. Marin Karmitz, entretien avec l'auteur, 26 juin 2023. 27. Marin Karmitz, *Bande à part*, *op. cit.*, p. 91. 28. Marin Karmitz, entretien avec l'auteur, 26 juin 2023. 29. « Entretien avec Thierry Derocles, 7 avril 2022 », Élias Hérody, *Une « société seconde » ? Politisation, socialisation et modes d'actions du cinéma en grève en sein des États généraux du cinéma français en Mai 68*, *op. cit.*, p. 154-158. 30. Marin Karmitz, Caroline Broué, *Comédies*, *op. cit.*, p. 61. 31. Marin Karmitz, entretien avec l'auteur, 26 juin 2023. 32. Cité par Sébastien

Layerle, *Caméras en lutte en Mai 68, op. cit.*, p. 114. 33. Louis Seguin, *Bulletin des États généraux du cinéma*, n° 2, Le Terrain vague, décembre 1968. p. 5. Cité par Eugenio Renzi, *Cahiers du cinéma*, « Mai 68 : les États généraux vus avec… », avril 2008. 34. « Entretien avec Thierry Derocles, 7 avril 2022 », Élias Hérody, *Une « société seconde » ? Politisation, socialisation et modes d'actions du cinéma en grève en sein des États généraux du cinéma français en Mai 68, op. cit.*, p. 154-158. 35. Marin Karmitz, entretien avec l'auteur, 26 juin 2023. 36. Marin Karmitz, *Bande à part, op. cit.*, p. 94. 37. Marin Karmitz, *Profession producteur. Conversations avec Stéphane Paoli, op. cit.*, p. 66-67. 38. Marin Karmitz, entretien avec l'auteur, 26 juin 2023. 39. *Ibid.* 40. Marin Karmitz, *Bande à part, op. cit.*, p. 93-94. 41. Marin Karmitz, Caroline Broué, *Comédies, op. cit.*, p. 65. 42. Michel Cadé, *L'Écran bleu. La représentation des ouvriers dans le cinéma français*, Presses universitaires de Perpignan, 2000. 43. Bernard Bénoliel, *Cinéma 68*, hors-série des *Cahiers du cinéma*, « Le cinéma à la porte de l'usine », *op. cit.*, p. 51-61. 44. *Ibid*, p. 54-55. 45. *Ibid*, p. 49. 46. Jacques Kebadian, Jean-Louis Comolli, *Les Fantômes de Mai 68*, Yellow Now, Crisnée, 2018 ; Xavier Vigna, *68. Une histoire collective (1962-1981)*, « Insubordination et politisation ouvrières : les occupations d'usine », *op. cit.*, p. 378-383 ; Antoine de Baecque, *68. Une histoire collective (1962-1981)*, « *Reprise* d'Hervé Le Roux », *op. cit.*, p. 271-275 ; *CinémAction*, « Le cinéma militant reprend le travail », n° 110, novembre 2019, sous la direction de Guy Gauthier, Thomas Heller, Sébastien Layerle, Monique Martineau. 47. Michelle Zancarini-Fournel, « À propos des militants établis », *Mouvements*, n° 18, 2001, p. 148-162 ; Virginie Linhart, *Volontaires pour l'usine. Vies d'établis (1967-1977)*, Seuil, Paris, 1994. 48. Marin Karmitz, « Le cinéma me permet de servir un idéal politique », *Journal du Show-Business*, 27 novembre 1970. 49. Cité par Alain Moutot, « Luttes culturelles », *Tribune socialiste*, 26 novembre 1970. 50. Marin Karmitz, « Le cinéma me permet de servir un idéal politique », *Journal du Show-Business*, 27 novembre 1970. 51. Dossier de presse de *Camarades*, Archives mk2, boîte MK88/B. 52. Marin Karmitz, « Le cinéma me permet de servir un idéal politique », *Journal du Show-Business*, 27 novembre 1970. 53. Marin Karmitz, entretien avec l'auteur, 26 juin 2023. 54. *Le Nouvel Observateur*, 30 novembre 1970. 55. *Le Nouvel Observateur*, 7 décembre 1970. 56. *Actuel*, novembre 1970. 57. *Télérama*, 21 novembre 1970. 58. *La Quinzaine littéraire*, 1er décembre 1970. 59. *L'Humanité dimanche*, 8 novembre 1970. 60. *Témoignage chrétien*, 12 novembre 1970. 61. *La Vie catholique*, 14 novembre 1970. 62. *La Vie ouvrière*, 25 novembre 1970. 63. Marin Karmitz, *Bande à part, op. cit.*, p. 95. 64. Marin Karmitz, Caroline Broué, *Comédies, op. cit.*, p. 68. 65. Marin Karmitz, *Bande à part, op. cit.*, p. 95-96. 66. *Cinéma 70*, n° 151, décembre 1970. 67. « Lettre du Dr Munteanu à Marin Karmitz », Archives Marin Karmitz, dossier « Famille. Roumanie ». 68. Marin Karmitz, Caroline Broué, *Comédies, op. cit.*, p. 66. 69. Sur Raymond Marcellin et la surveillance/répression des mouvements gauchistes après 1968 : Nicolas Beau, Xavier Toscer, *Dans l'œil des RG*, Robert Laffont, 2019 ; Francis Zamponi, *Histoire secrète de la Ve République*, « Raymond Marcellin, le Fouché breton », La Découverte, 2007, p. 405-417. Et les ouvrages de Raymond Marcellin lui-même : *L'Ordre public et les groupes révolutionnaires*, Plon, 1968 ; *La Guerre politique*, Plon, 1985. Le livre récent dirigé par

Philippe Artières et Franck Veyron, *Riposte ! Archives de luttes et d'actions (1970-1974)*, CNRS Éditions/La Contemporaine, 2023, réunit beaucoup de documents éclairant les mobilisations de Marin Karmitz au sein de la Gauche prolétarienne durant cette période. 70. Marin Karmitz, entretien avec l'auteur, 26 juin 2023. 71. Sur la Gauche prolétarienne : Patrick Jarrel, *Éléments pour une histoire de l'ex-gauche prolétarienne : cinq ans d'intervention en milieu ouvrier*, Éditions N.B.E., Paris, 1974 ; Hervé Hamon, Patrick Rotman, *Génération*, Seuil, 1987 ; Jeannine Verdès-Leroux, *La foi des vaincus. Les « révolutionnaires » français de 1945 à 2005*, Fayard, 2005 ; Jean-Paul Étienne, La *Gauche prolétarienne (1968-1973) : Illégalisme révolutionnaire et justice populaire*, thèse de doctorat en science politique, université Paris 8 Vincennes Saint-Denis, 2003. 72. Serge July, « Le 22 mars 1968, personne ne voulait de leaders », *Libération*, 21 mars 2018. 73. Marin Karmitz, entretien avec l'auteur, 28 juin 2023. 74. Marin Karmitz, *Bande à part*, *op. cit.*, p. 97. 75. Marin Karmitz, Caroline Broué, *Comédies*, *op. cit.*, p. 84. 76. Olivier Mongin, « Citizen July et *Libération* à l'origine des "Trente bouleversantes" », *Esprit*, août-septembre 2006 ; Serge July, « Le 22 mars 1968, personne ne voulait de leaders », *Libération*, 21 mars 2018. 77. Marin Karmitz, Caroline Broué, *Comédies*, *op. cit.*, p. 66. 78. Michel Foucault, « Réclusion et capitalisme », *Esprit*, avril-mai 1972. 79. Marin Karmitz, *Bande à part*, *op. cit.*, p. 100. 80. François Samuelson, *Il était une fois Libé*, Seuil, Paris, 1978 ; Hervé Hamon, Patrick Rotman, *Génération II. Les années de poudre*, Seuil, Paris, 1998 ; Jean Guisnel, *68. Une histoire collective (1962-1981)*, « La nouvelle presse : de Hara-Kiri à Libération » *op. cit.*, p. 600-606. 81. Marin Karmitz, Caroline Broué, *Comédies*, *op. cit.*, p. 82. 82. Marin Karmitz, *Bande à part*, *op. cit.*, p. 99-100. 83. Michèle Manceaux, *Les maos en France*, Gallimard, Paris, 1972 ; Morgan Sportès, *Ils ont tué Pierre Overney*, Grasset, Paris, 2008 ; Philippe Artières, *68. Une histoire collective (1962-1981)*, « Pierre Overney, le militant ouvrier assassiné », *op. cit.*, p. 550-552. 84. Marin Karmitz, Caroline Broué, *Comédies*, *op. cit.*, p. 79-82. 85. Marin Karmitz, *Bande à part*, *op. cit.*, p. 107. 86. Marin Karmitz, Caroline Broué, *Comédies*, *op. cit.*, p. 84-85. 87. Marin Karmitz, *Profession producteur. Conversations avec Stéphane Paoli*, *op. cit.*, p. 29. 88. Marin Karmitz, entretien avec l'auteur, 26 juin 2023. 89. *Ibid.* 90. Marin Karmitz, *Bande à part*, *op. cit.*, p. 116. 91. Olivier Rolin, *Tigre en papier*, Seuil, 2002. 92. « Carte d'Olivier Rolin à Marin Karmitz », 18 avril 2003, Archives Marin Karmitz, « Grand classeur blanc »/M. 93. Marin Karmitz, *Profession producteur. Conversations avec Stéphane Paoli*, *op. cit.*, p. 67. 94. Xavier Vigna, *68. Une histoire collective (1962-1981)*, « Insubordination et politisation ouvrières : les occupations d'usine », *op. cit.*, p. 378-383 ; « Elles étaient femmes et ouvrières dans les années 1970 », *Le Courrier de l'Ouest*, 9 mars 2009 ; « 1971-1973, la révolte des OS », *Alternatives économiques*, juin 2011. 95. « Enquête. Ouvrières occupant leur usine à Troyes, jeudi 25 février 1971 », Archives mk2, boîte MK 93/B. 96. *Colère sur la ville*, en voici le résumé : « Des femmes, dans un atelier de confection et de tissage. Elles ont tous les âges, viennent là chaque jour pour faire la production, dans la chaleur, les cadences, le bruit, supportant leur fatigue. Tant bien que mal, chacune vit son existence : 8 heures d'usine et une nouvelle journée qui commence à la sortie, avec les courses, le ménage, les enfants, les maris. Nouveaux soucis, financiers, affectifs. Bref, la vie de tant de femmes. Mais dans l'atelier, les choses peu à peu changent. À chaque situation d'oppression, d'abord à quelques-unes, puis de plus en plus nombreuses, elles opposent une volonté farouche de ne plus se laisser faire : actes de sabotage des machines, débrayages… Brutale, la réaction du patron Boursac ne se fait pas attendre : licenciement des meneuses. Pour obtenir la réintégration de Colette et Agnès, ces femmes vont s'unir. S'unir pour trouver toutes les formes d'action permettant d'atteindre leur but. Du discours syndical à la séquestration finale, c'est la lutte terrible qu'elles vont mener, comptant enfin sur elles-mêmes, découvrant et dépassant leur condition de femmes, pour faire céder l'appareil complexe qui se trouve en face. » « Colère sur la ville, résumé du scénario », Archives mk2, boîte MK 93/B. 97. « Contrat réalisateur, contrat co-scénariste », 14 avril 1971, Archives mk2, boîte blanche, MK 93/B. 98. Marin Karmitz, entretien avec l'auteur, 28 juin 2023. « Un bel hommage à la réalisatrice Évelyne Haas-July », *La Provence*, 21 octobre 2013 (à la mort de celle qui fut ensuite productrice et réalisatrice de films). 99. « Marin Karmitz », *Unifrance. Dossiers portrait*, intégré dans le dossier de presse de *Coup pour coup*, Archives mk2, boîte blanche « *Coup pour coup* », MK 93/B. 100. Marin Karmitz, Caroline Broué, *Comédies*, *op. cit.*, p. 67. 101. Marin Karmitz, *Bande à part*, *op. cit.*, p. 111-112. 102. Techniciens et techniciennes présents sur *Coup pour coup* : Jean-Pierre Baronski, Paul Bertault, Patrick Cabouat, Jean-Noël Delamarre, André Dubreuil, Donatienne Fraisse, Christine Lipinska, Marie-Christine Meynard, Brigitte Sousselier, Maurice Tanant, Christian Vallée, Dominique Véry, Sébastien Veyrin-Forer. « Dossier de presse de *Coup pour coup* » Archives mk2, boîte blanche « Coup pour coup », MK 93/B. 103. 1 500 francs par mois correspond au salaire d'un second assistant ; le contrat normal d'un réalisateur est 35 fois plus élevé, et celui d'un opérateur 6 fois plus. 104. « Dossier de presse de *Coup pour coup* », Archives mk2, boîte blanche « Coup pour coup », MK 93/B. 105. Marin Karmitz, *Profession producteur. Conversations avec Stéphane Paoli*, *op. cit.*, p. 71. 106. « Dossier de presse de *Coup pour coup* », sd. Archives mk2, boîte blanche « Coup pour coup », MK 93/B. 107. *Ibid.* 108. Marin Karmitz, *Profession producteur. Conversations avec Stéphane Paoli*, *op. cit.*, p. 68. 109. *Ibid*, p. 69. 110. Marin Karmitz, Caroline Broué, *Comédies*, *op. cit.*, p. 67. 111. « Dossier de presse de *Coup pour coup* », Archives mk2, boîte blanche « Coup pour coup », MK 93/B. 112. Marin Karmitz, Caroline Broué, *Comédies*, *op. cit.*, p. 67. 113. *Ibid.*, p. 68. 114. « Lettre d'Annick Le Gall à Marin Karmitz », Archives Marin Karmitz, « Grand classeur blanc, dossier de lettres des ouvrières-comédiennes de *Coup pour coup* »/M. 115. « Lettre de Ginette à Évelyne July », 16 août 1971, Archives Marin Karmitz, « Grand classeur blanc, dossier de lettres des ouvrières-comédiennes de *Coup pour coup* ». 116. « Lettre d'Annick Le Gall à Marin Karmitz », Archives Marin Karmitz, « Grand classeur blanc, dossier de lettres des ouvrières-comédiennes de *Coup pour coup* »/M. 117. « Lettre de Nathalie à Marin Karmitz », Archives Marin Karmitz, « Grand classeur blanc, dossier de lettres des ouvrières-comédiennes de *Coup pour coup* »/M. 118. « Lettre de Danielle à Évelyne July », sd., Archives Marin Karmitz, « Grand classeur blanc, dossier de lettres des ouvrières-comédiennes de *Coup pour coup* »/M. 119. Marin Karmitz, Caroline Broué, *Comédies*, *op. cit.*, p. 73-74. 120. *Vive le cinéma*, « À propos de *Tout va bien* », 24 septembre 1972, émission d'André S. Labarthe et Janine Bazin. 121. David Faroult, *Godard : inventions d'un cinéma politique*, Les Prairies ordinaires, 2018. 122. « Les luttes de classes en France. Deux films, "Coup pour coup" et "Tout va bien" », *Cahiers du cinéma*, n° 238-239, mai-juin 1972. 123. *Le Nouvel Observateur*, 8 mai 1972. 124. *Ibid.* 125. Dominique Noguez, texte repris dans *Le Cinéma autrement*, éd. du Cerf, Paris, 1987, p. 63. 126. « Lettre de Jean-Luc Godard à Jacques Kebadian et Marin Karmitz », 25 mars 1972, Archives mk2, chemise beige « Correspondance avec Jean-Luc Godard »/B. 127. *Le Monde*, 17 février 1972. 128. « Dossier de presse de *Coup pour coup* », sd. Archives mk2, boîte blanche « Coup pour coup », MK 93/B. 129. *The Observer*, 7 mai 1972. 130. « Lettre de Marin Karmitz à "chers camarades d'Albanie" », 21 février 1973, Archives mk2, boîte blanche « Coup pour coup », MK 93/B. 131. Marin Karmitz, Caroline Broué, *Comédies*, *op. cit.*, p. 69. 132. « Tract *Coup pour coup*, un film en couleurs, vécu et réalisé par 100 ouvrières », 9 novembre 1973, Archives mk2, boîte blanche « Coup pour coup », MK 93/B. 133. Marin Karmitz, Caroline Broué, *Comédies*, *op. cit.*, p. 71. 134. Marin Karmitz, entretien avec l'auteur, 26 juin 2023. 135. Marin Karmitz, Caroline Broué, *Comédies*, *op. cit.*, p. 71-72. 136. Marin Karmitz, entretien avec l'auteur, 26 juin 2023. 137. *Ibid.* 138. « Lettre de Nathalie à Marin Karmitz », Archives Marin Karmitz, « Grand classeur blanc, dossier de lettres des ouvrières-comédiennes de *Coup pour coup* »/B.

VI. 14 Juillet

1. Marin Karmitz, Caroline Broué, *Comédies*, Fayard, 2016, p. 76. 2. Marin Karmitz, entretien avec l'auteur, Paris, 28 juin 2023. Le PSU, Parti socialiste unifié, fondé en 1960 et dirigé par Michel Rocard à partir de 1967, représente la « deuxième gauche », proche du syndicat de la CFDT, sensible aux combats anticoloniaux et à l'autogestion. Il fait bientôt figure, à partir du congrès unificateur d'Épinal en 1971, avec le CERES de Jean-Pierre Chevènement et Didier Motchane, d'aile gauche du parti socialiste. 3. Marin Karmitz, Caroline Broué, *Comédies*, *op. cit.*, 2016, p. 93. 4. Marin Karmitz, entretien avec l'auteur, 4 octobre 2023. 5. Marin Karmitz, *Bande à part*, Grasset, 1994, p. 131. 6. « Du pain, du savon et la liberté. Proposition pour une série sur la résistance quotidienne en France », dossier Archives mk2, boîte MK 93/B. 7. *La Cause du peuple*, 1er mai 1972. 8. Louis Chevalier, *Splendeurs et misères du fait divers*, Perrin, Paris, 2003 ; Pascal Cauchy, *Il n'y a qu'un bourgeois pour avoir fait ça ! L'affaire de Bruay-en-Artois*, Larousse, Paris, 2010. 9. Marin Karmitz, *Bande à part,op. cit.*, p. 114. 10. « Reportage photos. *La Haie* », chemise orange *La Haie*, Archives mk2, boîte MK/B. 11. « La Haie Scénario mk2 », chemise rose, Archives mk2, boîte MK/B. 12. Marin Karmitz, *Bande à part*, Grasset, *op. cit.*, p. 115. 13. « Note d'intentions. *La Haie* », chemise *La Haie*, Archives mk2, boîte MK/B. Voici la « note d'intentions » de *La Haie*, signée par Simone de Beauvoir : « Cette histoire est celle de la réaction collective de la population travailleuse de Bruay au meurtre de Brigitte Dewèvre. L'histoire est centrée sur deux femmes de mineurs. Marie jouera son propre personnage : vieille militante qui est demeurée combative, têtue, entière et, comme son mari André, fortement politisée. Ginette,

quant à elle, est veuve, son mari est mort de silicose. Elle vit avec une fille de quinze ans. Elle a été expulsée de son logement par les Houillères du Nord, et habite désormais dans une des maisons les plus pauvres du coron : pas de salle de bain, les W.C. dans la cour, les murs noircis par la fumée du charbon. Lors des grèves de 48, elle a été comme Marie une lutteuse. Mais ses épreuves l'ont d'autant plus abattue qu'elle n'a senti autour d'elle aucun mouvement de solidarité : elle a éprouvé la solitude, abandonnée par la récession idéologique du PC et de la CGT. Elle est politiquement désemparée. Depuis assez longtemps, elle s'est repliée sur elle-même et n'a pris part à aucune action. Elle fume beaucoup et sans être ivrogne elle boit un peu trop. Convaincue qu'on ne peut rien contre la justice bourgeoise, elle ressent l'assassinat de Brigitte dans la peur, dans la colère, mais aussi dans le découragement. Peu à peu, elle retrouvera le sens de la solidarité, elle luttera avec les autres femmes et prendra conscience que seul un incessant combat peut redonner un sens à la vie de ses camarades et à la sienne. » 14. « Présentation. Généralités. *La Haie* », chemise *La Haie*, Archives mk2, boîte MK 93/B. 15. *Ibid.* 16. *Ibid.* 17. Marin Karmitz, *Bande à part, op. cit.*, p. 115. 18. Marin Karmitz, entretien avec l'auteur, Paris, 28 juin 2023. 19. : Le livre récent dirigé par Philippe Artières et Franck Veyron, *Riposte ! Archives de luttes et d'actions (1970-1974)*, CNRS Éditions/La Contemporaine, 2023, réunit beaucoup de documents éclairants les mobilisations de Marin Karmitz au sein de la Gauche prolétarienne durant cette période. 20. Tract reproduit dans Philippe Artières et Franck Veyron, *Riposte ! Archives de luttes et d'actions (1970-1974), op. cit.*, p. 144. 21. : « La première grève. Titre provisoire », dossier gris, Archives mk2, boîte MK 93/B. 22. Sur la « fiction de gauche » après Mai 68, on lira le numéro des *Cahiers du cinéma*, n° 272, 1976, « Sur la fiction de gauche », et Antoine de Baecque, « Retour au peuple. Jacques Rancière et les *Cahiers du cinéma* », *Revue de la BNF*, n° 52, 2016, 1, p. 82-90. 23. Franco Basaglia, *L'Institution en négation*, Le Seuil, Paris, 1970 ; David Cooper, *Psychiatrie et antipsychiatrie*, Le Seuil, Paris, 1970 ; Gilles Deleuze, Félix Guattari, *L'Anti-Œdipe*, Éditions de Minuit, 1972 ; Ronald Laing, *La Politique de la famille*, Stock, Paris, 1972 ; Jacques Hochmann, *Les antipsychiatries : une histoire*, Odile Jacob, 2015 ; Frédéric Gros, *68. Une histoire collective*, « L'antipsychiatrie : la folie change de visage », sous la direction de Philippe Artières et Michèle Zancarini-Fournel, La Découverte, 2008, p. 592-599. 24. Marin Karmitz, entretien avec l'auteur, Paris, 4 octobre 2023. 25. *Ibid.* 26. « "Il faudrait diviser le travail en trois parties." Tonino Guerra », dossier « Projet Basaglia », Archives mk2, boîte MK 93/B. 27. Marin Karmitz, *Bande à part, op. cit.*, p. 128. 28. « Documentation Petra Krause. *Libération* », dossier « Projet Petra Krause », Archives mk2, boîte MK 93/B. 29. « Notes MK », dossier « Projet Petra Krause », Archives mk2, boîte MK 93/B. 30. « Notes sur l'organisation d'un film », dossier « Projet Petra Krause », Archives mk2, boîte MK 93/B. 31. *Ibid.* 32. Marin Karmitz, *Bande à part, op. cit.*, p. 129. 33. Marin Karmitz, *Profession producteur. Conversations avec Stéphane Paoli*, Hachette, Paris, 2003, p. 71. 34. Marin Karmitz, *Bande à part, op. cit.*, p. 129. 35. Marin Karmitz, *Bande à part, op. cit.*, p. 115. 36. *Ibid.* 37. *Ibid.* 38. Marin Karmitz, Caroline Broué, *Comédies, op. cit.*, p. 93. Sur les multisalles, les « circuits » et les transformations de la distribution/exploitation du cinéma en France au début des années 1970 : Jean-Pierre Jeancolas, *Le*

Cinéma des Français. 1969-1974, les années Pompidou, Maison des arts et de la culture de Créteil, 1974. 39. Marin Karmitz, entretien avec l'auteur, Paris, 4 octobre 2023. 40. *Ibid.* 41. Marin Karmitz, Caroline Broué, *Comédies, op. cit.*, p. 89. 42. « Lettre de Marin Karmitz à Walter Atchugar, 9 janvier 1973 », chemise bleue. Correspondance Walter Atchugar, cinéma Amérique latine. Archives mk2, boîte MK 93/B. 43. *Ibid.* 44. *Ibid.* 45. *Ibid.* 46. Marin Karmitz, *Bande à part, op. cit.*, p. 117. 47. « Lettre de Marin Karmitz à Walter Atchugar, 21 juin 1973 », chemise bleue. Correspondance Walter Atchugar, cinéma Amérique latine. Archives mk2, boîte MK 93/B. 48. « Lettre de Marin Karmitz à Walter Atchugar, 8 octobre 1973 », chemise bleue. Correspondance Walter Atchugar, cinéma Amérique latine, Archives mk2, boîte MK 93/B. 49. *Ibid.* 50. « Entretien avec M. Roger Caracache », *Le Monde*, 6 avril 1989. 51. Julien Hage, *Feltrinelli, Maspero, Wagenbach : une nouvelle génération d'éditeurs politiques d'extrême gauche en Europe occidentale. 1955-1982*, thèse d'histoire sous la direction de Jean-Yves Mollier, université de Saint-Quentin-en-Yvelines, 2010 ; François Dosse, *Les Hommes de l'ombre. Portraits d'éditeurs*, « François Maspero. La joie de lire. 1932 - », Perrin, 2014, p. 249-277 ; « François Maspero, le veilleur intranquille », dossier de la *Revue A littérature-action*, n°16-17, mars 2023, coordonné par Bruno Guichard et Julien Hage. 52. Marin Karmitz, *Bande à part, op. cit.*, p. 117. 53. *Ibid*, p. 118. 54. « Carnets noirs. Les entrées des salles, entre 1974 et 1979 », Archives personnelles MK/M. 55. Marin Karmitz, *Profession producteur. Conversations avec Stéphane Paoli, op. cit.*, p. 73. 56. Alain Lebaude, « Marin Karmitz devient distributeur de films pour vaincre la conspiration du silence », *Paris-Normandie*, 1er juin 1974. 57. : Louis Dandrel, « Aux antipodes de Cannes. Le cinéma des mk2 », *Le Monde*, 16 mai 1974. Une expérience parallèle et contemporaine d'exploitation gauchiste à la marge peut être trouvée dans l'aventure des cinémas Utopia, dont la première salle ouvre à Aix-en-Provence de 1971 à 1973, puis à Avignon en 1976, toujours en activité, avant d'essaimer dans plusieurs villes de la France du Sud, Bordeaux, Toulouse, Marseille, à partir de 1983. Olivier Alexandre, *Utopia : À la recherche d'un cinéma alternatif*, L'Harmattan, 2007 ; Lara Guillaud, « L'utopie comme alternative : Enjeux d'un circuit d'exploitation indépendant », *Archives*, Institut Jean Vigo - Cinémathèque de Toulouse, n° 57, janvier 1994. 58. « Lettre de Marin Karmitz à Walter Atchugar, 23 février 1974 », chemise bleue. Correspondance Walter Atchugar, cinéma Amérique latine, Archives mk2, boîte MK 93/B. 59. *Ibid.* 60. Annick Cojean, « La mort de Catherine Humblot, ancienne journaliste au *Monde* », *Le Monde*, 24 avril 2020. 61. *Ibid.* 62. Sur Jean-René Huleu : Alain Dugrand, *Libération 1973-1981. Un moment d'ivresse*, Fayard, Paris, 2013. 63. Marin Karmitz, entretien avec l'auteur, Paris, 4 octobre 2023. 64. *Ibid.* 65. *Ibid.* 66. *Ibid.* 67. *Ibid.* 68. *Ibid.* 69. Marin Karmitz, Caroline Broué, *Comédies, op. cit.*, p. 88. 70. *Ibid.*, p. 89. 71. Marin Karmitz, entretien avec l'auteur, Paris, 4 octobre 2023. 72. Caroline Eliacheff, entretien avec l'auteur, Paris, 6 juin 2024. 73. *Ibid.* 74. Caroline Eliacheff, *« Ma mère, Françoise Giroud »*, *Le Journal du dimanche*, 24 janvier 2023. 75. Marin Karmitz, Caroline Broué, *Comédies, op. cit.*, p. 221. 76. Caroline Eliacheff, entretien avec l'auteur, Paris, 6 juin 2024. 77. Marin Karmitz, entretien avec l'auteur, Paris, 4 octobre 2023. 78. Marin Karmitz, *Bande à part, op. cit.*, p. 128. 79. *Ibid.* 80. « Notes et intentions pour l'écriture », dossier gris *Les Fruits de la passion*, Archives mk2, boîte MK 93/B. 81. Marin Karmitz, *Bande à part, op. cit.*, p. 129. 82. *Ibid.*, p. 124. 83. Marin Karmitz, entretien avec l'auteur, Paris, 4 octobre 2023. 84. Marin Karmitz, *Profession producteur. Conversations avec Stéphane Paoli, op. cit.*, p. 78-79. 85. Marin Karmitz, entretien avec l'auteur, Paris, 4 octobre 2023. 86. Roland Duval, « Le Parnasse assassiné », *Pariscope*, 8 octobre 1976. 87. Marin Karmitz, Caroline Broué, *Comédies, op. cit.*, p. 129. 88. Martin Evin, « Trois 14 Juillet à Montparnasse », *Le Monde*, 27 octobre 1976. 89. *Ibid.* 90. « Distribution. Pour déterrer l'étau », *Le Point*, 7 octobre 1976. 91. Dominique Pouchin, « À Paris, le défi de Marin Karmitz », *Le Monde*, 20 mai 1979. 92. Catherine Humblot, « Après les incidents au 14 Juillet Bastille. Extrême droite ou extrême gauche ? », *Le Monde*, 4 avril 1978. 93. Marin Karmitz, *Bande à part, op. cit.*, p. 120. 94. Marin Karmitz, entretien avec l'auteur, Paris, 4 octobre 2023. 95. Marin Karmitz, *Profession producteur. Conversations avec Stéphane Paoli, op. cit.*, p. 75-76. 96. « Sinistre Bastille 30 mars 1978 », chemise violette « Bastille Attentat 30 mars 1978 », Archives mk2, boîte MK 93/B. 97. Catherine Humblot, « Après les incidents au 14 Juillet Bastille. Extrême droite ou extrême gauche ? », *Le Monde*, 4 avril 1978. Sur ce moment difficile et cette ambiance tendue, on lira, du point de vue des cinémas Olympic : Frédéric Mitterrand, *Tous désirs confondus*, Actes Sud, Arles, 1988, réédition 2009. 98. « Yan Giquel », *Une autre idée du cinéma. Mk2 40 ans après*, sd. Étienne Rouillon, Éditions mk2, Paris, 2014, p. 77. 99. Claude Forest (dir.) *Multiciné. Boris Gourevitch, l'homme des complexes*, Préface de Frédéric Mitterrand, L'Harmattan, Paris, 2023. 100. « Entretien avec Marin Karmitz », *Figures des salles obscures. Des exploitants racontent leur siècle de cinéma* (sd. Samra Bonvoisin, Claude Forest, Hélène Valmary), Nouveau Monde éditions, 2015, p. 279-280. 101. *Ibid*, p. 274. 102. Marin Karmitz, entretien avec l'auteur, Paris, 4 octobre 2023. 103. *Ibid.* 104. « Entretien avec Marin Karmitz », *Figures des salles obscures. Des exploitants racontent leur siècle de cinéma* (sd. Samra Bonvoisin, Claude Forest, Hélène Valmary), *op. cit.*, p. 281. 105. Marin Karmitz, entretien avec l'auteur, Paris, 4 octobre 2023. 106. Marin Karmitz, *Profession producteur. Conversations avec Stéphane Paoli, op. cit.*, p. 80. 107. « Entretien avec Marin Karmitz », *Figures des salles obscures. Des exploitants racontent leur siècle de cinéma* (sd. Samra Bonvoisin, Claude Forest, Hélène Valmary), *op. cit.*, p. 284. 108. Marin Karmitz, entretien avec l'auteur, Paris, 4 octobre 2023. 109. *Le Nouvel Observateur*, 14 mai 1977. 110. *Télérama*, 9 juillet 1977. 111. *Cahiers de cinéma*, n° 308, février 1980. 112. « Lettre de Marin Karmitz à Françoise Giroud, secrétaire d'État à la Culture, le 4 février 1977 », chemise « Françoise Giroud », Archives mk2, boîte MK 93/B. 113. *Ibid.* 114. Marin Karmitz, *Bande à part, op. cit.*, p. 126 ; Marin Karmitz, *Profession producteur. Conversations avec Stéphane Paoli, op. cit.*, p. 81.

VII. Les années rugissantes

1. « Entretien avec Marin Karmitz », *Figures des salles obscures. Des exploitants racontent leur siècle de cinéma* (sd. Samra Bonvoisin, Claude Forest, Hélène Valmary),

op. cit., p. 284. **2.** « Jean Labadie, une nouvelle griffe en images », *Le Quotidien de Paris*, 7 juillet 1988. **3.** « Collectionneur de Palmes d'or », *Le Monde*, 9 juin 2012. **4.** « Sylvaine Saindérichin : l'amour du cinéma », *Biba*, septembre 1984. **5.** « Note : Marin Karmitz Producteur mk2 Production », dossier Archives mk2, boîte MK/B. **6.** Luc Boltanski, Ève Chiapello, *Le Nouvel Esprit du capitalisme*, Paris, Gallimard, 1999, p. 14. **7.** « Entretien avec Marin Karmitz », *Alternatives économiques*, juin 1987. **8.** « Marin Karmitz préfère l'artisanat », *Télérama*, 19 octobre 1988. **9.** Marin Karmitz, *Bande à part*, Paris, Grasset, 1994, p. 161. **10.** *Ibid*, p. 162. **11.** *Première*, janvier 1984. **12.** « Marin Karmitz, le franc-tireur », *Cinématographe*, mai 1984. **13.** « Entretien avec Marin Karmitz », *Ça c'est du cinéma. Le 7e art et la manière*, dossier du *Canard enchaîné*, juin 1987, p. 58. **14.** Marin Karmitz, Caroline Broué, *Comédies*, Paris, Fayard, 2016, p. 155-156. **15.** Marin Karmitz, *Profession producteur. Conversations avec Stéphane Paoli*, Paris, Hachette, 2003, p. 100. **16.** *Ibid*, p. 124-125. **17.** Claude Chabrol, *Laissez-moi rire !*, Paris, Éditions du Rocher, 2004, p. 134. **18.** Jean-Charles Tacchella, *Mémoires*, Paris, Éd. Séguier, 2017. **19.** *Ibid.*, p. 360. **20.** *Ibid.*, p. 360. **21.** « Scénario, Voyage en grande Tartarie », dossier Archives mk2, boîte MK 93/B. **22.** Marin Karmitz, *Bande à part*, *op. cit.*, p. 123. **23.** Michel Perez, « Yannick Bellon entend choquer », *Le Matin de Paris*, 11 janvier 1978. **24.** Marin Karmitz, *Profession producteur. Conversations avec Stéphane Paoli*, *op. cit.*, p. 92. **25.** « Mk2 Diffusion. Dossier FILMS. Sonimage / Sauve qui peut la vie », Archives M. **26.** *Ibid.* **27.** « Notes sur la société USA », dossier « Correspondance avec Jean-Luc Godard », Archives M. **28.** Marin Karmitz, *Bande à part*, *op. cit.*, p. 77-78. **29.** Jean-Claude Carrière, cité par Richard Brody, *Everything is Cinema. The Working Life of Jean-Luc Godard*, New York, Faber & Faber, 2008, p. 415. **30.** Marin Karmitz, *Bande à part*, *op. cit.*, p. 138. **31.** *Ibid.*, p. 139-140. **32.** *Le Matin de Paris*, 23 mai 1980. **33.** *Ibid.* **34.** *Ibid.* **35.** Marin Karmitz, *Bande à part*, *op. cit.*, p. 140-141. **36.** Marin Karmitz, *Profession producteur. Conversations avec Stéphane Paoli*, *op. cit.*, p. 84. **37.** Michael Witt, « *Sauve qui peut (la vie)*, œuvre multimedia », *Jean-Luc Godard. Documents*, sd. Nicole Brenez, David Faroult, Michael Temple, Centre Georges-Pompidou, 2006, p. 302-315. **38.** *Le Matin de Paris*, 15 octobre 1980. **39.** Marin Karmitz, *Profession producteur. Conversations avec Stéphane Paoli*, *op. cit.*, p. 185. **40.** « Devis des films et projets en cours », dossier « Correspondance avec Jean-Luc Godard », Archives mk2/M. **41.** « Lettre de Jean-Luc Godard à Marin Karmitz, 10 août 1980 », dossier « Correspondance avec Jean-Luc Godard », Archives mk2/M. **42.** Le scénario de *The Story* a été publié dans *Jean-Luc Godard par Jean-Luc Godard*, tome 1, Éd. des *Cahiers du cinéma*, 1984, p. 418-441. **43.** « Lettre de Jean-Luc Godard à Marin Karmitz, 10 août 1980 », dossier « Correspondance avec Jean-Luc Godard », Archives mk2/M. **44.** « Naissance (de l'image) d'une nation », dossier « Correspondance avec Jean-Luc Godard », Archives mk2/M. **45.** « Lettre de Marin Karmitz à Jean-Luc Godard, 4 octobre 1985 », dossier « Correspondance avec Jean-Luc Godard », Archives mk2/M. **46.** « Collages, Marie Curie, Rubens », dossier « Correspondance avec Jean-Luc Godard », Archives mk2/M. **47.** « Lettre de Jean-Luc Godard à Marin Karmitz, 18 novembre 1980 », dossier « Correspondance avec Jean-Luc Godard », Archives mk2/M. **48.** Marin Karmitz, Caroline Broué, *Comédies*, *op. cit.*, p. 118. **49.** « Mot de Jeannot à sa chère Cécilia, sd. », dossier « Correspondance avec Jean-Luc Godard », Archives mk2/M. 50. *Ibid.* 51. Marin Karmitz, Caroline Broué, *Comédies, op. cit.*, p. 118. 52. Marin Karmitz, *Bande à part, op. cit.*, p. 151-152. 53. Marin Karmitz, Caroline Broué, *Comédies, op. cit.*, p. 119. 54. Marin Karmitz, *Bande à part, op. cit.*, p. 152-153. 55. Marin Karmitz, « Qu'on arrête le scandale de l'aide automatique », *Libération*, 20 mai 1981. 56. *Ibid.* 57. *Ibid.* 58. Marin Karmitz, entretien avec l'auteur, 29 novembre 2023. 59. Marin Karmitz, *Bande à part, op. cit.*, p. 147. 60. *Télérama*, 19 septembre 1981. 61. *Les Nouvelles littéraires*, 12 septembre 1981. 62. *Libération*, 2 octobre 1981. 63. *La Lettre de cinéma de France*, 30 septembre 1981. 64. *Ibid.* 65. François Prasteau, « Marin Karmitz part en guerre contre les trois grands du cinéma », *France-Soir*, 25 septembre 1981. 66. Daniel Toscan du Plantier, « Assez du cinéma pauvre ! », *Télérama*, 7 octobre 1981. 67. « Lettre de Nicolas Seydoux à Marin Karmitz, 23 septembre 1981. Recommandé avec Avis de Réception », Archives mk2, boîte mk2 95/M. 68. « Loi Lang : des écrans anti-trust », *Libération*, 2 avril 1982. 69. *Ibid.* 70. « Marin Karmitz : extrêmement positif », *Libération*, 2 avril 1982. 71. « Dossier : Les années Lang », *Cahiers du cinéma*, mars 1986. 72. Serge Toubiana, « L'image a bougé », *Cahiers du cinéma*, mars 1986. 73. Hervé Le Roux, « K. comme Karmitz (Marin) », « Dossier : Les années Lang », *Cahiers du cinéma*, mars 1986. 74. Marin Karmitz, entretien avec l'auteur, 29 novembre 2023. 75. *France-Soir*, 18 mai 1982. 76. Monique Pantel, « L'Homme couvert de films », *France-Soir*, 18 mai 1982. 77. « Cannes n'est plus dans Cannes », *Le Nouvel Observateur*, 16 mai 1982. 78. Romain Goupil, *Entretiens avec Bernard Lefort*, Éd. Punctum, Paris, 2005, p. 12-13. 79. Étienne Rouillon, « Yilmaz Güney », *mk2, une autre idée du cinéma*, Éd. mk2, Paris, 2014, p. 78. 80. Marin Karmitz, *Profession producteur. Conversations avec Stéphane Paoli, op. cit.*, p. 93. 81. Marin Karmitz, *Bande à part, op. cit.*, p. 148-149. 82. « Lettre de Marin Karmitz à Yilmaz Güney, 7 septembre 1983 », dossier « Correspondance, G », Archives mk2 dossier « Correspondance avec les auteurs A-N »/B. 83. « Marin Karmitz, franc-tireur. Entretien avec Jérôme Tonnerre », *Cinématographe*, mai 1984. 84. Marin Karmitz, *Profession producteur. Conversations avec Stéphane Paoli, op. cit.*, p. 96. 85. « Marin Karmitz, franc-tireur. Entretien avec Jérôme Tonnerre », *Cinématographe*, mai 1984. 86. Marin Karmitz, *Profession producteur. Conversations avec Stéphane Paoli, op. cit.*, p. 96-98. 87. Propos recueillis par Étienne Rouillon, « Agnès Varda », *mk2, une autre idée du cinéma, op. cit.*, p. 34. 88. « Entretien avec Marin Karmitz », Michel Pascal, *Claude Chabrol*, Éd. de la Marinière, Paris, 2012, p. 193. 89. Claude Chabrol, *Un jardin bien à moi. Conversations avec François Guérif*, Denoël, Paris, 1999, p. 175. 90. Cité par Laurent Bourdon, *Tout Chabrol*, Éd. Lett-Motif, Paris, 2020, p. 355. 91. *Ibid*, p. 356. 92. « Entretien avec Marin Karmitz », *Cahiers du cinéma*, n° 660, octobre 2020. 93. *Ibid.* 94. *Ibid.* 95. *Ibid.* 96. *Ibid.* 97. « Entretien avec Marin Karmitz », Michel Pascal, *Claude Chabrol, op. cit.*, p. 195. 98. « Entretien avec Marin Karmitz », *Cahiers du cinéma*, n° 660, octobre 2020. 99. Claude Chabrol, « Mes dates-clés », *Libération*, 19 février 2003. 100. *Le Nouvel Economiste*, n° 967, 14 octobre 1994. 101. Marin Karmitz, Caroline Broué, *Comédies, op. cit.*, p. 155-156. 102. « Heureux comme une fortune juive en France », *Actualité Juive*, 21 juillet

2011 **103.** Marin Karmitz, Caroline Broué, *Comédies, op. cit.*, p. 154. **104.** *Ibid*, p. 154-155. **105.** *Ibid*, p. 155. **106.** *Ibid*, p. 156. **107.** *Ibid*, p. 155. **108.** *Ibid*, p. 156. **109.** Marin Karmitz, Bernard Kouchner, Bernard-Henri Lévy, Alain Minc, « Un pari pour Mitterrand », *Le Monde*, 22 avril 1988. **110.** Marin Karmitz, entretien avec l'auteur, Paris, 10 octobre 2023. **111.** Caroline Eliacheff, entretien avec l'auteur, Paris, 6 juin 2024. **112.** *Ibid.* **113.** *Ibid.* **114.** Danielle Lambert, « Marin Karmitz : du cinéma, des chevaux et des hommes », *L'Éperon*, n° 118, octobre 1993. **115.** Isabelle Capy, « Marin Karmitz, le producteur-cavalier », *Paris-Turf*, 14 janvier 1994. **116.** Danielle Lambert, « Marin Karmitz : du cinéma, des chevaux et des hommes », *L'Éperon*, n° 118, octobre 1993. **117.** *Ibid.* **118.** Marin Karmitz, entretien avec l'auteur, Paris, 20 mars 2024. **119.** *Ibid.* **120.** Marin Karmitz, *Bande à part, op. cit.*, p. 169-170. **121.** Françoise Berger, « Les décorations se portent à gauche », *Libération*, 8 janvier 1982. **122.** Marin Karmitz, *Bande à part, op. cit.*, p. 169. **123.** *Ibid.*, p. 171. **124.** *Ibid.*, p. 171-172. **125.** Propos recueillis par Étienne Rouillon, « Paolo et Vittorio Taviani », *mk2, une autre idée du cinéma, op. cit.*, p. 70. **126.** « Mail de Marin Karmitz à Paolo Taviani, 17 avril 2018 », dossier « Correspondance, T », Archives mk2, dossier « Correspondance avec les auteurs O-Z »/B. **127.** « Mail de Paolo Taviani à Marin Karmitz, 17 avril 2018 », dossier « Correspondance, T », Archives mk2 dossier « Correspondance avec les auteurs O-Z »/B. **128.** Marin Karmitz, *Profession producteur. Conversations avec Stéphane Paoli, op. cit.*, p. 102. **129.** *Ibid*, p. 103-104. **130.** Marin Karmitz, *Bande à part, op. cit.*, p. 157. **131.** Marin Karmitz, *Profession producteur. Conversations avec Stéphane Paoli, op. cit.*, p. 109. **132.** Marin Karmitz, *Bande à part, op. cit.*, p. 160. **133.** *Libération*, 27 septembre 1989. **134.** Gérard Lefort, « Chronique d'une merde annoncée », *Libération*, 8 mai 1987. **135.** Voici le texte inséré par Serge July, directeur du journal, dans *Libération*, le 4 octobre 1989 : « Marin Karmitz a cru bon dénoncer "des mots inadmissibles utilisés dans la presse et par des hommes politiques", associant "Durafour crématoire », "Resnais gâteux" et "Chronique d'une merde annoncée". Il s'en prend ainsi, pour ce qui est des deux dernières citations, à des critiques de films parues dans *Libération* concernant notamment le film d'Alain Resnais, *I Want to Go Home*. Libre à lui de n'avoir pas apprécié ces critiques. Mais les associer – aussi vives puissent-elles être – aux infâmies racistes de Jean-Marie Le Pen devient parfaitement intolérable. Les pratiques bien connues de l'allusion et de l'amalgame, tristes fleurons d'un stalinisme enfin à l'agonie, n'auraient-elles plus cours que dans la prétention d'un producteur à imposer son "ordre" à toute critique "déviante" ? » **136.** Michel Pascal, « Citizen Karmitz », *Le Figaro*, 20 mai 1985. **137.** Jean-Louis Mingalon, « L'Ascension de la maison Karmitz », *Le Monde. Radio télévision*, 22 novembre 1987. **138.** Claire Devarrieux, « Marin Karmitz, profession : éditeur de films », *Le Monde*, 11 avril 1985. **139.** Serge Daney, « Karmitz, marginal du centre », *Libération*, 31 octobre 1985. **140.** « Éditeur de films et P.-D.G. heureux », *Libération*, 31 octobre 1985. **141.** Danielle Attali, « L'homme-miracle du cinéma français », *Le Journal du Dimanche*, 17 avril 1986. **142.** Gilbert Perrin, « Un homme authentique nous fait du cinéma », *La Vie*, 11 août 1988. **143.** Dans *Le Film français*, on trouve bien des articles et des entretiens, notamment les entretiens « Le Maspéro du cinéma » (14 septembre 1981), « L'année du plaisir de Karmitz », le 7 décembre

1984, puis le dossier spécial « Le phénomène mk2 », 9 décembre 1988. 144. « Marin Karmitz s'explique » annonce *Le Matin de Paris* durant le Festival de Cannes (18 mai 1982), « Le cinéma reste un outil pour changer le monde », lance le patron de mk2 dans *Libération* (5 mars 1990), alors que *Télérama* lui donne la parole en l'invitant à « nous dire comment marche, ou ne marche pas, le cinéma français » (24 mai 1986). À l'étranger, on trouve aussi quelques portraits en pied : « Marin Karmitz, éditeur et marchand de films » sur les trois colonnes de *L'Hebdo*, en Suisse (24 août 1989) ; « La Filmoteca dedica un cicle a Karmitz », dans *Avui*, journal de Barcelone (28 mars 1989) ; « Karmitz : "Seeking Filmakers That Defy Convention", lance l'*International Herald Tribune* (26 décembre 1990). 145. « Marin Karmitz, producteur de cinéma : la quête du Graal », *Médias*, 18 mai 1988. 146. Nicole Le Caisne, « Les jackpots de Marin Karmitz », *L'Express*, 16 juin 1989. 147. On trouvera cette publicité sur une pleine page de *Libération*, le 8 mai 1986. 148. On trouvera cette publicité sur une pleine page du *Film français*, le 5 décembre 1986. 149. Marin Karmitz avoue : « Je ne peux pas me permettre de perdre cinq minutes. Je dois sans cesse laisser tomber ce que je suis en train de faire pour m'occuper de quelque chose de plus urgent. En fait, je dois être constamment disponible. » « Pendu au téléphone, Marin Karmitz, quasi simultanément, s'enquiert du nombre d'entrées enregistré à la séance de 14 heures, préconise l'utilisation d'un rouge plus soutenu pour une affiche et s'interroge ouvertement devant ses collaborateurs sur les états d'âme d'un critique imprévisible. » (Isabelle Tepper, « Marin Karmitz : Cinéma, business et passions », *Challenges*, mars 1988). 150. Nicolas Boukrief, « Eux = mk2 », *Starfix*, mars 1989. 151. Marin Karmitz, Caroline Broué, *Comédies*, *op. cit.*, p. 131-132. 152. Propos recueillis par Étienne Rouillon, « 14 Juillet Odéon », *mk2, une autre idée du cinéma*, *op. cit.*, p. 94. 153. « Marin Karmitz : éditeur de films à Paris » (10 avril au 24 juin 1985). 93 films, exposition, projections en salle Garance, brochure du Centre Georges-Pompidou, 1985, Paris (présentation).

VIII. Les années de crises

1. « La télévision en ligne de mire », *Libération*, 21 novembre 1985. 2. *Ibid.* 3. « Note demandée par monsieur le ministre de la Culture à Marin Karmitz, 25 juin 1984 », Archives mk2 dossier « Chronologie 1984 »/B. 4. « Le manifeste pour une télé libre », *Télérama*, 23 avril 1986. 5. « Cinéma : une crise pour deux », *Libération*, 5 mai 1988. 6. « Le cinéma sauvé par la télé ? », *Le Monde*, 8 mai 1987. 7. « Cinéma en crise », *Le Figaro*, 5 mai 1988. 8. Serge Toubiana, « La nouvelle économie du cinéma », *Cahiers du cinéma*, mai 1987. 9. *Ibid.* 10. « Mk2 ne connaît pas la crise », *Challenges*, mars 1988. 11. « Marin Karmitz : la crise… quelle crise ? », *Le Film français*, 5 février 1988. 12. François Niney, « Le cinéma dans tous ses états : cinéma et télévision, les liaisons dangereuses », *Cahiers du cinéma*, mai 1989. 13. « Pour une commission culture », *Profession culture*, décembre 1992. 14. Marin Karmitz, *Bande à part*, Grasset, Paris, 1994, p. 169. 15. « Marin Karmitz : la crise… quelle crise ? », *Le Film français*, 5 février 1988. 16. « La télévision, c'est le supermarché du cinéma », *France-Soir*, 5 mai 1988. 17. « Nos images ont une âme »,

L'Express, 7 octobre 1993. 18. « Canal 01 : création d'une société d'achat et de vente de droits audiovisuels », *Libération*, 14 mars 1985. 19. La CED réunit le groupe Suez, mais entrent également au capital le Crédit Agricole, le CIC, le Crédit national, L'Oréal, la Lyonnaise des eaux et UAP. 20. La CED permet l'acquisition du catalogue de la Sofracima (des polars français comme *Spécial Police* ou *On ne meurt que deux fois, Dupont la joie* et *Un Taxi mauve* d'Yves Boisset, mais également un succès mondial tel *Rambo* n°1), ou encore des productions d'Alain Terzian, des films policiers de Jacques Deray, de Philippe Labro, des comédies de Philippe de Broca, de Michel Lang, ou certaines œuvres d'André Téchiné (*Rendez-vous* ou *Le Lieu du crime*). 21. Le tour de table de M6 est constitué de la CLT (télé Luxembourg, 25 %), de la Lyonnaise des eaux (25 %), des éditions Amaury (10 %), de Suez (8 %), de l'UAP (8 %), de la banque Paribas (8 %), Worms (5 %) et de mk2 (2,5 %). 22. « La 6 défile musique en tête », *Libération*, 20 février 1987. 23. Caroline Eliacheff, *À corps et à cri. Êre psychanalyste avec les tout-petits*, notamment l'« avant-propos », Odile Jacob, Paris, 1993 ; *Françoise Dolto, une journée particulière*, Flammarion, Paris, 2018. 24. « Remplacer l'argent par l'imagination », *Libération*, 18 mai 1987. 25. « Pourquoi l'artisan du cinéma s'intéresse à la télévision », *Communication & Business*, 9 mars 1987. 26. « Remplacer l'argent par l'imagination », *Libération*, 18 mai 1987. 27. « Karmitz appuie sur la détente : Polac rejoint M6 », *Le Film français*, 23 octobre 1987. 28. Marin Karmitz, *Bande à part, op. cit.*, p. 180. 29. *Ibid*, p. 179. 30. « LMK dans la production », *La Lettre de l'audiovisuel*, 27 décembre 1989. 31. Marin Karmitz, *Bande à part, op. cit.*, p. 180. 32. « Le découvreur », *Nouvel Observateur*, 13 décembre 1990. 33. Ange-Dominique Bouzet, « mk2 et Lazennec font MKL », *Libération*, 24 juin 1992. 34. « La double vie de Véronique », *Figaro madame*, 10 mai 2003. 35. « Entretien avec Marin Karmitz », *Cahiers du cinéma*, numéro spécial Claude Chabrol, octobre 1997. 36. Claude Chabrol, *Un jardin bien à moi. Conversation avec François Guérif*, Denoël, Paris, 1999, p. 193. 37. « Entretien avec Marin Karmitz », *Cahiers du cinéma*, numéro spécial Claude Chabrol, octobre 1997. 38. *France-Soir*, 8 septembre 1988. 39. *Ibid.* 40. *Ibid.* 41. On lira à ce propos le beau livre de Jeanne Favret-Saada, *Les sensibilités religieuses blessées. Christianismes, blasphèmes et cinéma, 1965-1988*, Fayard, Paris, 2017. 42. *Le Monde*, 29 octobre 1988. 43. Claude Chabrol, *Un jardin bien à moi. Conversation avec François Guérif, op. cit.*, p. 196. 44. *Ibid*, p. 209. 45. *Le Quotidien de Paris*, 19 février 1992. 46. « Entretien avec Marin Karmitz », *Cahiers du cinéma*, numéro spécial Claude Chabrol, octobre 1997. 47. Claude Chabrol, *Un jardin bien à moi. Conversation avec François Guérif, op. cit.*, p. 216. 48. « Entretien avec Marin Karmitz », *Cahiers du cinéma*, numéro spécial Claude Chabrol, octobre 1997. 49. Marin Karmitz, Caroline Broué, *Comédies*, Fayard, Paris, 2016, p. 173. 50. Marin Karmitz, *Profession producteur. Conversations avec Stéphane Paoli*, Hachette, Paris, 2003, p. 158-159. 51. Marin Karmitz, *Bande à part, op. cit.*, p. 182-183. 52. *Ibid*, p. 186. 53. *Ibid*, p. 189. 54. Marin Karmitz, entretien avec l'auteur, Paris, 29 novembre 2023. 55. : « Le Gatt au cœur de la guerre des images », *La Croix*, 28 septembre 1993. 56. « mk2 USA : un travail de fourmi », *Le Film français* (6 décembre 1991). Les premiers films français sortis aux États-Unis par mk2 USA sont *Madame Bovary* de Claude Chabrol, *La Belle Noiseuse* de Jacques

Rivette, *Un week-end sur deux* de Nicole Garcia, *La vie est un long fleuve tranquille* d'Étienne Chatiliez, *La Discrète* de Christian Vincent ou *Un cœur qui bat* de François Dupeyron. 57. Marin Karmitz s'exprime clairement à propos de l'importance d'une politique culturelle active dans Marin Karmitz, *Bande à part, op. cit.*, p. 206-209, ou dans Marin Karmitz, Caroline Broué, *Comédies, op. cit.*, p. 170-185. La première mission publique de Marin Karmitz, acceptée en 1991 à la demande de Jack Lang, fut de présider l'Association du château d'Oiron, près de Poitiers, qui visait à remettre le bâtiment du XVIe siècle en l'état, puis de le transformer en centre de création contemporaine, entre travaux de rénovation, de restauration, et commandes d'artistes. Karmitz quitte cette présidence en 1993, mais en tire une expérience enrichissante : « J'ai appris, dit-il, à gérer les contraintes de la commande publique, à observer le fonctionnement des instances du ministère de la Culture, et j'ai rencontré des gens tout à fait compétents – et d'autres moins. Cela a constitué pour moi une formation instructive. » Entretien avec l'auteur, 21 novembre 2023. 58. Marin Karmitz, Caroline Broué, *Comédies, op. cit.*, p. 171. 59. *Ibid*, p. 176. 60. Marin Karmitz, *Profession producteur. Conversations avec Stéphane Paoli, op. cit.*, p. 178. 61. *Ibid*, p. 179. 62. *Ibid*, p. 179. 63. « L'Europe du film », *Passages*, n° 29, juillet-août 1990. 64. Marin Karmitz, Caroline Broué, *Comédies, op. cit.*, p. 122-123. 65. *Ibid*, p. 124. 66. *Ibid*, p. 124. 67. *Ibid*, p. 124-125. 68. *Ibid*, p. 125. 69. Marin Karmitz, *Bande à part, op. cit.*, p. 38-39. *Le Chêne* est cependant remarqué et salué par certains critiques. Il est ainsi classé parmi les « 10 meilleurs films de l'année 1992 » par les *Cahiers du cinéma.* 70. Marin Karmitz, *Bande à part, op. cit.*, p. 18. 71. *Ibid*, p. 19. 72. *Ibid*, p. 20. 73. *Ibid*, p. 20-21. 74. Marin Karmitz, Caroline Broué, *Comédies, op. cit.*, p. 143. 75. Marin Karmitz, *Profession producteur. Conversations avec Stéphane Paoli, op. cit.*, p. 138. 76. Marin Karmitz, *Bande à part, op. cit.*, p. 233-234. 77. Krzysztof Kieślowski, *Le cinéma et moi*, Éd. Noir sur blanc, Paris, 2006, p. 242. 78. « Entretien avec Marin Karmitz », *Revue Films Garantie Pologne*, n° 6, juin 1994. 79. « Lettre de Krzysztof Kieślowski à Marin Karmitz, 12 janvier 1993 », Archives mk2 dossier « Correspondance avec Kiarostami et Kieślowski »/B. 80. « Carte postale de Jean-Louis Trintignant à Marin Karmitz, 25 avril 1993 », Archives mk2 dossier « Correspondance avec Kiarostami et Kieślowski »/B. 81. Marin Karmitz, « Le soleil rouge de Kieślowski », *Le Nouvel Observateur*, 14 mai 1994. 82. Marin Karmitz, *Profession producteur. Conversations avec Stéphane Paoli, op. cit.*, p. 148. 83. Marin Karmitz, Caroline Broué, *Comédies, op. cit.*, p. 144. 84. Marin Karmitz, *Profession producteur. Conversations avec Stéphane Paoli, op. cit.*, p. 149. 85. Marin Karmitz, *Bande à part, op. cit.*, p. 211-212. 86. *Ibid*, p. 212. 87. *Le Monde*, 17 février 1972. 88. « Fax de Martin Evin à Marin Karmitz, 11 septembre 1993, p. 1 », Archives MK, boîte « Correspondance Auteurs », chemise noire « Autour de Bande à part »/M. 89. « Notes de Marin Karmitz », Archives MK, boîte « Correspondance Auteurs », chemise noire « Autour de Bande à part »/M. 90. Marin Karmitz, *Bande à part, op. cit.*, quatrième de couverture. 91. Jean-Michel Frodon, « Marin Karmitz ou le portrait amer d'une réussite », *Le Monde*, 14 juin 1994. 92. « Lettre de Michel Rocard à Marin Karmitz », Archives MK, boîte « Correspondance Auteurs », chemise « Correspondance autour du livre *Bande à part* »/M. 93. « Lettre de Julia Kristeva à Marin Karmitz, 4 janvier 1995 », Archives MK

,boîte « Correspondance Auteurs », chemise « Correspondance autour du livre *Bande à part* »/M. 94. « Lettre de Maurice Grimaud à Marin Karmitz », Archives MK, boîte « Correspondance Auteurs », chemise « Correspondance autour du livre *Bande à part* »/M. 95. « Lettre de Homeric à Marin Karmitz », Archives MK, boîte « Correspondance Auteurs », chemise « Correspondance autour du livre *Bande à part* »/M. 96. « Lettre de André Rousselet à Marin Karmitz », Archives MK, boîte « Correspondance Auteurs », chemise « Correspondance autour du livre *Bande à part* »/M. 97. Voici quatre autres extraits de lettres reçus à propos de *Bande à part*, appartenant au même dossier d'archives : « Lettre de Xavier Giannoli à Marin Karmitz », Archives MK, boîte « Correspondance Auteurs », chemise « Correspondance autour du livre *Bande à part* »/M. Jérôme Lindon : « Vous n'avez suivi l'exemple de personne et vous avez bien fait. Votre démarche, votre réussite sont celles de Marin Karmitz tout seul. Et de nous deux, quémandeurs de hasards comme vous dîtes très bien, c'est vous qui représentez l'avenir. » Le financier Marc Ladreit de Lacharrière : « J'aime le titre, bande à part pour toi, indépendant pour moi, une nouvelle fois nous nous rejoignons sur notre modèle de vie. Je partage aussi ce que tu dis sur les femmes, sur le silence et l'absence de parole. Amitié fidèle. » Élisabeth Badinter : « J'ai passé les fêtes en ta compagnie, merci, et j'ai trouvé ton livre très tonique. Je souhaite que beaucoup de jeunes gens le lisent, car ils y trouveront des encouragements » ; Christine Ockrent : « Toutes tes qualités éclatent dans ce livre. Je suis fière de compter parmi tes amies, et t'embrasse ». 98. « Entretien avec Claude Chabrol », *Cahiers du cinéma*, n° 494, septembre 1995. 99. Claude Chabrol, *Laissez-moi rire*, Éd. du Rocher, Paris, 2004, p. 126. 100. « Entretien avec Marin Karmitz », Michel Pascal, *Claude Chabrol*, La Martinière, Paris, 2012, p. 214. 101. *Cahiers du cinéma*, n° 494, septembre 1995. 102. « Entretien avec Marin Karmitz », *Cahiers du cinéma*, numéro spécial Chabrol, octobre 1997. 103. « Entretien avec Marin Karmitz », *L'Avant-Scène Cinéma*, n° 578, décembre 2010. 104. *Le Monde*, 31 août 1995. 105. Marin Karmitz, entretien avec l'auteur, Paris, 21 novembre 2023. 106. « Fax de Martin Evin à Marin Karmitz, 11 septembre 1993, p. 6 », Archives MK, boîte « Correspondance Auteurs », chemise noire « Autour de Bande à part »/M. 107. *Ibid.* 108. Marin Karmitz, Caroline Broué, *Comédies*, *op. cit.*, p. 161. 109. Caroline Eliacheff, « Ma mère, Françoise Giroud », *Le Journal du Dimanche*, 24 janvier 2023. 110. « Lettre de Françoise Giroud à Nicolas Hossein », Archives MK, grand classeur blanc Calipage : « Documents sur la famille + Enfance + Réalisateur »/M. 111. « Caroline Eliacheff, la fille dévoilée », *Le Figaro*, 8 novembre 2013. Le livre de Marthe Robert, *Seul comme Franz Kafka*, joue aussi un rôle dans cette révélation, chez Nicolas Hossein. 112. « Robert Hossein, épris de justice », *L'Arche*, juin 2010. 113. Marin Karmitz, entretien avec l'auteur, Paris, 21 novembre 2023. 114. Marin Karmitz, Caroline Broué, *Comédies*, *op. cit.*, p. 159. 115. Marin Karmitz, entretien avec l'auteur, Paris, 21 novembre 2023. 116. Marin Karmitz, Caroline Broué, *Comédies*, *op. cit.*, p. 156. 117. « Un séminaire original de l'ADE », *Actualité Juive*, 6 mars 2008 ; « Rav Yehochoua Gronstein : l'important, c'est de ne pas s'arrêter, de ne pas se laisser décourager », *Actualité Juive*, 25 septembre 2008. 118. « Marin Karmitz, les images et la pensée », *L'Arche*, février 2011. 119. *Ibid.* 120. Étienne Rouillon, « 14 Juillet Beaubourg », *Une autre idée du cinéma, mk2*

40 ans après, Éd. mk2, 2014, p. 122. 121. *Ibid.* 122. *Ibid.* 123. *Ibid.* 124. Marin Karmitz, Caroline Broué, *Comédies*, *op. cit.*, p. 95. Le 14 Juillet sur Seine deviendra mk2 Quai de Seine deux ans après son ouverture, en 1998. 125. Étienne Rouillon, « 14 Juillet sur Seine », *Une autre idée du cinéma, mk2 40 ans après*, Éd. mk2, 2014, p. 124. 126. « Stalingrad va faire son cinéma », *Le Parisien*, 19 janvier 1995. 127. Marin Karmitz, Caroline Broué, *Comédies*, *op. cit.*, p. 95. 128. Dembo Goumane a écrit son histoire, *Dembo Story*, chez Hachette en 2006, et il écrit en introduction : « Merci pour tout, merci de m'avoir fait confiance. Sachez que vous avez beaucoup contribué à sortir quelqu'un comme moi de galères pas possibles. » 129. Marin Karmitz, Caroline Broué, *Comédies*, *op. cit.*, p. 98. Ce jeune homme, grand lecteur de Marcel Proust, deviendra l'assistant de Chris Marker sur *Chats perchés*, film de 2004. 130. Marin Karmitz, Caroline Broué, *Comédies*, *op. cit.*, p. 97. 131. « Entretien avec Marin Karmitz », *Figures des salles obscures. Des exploitants racontent leur siècle de cinéma* (sd. Samra Bonvoisin, Claude Forest, Hélène Valmary), Nouveau Monde éditions, Paris, 2015, p. 287-288. 132. Marin Karmitz, Caroline Broué, *Comédies*, *op. cit.*, p. 148. 133. *Ibid*, p. 149. 134. Marin Karmitz, *Profession producteur. Conversations avec Stéphane Paoli*, *op. cit.*, p. 170. 135. *Ibid*, p. 171. 136. *Ibid*, p. 171-172. 137. *Ibid*, p. 173. 138. *Ibid*, p. 175. 139. « Le fric a pris le pouvoir », *Télérama*, 17 mai 1998 140. « Karmitz, un producteur en guerre », *Forum*, juin 1998. 141. « Lettre de Alain Minc à Marin Karmitz, 22 juin 1998 », Archives MK, grand classeur blanc Calipage : « Documents sur la famille + Enfance + Réalisateur »/M.

IX. Les allées du pouvoir

1. Marin Karmitz, Caroline Broué, *Comédies*, Paris Fayard, 2016, p. 140. 2. « Fax de Michael Haneke à Ivon Crenn et Ivon Rouve, 14 juin 1999 », Archives mk2, dossier « Correspondance diverse A-N », chemise « Michael Haneke »/B. 3. « Fax de Marin Karmitz à Michael Haneke, 14 juin 1999 », Archives mk2, dossier « Correspondance diverse A-N », chemise « Michael Haneke »/B. 4. Marin Karmitz, Caroline Broué, *Comédies*, *op. cit.*, p. 141. 5. *Ibid.*, p. 112. 6. Fax de Marin Karmitz à Michael Haneke, 16 octobre 2000 », Archives mk2, dossier « Correspondance diverse A-N », chemise « Michael Haneke »/B. 7. « Fax de Michael Haneke à Marin Karmitz et Nathalie Kreuther, 17 octobre 2000 », Archives mk2, dossier « Correspondance diverse A-N », chemise « Michael Haneke »/B. 8. Marin Karmitz, *Profession producteur. Conversations avec Stéphane Paoli*, Hachette, Paris, 2003, p. 112. 9. Marin Karmitz, Caroline Broué, *Comédies*, *op. cit.*, p. 142. 10. *Ibid.* 11. « La vie d'Abdel », *Libération*, 5/6 octobre 2013. 12. « La petite phrase qui tue », *Le Film du jour*, 18 juin 2014. 13. *Ibid.* 14. Marin Karmitz, *Profession producteur. Conversations avec Stéphane Paoli*, *op. cit.*, p. 130. 15. Marin Karmitz, entretien avec l'auteur, Paris, 5 décembre 2023. 16. Étienne Rouillon, « mk2 Éditions », *mk2, une autre idée du cinéma*, mk2 Éditions, Paris, 2014, p. 140. 17. Étienne Rouillon, « Trois couleurs », *mk2, une autre idée du cinéma*, *op. cit.*, p. 154. 18. « Fax d'Abbas Kiarostami à Nathalie Kreuther, 7 avril 1999 », Archives mk2 dossier « Correspondance avec Kiarostami et Kieślowski »/B. 19. Marin Karmitz, Profession producteur.

Conversations avec Stéphane Paoli, *op. cit.*, p. 150. 20. *Ibid.* 21. *Ibid.* 22. « Fax de Marin Karmitz à Abbas Kiarostami, 30 mars 1995 », Archives mk2 dossier « Correspondance avec Kiarostami et Kieślowski »,/B. 23. *Ibid.* 24. « Fax d'Abbas Kiarostami à Marin Karmitz, 4 octobre 1995 », Archives mk2 dossier « Correspondance avec Kiarostami et Kieślowski »/B. 25. Marin Karmitz, cité par Étienne Rouillon, « Abbas Kiarostami », *mk2, une autre idée du cinéma*, mk2 Éditions, Paris, 2024, p. 65. 26. Marin Karmitz, *Profession producteur. Conversations avec Stéphane Paoli, op. cit.*, p. 151. 27. *Ibid*, p. 152. 28. Marin Karmitz, Caroline Broué, *Comédies, op. cit.*, p. 138-139. 29. Abbas Kiarostami, « L'exception confirme la règle », *Chronique d'une mutation. Conversations sur le cinéma (2000-2010)*, sd. Nicolas Marcadé, Chloé Rolland, Éd. Fiches du cinéma, Paris, 2010, p. 185. 30. « Fax d'Abbas Kiarostami à Nathalie Kreuther, 14 octobre 2002 », Archives mk2, dossier « Correspondance avec Kiarostami et Kieślowski »/B. Ce projet indien, *Indian Roads*, est déposé dans les archives de mk2 : « *Indian Roads*. Une série de films par Abbas Kiarostami, avec la participation de Jean-Claude Carrière », 3 p., Archives mk2, dossier « Correspondance avec Kiarostami et Kieślowski »/B. 31. Mamad Haghighat, « Les cinéastes iraniens s'exilent ! », *Positif*, mars 2013. 32. Abbas Kiarostami, *Photographies, Photographs, Fotografie*, préface de Michel Ciment, Hazan, Paris, 1999. 33. Marin Karmitz, Caroline Broué, *Comédies, op. cit.*, p. 17. 34. « Fax d'Abbas Kiarostami à Nathalie Kreuther, 7 avril 1999 », Archives mk2, dossier « Correspondance avec Kiarostami et Kieślowski »/B. 35. Marin Karmitz, Caroline Broué, *Comédies, op. cit.*, p. 137-138. 36. : « Entretien avec Marin Karmitz », *Figures des salles obscures* (sd. Samra Bonvoisin, Claude Forest, Hélène Valmary), Nouveau Monde Éditions, Paris, 2015, p. 290. 37. Cité par Étienne Rouillon, « mk2 Bibliothèque », *mk2, une autre idée du cinéma*, mk2 Éditions, Paris, 2014, p. 146. 38. La correspondance entre Raphaël Nadjari et Marin Karmitz, entre 2001 et 2004, est conservée dans les Archives mk2, dossier « Correspondance diverse A-N », chemise « Raphaël Nadjari »/B. 39. Étienne Rouillon, « Jia Zhangke », *mk2, une autre idée du cinéma, op. cit.*, p. 74-75. 40. « Mail de Marin Karmitz à Jia Zhangke, 30 mai 2018 », Archives mk2, dossier « Correspondance diverse A-N », chemise « Jia Zhang-ke »/B. 41. « Entretien avec Marin Karmitz », Michel Pascal, *Claude Chabrol*, La Martinière, Paris, 2012, p. 197. 42. *Ibid.* 43. *Ibid.* 44. *Ibid.*, p. 198. 45. *Ibid.* 46. *Ibid.* 47. *Ibid.*, p. 197. 48. *Ibid.* 49. « Lettre à Marin Karmitz, "Je sais combien cela est dur pour vous", 27 mars 2001 », Archives MK, grand classeur blanc « Documents sur la famille »/M. 50. « Musique maestro reçoit Marin Karmitz », *La Vie*, 19 août 2004. 51. « Lettre de Diane Karmitz à Marin Karmitz, 2 août 1973 », Archives MK, Grand classeur blanc « Documents sur la famille »/M. 52. « Lettre de Martine Laroche à Marin Karmitz, sd », Archives MK, grand classeur blanc « Documents sur la famille »/M. 53. *Ibid.* 54. Marin Karmitz, entretien avec l'auteur, Paris, 6 décembre 2023. 55. *Ibid.* 56. : Marin Karmitz, Caroline Broué, *Comédies, op. cit.*, p. 224-225. 57. *Ibid.*, p. 225 58. « Marin et Nathanaël Karmitz : mk2, une aventure de cinéma », *Playboy*, mai 2008. 59. *Ibid.* 60. Cité par Étienne Rouillon, « Gus Van Sant », *mk2, une autre idée du cinéma, op. cit.*, p. 152. 61. « Mail de Marin et Nathanaël Karmitz à Gus Van Sant, 14 octobre 2006 », Archives mk2, dossier « Correspondance diverse O-Z », chemise « Gus Van Sant »/B. 62. « Mail de Marin Karmitz à Gus Van Sant, 20 décembre 2006 », Archives mk2, dossier « Correspondance diverse O-Z », chemise « Gus Van Sant »/B. 63. « Mail de Marin Karmitz à Gus Van Sant, 14 décembre 2006 », Archives mk2, dossier « Correspondance diverse O-Z », chemise « Gus Van Sant »/B. 64. « Mail de Gus Van Sant à Marin Karmitz, 15 décembre 2006 », Archives mk2, dossier « Correspondance diverse O-Z », chemise « Gus Van Sant »/B. 65. « Mail de Marin Karmitz à Gus Van Sant, 31 janvier 2007 », Archives mk2, dossier « Correspondance diverse O-Z », chemise « Gus Van Sant »/B. 66. « Mail de Marin Karmitz à Gus Van Sant, 20 février 2007 », Archives mk2, dossier « Correspondance diverse O-Z », chemise « Gus Van Sant »/B. 67. Marin Karmitz, Caroline Broué, *Comédies*, *op. cit.*, p. 225. 68. Marin Karmitz, entretien avec l'auteur, Paris, 6 décembre 2023. 69. « Les cinémas français font écran plein », *Le Film français*, 20 décembre 2001. 70. Marin Karmitz, « Le prix de la liberté », *Chronique d'une mutation. Conversations dur le cinéma (2000-2010)*, *op. cit.*, p. 88. Deux années plus tard, la situation change, quand Gaumont et Pathé récupèrent le site de Beaugrenelle à la place de mk2 (qui ferme son cinéma) afin d'ouvrir un nouveau multiplexe dans le XVe arrondissement. Marin Karmitz et ses fils décident alors de changer le partenariat de la carte « illimité », faisant désormais alliance avec UGC. 71. « Le milieu du cinéma refuse "la fin de l'exception culturelle française" », *Libération*, 14 décembre 2001. 72. *Ibid.* 73. « Marin Karmitz déplore la démission du service public dans le domaine du cinéma », *Satellites*, décembre 2002. 74. Marin Karmitz, « Le prix de la liberté », *Chronique d'une mutation. Conversations sur le cinéma (2000-2010)*, *op. cit.*, p. 87. 75. Stéphane Goudet, « Le premier cinéma art et essai de France », *Chronique d'une mutation. Conversations sur le cinéma (2000-2010)*, *op. cit.*, p. 94. 76. *Ibid*, p. 96. 77. « La justice déboute Marin Karmitz, qui reprochait à Jean-Pierre Brard de l'avoir injurié », *Le Nouvel Observateur*, 15 octobre 2008. 78. « Karmitz débouté », *Télérama*, 25 octobre 2008. 79. « La guerre des prix aura-t-elle lieu ? », *Le Parisien*, 23 janvier 2010. 80. Marin Karmitz, « Jamais la profession n'a autant eu besoin de défendre ses intérêts de manière collective », *Le Film français*, 1er février 2002. 81. « Canal+ et le cinéma français : un nouveau pacte », *Écran total*, 12 mai 2004. 82. Les dossiers de presse des archives de mk2 conservent tout de ces débats et de ces polémiques qui représentent plus d'une centaine d'articles, entre 2009 et 2011. 83. *Le Film français*, 6 février 2009. 84. Édouard Launet, « Potter promise », *Libération*, 12 février 2009. 85. *Le Canard enchaîné*, dossier spécial « La Cour sous le règne de Nicolas-le-petit », avril 2009 ; « De Mao à Sarko. Marin Karmitz nominé par Sarkozy », *Marianne*, 24 janvier 2009. 86. « À gauche toute ! », *Marianne*, 17 janvier 2009. 87. Jean-Marc Adolphe, « Travailler le jour, rêver la nuit ? », *M. Mouvement*, avril 2009. 88. « Les lettres et le néant », *Le Canard enchaîné*, dossier spécial « La Cour sous le règne de Nicolas-le-petit », avril 2009. 89. « Et maintenant, la gauche Carla », *Marianne*, 23 mai 2009. 90. « Les copains de Carla », *Le Point*, 2 juillet 2009. 91. « Maosarkozyste », *Le Canard enchaîné*, dossier spécial « La Cour sous le règne de Nicolas-le-petit », avril 2009. 92. « La gauche caviar à la mangeoire », *Siné Hebdo*, 11 février 2009. 93. « La galaxie rose du Président », *Valeurs actuelles*, 22 janvier 2009. 94. « Les sarkozystes de gauche », *Le Nouvel Observateur*, 12 avril, 2010 ; « Sarkozystes de gauche, une nouvelle espèce », *L'Est républicain*, 24 octobre 2009 ; « Vous avez dit intellos de gauche ? », *Politis*, 7 avril 2010.

95. « Épris de cour », *Le Canard enchaîné*, dossier spécial « La Cour sous le règne de Nicolas-le-petit », avril 2009. 96. *Ibid.* 97. *Ibid.* 98. *Ibid.* 99. « Contre le projet de loi Sarkozy sur l'immigration », *Libération*, 13 octobre 2003. 100. « Karmitz toujours à gauche », *Actualité Juive*, 22 janvier 2009. 101. Marin Karmitz, entretien avec l'auteur, Paris, 5 décembre 2023. 102. Marin Karmitz, Caroline Broué, *Comédies*, *op. cit.*, p. 189. 103. Marin Karmitz, entretien avec l'auteur, Paris, 5 décembre 2023. 104. Marin Karmitz, Caroline Broué, *Comédies*, *op. cit.*, p. 189. 105. Marin Karmitz, entretien avec l'auteur, Paris, 5 décembre 2023. 106. Marin Karmitz, Caroline Broué, *Comédies*, *op. cit.*, p. 190. 107. Marin Karmitz, « Nicolas Sarkozy a peut-être sauvé France Télévisions », *Le Monde*, 8 décembre 2008. 108. *Ibid.* 109. *Ibid.* 110. *Ibid.* 111. *Ibid.* 112. Marin Karmitz, entretien avec l'auteur, Paris, 5 décembre 2023. 113. *Ibid.* 114. *Ibid.* 115. « Lettre de Nicolas Sarkozy à Marin Karmitz, 23 décembre 2008 », Archives mk2, dossier « Conseil de la création artistique »/B. 116. Marin Karmitz, entretien avec l'auteur, Paris, 5 décembre 2023. 117. Marin Karmitz, Caroline Broué, *Comédies*, *op. cit.*, p. 226. 118. *Ibid.* 119. *Ibid.*, p. 189. 120. *Télérama*, 21 avril 2010. 121. *Le Figaro*, 5 février 2009 122. *Le Film français*, 6 février 2009. 123. *Le Monde*, 19 février 2009. 124. *VSD*, 18 février 2009. 125. *Le Nouvel Observateur*, 30 septembre 2009. 126. *Le Film français*, 6 février 2009. 127. « Les premiers projets de Marin Karmitz », *Le Journal des Arts*, 18 septembre 2009. 128. *Ibid.* 129. *Ibid.* 130. *Ibid.* 131. *Ibid.* 132. *Paris Match*, 18 septembre 2009. 133. *Ibid.* 134. *Le Monde*, 12 septembre 2009. 135. Jean-Michel Ribes, « Notre inquiétude est justifiée », *Télérama*, 24 juillet 2010. 136. Jean-Pierre Vincent, « La culture gadget », *Télérama*, 24 juillet 2010. 137. Jean-Jacques Aillagon, « Vœux pieux ? », *Le Quotidien de l'art*, 27 janvier 2011. 138. « Culture et liberté en danger », *Tout est à nous ! Lettre de la CGT-Spectacle*, 22 juillet 2010. 139. « Le secteur artistique et culturel se mobilise », *Tout est à nous ! Lettre de la CGT-Spectacle*, 22 juillet 2010. 140. *Le Monde*, 16 janvier 2009. 141. *Le Monde*, 21 janvier 2009. 142. *Le Monde*, 3 octobre 2009. 143. Marin Karmitz, entretien avec l'auteur, Paris, 5 décembre 2023. 144. « Ministère de la Culture : y a comme un malaise », *Les Inrockuptibles*, 2 décembre 2009. 145. *Marianne*, 24 janvier 2009. 146. *Le Monde*, 14 octobre 2009. 147. « Le ministère de la Culture cherche sa place », *La Croix*, 23 novembre 2010. 148. « Brouillon de lettre de Marin Karmitz à Nicolas Sarkozy, sd », Archives mk2, dossier « Conseil de la création artistique »/B. 149. L'expression a été employée par Nicolas Sarkozy, alors qu'il est ministre de l'Intérieur, en 2005, en prévision de l'élection présidentielle de 2007. 150. Marin Karmitz, entretien avec l'auteur, Paris, 5 décembre 2023. 151. *Ibid.* 152. *Ibid.* 153. « Lettre de Frédéric Mitterand à Marin Karmitz, 28 juin 2011 », Archives mk2, dossier « Conseil de la création artistique »/B. 154. « Éditorial », *Diapason*, juin 2011. 155. *Ibid.* 156. Marin Karmitz, Caroline Broué, *Comédies*, *op. cit.*, p. 193. 157. Marin Karmitz, « Je vais vous expliquer les raisons du boycott du Conseil de la création », *Le Journal des Arts*, 30 mars 2012. 158. Marin Karmitz, Caroline Broué, *Comédies*, *op. cit.*, p. 14. 159. « Entretien avec Claude Chabrol », Michel Pascal, *Claude Chabrol*, *op. cit.*, p. 197. 160. *Ibid.* 161. *Claude Chabrol par lui-même et par les siens* (sd. Michel Pascal), Stock, Paris, 2010, p. 145. 162. Marin Karmitz, Caroline Broué, *Comédies*, *op.*

cit., p. 228-229. 163. Archives MK, boîte « Correspondance Auteurs », pochette transparente, « Nathalie Heinich : projet de livre autour du Conseil de la création, 2011 »/M.

X. Les mondes de l'art

1. *Le Monde*, 6 décembre 2013. 2. *Silences. Un propos de Marin Karmitz*, Éd. Musées de la ville de Strabourg/Museu colecçao Berardo, Strabourg, 2009. 3. Marin Karmitz, Caroline Broué, *Comédies*, Fayard, Paris, 2016, p. 217-218. 4. Marin Karmitz, entretien avec l'auteur, Paris, 6 décembre 2023. 5. « Cinq questions à Marin Karmitz », *Poly*, mars/avril 2009. 6. Marin Karmitz, entretien avec l'auteur, Paris, 6 décembre 2023. 7. Marin Karmitz, Caroline Broué, *Comédies, op. cit.*, p. 218-219. 8. « Rencontre avec Marin Karmitz et Patrick Bouchain », *La Gazette de l'Hôtel Drouot*, 12 juin 2009. 9. Marin Karmitz, entretien avec l'auteur, Paris, 6 décembre 2023. 10. « Les silences de Karmitz », *Dernières nouvelles d'Alsace*, 17 avril 2009. 11. « Éloquents Silences », *Télérama*, 16 mai 2009. 12. « Silences, l'intermède artistiques d'un cinéaste », *L'Œil*, juin 2009. 13. « Beauté muette à Strasbourg », *Les Échos*, 24 avril 2009. 14. « Prendre la parole », *L'Humanité*, 20 juin 2009. 15. *Artpress*, septembre 2009. 16. *Beaux-Arts*, octobre 2009. 17. Marin Karmitz, entretien avec l'auteur, Paris, 10 janvier 2024. 18. *Ibid.* 19. « L'œil de Marin Karmitz », *Art Absolument*, mai-juin 2009. 20. « Portrait de Marin Karmitz en collectionneur d'art », *Le Journal des Arts*, 10 janvier 2007. 21. Marin Karmitz, entretien avec l'auteur, Paris, 10 janvier 2024. 22. « Les cris photographiques de Marin Karmitz », *Connaissance des arts*, 10 août 2010. 23. Christian Caujolle, « Pourquoi collectionne-t-on ? », Préface de *Traverses. La collection photographique de Marin Karmitz*, Actes Sud, Arles, 2010, p. 5-6. 24. « Des collections très privées », *Le Nouvel Observateur*, 1er février 1996. 25. Marin Karmitz, entretien avec l'auteur, Paris, 10 janvier 2024. 26. Marin Karmitz, entretien avec l'auteur, Paris, 6 juin 2023. 27. Deirdre Bair, *Samuel Beckett*, biographie traduite en français chez Fayard en 1979. 28. Marin Karmitz, entretien avec l'auteur, Paris, 6 juin 2023. 29. Marin Karmitz, *Profession producteur. Conversations avec Stéphane Paoli*, Hachette, 2003, p. 53-54. 30. « Le retour d'un film qui a fait scandale », *Le Monde*, 15 mars 2007. 31. « *Comédie* de Marin Karmitz », *Les Inrockuptibles*, 20 mars 2007. 32. « Marin Karmitz amateur ? », *Art 21*, été 2007. 33. « Du lourd et du piquant aux Rencontres d'Arles », *Vaucluse matin*, 18 mai 2010. 34. Marin Karmitz, entretien avec l'auteur, Paris, 6 décembre 2023. 35. « Marin Karmitz, sans concession », *Le Monde*, 16 novembre 2008. 36. Marin Karmitz, entretien avec l'auteur, Paris, 6 décembre 2023. 37. *Traverses. La collection photographique de Marin Karmitz*, op. cit. 38. On peut lire dans *Artpress*, en octobre 2010, ce texte de Bernard Marcelis : « Incontournable, la visite de la collection de Marin Karmitz (montrée pour la première fois) s'impose par son intelligence. Le parcours est construit autour de quelques ensembles débordant le strict cadre photographique et témoignant d'un goût sûr. Ainsi, à côté des salles consacrées à Christian Boltanski et Annette Messager, on croise des ensembles conséquents dédiés à Chris Marker, Antoine d'Agata, Michael Ackerman, Patrick Faigenbaum, Dieter Appelt, etc., dans une sobre scénographie qui respecte la cohérence de

chacune de ces démarches artistiques. » 39. « La FIAC tient bon », *Le Journal des Arts*, 31 octobre 2008. 40. « Concours Art contemporain : c'est parti ! », *Beaux-Arts*, juillet 2011. 41. « La FIAC au Grand Palais : la ruée vers l'art », *Dépêche AFP*, 17 octobre 2012. 42. « Aujourd'hui, le Fonds Dityvon accueille un millier d'invités », *Ouest-France*, 23 juin 2012. 43. « La feuille de route des Rencontres d'Arles », *La Marseillaise*, 17 décembre 2011. 44. « Photo : les Rencontres d'Arles injustement fragilisées », *Le Monde*, 21 novembre 2013. 45. Sam Stourdzé a été commissaire d'expositions consacrées à Dorothea Lange, Tina Modotti, Charles Chaplin ou Federico Fellini. 46. Institut pour la photographie, *Rapport d'activités 2023*. 47. Marin Karmitz, entretien avec l'auteur, Paris, 21 novembre 2023. 48. « J'ai rouvert pour dire non à la barbarie », *Le Parisien*, 16 novembre 2015. 49. Marin Karmitz, entretien avec l'auteur, Paris, 21 novembre 2023. 50. *Ibid.* 51. *Ibid.* 52. *Ibid.* 53. Marin Karmitz, Caroline Broué, *Comédies, op. cit.*, p. 108-109. 54. Marin Karmitz, entretien avec l'auteur, Paris, 21 novembre 2023. 55. *Ibid.* 56. Antoine de Galbert, « Avant-propos », *Étranger résident. La collection Marin Karmitz*, co-édition Fage et La Maison rouge, Paris, 2017, p. 11. 57. *Ibid.* 58. Erri de Luca, « La récolte d'un homme », *Étranger résident. La collection Marin Karmitz, op. cit.*, p. 13-15. 59. *Ibid.*, p. 13. 60. « L'Appel des 800 », *Libération*, 20 octobre 2015. 61. Clémentine Mercier, « Beaubourg et Marin Karmitz, Corps croisés », *Libération*, 19 septembre 2023. 62. Marin Karmitz, « Gotthard Schuh », *Traverses. La collection photographique de Marin Karmitz, op. cit.*, p. 284. 63. Marin Karmitz, « Johan van der Keuken », *Traverses. La collection photographique de Marin Karmitz, op. cit.*, p. 316.

Index

Crédits photographiques

p. 28 : © CNSAS ; p. 53 : © Man Ray 2015 Trust / Adagp, Paris 2024. Photo © Florian Kleinefenn / Collection Marin Karmitz; p. 74 : Photo : © Ray Jane / Archives Marin Karmitz ; p.92 : © Jean-Louis Castelli / Jean Magis / Archives mk2 ; p.94 : © Jean Klissak / Archives mk2 ; p. 97 : © Liliane de Kermadec / Ciné-Tamaris ; p. 102 : © Denise Bellon / Akg- images (courtesy Éric Le Roy) ; p. 107 : D.R © Archives mk2 Productions / mk2 Films ; p. 114 : © Barbara Jackson / Archives Marin Karmitz ; p.115 : © Archives mk2 ; p.118 (droite) : © Jean Paulhan / Archives Marin Karmitz ; p.123 : © Marguerite Duras / Archives mk2 Productions ; p. 136 (haut) : © Béatrice Heyligers / 1969 mk2 Productions ; p. 136 (haut) : © Adagp, Paris 2024 (René Ferracci). Photo © Archives mk2 Productions ; p. 151(haut) : © Lisa Margot Glaeser / Adagp, Paris, 2024 (Henri Glaeser); p.156 : © Gérard Fromanger / Archives mk2 p. 176 : D.R © 1972 mk2 Productions ; p. 186 : © *Cahiers du Cinéma* / Archives Marin Karmitz ; p. 189 : © Reiser / *Charlie Hebdo* / Archives Marin Karmitz ; p. 212 : D.R © Archives mk2 ; p. 213 : © Adagp, Paris 2024 (Ernest Pignon-Ernest). Photo © Archives mk2 ; p. 218 © Archives mk2 ; p.218 : © Gébé / *Charlie Hebdo* ; p. 227 : D.R © Archives mk2 ; p. 234 : © Adagp, Paris 2024 (Bernard Dufour). Photo © Posteritati ; p. 248 : © Jean-Luc Godard / Archives mk2 ; p. 260 : D.R © Archives mk2 ; p. 261 : © Yves Prince / Archives mk2 ; p. 265 : D.R © Archives mk2 ; p. 267 : © Micheline Pelletier / Gamma-Rapho ; p. 270 : © Yves Prince / Archives mk2 ; p. 272 (haut) : © Dityvon / Archives Marin Karmitz ; p.272 (bas) : © Micheline Pelletier / Gamma-Rapho ; p.273 © Adagp, Paris 2024 (Gilbert Raffin) / S.S.K. - Sitbon-Sukermann-Kubel / Archives mk2 ; p. 286 : © Jacques Prayer / Gamma-Rapho ; p. 300 : © Jean-Claude Francolon / Gamma-Rapho ; p. 310 : © S.S.K. - Sitbon-Sukermann-Kubel / Archives mk2 ; p. 313 : © Jérémie Nassif / Archives mk2 ; p. 316 : © Piotr Jaxa / Archives mk2 ; p. 319 : © Jean-Louis Trintignant / Archives Marin Karmitz ; p.322 : © Krzysztof Kieślowski / Archives Marin Karmitz ; p. 334: D.R © Archives mk2 ; p. 338 : © Jérémie Nassif / Archives mk2 ; p. 341 : © Yves Herman / Reuters ; p. 346 : © Abbas Kiarostami / Archives mk2 ; p. 351 : D.R © Archives mk2 ; p. 358 : Photo : Cédric Canezza © mk2+ ; p. 384 (haut) : © Jean Picon / Archives mk2; p. 384 (bas) : © Jérémie Nassif / Archives Marin Karmitz; p. 394: © Gotthard Schuh / Fotostiftung Schweiz; p. 395 : © Johan van der Keuken, 1957.

Tous les efforts ont été faits pour mentionner les artistes et ayants droit des images reproduites. L'éditeur corrigera toute erreur ou omission qui lui serait signalée.

Table des matières

Cet ouvrage a été mis en pages par

<pixellence>

Achevé d'imprimer en septembre 2024
par Normandie Roto Impression s.a.s.
61250 Lonrai
N° d'impression : 2403228
N° d'édition : 613139-0
Dépôt légal : septembre 2024

Imprimé en France